KB136090

XAI 설명 가능한 인공지능, 인공지능을 해부하다

블랙박스를 이해하고 시스템의 신뢰성을 높이기 위한

【예제 코드 다운로드】

https://wikibook.co.kr/xai/

https://github.com/JaehyunAhn/XAI_dataset

XAI 설명 가능한 인공지능, 인공지능을 해부하다

블랙박스를 이해하고 시스템의 신뢰성을 높이기 위한

지은이 안재현

펴낸이 박찬규 엮은이 이대엽 디자인 북누리 표지디자인 Arowa & Arowana

펴낸곳 위키북스 전화 031-955-3658, 3659 팩스 031-955-3660

주소 경기도 파주시 문발로 115 세종출판벤처타운 311호

가격 28,000 페이지 340 책규격 175 x 235mm

1쇄 발행 2020년 03월 27일

2쇄 발행 2020년 10월 30일

ISBN 979-11-5839-200-0 (93000)

등록번호 제406-2006-000036호 등록일자 2006년 05월 19일

홈페이지 wikibook.co.kr 전자우편 wikibook@wikibook.co.kr

Copyright © 2020 by 안재현

All rights reserved.

Printed & published in Korea by WIKIBOOKS

이 책의 한국어판 저작권은 저작권자와 독점 계약한 위키북스에 있습니다.

신저작권법에 의해 한국 내에서 보호를 받는 저작물이므로 무단 전재와 복제를 금합니다.

이 책의 내용에 대한 추가 지원과 문의는 위키북스 출판사 홈페이지 wikibook.co.kr이나

이메일 wikibook@wikibook.co.kr을 이용해 주세요.

이 도서의 국립중앙도서관 출판시도서목록 CIP는

서지정보유통지원시스템 홈페이지(http://seoji.nl.go.kr)와

국가자료공동목록시스템(http://www.nl.go.kr/kolisnet)에서 이용하실 수 있습니다.

CIP제어번호 CIP2020011347

XAI

설명 가능한 인공지능,

인공지능을 해부하다

블랙박스를 이해하고
시스템의 신뢰성을
높이기 위한

안재현 지음

위키북스

곽남주

한국산업은행 AI & Data Science Enthusiast

XAI는 인공지능 모형이라는 블랙박스의 내부를 엿볼 수 있는 천기누설의 기술이다. 이 책에는 저자가 XAI에 대해 탐구하고 실험한 흔적이 고스란히 담겨 있다. 특히 실험 과정을 코드와 리포트 형태(Jupyter Notebook)로 제공해 쉽고 원활하게 이해하게 돕는다. 저자의 진지하면서도 유쾌한 목소리는 난해하고 추상적인 주제를 친숙하고 재미있게 만들어준다. 국내외를 막론하고 XAI 관련 기술 서적이 귀하고, 있다 하더라도 논문이나 웹 기사 정도인데, 우리말로 된 쉽고 친근한 XAI 기술서의 등장은 독자들에게 반가운 소식이 아닐 수 없다. 학부생 시절부터 가깝게 지내온 저자의 삶의 원동력은 개척과 도전이었고, 이는 모두에게 큰 귀감이 됐다. XAI 분야에 대한 제대로 된 기술서를 쓰겠다는 결심에 도전해 얻은 이번 성공도 매일같이 장삼이사의 일상을 보내는 나에게 도전과 성취의 대리만족을 선사해준다.

박진언

엔씨소프트 게임 콘텐츠 프로그래머

설명 가능한 AI라는 개념이 나왔지만, 그 개념을 이해하기가 매우 어렵고 아직 국내에 그 개론서가 없어 궁금해하면서도 배우지 못하고 있었다. 이 책은 AI가 어떤 기준으로 사물을 판단하는지 알 수 있는 도구를 제공하면서, 머신러닝을 처음 시작하는 사람이 배우기 쉽게 풍부한 예제와 함께 설명한다. 한 문장으로 표현하면, 이 책은 '설명 가능한 AI라는 개념을 설명 가능하게 하는' 책이라고 할 수 있다. 현재 숙련도와 관계없이 XAI에 관심 있는 독자에게 추천한다.

최광희

버즈니 데이터 과학자

개인적으로 어떤 분야에 관해 처음 공부하기 시작할 때 답답한 상황에 처할 때가 많다. 논문을 읽을 때는 각자 자기 논문이 최고가 될 수밖에 없는 이유를 나열해 놓아서 매번 처음부터 설득당하게 된다. 공학서를 읽다 보면 실제 사용 사례 위주로 많이 다루기는 하는데, 어떤 원리로 그 사례가 작동하는지 알 방법이 없을 때가 많다. 이 책은 공학서로서의 유용성과 동시에 공학자의 양심을 지키려 노력한 책이라고 본다. 책의 내용을 깊이 이해하려 하지 않고 수박 겉핥기식으로 여러 권을 돌려보는 사람들이 점점 많아지는 요즘, 이런 책이 서가에 더욱 많이 꽂히기를 바란다.

김환희

엔씨소프트 테크니컬 게임 디자이너

인공지능이 여러 분야에서 기존 연구 결과를 뛰어넘고 있지만, 왜 이렇게 좋은 결과를 내는지 그 이유를 설명하는 데는 한계가 있었다. 이 책은 인공지능의 뛰어난 퍼포먼스에 대한 설명을 시도하는 인공지능(XAI, eXplainable AI)을 다룬다. 책에 담긴 다양한 예제를 따라가다 보면 국내에는 아직 생소한 이 분야에 대한 기초를 탄탄하게 다질 수 있을 것이다.

저자는 학계와 산업계를 두루 경험한 젊은 연구자로서, 앞으로 이렇게 신선한 시각을 가진 작가의 책이 더 많이 나오기를 기원한다.

04
의사 결정 트리

05
대리 분석

06

필터 시각화 (Filter Visualization)

07

LRP(Layer-wise Relevance Propagation)

01

이야기를 열며

1.1. 다르파(DARPA)의 혁신 프로젝트

'스푸트니크 쇼크(Sputnik Shock)'라는 말이 있다. 냉전 시절, 구소련은 스푸트니크 1호라는 인공위성을 우주공간으로 발사한다. 이것은 인류 최초의 인공위성이었다.

스푸트니크는 96분마다 지구를 한 바퀴씩 돌았다(28,800km/h). 이 위성은 전 세계 방송국 전파에 간섭하며 '삐삐' 소리를 냈다. 전 세계 사람들은 갑자기 TV와 라디오에서 삐 소리가 들리자 깜짝 놀라 방송국으로 전화를 했다. 미국에서는 비상이 걸렸다. 소련이 인공위성을 쏘아 올렸다는 뜻은 이들이 대륙 간 탄도미사일을 만들 수 있다는 절반의 성공을 의미했다. 아이젠하워 미국 대통령은 MIT 총장이었던 제임스 킬리안(James Killian)을 긴급히 호출해 직속 과학 보좌관으로 임명했다. 그의 임무는 단 하나, 스푸트니크 1호를 능가하는 우주 및 국방 기술을 개발하는 것이었다. 킬리안은 1958년 NASA(National Aeronautics and Space Administration)와 ARPA(Advanced Research Projects Agency)를 설립한다. 대통령은 NASA에는 우주 개발 프로그램을, ARPA에는 군사 기술을 개발하도록 명령했다. 이 ARPA가 다르파(DARPA)의 전신이다. 다르파의 D는 방어(Defense)를 의미한다. 방어의 영문 첫 글자 D는 시간이 흘러 국가의 방어 기능에 정책 초점이 옮겨가면서 붙은 이름이다. ARPA 및 DARPA는 '천조국(千兆國)'이라는 미국 명성에 걸맞게 1960년대부터 오늘날까지 다양한 신기술을 제약 없이 만드는 기관으로 성장한다.

다르파는 대통령 직속 기관이면서도 계층 관료제를 거부하는 평면적이고 유연하며, 실질적인 자치권을 보장받는 특수한 조직이다. 이쯤 되면 우리가 FBI(미국 연방수사국), DHS(미국 국

토안보부), DEA(미국 마약단속국)보다 이 기관을 모르는 게 이상한데, 사실 다르파는 이름보다 산출물이 유명하다.

다르파는 아르파넷(Arpanet)을 만들었다. 아르파넷은 오늘날 인터넷의 전신이다. 다르파가 아르파넷을 구상했을 때는 "중앙 서버에 핵이 떨어졌을 때 어떻게 통신할 수 있을까?"라는 질문에 대한 기술적 해법에서 출발했다. 다르파는 중앙 서버를 미국 전역에 분산시켜 한 대가 타격 당해도 다른 장소에서 데이터 송 · 수신을 할 수 있는 기술이다.

다르파는 아르파넷 외에도 스텔스기(Stealth Fighter)와 GPS(Global Positioning System), 이동 로봇(Mobile Robots)을 만들었다. 이쯤 되면 이 기관이 미국 정부의 비밀기관이 아닌가 하는 생각이 들 것이다. 그렇지만 다르파는 역사가 오랜 공개 기관이다.

다르파의 목표는 과학적 이상을 실체화하는 것이다. 따라서 이들의 계획은 실현 가능한 기술을 구현하는 것보다는 실현 불가능한 일에 도전하는 쪽에 가깝다. 다르파는 실패를 장려하고 용인하는 기관이다. 실현 불가능한 일에 마음껏 도전할 수 있도록 자원을 아끼지 않는다. 그러나 다르파는 실패율을 줄이기 위해 세계 최고의 인재를 영입할 수 있을 때만 프로젝트를 시작한다. 이들은 언제나 도전이 성공했을 때 파급력이 큰 기술만을 바라고 내달린다. 이것은 50년이 지난 현재까지도 유효하다.

2016년 여름, 다르파에서 인공지능과 관련된 프로젝트가 하나 등장한다. 이 문건의 문서번호는 BAA-16-53, 제목은 '익스플래이너블 인공지능(Explainable Artificial Intelligence, XAI)', 우리말로 '설명 가능한 인공지능'이다. 설명 가능한 인공지능은 앞으로 표기의 편의를 위해 XAI라고 쓰겠다. XAI는 아직 세상에 널리 알려지지는 않았다. 그렇지만 다르파는 본 프로젝트를 2021년까지 개발하도록 승인했다.

XAI 프로젝트는 총 3단계로 구성돼 있다. 이 책을 쓰는 2019년, 다르파는 총 3단계 중 첫 번째 단계를 마무리했다. 프로젝트 완료까지는 두 단계만을 남겨두고 있다.

1.2. XAI (2016-2021)

> 소프트웨어로 구현된 기계 판사가 있다. 이 판사의 입력 콘솔에 사건을 기록하면 몇 초 뒤에 기계 팔에서 판결문이 출력된다. 기계 판사는 인간 판사가 감히 훑어보지 못할 만큼의 문서와 판례, 뉴스 기사를 분석한 뒤 피고에게 형을 선고한다. 그러나 이 기계 판사는 판결문의 근거를 설명하지 못한다. 과연 이런 소프트웨어 판사를 신뢰할 수 있을까?

XAI는 '설명 가능한 의사 결정 체계'라는 용어로 1975년 처음 등장한다[1]. 이 논문을 쓴 뷰캐넌(Buchanan)과 쇼트리프(Shortliffe)는 의학도들의 행동을 관찰하던 중 그들의 의사 결정에 의심을 가졌다. 당시 의사들은 매우 적은 수의 환자들을 보고 병명을 판단했다. 70년대는 의학 서적이 몹시 귀했고, 다양한 질병에 대한 직 · 간접 경험을 쌓기가 쉽지 않았다. 따라서 의사들은 적은 수의 진단 경험과 이론을 근거로 환자들을 치료했고, 오진율이 높았다. 이에 뷰캐넌과 쇼트리프는 의사들이 합리적이지 않을 수 있다는 결론에 이른다. 통계를 연구하던 둘은 의사들의 부정확한 추론 과정을 확률적으로 모델링하는 방법을 제안한다. 이들은 규칙을 기반으로 조건부 확률 근삿값(Rule-based conditional probability approximation)이라는 방식을 개발해 의사들의 의사 결정 과정을 확률적이고 체계적으로 정돈하는 방식을 제안했다.

그로부터 16년 뒤, 설명 가능한 인공지능은 전문가 시스템(Expert System)[2]에서 컴퓨터의 의사 결정 과정을 드러내는 연구로 발전했다[3]. 연구자들은 컴퓨터의 연산 모델이 초기 입력과 중간 결정을 거쳐 최종 판단을 하는 과정을 투명하게 만들고 싶었다. 연구자들은 이를 통해 연산 모델의 합리성을 이해하려고 했다.

설명 가능한 인공지능은 2004년이 돼서야 'XAI(Explainable Artificial Intelligence)'라는 전문 용어로 자리를 잡는다. XAI라는 용어는 반 렌트(Michel van Lent)와 피셔(William Fisher), 만쿠소(Michael Mancuso) 세 사람이 만들었다. 이들은 컴퓨터 시스템이나 인공지능 시스템은 복잡해지는 반면에 그것들의 자기 설명 기능에는 발전이 없었다는 것을 지적한다[4].

1 Shortliffe, Edward H., and Bruce G. Buchanan. "A model of inexact reasoning in medicine." Mathematical biosciences 23.3-4 (1975): 351-379. Swartout, Paris & Moore 1991; Johnson 1994; Lacave & Diez 2002; Van Lent, Fisher & Mancuso 2004

2 전문적인 지식이나 문제 해결 방법 등을 소프트웨어로 해결하려는 시스템. 의료진단 시스템, 설계 시스템 등이 있다. 오늘날에는 잘 쓰지 않는 용어다.

3 Swartout, William, Cecile Paris, and Johanna Moore. "Explanations in knowledge systems: Design for explainable expert systems." IEEE Expert 6.3 (1991): 58-64.

4 Van Lent, Michael, William Fisher, and Michael Mancuso. "An explainable artificial intelligence system for small-unit tactical behavior." Proceedings of the National Conference on Artificial Intelligence. Menlo Park, CA; Cambridge, MA; London; AAAI Press; MIT Press; 1999, 2004.

이들은 군대의 모의 전투 프로그램 속 NPC(Non-Player Character) 인공지능을 개조해서 NPC의 행동 이유를 설명하는 아키텍처를 제시했다. 이들이 설계한 인공지능은 명령 인공지능(Command AI)과 제어 인공지능(Control AI)이 분리된 형태로, 제어 인공지능은 게임 속 상황을 벡터 형태로 정리하는 역할을 한다. 명령 인공지능은 행동 인공지능의 결과를 분석해서 명령을 내리는 역할을 한다. NPC와 모의 전투를 플레이한 장교들은 전투 후 인공지능의 행동 이유를 명령 인공지능의 상태 인지 결과와 제어 인공지능의 지시를 기반으로 분석하고 행동 이유를 이해할 수 있었다.

2000년대까지만 해도 XAI는 제한된 범위에서 사용됐다. 계산력(Computing power)을 비롯한 물리적 제약 조건 때문이었다. 문제를 해결하는 데만 온 힘을 쏟아도 계산이 끝나지 않던 시기였다. 당시 XAI는 논문 속 이야기였다. 그렇지만 요즘에는 사정이 다르다. 머신러닝 기술은 날이 갈수록 발전하고 있고, 하드웨어 성능은 급속도로 좋아지고 있다. 오늘날 인공지능은 전문가들이 몇 날 며칠을 분석해야 하는 문제를 단 몇 초나 몇 시간 만에 푼다. 인공지능의 유용성이 증가했다. 그렇지만 인공지능이 푸는 문제들의 필요성과 달리, 인공지능 모델의 설명 능력은 진척이 더뎠다. 연구자들은 설명 가능한 인공지능을 하나의 체계로 정리할 필요를 느꼈다.

XAI는 인공지능 모델이 특정 결론을 내리기까지 어떤 근거로 의사 결정을 내렸는지를 알 수 있게 설명 가능성을 추가하는 기법이다. 이것은 주로 머신러닝과 연관된 사람이 시스템을 신뢰하기 위해 사용된다. 인공지능에 설명 능력[5]을 부여해 기계와 인간의 상호작용에 합리성을 확보하는 것이다. 동시대 인공지능은 점점 더 복잡해지고 있다. 기계가 학습하는 데이터의 양(정확히는 피처의 양)이 사람이 해석 불가능할 만큼 많아졌다. 머신러닝 모델의 의사 결정 분기점도 기하급수적으로 증가했다.

XAI는 위와 같은 머신러닝 모델의 복잡성을 해소하기 위해 등장했다. XAI는 알고리즘 설계자와 의사 결정자를 합리적으로 설득한다. 이들은 XAI를 통해 시스템의 출력 결과를 신뢰할 수 있고, 다음 의사 결정을 위해 인공지능을 적극 사용할 수 있다. 이러한 의미에서 XAI를 해석 가능한 인공지능(Interpretable AI), 또는 투명한 인공지능(Transparent AI)이라고도 부른다.

5 Edwards, Lilian, and Michael Veale. "Slave to the algorithm: Why a right to an explanation is probably not the remedy you are looking for." Duke L. & Tech. Rev. 16 (2017): 18.

그렇지만 XAI에 이렇게 장밋빛 전망만 있는 것은 아니다. 인공지능의 정확도 자체가 낮은 경우에 설명 기능은 오히려 문제를 키울 수 있다. 당뇨병을 진단하는 인공지능의 테스트 정확도가 10%라고 하자. 이런 경우 모델이 당뇨병을 진단한 이유를 감히 신뢰해서는 안 될 것이다. 이후에도 설명하겠지만, 머신러닝에 설명성을 부여하는 알고리즘 또한 다양하다. 몇몇 경우 XAI 알고리즘 기법들은 서로 상충하는 설명 결과를 내놓기도 한다. 위와 같은 상황에서 올바른 XAI 알고리즘을 선택하는 안목은 데이터의 특성과 XAI 알고리즘 원리를 잘 이해하고 있는 데이터과학자의 숙련도에 달려 있다.

일반적으로 문제와 해답만 들을 때보다 그 과정을 이해할 때 더욱더 많은 인사이트를 얻을 수 있다. '과거를 이해하고 미래를 디자인한다'라는 말이 있다[6]. 이것은 과거의 과정을 이해하는 것이 미래의 창조적인 결정을 내리는 데 있어 얼마나 중요한지를 함축적으로 표현한 말이다. XAI는 단순히 인공지능의 학습 결과를 사용하는 데 그치는 것이 아니라 기존 인공지능이 어떠한 체제로 동작하고 동작하지 않는지, 시스템이 왜 실패하고 성공하는지를 파악할 수 있다. XAI는 인공지능 연구원들이 인공지능을 개선하기 위해 사용할 수 있을 뿐만 아니라, 비전문가들과 소통하기 위한 수단이 될 수도 있다. 비전문가들은 XAI를 통해 인공지능을 신뢰할 수 있는 근거를 확보할 수 있다. XAI는 인공지능이 복잡해지고 대중화될수록 그 필요성이 증대할 것이다.

딥러닝을 비롯한 현대 머신러닝 알고리즘은 불투명한 편이다. 그러나 XAI 기법 중 피처 중요도(Feature Importance) 표시나 필터 시각화(Filter Visualization) 기법, LRP(Layer-wise Relevance Propagation)를 이용한 히트맵 해석 등은 불투명한 인공지능의 의사 결정 과정을 설명적으로 개선한다[7].

다르파의 지침에 의하면 XAI는 다음 세 가지 과정을 포함한다.

1. 기존 머신러닝 모델에 설명 가능한 기능 추가
2. 머신러닝 모델에 HCI(Human Computer Interaction) 기능 추가
3. XAI를 통한 현재 상황의 개선

6 그래픽디자이너 레오나르도 소놀리(Leonardo Sonnoli)의 말을 인용

7 Montavon, Grégoire, et al. "Explaining nonlinear classification decisions with deep taylor decomposition." Pattern Recognition65 (2017): 211–222.

오늘날 XAI를 적용하는 대부분 연구는 (1)의 과정에 있다. 실은 첫 번째 과정을 해결하기도 어렵다. 첫 번째 과정을 해결하려면 기존 머신러닝의 동작 방식을 충분히 이해하고 있어야 할 뿐만 아니라, 의미 정보에 대한 피처를 함께 모델에 삽입해야 하기 때문이다.

이 책은 XAI가 무엇인지 궁금한 사람들을 위해 썼다. 따라서 이 책에서는 지면 대부분을 첫 번째 과정을 학습하는 데 할당했다. 예를 들어, 딥러닝을 해석하는 XAI 기법을 이해하기 위해서 제일러와 페르구스(Zeiler & Fergus, 2014)의 필터 시각화 논문[8]을 개괄적으로 살펴보고 이것을 합성곱 신경망에 적용하는 과정을 실습할 것이다. 이 이론은 네트워크가 어떻게 히트맵을 그리는지에 대한 과정으로 발전한다[9]. 2016년에 발표된 LIME이라는 기법은 XAI를 대중에게 알린 대표적인 논문이다[10]. 이 논문의 저자인 리베이로, 싱, 구스트린은 로컬 대리분석법(Local Surrogate)이라는 아이디어를 이용해 현대 머신러닝이라는 블랙박스를 해부했다. 물론 의사결정 트리(Decision Tree) 같은 전통적인 머신러닝을 해석하는 기법도 함께 다룰 것이다[11]. 이 과정을 통해 이론을 학습하고 실습하면서 기존 머신러닝 모델에 설명 모델을 추가하는 과정을 이해할 수 있기를 기대한다.

(2)와 (3)번 과정은 실전 분석에서 다룬다. 신용 대출 신청자를 분석하면서 전통적인 머신러닝 위에 올릴 수 있는 XAI 기법과 모델을 개선하는 방법을 탐구할 것이다. 그 과정에서 딥러닝 모델에 XAI를 붙일 것이다. 이 과정을 실습하면서 XAI가 머신러닝 모델을 해석하고, 모델을 개선하는 데 필요한 근거를 제시할 수 있음을 이해하게 될 것이다.

오늘날 머신러닝은 '잘 작동한다'와 '잘 작동하지 않는다'를 평가 함수(Evaluation function)를 사용해 진단한다. 그러나 평가 함수는 데이터셋 전체에 대한 일반화된 평가 결과를 제시할 뿐, 모델이 어떻게 개선돼야 하는지 직접적인 단서를 제공하지 못한다. 그러나 XAI는 모델이 구축된 후에 어떻게 데이터를 받아들이고 있는지 해설한다. 따라서 연구자들은 XAI 기법을 사용해서 모델 학습이 끝난 후에도 (결과가 좋든 안 좋든 상관없이) 더 나은 모델을 구축하기 위해 고민할 수 있다.

8 Zeiler, Matthew D., and Rob Fergus. "Visualizing and understanding convolutional networks." European conference on computer vision. Springer, Cham, 2014.

9 Gan, Chuang, et al. "Devnet: A deep event network for multimedia event detection and evidence recounting." Proceedings of the IEEE Conference on Computer Vision and Pattern Recognition. 2015.

10 Ribeiro, Marco Tulio, Sameer Singh, and Carlos Guestrin. "Why should i trust you?: Explaining the predictions of any classifier." Proceedings of the 22nd ACM SIGKDD international conference on knowledge discovery and data mining. ACM, 2016.

11 Letham, Benjamin, et al. "Interpretable classifiers using rules and bayesian analysis: Building a better stroke prediction model." The Annals of Applied Statistics 9.3 (2015): 1350–1371.

1.3. XAI를 잘하기 위한 조건

1.3.1. 기존 머신러닝 이론을 충분히 이해하기

XAI를 잘하려면 기존 머신러닝 이론을 충분히 이해해야 한다. 이 책에서 소개하는 이론을 이해하는 것만으로는 부족하다. XAI는 기존에 어느 정도 동작하는 머신러닝 모델 위에서 동작하기 때문이다. 2017년, 다르파는 XAI를 실무에 적용하기 위해서는 두 가지 과제를 순서대로 해결해야 한다고 언급했다.

XAI 구현 방법 1

1. 현재 문제를 해결하는 머신러닝 모델을 만든다.
2. 설명 가능한 모델을 결합한다.
3. 모델의 결과를 해석하는 인터페이스를 연결한다.
4. 모델의 문제점을 발견하고 개선한다.
5. 모델을 테스트하고 평가하는 파이프라인을 구축한다.

XAI 구현 방법 2

1. XAI 구현 방법 1을 설명하는 이론적 기반을 마련한다.
2. (1)을 뒷받침할 수 있는 계산 모델(Computational Model)을 만든다.
3. 모델을 검증한다.

일반 업계에서 XAI를 적용하는 과정은 XAI 구현 방법 1으로도 충분하다. 그러나 논문을 쓰려는 연구자라면 XAI 구현 방법 2도 충분히 숙지해야 할 것이다.

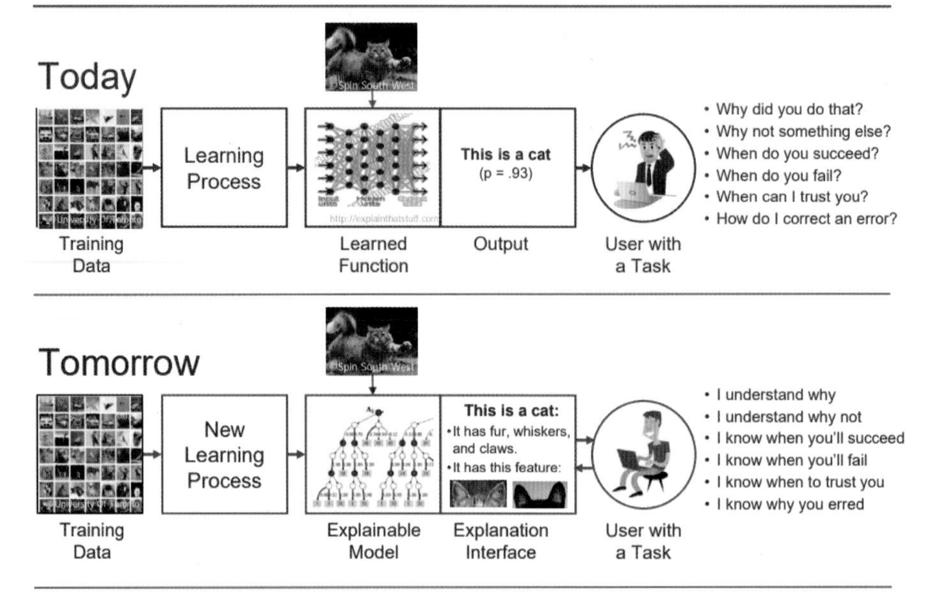

그림 1.1 다르파가 설명하는 XAI 프로젝트의 미래[12]

다르파는 XAI를 통해 머신러닝 모델을 활용하는 것뿐만 아니라 모델에 자기 설명적인 기능을 추가했을 때 어떤 이점이 있는지 설명한다. 그림 1.1에 의하면 XAI는 머신러닝 모델이 왜 특정 행동을 하는지 설명할 수 있으며, 왜 의도한 대로 동작하지 않는지에 관한 근거를 제시하는 기술이다.

1.3.2. 설명 모델을 어떻게 접목할지 생각하기

다르파는 현재 인공지능이 가진 한계점을 도식화하고 XAI가 그것을 극복할 수 있을 것으로 기대한다(그림 1.2). 다음 그림에서 가로축은 설명 가능성, 세로축은 머신러닝 퍼포먼스를 나타낸다. 주황색 점(현재)은 설명 가능성이 높아질수록 성능이 저하되는 경향을 보인다. 그러나 다르파는 XAI라는 새로운 기법의 등장으로 그래프의 전체 방향을 오른쪽으로 옮길 수 있을 것

12 Gunning, David. "Explainable artificial intelligence (xai)." Defense Advanced Research Projects Agency (DARPA), nd Web (2017).

이라 기대한다. XAI 기법을 개발하면 그래프의 설명 가능성이 기존 머신러닝 성능에 영향을 미치지 않을 것이라고 기대한다.

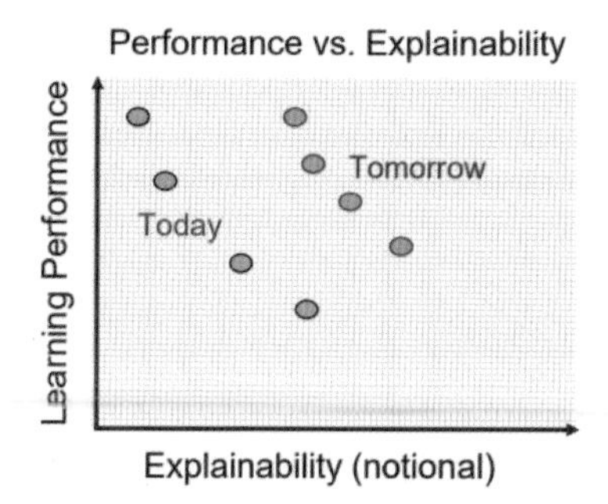

그림 1.2 머신러닝의 현재(주황색)와 XAI를 통해 변화할 미래(녹색)[13]

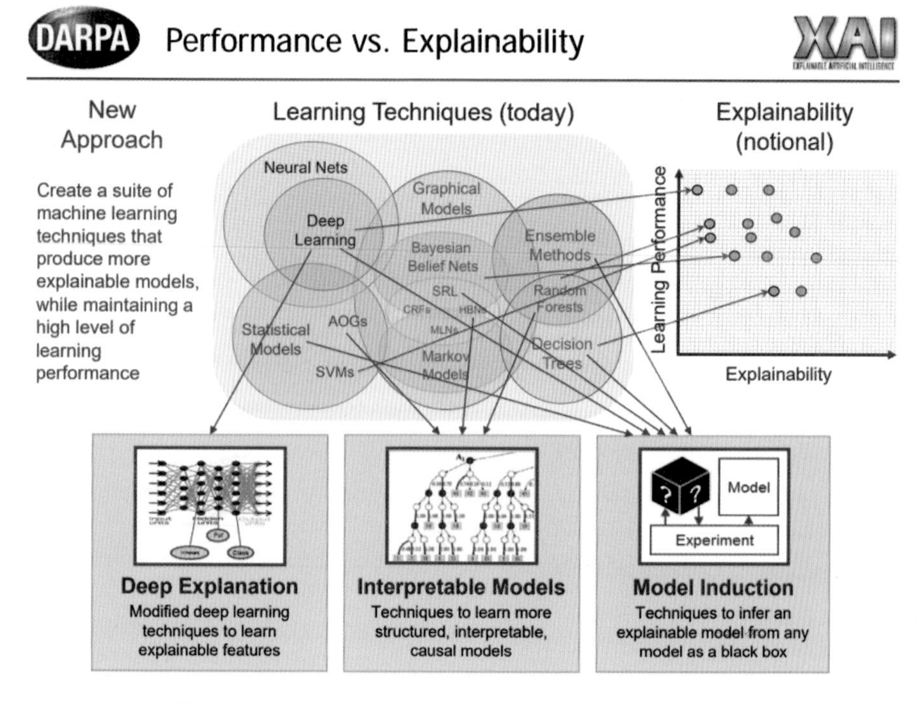

그림 1.3 XAI의 세 갈래[14]

13 출처: 각주 12와 동일.

14 출처: 각주 12와 동일.

다르파는 머신러닝 성능과 설명 가능성의 거래 관계(Trade off)를 개선할 수 있는 세 가지 XAI 기법을 소개한다(그림 1.3). 하나는 딥러닝에 대한 설명 모델 개발(Deep Explanation), 다른 하나는 해석 가능한 모델(Interpretable Models), 마지막으로 귀납적 모델(Model Induction, 모델을 가리지 않는 XAI) 기법이다. 이 세 가지 XAI 기법은 기법을 적용할 수 있는 상황과 효용에 따라 선별적으로 사용할 수 있다.

1.4. xgboost를 사용한 XAI와 딥러닝 XAI

XAI는 기존 인공지능 위에 설명성을 부여하는 기법이다. 따라서 전통적인 머신러닝 모델에 적용할 수 있는 XAI 기법이 있는가 하면 딥러닝 모델에 적용할 수 있는 XAI 기법이 따로 있고, 모델의 제약 없이 적용할 수 있는 기법도 있다.

일반적으로 전통적인 머신러닝 모델에 적용하는 XAI 기법은 딥러닝 기법에도 일부 적용이 가능하다. 그러나 딥러닝에 사용하는 XAI 기법들은 신경망을 이해하고 분해해야 하기 때문에 활용에 제약이 있다.

이 책에서는 전통적인 머신러닝 기법에 적용할 수 있는 XAI와 딥러닝 모델에 사용할 수 있는 XAI 기법을 단원별로 구분해서 수록했다.

4장과 5장에서는 전통적인 머신러닝 기법에 적용할 수 있는 XAI 기법으로, 인공지능 모델을 xgboost로 구현했다. 따라서 4장과 5장은 실습자가 GPU를 사용하지 않더라도 어느 정도 실습을 진행할 수 있다. 이 두 장에서는 실습자가 XAI를 이해하고 직접 구현하면서 체득할 경험에 중점을 두었다.

6장과 7장에서는 텐서플로를 이용해 딥러닝 모델을 구축하고 XAI를 덧입혔다. 이 두 단원에서는 딥러닝 모델을 직접 구축하고 분해한다. 따라서 원활한 진행을 위해서 GPU 연산이 가능한 컴퓨터를 사용하기를 권장한다. CPU 연산도 가능할테지만, 구조를 상당 부분 수정해야 할 것이다. 따라서 6장과 7장의 내용은 앞의 두 단원에 비해 장비상 제약이 있다. 또한 실습자는 딥러닝 XAI 기법을 이해하기 위한 수학적 배경지식이 필요하다. 배경지식은 '참고자료'로 추가하고 각주로 출처를 투명하게 밝힘으로써 개념을 이해하는 데 최대한 어려움이 없게 구성하려고 노력했다. 그럼에도 불구하고 설명이 모자란 부분이 있을 것이다. 그것은 저자의 능력이 부족하기 때문이니 독자들의 너른 양해를 구한다.

각 단원은 독립적으로 구성돼 있다. 인공지능이나 딥러닝 모델을 구축해 본 경험이 있고 XAI를 어느 정도 이해하고 있다면 발췌독으로 자신이 필요한 XAI 기법을 선별적으로 익힐 수 있다. 반대로 머신러닝에 익숙하지 않고 XAI 기법을 익히기 위해 왜 머신러닝 모델을 추가로 구축해야 하는지 공감하기 어렵다면 이 책을 순서대로 읽으면서 실습 코드를 직접 실행하고 라인별로 원리를 이해하는 시간을 가져볼 것을 권장한다.

1.5. 감사 인사

책을 쓰겠다고 모니터 앞에 앉아 키보드를 두드리던 것이 엊그제 같은데 완성까지 1년여의 시간이 흘렀다. 파편적으로 흩어진 정보를 찾아 취합하고, 순서를 맞춰 꿰며, 군더더기는 제하는 동안 10개월이 지났고, 초고를 검토받아 수정하니 2개월이 더 지났다. 책을 적어 내려갈 때는 이것이 빨리 내 손을 떠났으면 했는데, 막상 완고를 보내려니 실수한 부분은 없는지 반복해서 열어보게 된다. 한 인공지능 연구자의 골방에서 시작된 원고가 독자들의 손끝에 책이라는 물성으로 전달된다고 생각하니 참으로 놀랍다. 이 책이 있기까지 도움을 주신 많은 분께 감사를 드린다.

가장 먼저 독자분들께 감사드린다. 매년 인공지능 관련 논문이 쏟아지고 있다. 최신 동향만 따라가기도 바쁘다. XAI는 인공지능에 대한 유용성과 동시에 근거를 찾고 싶은 분들을 위한 분야다. 이 책은 인공지능의 블랙박스를 탐구하고자 하는 사람들의 도전과 결과를 엮은 것이다. 독자들의 관심이 아니었다면 이 책은 영영 빛을 보지 못하고 연구 노트라는 산발적인 형태로 흩어져 저장돼 있었을 것이다. 독자들의 관심 덕분에 책이 완성될 수 있었다.

베타 리더분들께 감사드린다. 이들은 저자의 초고가 제대로 된 형태로 자리할 수 있게 최선을 다해 지도해 줬다. 이들은 설명이 빈약한 부분을 보강하고, 비약적인 주장에 살을 대도록 시간과 조언을 아끼지 않았다. 이들은 출장 가는 비행기 안에서, 주말마다 몇 시간을 빼서, 새벽에 연구하다 말고 원고를 검토해주었다. 베타 리더분들 덕분에 무사히 책을 마칠 수 있었다. 책을 읽다가 혹시나 명쾌하게 깨달음이 오는 순간이 있다면 그 부분은 모두 베타 리더분들께서 지도한 부분일 것이다.

이 책이 존재하기까지 직·간접적으로 많은 분이 도움을 주었다. 실습에 필요한 데이터의 사용을 허락받기 위해 마이클 리옹(Michel Lyon) 교수에게 콜드 메일을 보냈을 때가 생각난다. 그는 한국의 연구자들을 위해 기쁜 마음으로 데이터 사용을 허락했다. 그에게 허락 메일을 받았을 때, 저자는 문자 그대로 자리에서 손뼉을 쳤다. 책 진행이 더딜 때 친한 분들과 함께 식사를 했던 순간도 떠오른다. 그들은 개념 정리에 아무 말이 없는 저자와 함께 시간을 보내고, 격려의 말을 아끼지 않았다. 그들의 한 시간, 한 마디가 커다란 힘이 됐다.

또한 두 번째 개정판을 위해 먼저 책을 읽고 오자를 제보해주신 분들께 깊은 감사를 드린다. 익명으로 제보해주신 분, 동료 최혁근님, 그리고 김현규님은 책에서 잘못된 부분을 발견하고 다음 독자들을 위해 기꺼이 제보 및 감수에 도움을 주셨다.

논문을 읽다 보면 논문의 저자가 바로 옆에서 속삭이는 것처럼 배움이 전해지는 순간이 있다. 이런 순간은 자주 오지 않는다. 저자의 경험상 이런 행운의 순간은 충분히 집중할 수 있는 시간과 논문을 읽을 만한 충분한 사전 지식, 우수한 저자와 논문 등이 한꺼번에 조화를 이룰 때 찾아오는 것 같다. 독자 여러분도 이 책을 읽고 충분한 사전 지식을 습득해서 좋은 논문을 접할 때의 전율을 느낀다는 저자의 말에 공감할 날이 오기를 고대한다. 이 책이 XAI 분야에 대한 배움의 끝이 아니라 시작이 되기를 희망한다. 독자분들과 함께 동시대에 학문할 수 있어서 행운이다. 이 책을 선택해 주심에 다시 한번 깊은 감사를 드린다.

02

실습환경 구축

XAI 기법을 실습할 때는 고사양 그래픽 카드나 높은 프로세서가 필요 없다. 그러나 이미지를 학습하기 위해 텐서플로를 사용할 때는 GPU 머신 사용을 권장한다. 설치 과정에 관해 좀 더 자세한 설명이 필요한 독자들은 11장의 'XAI 실습 라이브러리 설치하기' 절을 살펴보기 바란다.

2.1. 파이썬 설치

파이썬은 3.6 릴리즈 버전을 설치한다[1]. 파이썬3는 3.7 버전이 최신이지만, 현재 텐서플로는 파이썬 2.7 버전 또는 파이썬 3.4, 3.5, 3.6을 권장한다.

2.2. PIP 설치

PIP(Python Package Index)는 파이썬으로 작성된 패키지 소프트웨어다. 이 책에서 설치에 사용한 PIP 패키지 버전은 19.0.3이다.

GPU 머신 연산[2]을 사용하지 않는 PIP 패키지 리스트는 다음과 같다(예제 2.1). 패키지는 `pip install {{ 패키지명 }}=={{ 버전 }}`으로 설치하며, xgboost를 설치하고자 한다면 커맨드 라인

1 https://www.python.org/downloads/release/python-360/

2 정확히는 NVIDIA GPU를 의미한다.

에 pip install xgboost==0.81과 같이 입력하면 된다. 버전을 입력하지 않는다면 패키지는 자동으로 최신 버전을 설치한다.

예제 2.1 GPU가 필요하지 않은 XAI 실습용 PIP 패키지 리스트

```
xgboost==0.81
scipy==1.2.1
numpy==1.16.2
PDPbox==0.2.0
Pillow==5.4.1
ipython==7.3.0
lime==0.1.1.34
notebook==5.7.4
shap==0.29.1
```

PIP 패키지 중 GPU 연산을 사용해야 하는 경우 먼저 CUDA(Compute Unified Device Architecture)와 cuDNN(CUDA Deep Neural Network)을 설치해야 한다. CUDA는 그래픽카드에서 사용하는 병렬 처리 알고리즘을 표준 산업 언어로 사용할 수 있게 열어둔 그래픽 라이브러리고, cuDNN은 CUDA로 구현된 딥러닝 라이브러리다. cuDNN은 CUDA에 의존적이고, CUDA는 그래픽 카드를 제어하므로 자신의 그래픽카드와 호환되는 CUDA와 cuDNN을 설치해야 한다. 이 두 가지가 제대로 연결돼 있어야 텐서플로가 동작할 수 있다.

예제 2.2 GPU가 필요한 XAI 실습용 PIP 패키지 리스트

```
absl-py==0.7.0
astor==0.7.1
attrs==18.2.0
backcall==0.1.0
bleach==1.5.0
certifi==2018.11.29
chardet==3.0.4
cloudpickle==0.8.0
colorama==0.4.1
cycler==0.10.0
dask==1.1.4
decorator==4.3.2
defusedxml==0.5.0
```

```
entrypoints==0.3
gast==0.2.2
google-pasta==0.1.4
grpcio==1.19.0
h5py==2.9.0
html5lib==0.9999999
idna==2.8
ipykernel==5.1.0
ipython==7.3.0
ipython-genutils==0.2.0
jedi==0.13.3
Jinja2==2.10
jsonschema==3.0.0
jupyter-client==5.2.4
jupyter-core==4.4.0
Keras-Applications==1.0.7
Keras-Preprocessing==1.0.9
kiwisolver==1.0.1
lime==0.1.1.34
Markdown==3.0.1
MarkupSafe==1.1.1
matplotlib==3.0.3
mistune==0.8.4
mock==2.0.0
nbconvert==5.4.1
nbformat==4.4.0
networkx==2.2
notebook==5.7.4
numpy==1.16.2
pandas==0.24.2
pandocfilters==1.4.2
parso==0.3.4
pbr==5.1.2
pickleshare==0.7.5
PDPbox==0.2.0
Pillow==5.4.1
prometheus-client==0.6.0
prompt-toolkit==2.0.9
protobuf==3.6.1
Pygments==2.3.1
```

```
pyparsing==2.3.1
pyrsistent==0.14.11
python-dateutil==2.8.0
pytz==2018.9
PyWavelets==1.0.2
pywinpty==0.5.5
pyzmq==18.0.0
requests==2.21.0
scikit-image==0.14.2
scikit-learn==0.20.3
scipy==1.2.1
Send2Trash==1.5.0
shap==0.29.1
six==1.12.0
tensorflow-gpu==1.5.0
tensorflow-tensorboard==1.5.1
termcolor==1.1.0
terminado==0.8.1
testpath==0.4.2
toolz==0.9.0
tornado==5.1.1
tqdm==4.31.1
traitlets==4.3.2
urllib3==1.24.1
wcwidth==0.1.7
Werkzeug==0.14.1
xgboost==0.81
```

이 데이터는 깃허브(github)에 업로드돼 있다[3]. 패키지를 한꺼번에 설치하려면 위 데이터를 내려받은 다음, 콘솔창에 `pip install requirements.txt`를 입력한다. 이렇게 하면 실습과 관련된 PIP 패키지를 한꺼번에 설치할 수 있다.

3 https://github.com/JaehyunAhn/XAI-examples/blob/master/requirements.txt

2.3. 텐서플로 설치

텐서플로(Tensorflow)는 구글이 개발한 데이터 흐름 계산 전용 오픈소스 소프트웨어 라이브러리다. 텐서플로는 운영체제뿐만 아니라 CUDA 버전, 파이썬 버전에 의존적이기 때문에 설치가 까다롭다[4]. 이 책은 윈도우 10을 기준으로 설치 과정을 따라간다.

텐서플로를 설치하기 위해서는 Microsoft Visual C++ 2015 재배포 가능 패키지 3가 설치돼 있어야 한다. 이 패키지는 Visual C++가 설치돼 있지 않은 컴퓨터에서 런타임 라이브러리를 구동하기 위해 필요하다.

Visual C++를 설치한 이후에는 윈도우가 제한한 경로 길이 제한을 풀어줘야 한다. 윈도우 10은 기본적으로 경로 문자열을 250자로 제한하고 있다. 텐서플로 라이브러리 중 일부는 경로 문자열이 250자가 넘기 때문에 텐서플로 라이브러리를 로드하는 중에 문제가 발생할 수 있다.

윈도우 키를 누르고 `gpedit.msc`를 입력하자. 순서대로 '로컬 컴퓨터 정책' → '컴퓨터 구성' → '관리 템플릿' → '시스템' → '파일 시스템' → 'NTFS'에서 'NTFS 긴 경로 설정 허용'을 설정한다. 'NTFS'에 옵션이 보이지 않는다면, '파일 시스템'에서 'Win32 긴 경로 사용' 옵션을 '사용'으로 변경하자.

Hardware requirements

The following GPU-enabled devices are supported:

- NVIDIA® GPU card with CUDA® Compute Capability 3.5 or higher. See the list of CUDA-enabled GPU cards.

Software requirements

The following NVIDIA® software must be installed on your system:

- NVIDIA® GPU drivers —CUDA 10.0 requires 410.x or higher.
- CUDA® Toolkit —TensorFlow supports CUDA 10.0 (TensorFlow >= 1.13.0)
- CUPTI ships with the CUDA Toolkit.
- cuDNN SDK (>= 7.4.1)
- *(Optional)* TensorRT 5.0 to improve latency and throughput for inference on some models.

그림 2.1 텐서플로 GPU 지원을 위한 소프트웨어 설치 리스트

4 https://www.tensorflow.org/install/pip?lang=python3

텐서플로 GPU를 사용하기 위해서는 CUDA와 cuDNN 라이브러리가 설치돼 있어야 한다(그림 2.1).

2.4. 주피터 노트북

주피터 노트북(Jupyter notebook)은 브라우저 환경에서 코딩하고 결과물을 한 화면에 확인할 수 있는 대화형 편집기다. 주피터 노트북은 연구 과정을 단계별로 나누어 진행할 수 있기 때문에 학습 과정을 기록하기 좋다.

주피터는 PIP 패키지 중 ipython과 notebook으로 설치할 수 있다. 콘솔 입력 창에서 `ipython notebook` 또는 `jupyter notebook`이라는 명령어로 설치할 수 있다. 그림 2.2는 설치된 주피터 노트북을 구동한 화면이다.

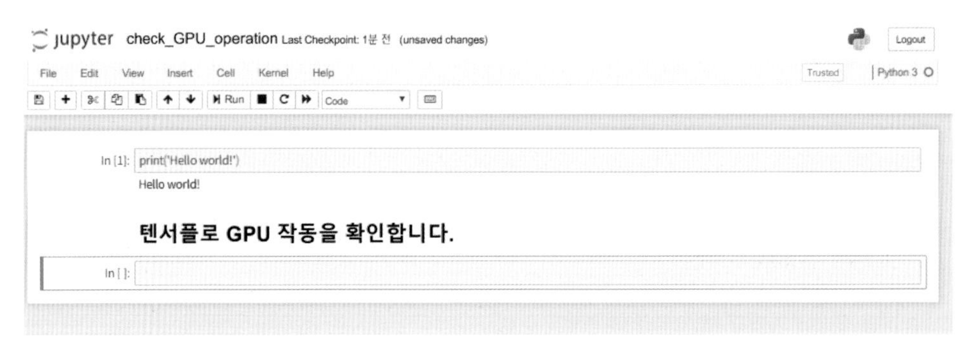

그림 2.2 주피터 노트북 구동 화면

2.4.1. Tensorflow-GPU 설치 확인

GPU가 구동하는지 확인하기 위해서 간단한 토이 코드를 실행해 보자. 주피터 노트북에 다음 코드를 입력한다.

예제 2.3 텐서플로가 GPU를 지원하는지 확인하기 위한 코드

```
import tensorflow as tf

with tf.device('/gpu:0'):
    a = tf.constant([1.0, 2.0, 3.0, 4.0, 5.0, 6.0], shape=[2, 3], name='a')
    b = tf.constant([1.0, 2.0, 3.0, 4.0, 5.0, 6.0], shape=[3, 2], name='b')
    c = tf.matmul(a, b)

with tf.Session() as sess:
    print (sess.run(c))

# 그래프 생성
a = tf.constant([1.0, 2.0, 3.0, 4.0, 5.0, 6.0], shape=[2, 3], name='a')
b = tf.constant([1.0, 2.0, 3.0, 4.0, 5.0, 6.0], shape=[3, 2], name='b')
c = tf.matmul(a, b)

# 디바이스가 True일 때 세션 생성
sess = tf.Session(config=tf.ConfigProto(log_device_placement=True))

# 연산 수행
print(sess.run(c))
```

GPU가 기본값으로 설정돼 있다면 노트북은 다음 결과를 화면으로 출력한다.

예제 2.4 테스트 코드 출력 결과

```
[[22. 28.]
 [49. 64.]]
[[22. 28.]
 [49. 64.]]
```

예제 2.3은 텐서플로 기본 장치를 GPU로 세팅한 다음, 2차원 행렬 두 개(2×3, 3×2)를 만들고 곱하는 연산을 수행한다. 텐서플로는 첫 번째 `with` 문장에서 GPU를 사용하는 세션을 만들어 연산을 수행하고, 두 번째 코드에서는 `log_device_placement` 옵션을 켜서 GPU 연산이 가능한지 테스트한다[5].

5 https://github.com/JaehyunAhn/XAI-examples/blob/master/check_GPU_operation.ipynb

```
In [2]: import tensorflow as tf

        with tf.device('/gpu:0'):
          a = tf.constant([1.0, 2.0, 3.0, 4.0, 5.0, 6.0], shape=[2, 3], name='a')
          b = tf.constant([1.0, 2.0, 3.0, 4.0, 5.0, 6.0], shape=[3, 2], name='b')
          c = tf.matmul(a, b)
        with tf.Session() as sess:
          print (sess.run(c))

        # Creates a graph.
        a = tf.constant([1.0, 2.0, 3.0, 4.0, 5.0, 6.0], shape=[2, 3], name='a')
        b = tf.constant([1.0, 2.0, 3.0, 4.0, 5.0, 6.0], shape=[3, 2], name='b')
        c = tf.matmul(a, b)
        # Creates a session with log_device_placement set to True.
        sess = tf.Session(config=tf.ConfigProto(log_device_placement=True))
        # Runs the op.
        print(sess.run(c))

        [[22. 28.]
         [49. 64.]]
        [[22. 28.]
         [49. 64.]]
```

그림 2.3 주피터 노트북에서 텐서플로가 GPU를 지원하는지 테스트하는 코드와 출력 결과

다음 장에서는 본격적으로 XAI 실습을 하는 데 필요한 이론과 배경지식을 알아본다.

03

XAI 개발 준비

이번 장에서는 XAI 실습에 앞서 필요한 이론과 배경지식을 습득한다.

3.1. 머신러닝 이해

XAI를 공부하기 전에, 먼저 머신러닝을 이해해야 한다. 머신러닝에 대한 정의는 길고도 많다. 그렇지만 머신러닝을 한마디로 정리하면, 인간이 직접 논리를 구축하는 것이 아니라 학습 방식을 먼저 입력하고 기계가 스스로 로직을 만들어가게 제작하는 과정이라고 할 수 있다. 머신러닝 과정에서 많은 계산력(Computing Resource, 또는 Computing Power)을 사용한다. 과거 머신러닝 알고리즘 중 다수는 계산력 부족으로 구현할 수가 없었다. 그러나 현대에 이르러 하드웨어가 개선되면서 머신러닝을 구현할 수 있게 됐다. 다층 퍼셉트론(Multilayer perceptron) 머신러닝 기법 중 딥러닝(Deep Learning)이라는 기술이 특히 그렇다. 현대 머신러닝 알고리즘은 소프트웨어적 병렬 처리 기술과 하드웨어 성능의 발달로 복잡한 연산도 무리 없이 수행한다.

앞서 설명했듯이 머신러닝은 기계가 의사 결정을 할 수 있도록 알고리즘을 조성하는 과정이다[1]. 이 과정의 결과물로 의사 결정을 할 수 있게 된 머신러닝 산출물을 모델(또는 머신러닝 모델)이라고 부른다.

1 알고리즘(Algorithm)이란 수학과 컴퓨터 과학, 언어학 또는 관련 분야에서 특정한 문제를 해결하기 위해 정해진 일련의 절차나 방법을 공식화한 형태로 표현한 것이다.

머신러닝은 연산 과정이 많을수록, 절차가 깊어질수록 학습 과정이 복잡해진다. 학습을 위해 처리해야 할 매개변수(parameter)가 많아지기 때문이다. 오늘날 머신러닝 모델 중 다수는 인간이 이해하기에 너무나 많고 복잡한 매개변수를 가지고 있다. 따라서 현대 머신러닝의 의사 결정 과정 중 다수는 인간이 이해하기가 어렵다. 이처럼 머신러닝 모델의 의사 결정 과정을 인간이 직접 이해할 수 없을 때 이 모델을 블랙박스(Black box)라고 부른다[2]. 현대 머신러닝 기법(특히 딥러닝)들은 대부분 블랙박스 성질을 가지고 있다.

3.2. 블랙박스 들여다보기

XAI는 머신러닝 모델의 블랙박스 성향을 인간이 이해할 수 있는 수준까지 분해하는 기술이다. 사회과학에서는 어떠한 이론이 대상이 이해할 수 있는 수준까지 변이되는 과정을 '해석 가능성(interpretability)'이라고 부른다[3]. 결국 '인공지능의 해석 가능성'이란 머신러닝이 내린 결정의 근거를 인간이 이해할 수 있게 변이하는 과정을 의미한다.

여기서는 실습으로 인공지능 모델을 만들고 XAI 기법을 적용해 인공지능이 어떻게 해석 가능해지는지 직접 실험해 볼 것이다.

미국 애리조나 주 피마 인디언은 '당뇨병 부족'이라는 오명을 안고 있다[4]. 의사들은 피마 인디언들의 당뇨 요인을 조사하기 위해 데이터를 수집했다[5]. 이 데이터는 임신 횟수, 포도당 내성 테스트(Glucose tolerance test, GTT, Glucose), 혈압, 삼두박근 피부 두께(Triceps skin fold thickness), 2시간 뒤 인슐린 수치, 체질량 지수(BMI Index, BMI), 당뇨병 병력 함수(Diabetes pedigree function), 나이의 8가지 요인으로 구성된다.

2 블랙박스(Black box)는 기능은 알지만 작동 원리를 이해할 수 없는 복잡한 기계 장치나 시스템, 물체를 말한다.

3 Miller, Tim. "Explanation in artificial intelligence: Insights from the social sciences." Artificial Intelligence (2018).

4 http://www.jejusori.net/news/articleView.html?idxno=106341

5 Smith, J.W., Everhart, J.E., Dickson, W.C., Knowler, W.C., & Johannes, R.S. (1988). Using the ADAP learning algorithm to forecast the onset of diabetes mellitus. In Proceedings of the Symposium on Computer Applications and Medical Care (pp. 261—265). IEEE Computer Society Press.

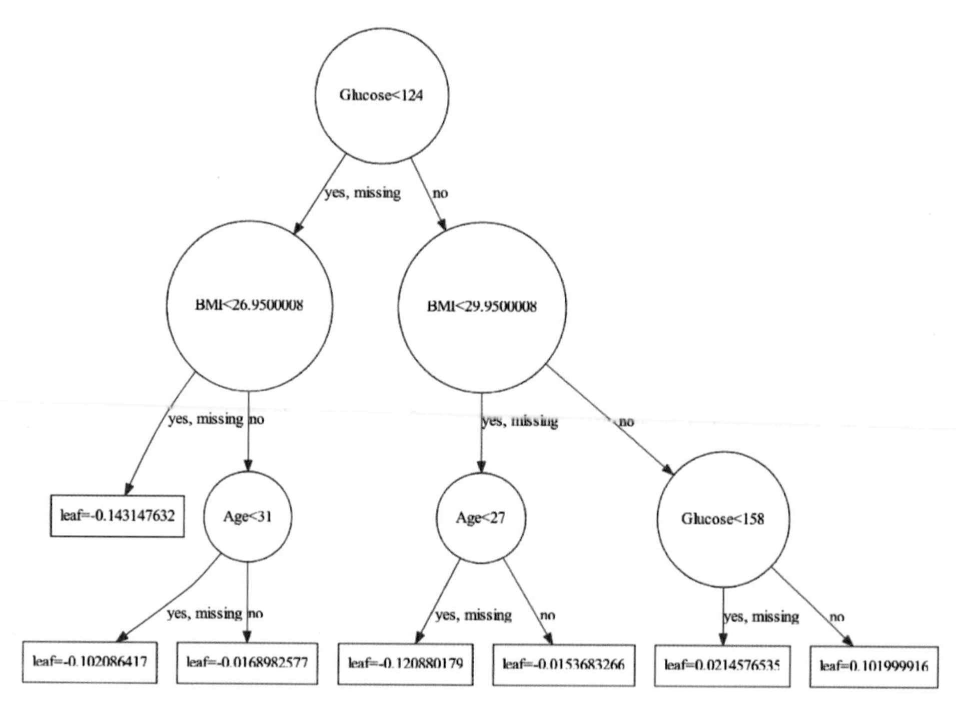

그림 3.1 XGBoost 알고리즘으로 그린 의사 결정 트리

한 환자가 있다. 이 환자의 Glucose 수치는 161이고, BMI는 50이다. 이제 주어진 두 가지 정보만으로 이 환자의 당뇨병 유무를 진단해 보자. 전문 의료인이 아닌 이상 두 가지 수치만으로 어떤 환자의 당뇨 유무를 진단하기는 어렵다.

이제 그림 3.1을 참고해서 이 환자의 당뇨병 유무를 진단해 보자. 그림 3.1은 인공지능 모델이 그린 당뇨병 진단 의사 결정 트리(Decision Tree)다. 이 트리 모형을 따라가면서 0.101999916이라는 마지막 데이터(leaf data)를 얻었다. 이 수치는 로지스틱 함수[6]로, 로지스틱 공식($logistic\ function = \frac{e^{X_i}}{1+e^{X_i}}$)에 대입하면 당뇨병 진단 확률을 구할 수 있다. 로지스틱 공식에 따르면, 모델이 환자가 당뇨병에 걸렸다고 진단할 확률은 52.55%다. 이 수치는 모델이 당뇨 진단을 제대로 했다고 보기에 근거가 부족해 보인다. 그렇지만 이것은 비전문가의 근거 없는 예상보다는 훨씬 더 해석적이며, 해당 환자가 추가로 검사해야 할 다른 항목에 대해서도

6 http://bit.ly/2UcQkaf

언급할 수 있는 계기가 된다[7]. 또한 그림 3.1은 머신러닝 모델이 어떠한 의사 결정 과정을 거쳐 당뇨병을 진단하는지 한눈에 파악할 수 있게 해준다.

XAI의 기본 기법의 하나인 피처 중요도(Feature Importance)는 블랙박스를 들여다보는 또 다른 방법이다. 피처 중요도는 모델이 의사 결정을 수행하는 과정에서 어떤 피처들이 가장 크게 기여했는지를 측정한다.

예를 들어, 대중에게 '사람의 신체가 성장하는 요인'에 대해 설문하면 다양한 답변을 들을 수 있다. 어떤 이는 유전적인 이유를 들 것이고, 어떤 이는 잠이라고 이야기할 것이며, 또 어떤 이는 영양을 말할 것이다. 사람들은 자신의 경험과 이론에 비춰 다양한 이유를 찾을 것이다. 여기서 유전, 잠, 영양 등은 성장에 대한 피처(feature)다. 그리고 피처 중요도란 각 피처에 대한 가중치다. 한 전문가가 '유전'이야말로 신체 성장에 가장 큰 요인이라고 주장한다면, 이 전문가는 유전성을 피처 중에서 가장 중요하게 생각한다고 해석할 수 있다.

피처가 의사 결정에 항상 도움이 되지는 않는다. 어떤 이가 '신체 발달 정도는 운전면허 소지 유무가 영향을 미친다'고 주장한다. 이런 피처는 모델이 의사 결정을 내리는 데 방해가 될 것이다. 이때 피처 중요도는 음의 값을 가진다. 피처 중요도는 피처를 탐지하고 특정 피처를 제외하거나 다른 유용한 피처를 찾을 수 있는 근거가 된다. 즉, 피처 중요도를 측정하면서 모델이 어떤 데이터를 비중 있게 다루는지 들여다볼 수 있다.

7 XAI가 전문가들의 문제 접근에도 도움을 줄 수 있다. 당뇨병 진단 문제에서 의사의 판단은 타인에게 블랙박스다. 심지어 동료 의사간 의사 결정 시에도 그렇다. 특정 환자에 대한 진단 우선순위는 전문가마다 다를 수 있다. XAI는 데이터를 분석하면서 데이터 속 진단에 도움되는 분류(segment)를 찾고 우선순위별로 분리한다. 이것은 전문가들의 다양한 기준을 동시에 충족하는 형태(또는 보완하는 형태)로 존재할 수 있다.

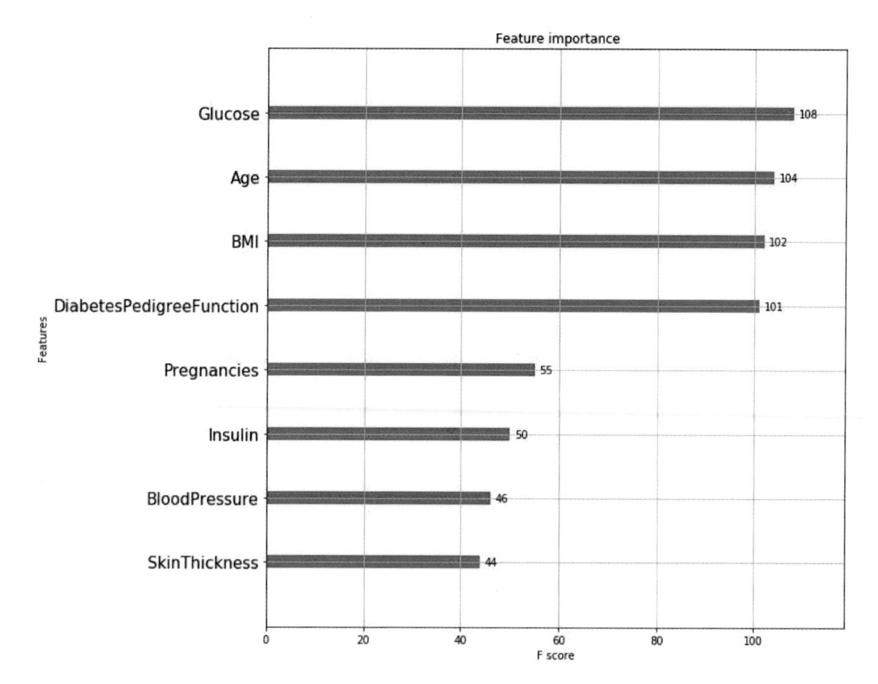

그림 3.2 당뇨병 진단 모델의 피처 중요도

그림 3.2는 피마 인디언에 대한 당뇨병 진단 머신러닝 모델의 피처 중요도 그래프다. 이 그래프를 통해 이 모델이 포도당 내성 테스트와 나이, BMI, 당뇨병 병력 함수를 진단의 핵심요소로 판단하고 있음을 알 수 있다. 그림 3.2만으로 평균 이상의 포도당 내성 테스트 결과, BMI, 당뇨병 병력 함수를 지닌 환자가 다른 환자들에 비해서 당뇨병을 진단받을 확률이 높다고 추론할 수 있다. 피처 중요도 그래프를 그리는 일만으로 피처의 비중을 예상할 수 있다.

의사 결정 트리와 피처 중요도 그래프는 간단하면서도 진단 모델의 블랙박스를 들여다볼 수 있는 강력한 XAI 기법이다. 그림 3.1의 의사 결정 트리와 그림 3.2의 피처 중요도 그래프도 실습할 것이다. 이외에도 다양한 XAI 기법을 학습하고 다양한 머신러닝 모델의 의사 결정 과정을 해석할 것이다.

3.3. 시각화와 XAI의 차이 이해하기

XAI는 시각화(Visualization)와는 다르다. XAI의 많은 산출물이 시각화 기법에 의존하고는 있지만, 머신러닝 모델의 과정을 시각화했다고 해서 모두 XAI라고는 말할 수는 없다. XAI의 핵심은 해석 가능성이다. 해석 가능성은 왜 해당 모델을 신뢰해야 하는지, 아니면 하지 말아야 하는지, 모델이 왜 특정 결정을 했는지에 관한 근거를 찾고, 어떤 결과가 예상되는지 판단하는 과정이다. XAI는 대리 분석(Surrogate Analysis), 부분 의존성 플롯(Partial Dependence Plots, PDPs), 유사도 분석(Similarity Measure), 피처 중요도(Feature Importance) 등의 기법으로 데이터와 모델을 설명한다.

시각화와 도해법(Graphical Method)[8]은 모델을 분석한 이후에 추가로 수행하는 후처리 방식이다. 실습서의 목적상 앞서 나열한 이론을 상세히 다룰 수는 없다. 그러나 필요한 부분에 대해서는 간단하게 핵심 원리를 설명할 것이다. 이 책에서 자세히 다루지 않는 이론에 대해서는 각주 논문으로 대체할 것이니 참고하기 바란다.

이 책에서 다룰 XAI 산출물 중 다수는 도해적 방식으로 마무리될 것이다. 시각적 정보야말로 인간이 가장 주의를 기울이기 쉽고 집중하기 좋은 매체이기 때문이다. 그러나 이미지가 지닌 시각적 강렬함 때문에 XAI가 곧 시각화 기법이라고 오해해서는 안 될 것이다.

8 시각화를 사용해 대상을 함축적으로 이해하는 과정.

04

의사 결정 트리

실습용 colab 링크: http://bit.ly/391EmTS

의사 결정 트리(Decision Tree)는 질문을 던지고 답을 하는 과정을 연쇄적으로 반복해 집단을 분류(classification)하거나 예측(prediction)하는 분석 방법이다. 이때 질의응답 과정이 나뭇가지처럼 갈라져 나오기 때문에 나무(Tree)라는 이름이 붙었다. 의사 결정 트리는 해법을 찾아가는 과정을 도식적으로 표현할 수 있다. 따라서 연구자가 분석 과정을 쉽게 이해하고 설명할 수 있다는 장점이 있다[1]. 일반적으로 의사 결정 트리는 정보 이득 수치를 계산해서 최적 목표를 달성하는 트리를 완성한다. 정보 이득은 엔트로피의 변화량으로 계산되기 때문에 엔트로피 계산법을 알고 있어야 한다. 엔트로피는 다음과 같이 계산된다.

$$Entropy(A) = -\sum_{k=1}^{n} p_k \log_2(p_k)$$

여기서 A는 의사 결정을 수행하려는 전체 영역을 의미한다. n은 범주 개수, p_k는 A 영역에 속하는 레코드 가운데 k 범주에 속하는 레코드의 비율이다. 예를 들어, 그림 4.1을 보면 검은 원과 삼각형이 있다. 우리의 목표는 A라는 공간에서 두 도형을 가장 많이 구분할 수 있는 직선 하나를 긋는 것이다.

1 최종후, 서두성. "데이터마이닝 의사 결정 트리의 응용." 통계분석 연구 4.1 (1999): 61-83. 통계청

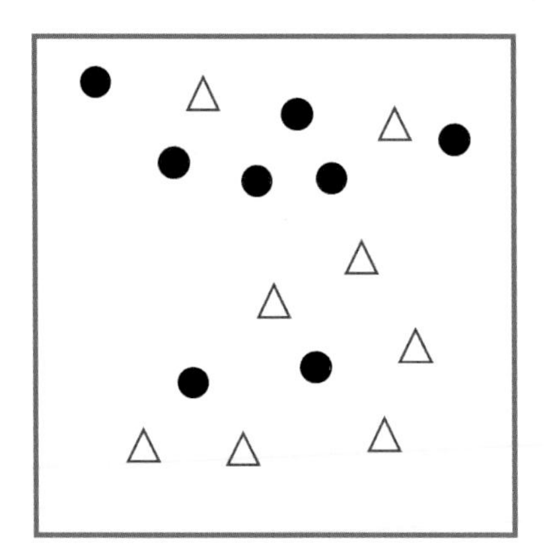

그림 4.1 사각형 A에 속한 아이템들

이때 그림 4.1의 A계(system)에 대한 엔트로피는 다음과 같다.

$$Entropy(A) = -\frac{8}{16}\log_2\frac{8}{16} - \frac{8}{16}\log_2\frac{8}{16} = 1$$

앞서 정보 이득량은 엔트로피의 변화량이라고 언급했다. 그림 4.1에서는 아무런 일도 벌어지지 않았다. 따라서 정보 이득량은 0이다. 이제 임의로 실선을 하나 그어보자.

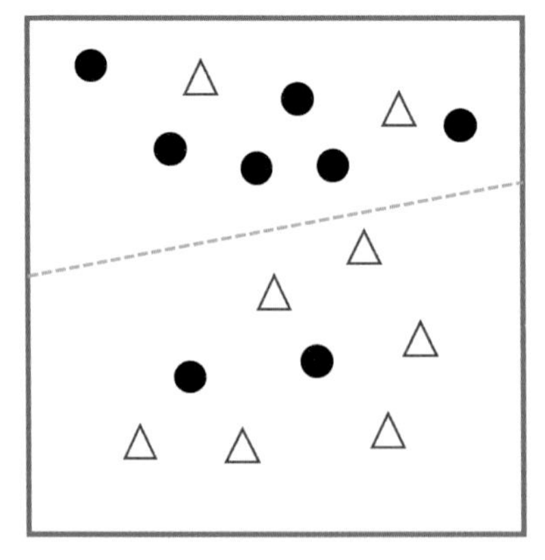

그림 4.2 사각형 A를 두 그룹으로 구분하는 선을 하나 긋는다.

그림 4.2는 그림 4.1에서 연두색 실선을 그어 영역을 구분한 결과다. 이제 연두색 선으로 구분된 두 영역을 위에서부터 각각 A1, A2라고 하자. 이때 A의 엔트로피는 다음과 같다.

$$Entropy(A) = A_1 + A_2 = \frac{1}{2} \times \left(-\frac{6}{8}\log_2\frac{6}{8} - \frac{2}{8}\log_2\frac{2}{8}\right) + \frac{1}{2} \times \left(-\frac{2}{8}\log_2\frac{2}{8} - \frac{6}{8}\log_2\frac{6}{8}\right) \approx 0.811$$

이번 엔트로피는 그림 4.1의 엔트로피 결과와 다르다. 두 엔트로피의 차이만큼 정보 이득이 발생했다고 표현할 수 있다. 그리고 정보 이득량은 그림 4.1의 엔트로피에서 그림 4.2만큼 감소한 양(1−0.811=0.189)이다.

$$Information\ Gain(A) = 1 - 0.811 = 0.189$$

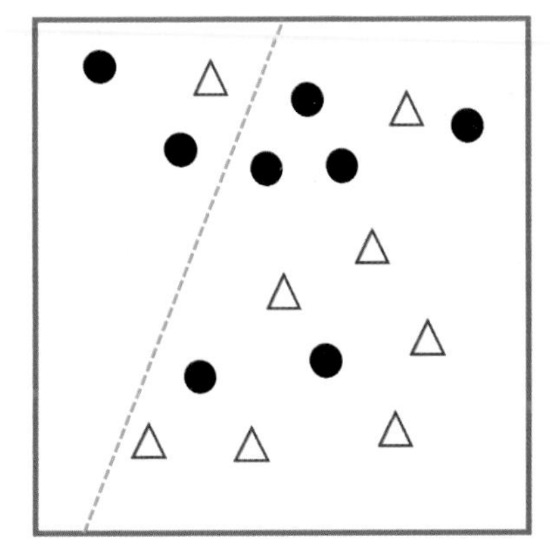

그림 4.3 사각형 A를 두 그룹으로 구분하는 또 다른 방법

사각형 A를 그림 4.3과 같이 분류하면 어떨까? 이번에는 이 영역을 왼쪽부터 각각 A3, A4라고 부르자. 이때 그림 4.3이 그림 4.1로 얻는 엔트로피와 정보 이득량은 각각 다음과 같다.

$$Entropy(A) = A_3 + A_4 = \frac{3}{16} \times \left(-\frac{2}{3}\log_2\frac{2}{3} - \frac{1}{3}\log_2\frac{1}{3}\right) + \frac{13}{16} \times \left(-\frac{6}{13}\log_2\frac{6}{13} - \frac{7}{13}\log_2\frac{7}{13}\right) \approx 0.981$$

$$Information\ Gain(A) = 1 - 0.981 = 0.019$$

그림 4.2와 그림 4.3을 비교했을 때, 전자의 방법이 후자보다 정보 이득의 양이 많음을 확인할 수 있다. 즉, 정보 이득이란 내가 어떤 행동(선을 긋는)을 했을 때 원래 데이터로부터 얻을 수 있는 정보의 크기다. 이번에는 두 번째 분할보다는 첫 번째 분할이 정보 이득의 양이 훨씬 컸다. 따라서 이 과정이 기계적으로 반복된다면 기계는 첫 번째 분류를 최우선 분할 방식으로 결정할 것이다. 의사 결정 트리는 분류를 진행할 때 최소한의 행동으로 최대한의 엔트로피 손실을 발생시키기 위해 알고리즘을 동작한다.

의사 결정 트리는 그림 4.2와 그림 4.3의 차이를 도식으로 보여줄 뿐만 아니라 어떤 방식이 더 유익한지 수치로도 알려준다. 따라서 의사 결정 트리를 도식화하는 일은 알고리즘을 개발하는 사람에게 충분히 설명적이다.

의사 결정 트리는 이처럼 한 계열에 다양한 분류 방식을 시도하고, 정보 이득량이 가장 커지는 방향으로 학습을 진행한다. 이 과정을 재귀적 분기(recursive partitioning)라고 한다. 재귀적 분기는 최대 학습 데이터의 개수만큼 발생할 수 있다(더 분기를 나눠도 정보 이득량은 변하지 않는다). 의사 결정 트리가 모든 학습 데이터에 대해 분기한 상태를 풀 트리(Full tree)라고 부른다. 풀 트리는 모든 데이터에 대해 분류를 모두 수행해 '각자의 방'이 있는 트리다. 풀 트리는 과적합(Overfitting) 문제가 발생할 소지가 크다. 따라서 과적합 문제를 해결하기 위해서는 특정 임계점보다 낮은 수준의 정보 이득이 발생하는 가지를 잘라내는 과정이 필요하다. 이것을 가지치기 또는 프루닝(pruning)이라고 부른다. 프루닝까지 설명하는 것은 이 책의 주제를 벗어난다. 그러나 프루닝은 의사 결정 트리가 완성되는 데 꼭 필요한 알고리즘이므로 추가 설명을 원하는 독자들은 위키피디아를 참고하기 바란다[2]. 저자는 의사 결정 트리가 작동하는 방식이 수치적으로나 도식적으로 설명적이라고 주장한다. 그것은 '이번 의사 결정이 저번 의사 결정보다 낫다'는 것을 이해시킬 수 있기 때문이다. 따라서 이 책을 통해 의사 결정 트리를 처음 접하는 독자라면 의사 결정 트리가 재귀적 분기와 가지치기를 통해 완성되고, 그 분기 기준은 정보 이득이라는 점을 먼저 이해해야 한다.

4.1. 의사 결정 트리 시각화

이번에는 그림 4.1의 사각형 영역을 어떤 방식으로 분류해야만 정보 이득량이 많아지는지, 그리고 이때 의사 결정 트리의 결정 분기는 어떻게 되는지 직접 그리면서 이해해 보자.

2 https://en.wikipedia.org/wiki/Decision_tree_pruning

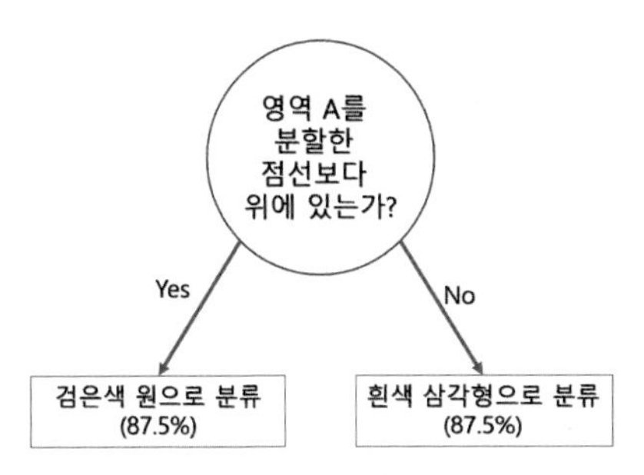

그림 4.4 2분할 의사 결정 트리의 분기점(그림 4.2)을 시각화한 모습

그림 4.2 방식대로 원과 삼각형을 나누고, 그 결정 내용을 시각화하면 그림 4.4처럼 표현이 가능할 것이다. 이때 그림 4.4의 트리 말단에 있는 노드들은 각 분기의 지시대로 분류했을 때의 정확도를 의미한다. 어떤 도형이 점선보다 위에 있고, 그것을 검은색 원으로 분류한다면 정확도는 87.5%($\frac{검은색원}{영역\ A_1\ 구슬의\ 양} = \frac{6}{8}$)이고, 어떤 도형이 점선보다 아래에 있을 때 흰색 삼각형으로 분류한다면 정확도는 87.5%($\frac{흰색삼각형}{영역\ A_1\ 구슬의\ 양} = \frac{6}{8}$)이다.

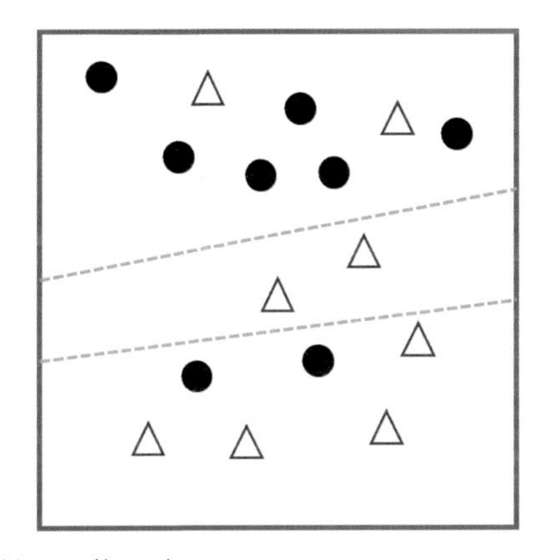

그림 4.5 영역 A를 추가로 세 부분으로 나눈 모습

그림 4.5처럼 의사 결정 트리가 각 영역을 3분할한다면 이때 정보 이득량과 의사 결정 트리는 어떻게 그릴 수 있을까? 우선 그림 4.5의 엔트로피를 계산해 보자.

$$\begin{aligned} Entropy(A) &= A_1 + A_2 + A_3 \\ &= \frac{8}{16} \times \left(-\frac{6}{8}\log_2\frac{6}{8} - \frac{2}{8}\log_2\frac{2}{8}\right) + \frac{2}{16} \times \left(-\frac{2}{2}\log_2\frac{2}{2}\right) + \frac{6}{16} \times \left(-\frac{2}{6}\log_2\frac{2}{6} - \frac{4}{6}\log_2\frac{4}{6}\right) \\ &\approx 0.75 \end{aligned}$$

그림 4.5의 정보 이득량은 그림 4.2보다 크다(0.25>0.189). 따라서 의사 결정 트리 알고리즘은 2분할보다 3분할이 더 좋은 선택이라고 결정할 것이다. 이때 의사 결정 트리의 분기점은 다음과 같이 표현될 것이다.

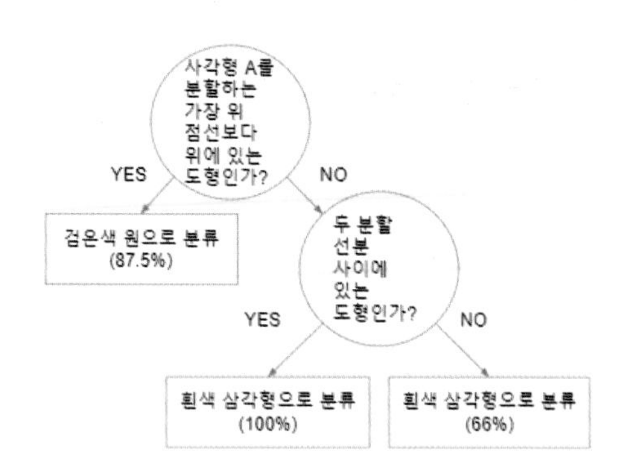

그림 4.6 3분할 의사 결정 트리의 분기점을 시각화한 모습

이 방식대로 풀 트리의 정보 이득량을 계산할 경우, 정보 이득량은 1이 나올 것이고, 엔트로피는 0이 된다. 이때 말단 노드(leaf node)의 분류 정확도는 100%다.

의사 결정 트리는 마치 스무고개나 아키네이터[3]같다. 실제로 아키네이터는 의사 결정 트리 알고리즘을 고도화해서 사용한다. 이때 질문 수를 가능한 한 줄이면서도 정확도를 높이기 위해서는 정보 이득량이 큰 방식을 상위 노드(부모 노드)에 배치해야 한다.

의사 결정 트리를 시각화할 수만 있다면 사용자는 해당 알고리즘이 어떤 계산 방법이나 원리를 사용했는지 이해하지 않아도 된다. 사용자가 도식대로 데이터를 분류하기만 하면 컴퓨터의 의사 결정 방식과 같은 결과를 얻을 수 있다. 게다가 분기점의 질문은 피처가 많아질수록 구체적이다. 사용자는 알고리즘이 어떠한 근거로 분기를 내는지, 그리고 왜 분류를 그렇게 했는지 도식을 따라가면서 파악할 수 있다. 의사 결정 트리 도식화를 통해 알고리즘이 해석 가능해지는 것이다. 의사 결정 트리 시각화 기법은 실습 단원에서 더욱 자세히 살펴본다.

3 https://kr.akinator.com/

4.2. 피처 중요도 구하기

피처 중요도(Feature Importance, 또는 퍼뮤테이션 중요도[Permutation Importance])는 데이터의 피처가 알고리즘의 정확한 분류에 얼마나 큰 영향을 미치는지 분석하는 기법이다. 피처 중요도의 주요 컨셉은 명확하다. 특정 피처의 값을 임의의 값으로 치환했을 때 원래 데이터보다 예측 에러가 얼마나 더 커지는가를 측정하는 것이다. 예를 들어, 한 피처 데이터를 변형했을 때 모델 예측 결과가 크게 달라졌다면 해당 모델은 이 피처에 의존해 판단을 내리고 있는 것이다. 일반적으로 어떤 피처가 모델 분류에 중요하지 않다면 그 피처는 모델 분류 성능에 영향을 미치지 않는다. 왜냐하면 특정 피처를 변경했을 때 모델 에러가 증가하는 경우, 머신러닝 모델은 해당 피처의 영향력이 아예 없는 것처럼 그것을 무시하기 때문이다. 이 경우 모델은 해당 피처를 무시하는 것이 내용을 반영해 에러율을 높이는 것보다 낫다고 판단한다.

2001년에는 이러한 개념을 근간으로, 퍼뮤테이션 피처 중요도(Permutation Feature Importance)라는 개념이 등장했다[4]. 그리고 이 개념을 응용해서 피셔(Fisher)와 루딘(Rudin), 도미니치(Dominici)는 모델에 의존하지 않는(Model Agnostic, 모델 애그노스틱) 피처 중요도 측정 기법을 제안했다[5].

피셔와 루딘, 도미니치가 제안한 피처 중요도 계산 방법은 다음과 같다.

Notice: 훈련된 모델 f, 피처 매트릭스 X, 목표 벡터(Target Vector) y, 에러 측정 방법 $L(y,f)$

1. 주어진 모델의 에러를 측정한다. $e^{original}=L(y,f)$
2. X의 피처 k개(k=1, …, p)에 대하여
   a. 피처 매트릭스 $X^{permutation}$을 만든다. $X^{permutation}$이란 피처 k를 매트릭스 X에서 임의의 값으로 변경한 모델이다.
   b. $X^{permutation}$으로 모델 에러를 측정한다. $e^{permutation}=L(Y,f(X^{permutation}))$
   c. 퍼뮤테이션 피처 중요도를 산정한다. $FI^k=\frac{e^{permutation}}{e^{original}}$이다. 이것 대신 차이를 이용해도 된다. $FI^k=e^{permutation}-e^{original}$
3. 피처 중요도 FI를 구한다.

알고리즘 4.1 피셔, 루딘, 도미니치의 피처 중요도 계산 방법

4 Breiman, Leo."Random Forests." Machine Learning 45 (1). Springer: 5–32 (2001).

5 Fisher, Aaron, Cynthia Rudin, and Francesca Dominici. "Model Class Reliance: Variable importance measures for any machine learning model class, from the 'Rashomon' perspective." http://arxiv.org/abs/1801.01489 (2018).

알고리즘 4.1의 2-a에서 피처를 임의의 값으로 치환할 때 $X^{permutation}$은 $X^{original}$과 $(n-1)\times n$번 비교한다. 따라서 이 방식은 전체 알고리즘이 결과를 내기까지 오래 걸린다는 단점이 있다. 따라서 세 사람은 논문에서 휴리스틱(heuristics)한 모델 의존성 계산 방법을 다시 제안한다. 그들은 데이터셋을 반으로 나누고, 반으로 나뉜 데이터셋의 피처 k를 순서대로 교환하는 모델을 제안한다. 이 계산법은 알고리즘 4.1의 2-a를 대신해서 사용하는 방법이다. 이 계산 방식은 $\frac{n \times n}{4}$만큼의 계산 비용이 든다. 따라서 전자와 비교했을 때 계산량은 같다고 할 수 있다. 그렇지만 실제로 알고리즘을 실행해 보면, 많은 경우 후자의 방법이 알고리즘 4.1보다 빨리 끝난다. 다만 후자의 단점은 정확한 피처 중요도를 산정할 수 없고 근사치를 피처 중요도로 표시하기에는 근거가 빈약하다는 점이다. 따라서 대부분 피처 중요도 계산은 알고리즘 4.1의 방식을 사용해 정확하게 구현한다.

4.3. 부분 의존성 플롯(PDP) 그리기

피처 중요도가 피처 각각을 변형하는 방식으로 머신러닝 결과를 해석했다면, 부분 의존성 플롯(Partial Dependence Plots, 이하 PDP)은 피처의 수치를 선형적으로 변형하면서 알고리즘 해석 능력이 얼마나 증가하고 감소하는지를 관찰하는 방식이다. PDP 기법을 사용하면 피처의 값이 변할 때 모델에 미치는 영향을 가시적으로 이해할 수 있다.

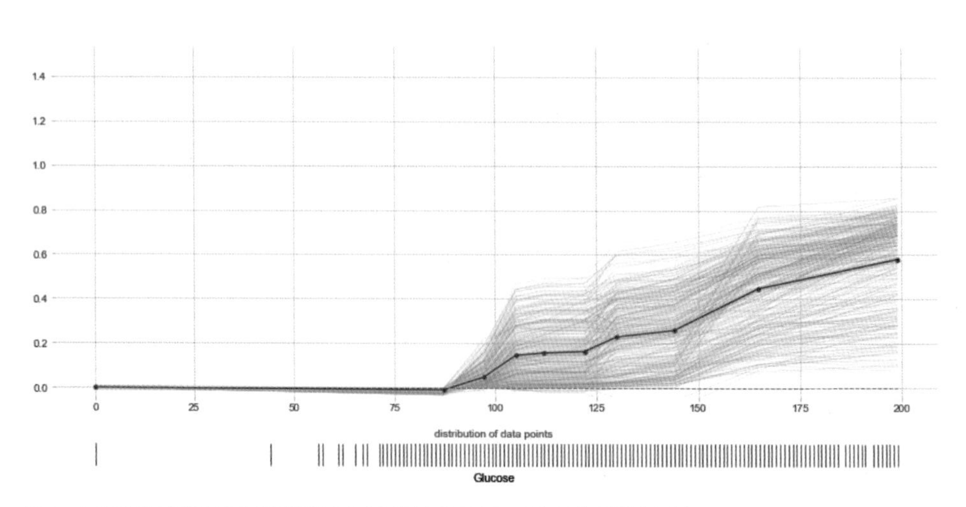

그림 4.7 PDP로 나타낸 피마 인디언의 포도당 내성 테스트에 따른 모델 영향력 구분

그림 4.7은 PDP 기법을 사용해 포도당 내성 테스트 결괏값이 변할 때 당뇨병 진단에 얼마나 영향을 주는지 판별하는 그림이다. 포도당 내성 테스트(Glucose Tolerance Test, GTT)의 경우 정상인은 80mg을 유지하지만, 당뇨병 환자는 100mg 이상의 수치를 보인다[6]. 그림 4.7에 의하면 포도당 내성 테스트 결과가 100mg 이상의 수치를 보일 때부터 당뇨병 진단 영향력이 급격하게 커지는 것을 확인할 수 있다. PDP 기법은 파이썬 패키지 소프트웨어인 pdpbox로 구현돼 있기 때문에 코드 몇 줄만으로도 실행할 수 있다[7].

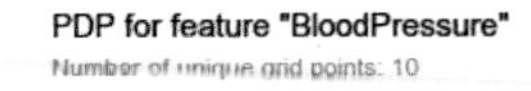

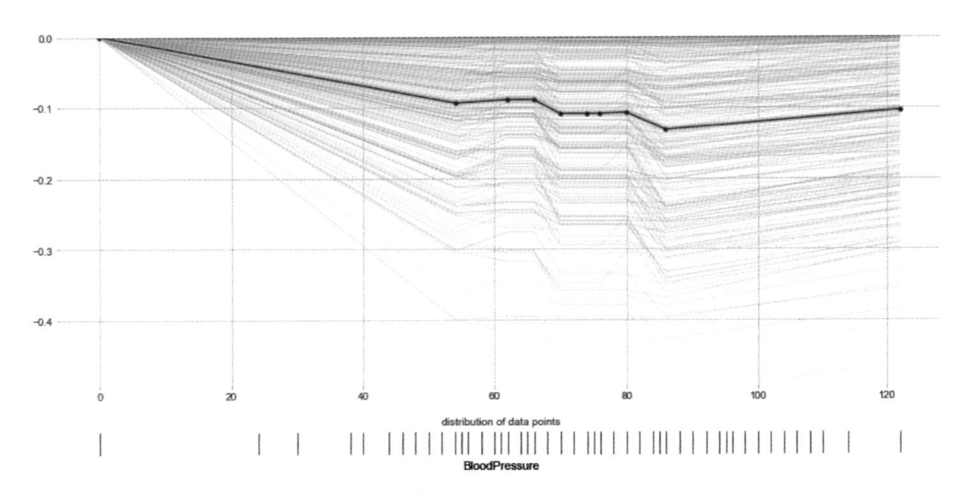

그림 4.8 PDP로 그린 피마 인디언의 혈압 증감에 따라 모델 영향력 구분

그림 4.8은 혈압 수치의 변화량에 따른 피마 인디언의 당뇨병 진단 모델의 영향도 그래프다. 당뇨병은 약 70% 정도의 확률로 고혈압을 동반한다. 당뇨병의 합병으로 오는 비만, 교감 신경 항진, 그리고 레닌이라는 물질의 활성화 등이 고혈압을 유발하는 것으로 알려졌다(참고로 정상인의 혈압 범위는 80-120mmHg이다).

그림 4.8을 보면, 당뇨병 진단은 정상 혈압 범위에서 음의 값을 보이다가 고혈압 범위에서 양의 방향으로 상승한다. 이 결과를 통해 비정상적 혈압은 당뇨병 발병과 관계가 있다고 해석할 수 있다.

6 요비중측정기 매뉴얼로부터 발췌. http://www.g-won.co.kr/part_7/sg_1.htm

7 PDPbox 매뉴얼. https://pdpbox.readthedocs.io/en/latest

지금까지 PDP를 시각적으로 살펴봤다. 이번에는 PDP를 이론적으로 알아보자. PDP는 2001년 프리드만(Friedman)이 고안한 모델이다[8]. 그는 PDP가 예측 결과와 피처가 어떤 관계에 있든 상관도를 그릴 수 있게 공식을 설계했다. 부분 의존성 함수(Partial Dependence Function)는 다음과 같이 정의된다.

$$\hat{f}_{xs}(x_s) = E_{xc}\left[\hat{f}(x_s, x_c)\right] = \int \hat{f}(x_s, x_c)dP(x_c)$$

x_s는 부분 의존성 함수가 시각화해야 할 피처고, x_c는 머신러닝 모델($\hat{f}$)이 사용하는 피처들이다($S \cap C = \emptyset$, $S \cup C = X$). 일반적으로 x_s는 하나 또는 두 개의 피처로 구성된다. 집합 S는 부분 의존성 정도를 알고 싶은 피처들의 집합이다. 피처 벡터 x_s와 x_c는 전체 피처 공간 X의 부분집합이다. 부분 의존성 함수는 x_c와 x_s의 조합이 다양할 때 머신러닝 모델의 결과가 어떤 분포를 보이는지 그 차이를 계산한다. x_s가 피처 공간 X의 전체 원소 조합에 대해 부분 의존성 함숫값을 계산할 수 있다면 부분 의존성 함수를 통해 원소 s와 전체 모델 사이의 예측 결괏값의 차이를 알 수 있다. 집합 S에 대한 PDP를 그리기 위해서는 x_s 피처를 고정하고 x_c에 대한 모든 값을 모델에 반영하여 평균하는 방식을 취한다. 따라서 위 공식은 피처 x_s가 전체 모델에 미치는 영향을 계산하기 위한 공식이다. 이 공식은 x_s에 대한 주변확률분포(marginal probability density) 전개로, x_s 피처의 영향력을 구하기 위해 x_s에 따라 변하는 x_c 피처 모든 조합을 평균하는 방식으로 계산된다. 이 차이 값이 x_s가 모델 $\hat{f}$에 영향을 미치는 부분 의존성 수치다.

부분 의존성 함수 $\hat{f}_{x_s}(x_s)$는 몬테카를로 방식을 사용해 근사할 수 있다. 공식은 다음과 같다.

$$\hat{f}_{xs}(x_s) = \frac{1}{n}\sum_{i=1}^{n} \hat{f}(x_s, x_c^i)$$

우항에 있는 변수 x_s는 관심 있는 피처들이다. x_c^i는 관심 없는 피처들의 집합이다. n은 데이터셋의 개수다. 마지막으로 전체 조합에 대해 x_s가 모델의 판단에 미치는 영향력을 평균한다. 따라서 이 공식을 통해 x_s 피처가 전체 예측에 미치는 영향력을 구할 수 있다. 이 가정에서 피처 c는 피처 s와 상관관계가 적다고 설정한다. 이 가정이 위반된다면 PDP는 피처 c에 의존적이게 그려질 것이다. 한편 이 가정이 잘 지켜진다면 x_s가 모델 $\hat{f}$에 미치는 영향력을 수치로 얻을 수 있다.

다음 단원에서는 XGBoost 라이브러리로 머신러닝 모델을 만들고 pdpbox 라이브러리를 이용해 PDP를 직접 그려볼 것이다. 지금은 PDP가 어떻게 그려지는지 이론을 파악하고 그것이 어떤 원리로 모델을 해석 가능하게 하는지 이해하는 데 초점을 맞춘다.

8 Friedman, Jerome H. "Greedy function approximation: A gradient boosting machine." Annals of statistics (2001): 1189–1232.

4.4. XGBoost 활용하기

XGBoost(eXtreme Gradient Boosting, 이하 XGBoost)가 유행하기 시작한 것은 캐글(kaggle) 때문이었다. 캐글에 생소한 사람들을 위해 설명하자면, 캐글은 데이터 과학자들이 난제를 놓고 경쟁하는 온라인 플랫폼이다. 기업들이 캐글에 문제를 출제하고 상금을 건다. 문제는 모두가 접근하고 풀 수 있는 오픈 콘테스트와 오픈 콘테스트에 우승한 사람들이 접근할 수 있는 클로즈드 콘테스트가 있다. 전 세계에 있는 데이터 과학자들은 캐글에서 관심 있는 문제를 풀고 실시간으로 성능을 겨룬다. 지원자들은 학력이나 나이와 관계없이 공개된 데이터에 접근해 문제를 푼다. 점수가 나오고, 그 점수는 리더보드에 실시간으로 집계된다. 마감 시간까지 최고의 솔루션을 제공한 팀이 상금을 탄다. 요약하자면, 문제를 풀고 그것을 제일 잘 푸는 팀이 돈을 번다. 캐글의 재미난 점은 속된 말로 재야의 고수들이 동일한 시간에 공평하게 경쟁한다는 점이다. 그리고 이 고수들은 유명 기업에만 있는 것이 아니다. 금융계 분석가, 공학자, 대학원생, 웹 개발자, 헬스 케어 종사자 등 다양한 직업군에서 고수들이 나와 캐글에서 그 실력을 겨룬다.

캐글은 전 세계가 검색하고 이용할 수 있는 데이터 경진 플랫폼이다. 공개된 문제를 공개된 방식으로 검증한다. 따라서 공평하고 공개적이다. 우승자들은 인터뷰를 하기도 한다[9]. 단순히 데이터와 검증 방법을 설명하는 것 외에도 우승자들의 직업, 사생활, 아이디어가 나온 계기, 에피소드 등 인간적인 부분이 공개된다. 이들은 공통으로 아이디어를 공유하는 데 제법 열려 있다. 다만 오픈 콘테스트 우승자는 본인이 사용한 툴을 모두 공개해야 한다는 규칙이 있다. 개인적으로도 이곳에서 XGBoost를 처음 접했다.

인터뷰에서 우승자들은 심심찮은 비중으로 XGBoost를 사용해 우승하게 됐다고 밝혔다. 그들은 XGBoost가 빠른 속도로 로직을 검증하기 좋은 라이브러리라고 설명했다. 실제로 XGBoost를 사용해 보니 모델을 만들기 간편하고 수정하기에 좋았다.

이론상 XGBoost를 완벽하게 습득하려면 배깅(Bagging)과 부스팅(Boosting)[10], 그리고 스태킹(Stacking)을 이해해야 한다. 그렇지만 부스팅을 포함한 기초 의사 결정 트리 구성 알고리

9 캐글 우승자 인터뷰: http://blog.kaggle.com/category/winners-interviews/.

10 Freund, Yoav, Robert Schapire, and Naoki Abe. "A short introduction to boosting." Journal-Japanese Society For Artificial Intelligence 14.771-780 (1999): 1612.

즘은 XAI와는 거리가 멀다. 따라서 배깅과 부스팅, 스태킹에 대해서는 이후 실전 분석 단원에서 번외로 다룰 것이다. 우선은 XGBoost를 실습하면서 파라미터들을 이해해 보자.

4.4.1. XGBoost의 장점

XGBoost는 GPU가 필수인 것처럼 보이는 현대 머신러닝 콘테스트에서 CPU만으로도 괄목할 만한 처리 성능을 보이는 알고리즘이다. 부스팅 알고리즘은 한 마디로, 약한 분류기(Classifier)를 여러 개 쌓아서 복잡한 분류기를 만드는 알고리즘이다. 피처가 많지 않다면 XGBoost 같은 부스팅 알고리즘이 처리 속도와 이해도 면에서 유리하다. 이쯤에서 분류기로서 XGBoost의 장점을 요약해 보자.

1. XGBoost는 훌륭한 그래디언트 부스팅 라이브러리다. 병렬 처리를 사용하기 때문에 학습과 분류가 빠르다.
2. 유연성이 좋다. 평가 함수(Evaluation function)를 포함해 다양한 커스텀 최적화 옵션을 제공한다.
3. 욕심쟁이 알고리즘(Greedy algorithm)을 사용해 자동으로 포레스트(Forest)의 가지를 친다. 따라서 과적합이 잘 일어나지 않는다.
4. 다른 알고리즘과 연계 활용성이 좋다. XGBoost 분류기 결론부 아래로 다른 알고리즘을 연결해 앙상블 학습이 가능하다.

요약하자면 XGBoost는 빠르고 유연하다. 호기심이 있는 독자들은 공식 문서를 찾아 읽어볼 것을 추천한다[11]. 실무에 적용하기도 그리 어렵지 않다. 그렇지만 XGBoost를 그저 시도하기 쉽다는 이유로 무작정 사용해서는 안 된다. 모든 기술에는 학습 시간이 필요하고, 학습 시간은 곧 비용이기 때문이다. XGBoost가 XAI를 소개하는 첫 번째 예시 알고리즘으로 등장한 이유는 XGBoost로 XAI 기술을 실습하기가 편리하기 때문이다.

앞서 XAI는 머신러닝 기법 자체라기보다 머신러닝 기술의 합리성을 이해하는 기술이라고 언급했다. XGBoost는 모델 자체는 간단하지만, 약한 분류기를 수없이 엮어놓기 때문에 특별한 후처리 없이는 모델을 이해하기가 어렵다. 그러나 XGBoost를 XAI 기법과 결합하면 XAI의

11 XGBoost 공식 문서: https://xgboost.readthedocs.io/en/latest/.

원리를 이해하기 쉬워지는 것은 물론이고 XGBoost에 대해 더욱 깊게 이해할 수 있다. 그럼 XAI 기술을 적용하기에 앞서 XGBoost를 실습하고 이해해 보자.

4.4.2. XGBoost는 딥러닝이 아니다

딥러닝은 하나의 학습 기법을 넘어 트렌드로 자리잡았다. 머신러닝 포럼이나 페이스북 그룹 등 어느 곳에서나 "그 문제는 딥러닝으로 풀면 될 것 같아요" 같은 답변을 심심찮게 볼 수 있다. 그렇지만 딥러닝 학습 기법이 모든 데이터 문제의 만능 솔루션이라고 말할 수는 없다. 여기에는 다양한 이유를 댈 수 있겠지만, 그중 '차원의 저주(The Curse of Dimensionality)'가 있다. 차원의 저주란 데이터의 차원이 증가할수록 해당 공간의 크기가 기하급수적으로 증가하기 때문에 공간 속 데이터 밀도가 희박해지는 상황을 말한다.

딥러닝 학습 기법은 피처 수도 많고 데이터도 많은 문제를 해결하기에 적합하다. 딥러닝 학습 기법이 아주 훌륭한 미래 먹거리라는 말에는 동의할 수 있다. 그렇지만 모든 데이터 문제를 딥러닝으로 해결할 수 있다는 말에는 동의할 수 없다.

1900년대 데이터 분석가들은 하드웨어 한계를 극복하면서도 빠른 데이터 처리를 원했다. 그들은 필터(filter)와 커널(kernel), 매핑 함수(Mapping function) 같은 기술을 개발했다. 이것이 이미지의 높은 차원을 효과적으로 축소할 수 있을 것으로 기대했다. 그리고 필터를 적용한 결과를 얕은(shallow) 머신러닝에 사용했다. 결과는 좋지 않았다. 이미지 정보를 요약하며 얻는 유용한 정보의 양보다 함수를 타며 손실되는 정보가 훨씬 많았기 때문이다. 그림 4.9는 원본 이미지에 필터를 통과시킨 결과다. 이렇게 필터 연산으로부터 이미지 정보를 요약할 수 있었다. 그렇지만 필터는 얕은 머신러닝에 적합한 전처리 방식[12]이 아니었다.

12 전처리(preprocessing, 또는 데이터 전처리): 우리가 원하는 이론이나 모델에 데이터를 알맞게 끼워 맞추기 위해 처리하는 과정. 이 과정에서 데이터가 손상되지 않게, 즉 결측치(missing) 데이터가 발생해서 데이터 활용량이 적어지지 않게 적절히 수정하는 과정이 필요하다. 데이터 과학자들은 실제 문제를 풀기 위해서 대부분의 시간을 전처리에 할애한다.

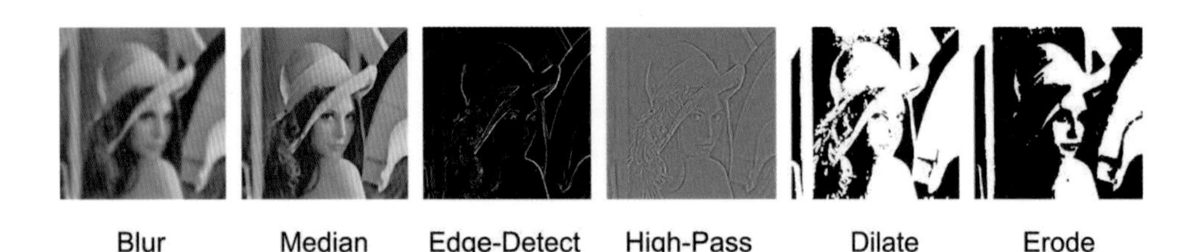

그림 4.9 원본 이미지에 필터를 통과시킨 결과

과학자들의 처음 의도와는 달리, 필터는 포토샵의 기본 기능이 됐다. 피부 뽀얗게 하기, 턱 깎기, 다리 늘리기, 외곽선 따기 등 지금 쓰고 있는 수많은 포토샵 필터의 시작은 과학자들이 이미지 정보의 차원을 효율적으로 축소하다 발견하게 된 부수 효과다.

결국 이미지 데이터에 필터를 씌운 결과를 전통적인 머신러닝 모델에 입력하는 것은 좋지 않은 해법으로 드러났다. 50년이 조금 지난 지금에야 과학자들은 필터를 결합한 딥러닝 학습 기법이 다차원 처리 문제에 적합한 솔루션임을 알아낸다[13]. 다만 다차원 처리 모델을 구축하기 위해서는 어마어마한 수의 병렬 처리 머신이 필요하다. 고급 그래픽 카드가 필요하다는 뜻이다. 딥러닝은 이미지를 학습하는 데 훌륭한 솔루션이지만, 병렬 처리 머신을 필요로 한다. 그리고 병렬 처리 머신은 금전적으로나 학습상 매몰 비용이 많이 든다.

데이터가 (상대적으로) 저차원인 문제를 해결하려면 다른 머신러닝 모델이 필요하다. XGBoost는 연산 처리 능력이 높지 않은 환경에서도 솔루션을 개발할 수 있다. 데이터의 피처가 적어도 잘 작동하고, 데이터 분류기가 유효한지에 대한 가설을 빨리 테스트할 수 있다.

XGBoost는 딥러닝이 아니지만, 작은 분류기를 여러 개 결합해 정확한 예측 모델을 만드는 기법을 사용한다. 그리고 약한 모델을 여러 개 만드는 일과 만들어진 약한 모델 수백 개를 결합하는 일은 높은 연산 처리 능력이 아니더라도 실행할 수 있다.

4.4.3. 기본 원리

XGBoost는 기본적으로 부스팅(Boosting, 또는 Additive Training)이라 불리는 기술을 사용한다. 부스팅은 약한 분류기를 세트로 묶어서 정확도를 예측하는 기법이다. 모래와 자갈, 먼지가 섞여 있는 물질에 여러 형태의 체를 가지고 조합해서 그것을 분류하는 과정과 유사하다.

13 합성곱신경망은 에지(Edge)를 감별하는 특별한 필터를 원본 이미지에 합성곱(Convolution)하여 이미지 각 성분을 학습한다.

예를 들어, 어떤 학습기 M에 대해 Y를 예측할 확률은 다음과 같다.

$$Y = M(X) + error_1 \qquad (4.1)$$

$error_1$에 대해 조금 더 상세히 분류할 수 있는 모델 G가 있다면(단, $error_1 > error_2$),

$$error_1 = G(X) + error_2 \qquad (4.2)$$

로 표현할 수 있을 것이다. 여기에 $error_2$를 더 세밀하게 분리할 수 있는 모델 H가 존재한다면 (단, $error_2 > error_3$),

$$error_2 = H(X) + error_3 \qquad (4.3)$$

으로 표현 가능할 것이다. 식 (4.1)에 식 (4.2)와 (4.3)을 적용하면,

$$Y = M(X) + G(X) + H(X) + error_3 \qquad (4.4)$$

로 표현할 수 있다. 이렇게 하면 학습기 M을 단독으로 사용했을 때보다 정확도가 높다($error_1 > error_3$). 그렇지만 식 (4.4)의 분류기는 개선의 여지가 있다. 분류기 M, G, H의 성능이 각각 다른데, 모두 같은 비중($1 \times M(X) + 1 \times G(X) + 1 \times H(X)$)으로 분류를 진행하기 때문이다. 이렇게 되면 임의의 데이터에 대해 간섭하며 오류를 높일 수 있다. 만약 각 모델 앞에 비중(weights)을 두고 머신러닝으로 최적의 비중을 찾을 수 있다면 식 (4.4)의 모델보다 훨씬 더 좋은 성능($error_3 > error_4$)을 내는 분류기가 될 것이다.

$$Y = \alpha \times M(X) + \beta \times G(X) + \gamma \times H(X) + error_4 \qquad (4.5)$$

XGBoost는 욕심쟁이 알고리즘을 사용해 분류기 M, G, H를 발견한다. 비중 파라미터(Weight Parameter)는 분산 처리를 사용해 각 분류기의 최적 반영 가중치(α, β, γ)를 빠른 속도로 찾아낸다. 분류기는 회귀 점수(Regression Score)를 사용해 정확도를 측정하고, 각각의 중요도에 따라 강한 분류기부터 약한 분류기까지 결합한 모델을 랜덤하게 생성한다. 이렇게 만들어진 분류기를 나무(Tree, 트리)라고 하며, 분류기를 조합한 최종 알고리즘을 숲(Forest, 포레스트)이라고 부른다.

XGBoost는 트리를 만들 때 CART(Classification And Regression Trees)라는 알고리즘을 사용한다. CART 알고리즘은 분류 트리 분석(Classification Tree Analysis)과 회귀 트리 분석(Regression Tree Analysis)을 동시에 사용해서 트리를 만든다. CART 모델은 일반적인 의사 결정 트리와 조금 다르다. 일반적인 의사 결정 트리가 리프 노드 하나에 대해서만 결정값(Decision value)을 갖는 것과 달리, CART 방식은 모든 리프가 모델의 최종 가치와 수치적으로 연관돼 있다. 즉, CART는 같은 분류 결과를 갖는 모델끼리도 최종 가치를 비교함으로써 모델의 우위를 선정할 수 있다.

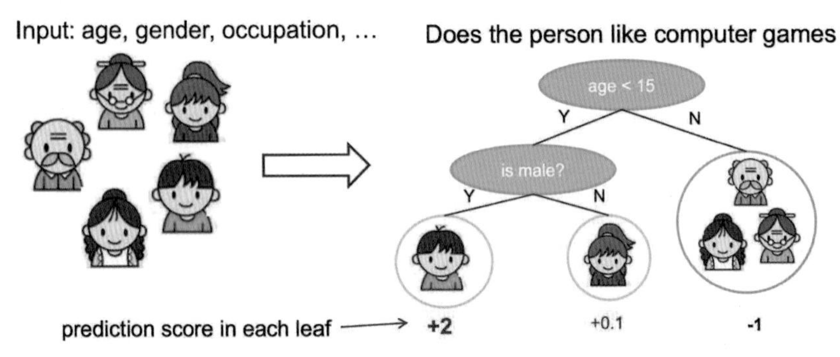

그림 4.10 다섯 명을 분류하는 트리 모델 1번[14]

예를 들어 보자. 다섯 명에 대해 '컴퓨터 게임을 좋아하는가'를 밝히기 위한 두 가지 트리 모델이 있다(그림 4.11). 트리 하나에 대해 모든 리프 노드에는 분류된 사람들이 컴퓨터 게임을 좋아하는지에 대한 스코어가 남는다. 예를 들어, 그림 4.10에서 파란색 옷을 입은 남성의 점수는 +2점으로, 컴퓨터 게임을 좋아하는 사람이다. 반면 빨간색 옷을 입은 여성의 점수는 +0.1로, 컴퓨터 게임을 좋아하는지 확신하기 어렵다. 마지막으로 나이가 15세 이상인 그룹은 컴퓨터 게임을 선호하지 않는 것 같다(−1점). 그림 4.11의 트리 2도 마찬가지다. 결국, 트리 1과 트리 2를 조합하면 파란색 옷을 입은 남성이 컴퓨터 게임을 좋아하는가에 대한 최종 점수를 얻을 수 있다.

14 이미지는 모두 Xgboost 논문에서 발췌했다. Chen, Tianqi, and Carlos Guestrin. "Xgboost: A scalable tree boosting system." Proceedings of the 22nd acm sigkdd international conference on knowledge discovery and data mining. 2016.

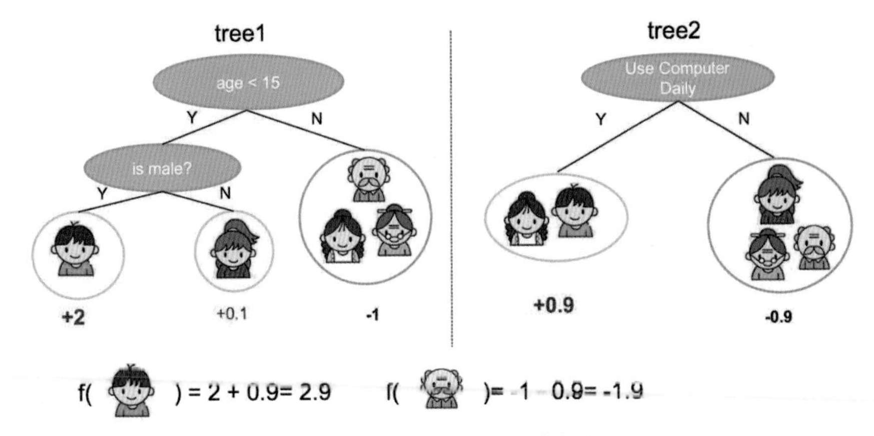

그림 4.11 다섯 명을 분류하는 두 가지 방법 또는 두 가지 트리 모델과 최종 점수

- 트리 1(파란 옷을 입은 남성)+트리 2(파란 옷을 입은 남성) = +2 + 0.9 = 2.9 (게임을 좋아함)
- 트리 1(빨간 옷을 입은 여성)+트리 2(빨간 옷을 입은 여성) = +0.1 − 0.9 = −0.8 (게임을 좋아하지 않음)

이제 빨간 옷을 입은 여성은 (트리 1만 사용했을 때와는 달리) 게임을 좋아하지 않는 것으로 드러났다. 그렇다면 앞치마를 두른 여성은 어떨까?

- 트리 1(앞치마를 한 여성) + 트리 2(앞치마를 한 여성) = −1 + 0.9 = −0.1 (모호함)

앞치마를 두른 여성은 처음에는 게임을 좋아하지 않는 것으로 분류됐지만, 두 가지 트리를 결합하면서 속성이 모호해졌다. 이것은 분류기를 만들 때 두 가지 트리에 같은 비중을 줬기 때문이다. 트리 1을 구성하는 '나이/성별 그룹' 점수보다 트리 2를 구성하는 질문지 '컴퓨터를 매일 쓰는 사람인가'가 컴퓨터 게임 선호에 중요하다고 생각한다면,

$$y = a \times tree1(x) + b \times tree2(x) + error(\text{단}, a > 0, b > 0)$$

다. 여기서 b>a이면 이 모델은 앞치마를 한 여성을 포함해 컴퓨터 게임을 선호하는 그룹을 모두 분류할 수 있다. 이렇게 어떤 모델이 유효한지나 적절한지에 대해 약한 분류기 여럿을 조합해 완성하는 과정을 부스팅(boosting)이라고 한다.

이제 K개의 트리가 있고 같은 비중으로 모델 f_k를 더해 $\hat{y}$를 예측한다고 할 때, 이 트리들이 모여 구성되는 모델 F는 다음과 같이 수식으로 표현할 수 있다.

$$\hat{y}_i = \sum_{k=1}^{K} f_k(x_i),\ f_k \in F$$

x_i는 i번째 데이터셋이다. 이때 모델 F의 목적함수 Obj는 다음과 같이 정리할 수 있다.

$$Obj = \sum_{i=1}^{n} l(y_i, \hat{y}_i) + \sum_{k=1}^{K} \Omega(f_k)$$

목적함수의 좌항($\sum_{i=1}^{n} l(y_i, \hat{y}_i)$)은 우리가 만든 트리가 얼마나 틀렸는지에 대한 목적함수고, 우항은($\sum_{k=1}^{K} \Omega(f_k)$)은 트리를 구성할 때 발생하는 복잡도다. 앞서 트리를 조합하는 방식은 CART를 통해 조절한다고 설명했다. CART 방식으로 트리를 조합할 때, 알고리즘은 처음부터 완벽한 모델을 만드는 것이 아니라 매회 반복하면서 최적의 모델을 찾아 나갈 것이다. 알고리즘이 t 회 반복 시행되며 확률론적으로 모델을 구축할 때 모델 $f_t(x_i)$와 실제 예측 간 관계를 도식으로 나타내면 다음과 같다.

$$\hat{y}_i^{t} = \hat{y}_i^{t-1} + f_t(x_i)$$

$\hat{y}_i^{t}$는 t 시점까지의 예측 점수, 그리고 $f_t(x_i)$는 t 시점의 분류기 함수다.

위 수식을 목적함수 Obj에 대입하면 다음과 같이 정리할 수 있다.

$$Obj = \sum_{i=1}^{n} l(y_i, \hat{y}_i^{t-1} + f_t(x_i)) + \sum_{k=1}^{K} \Omega(f_k)$$

이렇게 t 시점을 t−1으로 치환하고, t−1을 t−2의 시점으로, 그다음 t−2 시점을 t−3의 시점으로 반복 전개할 수 있다. 결국 t가 1이 될 때까지 목적 함수가 조정되는 것이다. 이때 CART가 하는 일은 반복적으로 시점이 옮겨지는 동안 모든 경우에 y_i에 대응할 수 있는 모델의 최적값을 찾는 것이다. CART가 어떻게 최적값을 찾아내는지 이해하기 위해, 유저가 손실함수(loss function) l을 제곱 오차(Mean square loss)로 정의했다고 하자. 이때 t 시점의 목적함수는 다음과 같다.

$$
\begin{aligned}
Obj^{(t)} &= \sum_{i=1}^{n}\left(y_i - \left(y_i^{(t-1)} + f_t(x_i)\right)\right)^2 + \Omega(f_t) \\
&= \sum_{i=1}^{n}\left[-2\left(y_i - y_i^{(t-1)}\right)f_t(x_i) + f_t(x_i)^2\right] + \Omega(f_t) + const
\end{aligned}
$$

이때, 목적함수의 $y_i - y_i^{(t-1)}$ 부분은 t−1 시행 시 손실함수가 된다. 즉, t 시행의 문제가 식 전개로 t−1 문제가 됐다. 이 목적함수는 테일러급수 전개로 표현할 수 있다. 테일러급수 전개란 도함수들의 한 점에서의 값으로 계산된 항의 무한 합으로 해석함수를 나타내는 방법이다. 이렇게 무한 합으로 t 시행의 목적함수를 t=1까지 전개해 보자.

목적함수의 원래 모양을 기억하자.

$$
Obj^{(t)} = \sum_{i=1}^{n}\left(y_i - \left(y_i^{(t-1)} + f_t(x_i)\right)\right)^2 + \Omega(f_t)
$$

잠시 테일러급수 전개 근사치를 상기하자. 테일러 급수 근사 방식을 사용하면 목적 함수를 분산 처리가 가능한 전개식으로 분해할 수 있다.

$$
F(x + \Delta x) \simeq F(x) + F'(x)\Delta x + \frac{1}{2}F''(x)\Delta x^2
$$

테일러 급수 전개를 사용해 목적함수를 치환하자.

$$
Obj^{(t)} \simeq \sum_{i=1}^{n}\left[l\left(y_i, y_i^{(t-1)}\right) + g_i f_t(x_i) + \frac{1}{2}h_i f_t^2(x_i)\right] + \Omega(f_t) + const
$$

여기서 g_i는 $y^{(t-1)}$에 대한 1차 편미분 함수고, h_i는 $y^{(t-1)}$에 대한 2차 편미분 함수다.

$$
\begin{aligned}
g_i &= \partial_{y_i^{(t-1)}} l\left(y_i, y_i^{(t-1)}\right) \\
h_i &= \partial^2_{y_i^{(t-1)}} l\left(y_i, y_i^{(t-1)}\right)
\end{aligned}
$$

손실함수 l은 t 시점에서 상수다. 따라서 상수를 $const$에 포함시키면 다음과 같이 표현할 수 있다.

$$Obj^{(t)} \simeq \sum_{i=1}^{n}\left[g_i f_t(x_i) + \frac{1}{2}h_i f_t^2(x_i)\right] + \Omega(f_t) + const$$

$\Omega(f_t)$는 각각의 트리에 대해 비중을 조절하는 조정 함수다.

XGBoost에서는 Ω 폼(formula)을 트리의 비중을 조절하는 조정 함수로 두는데, 이것은 다음과 같이 전개할 수 있다.

$$\Omega(f_t) = \gamma T + \frac{1}{2}\lambda\sum_{j=1}^{T}\omega_j^2$$

여기서 T는 잎의 개수고, $\frac{1}{2}\lambda\sum_{j=1}^{T}\omega_j^2$ 부분은 리프 점수의 유클리드 노름(또는 L2 노름) 함수다. j는 t번째 리프를 연결하는 가지(branch)를 의미한다($t \in T$). Ω 폼 중 γT는 우리가 만든 모델이 얼마나 정확하게 만들어졌는지에 대한 복잡도를 조정하고, 유클리드 노름은 만들어진 트리의 가중치가 너무 커지지 않게 조정한다. L2 노름 함수는 최적화가 가능하다. L2 노름을 포함하고 있는 Ω 폼과 목적함수는 최적화가 가능하다.

$$\begin{aligned} Obj^{(t)} &\simeq \sum_{i=1}^{n}\left[g_i f_t(x_i) + \frac{1}{2}h_i f_t^2(x_i)\right] + \Omega(f_t) = \sum_{i=1}^{n}\left[g_i f_t(x_i) + \frac{1}{2}h_i \omega_{q(x)}^2\right] + \gamma T + \lambda\frac{1}{2}\sum_{j=1}^{T}\omega_j^2 \\ &= \sum_{i=1}^{n}\left[\sum_{i\in Ij} g_i \omega_j + \frac{1}{2}\sum_{i\in Ij}(h_i + \lambda)\omega_j^2\right] + \gamma T \end{aligned}$$

결국 t 시점의 목적함수는 T개의 비중을 가진 이차식의 합으로 전개할 수 있다. 이때 함수 g와 h에 대해 최솟점이 되는 x와 그때의 최솟값을 구하면 각각 다음과 같다. 이제 $\sum_{i\in Ij} g_i$는 G로, $\sum_{i\in Ij}(h_i + \lambda)$는 H로 축약하자.

$$\text{argmin}_x\left(Gx + \frac{1}{2}Hx^2\right) = -\frac{G}{H},\ H > 0$$
$$\text{min}_x\left(Gx + \frac{1}{2}Hx^2\right) = -\frac{1G^2}{2H}$$

이때 목적함수에 대한 최적의 비중 값 ω^*와 목적함수의 최적값은 다음과 같다.

$$\omega_j^* = -\frac{G_j}{H_j}$$

$$Obj = -\frac{1}{2}\sum_{j=1}^{T}\frac{G_j^2}{H_j} + \gamma T$$

이때 $\frac{G_j^2}{H_j}$ 부분이 트리 구조가 얼마나 정교한지를 나타내는 비중 값(ω^*)이다.

이 공식에 따라 이제 XGBoost가 만든 트리 T가 주어졌을 때 최적의 점수를 갖는 목적함수를 구할 수 있고, 그때 포레스트를 만드는 최적의 비중 ω^*도 알 수 있다. 이 공식은 트리가 매 순간 분기하면서 얻을 수 있는 정보 이득을 계산한다. XGBoost 알고리즘에서 가지를 자르는(pruning) 과정은 정보 이득이 마이너스일 때 수행된다. 정보 이득 값을 계산하는 폼 또한 최적화됐다. 이때 분리되는 가지 L과 R은 원소 간 중복이 발생하지 않는 서로소 관계(disjoint)다. 따라서 결합 부분에 대한 차이를 합으로 표시해도 무방하다.

$$Gain = \frac{G_L^2}{H_L} + \frac{G_R^2}{H_R} - \frac{(G_L + G_R)^2}{H_L + H_R} - \gamma$$

여기서 L은 왼쪽 종단 노드 점수(Left side children score)고, R은 오른쪽 종단 노드 점수(Right side children score)다. 위 공식에 의하면 Gain이 음수가 될 때 가지를 치면 해당 포레스트는 정보 이득량이 최대가 된다. 이론 설명은 여기까지다. 만약 이 설명에도 부족함을 느낀다면 저자의 원 논문[15]이나 직강[16]을 참조하기 바란다.

4.4.4. 파라미터

XGBoost의 파라미터는 크게 3가지가 있다. 하나는 도구의 모양을 결정하는 일반 파라미터(General Parameters)다. 두 번째는 부스터 파라미터(Booster Parameters)로, 트리마다 가지를 칠 때 적용하는 옵션을 정의한다. 마지막으로 학습 과정 파라미터(Learning Task Parameters)라는 최적화 성능을 결정하는 파라미터가 있다. 소개하자면 끝이 없을 테고, 여기

15 https://arxiv.org/abs/1603.02754

16 http://homes.cs.washington.edu/~tqchen/pdf/BoostedTree.pdf

서는 실습에 꼭 필요한 파라미터 위주로 소개한다. 더 많은 정보는 XGBoost 기술 문서[17]에서 확인할 수 있다.

4.4.4.1. 일반 파라미터

1. booster: 어떤 부스터 구조를 쓸지 결정한다. gbtree, gblinear, dart가 있다.
2. nthread: 몇 개의 스레드를 동시에 처리하게 할지 결정한다. 디폴트는 '가능한 한 많이'다.
3. num_feature: 피처 차원의 숫자를 정해야 하는 경우 옵션을 세팅한다. 디폴트는 '가능한 한 많이'다.

4.4.4.2. 부스팅 파라미터

1. eta: 학습률(learning rate)이다. 트리에 가지가 많을수록 과적합되기 쉽다. 부스팅 스텝마다 가중치(weight)를 주어 부스팅 과정에 과적합이 일어나지 않게 한다.
2. gamma: 정보 이득(Information Gain)에서 $-r$로 표현했다. 이것이 커지면 트리 깊이가 줄어들어 보수적인 모델이 된다. 디폴트 값은 0이다.
3. max_depth: 한 트리의 최대 깊이. 숫자가 클수록 모델의 복잡도가 커진다. 과적합하기 쉽다. 디폴트는 6이고, 이때 리프 노드의 개수는 최대 $2^6=64$개다.
4. lambda(L2 reg-form): L2 Regularization Form에 부여되는 비중 값이다. 숫자가 클수록 보수적인 모델이 된다.
5. alpha(L1 reg-form): L1 Regularization Form 비중이다. 숫자가 클수록 보수적인 모델이 된다.

4.4.4.3. 학습 과정 파라미터

1. objective: 목적 함수다.
   a. reg:linear(linear-regression)
   b. binary:logistic(binary-logistic classification)
   c. count:poisson(count data poisson regression) 등

17 http://xgboost.readthedocs.io/en/latest/parameter.html

2. `eval_metric`: 모델의 성능을 측정하는 방식을 결정한다.

   a. `rmse`(root mean square error)

   b. `logloss`(log-likelihood)

   c. `map`(mean average precision) 등

학습 과정 파라미터는 데이터의 성격에 맞춰 적절한 값을 대입하며 최적값을 찾아야 한다.

4.4.4.4. 커맨드 라인 파라미터

1. `num_rounds`: boosting 시행 횟수를 결정한다. 랜덤하게 생성되는 모델이니만큼 수가 적당히 큰 게 좋다. 일반 머신러닝에서 epoch 옵션과 같다.

4.4.5. 실제 동작과 팁

모델을 구축할 때 파라미터를 제대로 이해하고 있어야만 시행착오가 줄어든다. 가령 이진 분류(binary-classification) 문제에 선형 회귀 기법(Linear-regression)을 적용해놓고 L1, L2 파라미터를 조정하고 있다면 많은 시간을 낭비하게 될 것이다. 경험상 파라미터 우선순위는 다음과 같다. 이것은 어디까지나 팁일 뿐이니 참조만 하자.

1. `booster` (부스터 모양)
2. `eval_metric` (평가함수) / `objective` (목적함수)
3. `eta` (Learning Rate)
4. `L1 form` (L1 regularization form이 L2 form보다 아웃라이어에 민감하다)
5. `L2 form`

다시 한번 말하지만, 파라미터 조정 우선순위는 사용자가 임의로 결정하는 부분이다. 단순하게 생각한다면 모든 옵션에 대해 `for loop`를 돌려도 된다. 기본값을 사용해도 괜찮다. 개인적 경험을 참고삼아 얘기하자면, XGBoost의 기본 옵션으로 피마 인디언 당뇨 지수를 학습한

모델의 F1-점수[18]와 저자가 찾은 모델의 F1-점수는 각각 0.52(F1: 0.02)와 0.91(F1: 0.907)이다.

4.5. 실습 1: 피마 인디언 당뇨병 결정 모델

지금까지는 모델을 만들고 XAI 기법을 적용하는 데 필요한 이론을 공부했다. 이번에는 실습 데이터를 가지고 간단한 실험을 해 보자. 데이터 이름은 '피마 인디언 당뇨병 진단(Pima Indian diabetes set)'으로, 세계에서 당뇨병 발병 비율이 가장 높은 애리조나 주의 피마 인디언을 대상으로 조사한 자료다[19]. 자료 속성은 8가지로, 다음과 같다.

1. 임신 횟수
2. 경구 포도당 내성 검사에서 혈장 포도당 농도(2시간 이후 측정)
3. 확장기 혈압(mmHg)
4. 삼두근 피부 두께(mm)
5. 인슐린 혈청(μU/ml) 저항성(2시간 이후 측정)
6. 체질량 지수($\text{BMI} = \frac{\text{몸무게}(kg)}{\text{키}\ (m)^2}$)
7. 당뇨병 병력 함수
8. 나이(세)

이 여덟 가지 피처를 바탕으로 당뇨병 진단 결과가 이진수로 주어진다. 0은 당뇨병이 아님, 1은 당뇨병이다.

18 F1-점수에 대한 설명은 참고자료의 '컨퓨전 행렬' 단원을 참조

19 https://www.kaggle.com/uciml/pima-indians-diabetes-database

4.5.1. 학습하기

XAI를 구축하기에 앞서 가장 먼저 해야 할 일은 AI를 만드는 일이다. Xgboost를 사용해서 피마 인디언의 당뇨를 진단하는 모델을 만들어보자. 이 데이터는 캐글에서 직접 내려받을 수 있다[20].

예제 4.1 당뇨병 진단 모델을 XGBoost 알고리즘을 사용해 구현한 코드

```
from numpy import loadtxt
from sklearn.metrics import accuracy_score
from sklearn.model_selection import train_test_split
from xgboost import XGBClassifier

# 데이터 로드
dataset = loadtxt('pima-indians-diabetes.csv', delimiter=',')
# X와 Y로 데이터 분리
X = dataset[:, 0:8]
y = dataset[:, 8]

x_train, x_test, y_train, y_test = train_test_split(X, y, test_size=0.20,
random_state=7)

# 학습 데이터로 모델을 학습시키기
model = XGBClassifier()
model.fit(x_train, y_train)

# 예측하기
y_pred = model.predict(x_test)
predictions = [round(value) for value in y_pred]

# 평가하기
accuracy = accuracy_score(y_test, predictions)
print('Accuracy: %.2f%%' % (accuracy * 100.0))
```

예제 4.1을 실행하면 81.17%의 테스트 정확도가 나온다(정확도는 학습 상황이나 학습/테스트 데이터 분리 비중에 따라 차이가 있을 수 있다). 이제 다음 코드를 입력해서 데이터 하나에 대한 정확도를 확인해 보자.

20 https://www.kaggle.com/uciml/pima-indians-diabetes-database/download

예제 4.2 학습된 모델로 특정 환자에 대해 당뇨병을 진단하는 코드

```
value = [1, 161, 72, 35, 0, 28.1, 0.527, 20]

l = model.predict_proba(value)
print('No diabetes: {:.2%}\n Yes diabetes: {:.2%}'.format(l[0][0], l[0][1]))
```

예제 4.2의 코드를 실행하면 학습된 모델이 특정 환자에 대해 당뇨병을 진단한 결과를 출력한다. 우리가 구축한 모델이 당뇨병이 아니라고 진단할 확률(No diabetes)은 69.09%고, 당뇨병이라고 진단할 확률(Yes diabetes)은 30.91%다. 즉, 임신 횟수 1회, GTT 수치 161, 혈압 72mmHg, 피부 두께 35mm, 인슐린 수치 0, BMI 지수 28.1, 당뇨병 병력 함수 0.527, 나이 20세인 환자에 대해 학습한 모델은 69.09%의 확률로 당뇨병이 없을 것이라고 진단한다.

일반적인 학습 모델은 위의 과정을 통해 완성되고 그대로 사용된다. 그러나 81.17%의 정확도가 부족하다고 느끼는 데이터 과학자도 있을 수 있다. 그런 사람들은 파라미터 튜닝으로 테스트 정확도를 올리려고 한다. 그렇지만 파라미터 튜닝만으로는 위 모델이 어떤 원리로 환자를 당뇨라고 진단하는지, 8가지 피처의 우선순위는 어떻게 구성되는지, 그리고 각 피처의 수치 변화에 따라 당뇨병 진단 가능성은 어떻게 변화하는지 등에 대한 질문에는 답할 수 없다. 그저 '좋은 데이터가 부족해서'나 '파라미터 튜닝이 부족해서'라는 말을 할 수 있을 뿐이다. XAI 기법 없이는 파라미터의 복잡성이나 알고리즘 학습에 걸리는 시간 정도만 언급할 수 있을 뿐, 각 피처가 어떤 의미가 있거나 수치가 달라지는 상황에 대해서는 아무런 설명도 할 수 없다. 이런 상황에서 과연 일반인이 그 모델을 신뢰할 수 있을까? 이때 XAI 기법을 결합하면 더욱 현실적인 질문에 대답할 근간을 마련할 수 있다.

4.5.2. 설명 가능한 모델 결합하기

L1, L2, nthread, eta 등의 파라미터 튜닝은 모델의 테스트 정확도는 올릴 수 있을지언정 모델의 당뇨병 진단 이유를 설명할 수는 없다. 그러나 머신러닝 모델에 XAI를 결합하면 피처와 모델에 대한 해석이 가능해진다. 데이터 과학자는 머신러닝 모델에 XAI 기법을 응용함으로써 의사의 소견을 강화할 수 있다. 또한, XAI는 환자에게 진단 결과를 설명할 때 도움을 주기도 하고, 환자가 스스로 진단 결과를 해석하려고 할 때도 큰 도움이 된다. XAI는 튜닝을 하거나

새로운 피처를 고안할 때도 새로운 통찰을 준다. 파라미터와 가중치로 복잡하게 얽혀 있는 블랙박스를 이해함으로써 '생각의 틀을 깨는(Think outside the box)' 사고를 할 수 있게 된다.

4.5.2.1. 의사 결정 트리 시각화

앞에서 의사 결정 트리를 시각화함으로써 의사 결정 모델이 내리는 진단을 좀 더 단계별로 이해할 수 있었다(그림 4.4, 그림 4.11). 파이썬 패키지인 Graphviz[21]를 사용하면 XGBoost로 생성한 모델에 대해 의사 결정 트리를 시각화할 수 있다. 예제 4.1에 이어 다음 코드를 입력해 보자.

예제 4.3 Graphviz 패키지를 이용해 모델의 의사 결정 트리를 시각화하는 코드

```
%matplotlib inline
import os
# graphviz 경로 설정하기
os.environ["PATH"] += (os.pathsep + 'C:/Program Files (x86)/Graphviz2.38/bin/')

from xgboost import plot_tree

import matplotlib.pyplot as plt
from matplotlib.pylab import rcParams

rcParams['figure.figsize'] = 100,200

# 의사 결정 트리 시각화
plot_tree(model)
plt.show()
```

예제 4.3을 입력하고 결과를 기다리면 다음과 같은 결과를 얻을 수 있다.

21 https://pypi.org/project/graphviz/

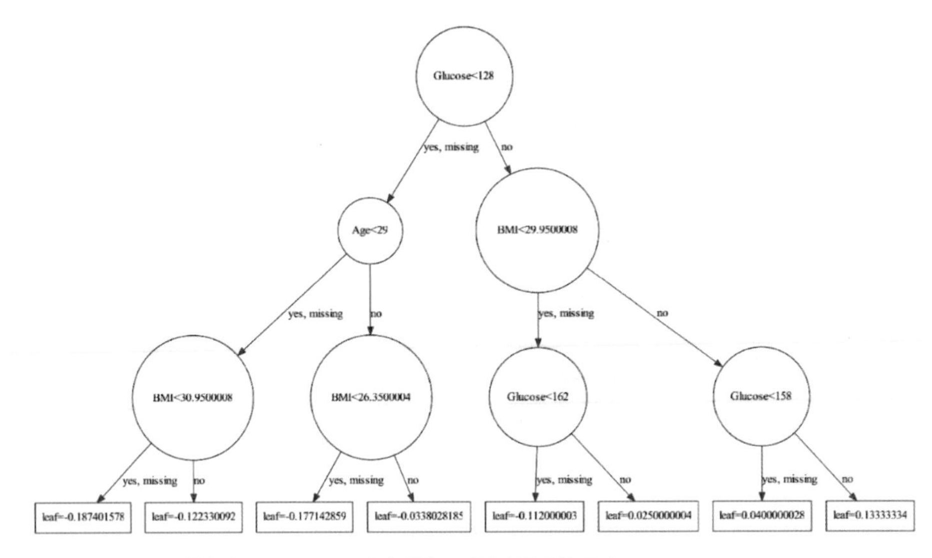

그림 4.12 XGBoost로 학습하고 Graphviz로 의사 결정 트리를 시각화한 결과

그림 4.12에 대한 해석은 조금 뒤에 하자. 우선 예제 4.3이 어떤 과정을 거쳐서 의사 결정 트리를 시각화하는지 한 줄씩 파악해 보자. `%matplotlib inline` 명령어는 ipython notebook에서 결과로 나타나는 미디어(음악, 그림, 애니메이션)를 현재 브라우저에서 표현하는 명령어다.

예제 4.4 운영체제의 환경 변수 경로에 Graphviz 패키지의 바이너리 소스를 추가로 설정하는 코드

```
import os
# graphviz 경로 설정하기
os.environ["PATH"] += (os.pathsep + 'C:/Program Files (x86)/Graphviz2.38/bin/')
```

파이썬에서 Graphviz 패키지를 설치하고 예제 4.3을 바로 실행하면 런타임 에러가 날 수가 있다. Graphviz는 DOT 언어를 사용하는 그래프를 시각화할 수 있는 오픈소스 다이어그램 문법이다. 따라서 추가로 프로그램 설치[22]와 파이썬 경로 설정[23]이 필요할 수 있다. 예제 4.4는 Graphviz를 설치한 경로를 운영체제 환경 변수에 추가하는 코드다. 런타임 에러가 난다면 예제 4.4의 코드로 환경 변수를 추가하거나 운영체제 환경 변수 설정에서 Graphviz의 바이너리 경로를 지정해야 한다.

22 Graphviz 설치 페이지. https://graphviz.gitlab.io

23 Graphviz에서 런타임 오류가 날 때 해결법: 경로 설정. https://stackoverflow.com/questions/35064304/runtimeerror-make-sure-the-graphviz-executables-are-on-your-systems-path-aft

from xgboost import plot_tree 명령어는 Graphviz에 의존해 학습된 모델을 의사 결정 트리로 플롯한다[24].

예제 4.5 플롯하는 이미지 크기를 조정하는 코드

```
import matplotlib.pyplot as plt
from matplotlib.pylab import rcParams

rcParams['figure.figsize'] = 100,200
```

예제 4.5의 rcParams는 matplotlib에서 보여주는 차트의 시각화 옵션을 다시 설정한다. figure.figsize는 그림의 (가로, 세로)를 인치 단위로 조정하는 파라미터다. 이밖에 다른 옵션은 matplotlib의 공식 문서에서 확인할 수 있다[25].

예제 4.6 당뇨병 진단 학습 모델의 의사 결정 트리를 시각화하는 코드

```
# 의사결정 트리 시각화
plot_tree(model)
plt.show()
```

예제 4.6은 Graphviz 패키지로 모델의 의사 결정 트리를 시각화하는 코드다. 위 함수를 수행하면 노트북 셀 바로 아래에 당뇨병 진단 모델의 의사 결정 트리를 시각화할 수 있다.

이제 그림 4.12의 노드와 에지, 그리고 리프 노드의 결괏값을 하나씩 해석하면서 당뇨병 진단 모델의 의사 결정 과정을 따라가 보자.

24 https://xgboost.readthedocs.io/en/latest/python/python_api.html

25 https://matplotlib.org/api/matplotlib_configuration_api.html#matplotlib.RcParams

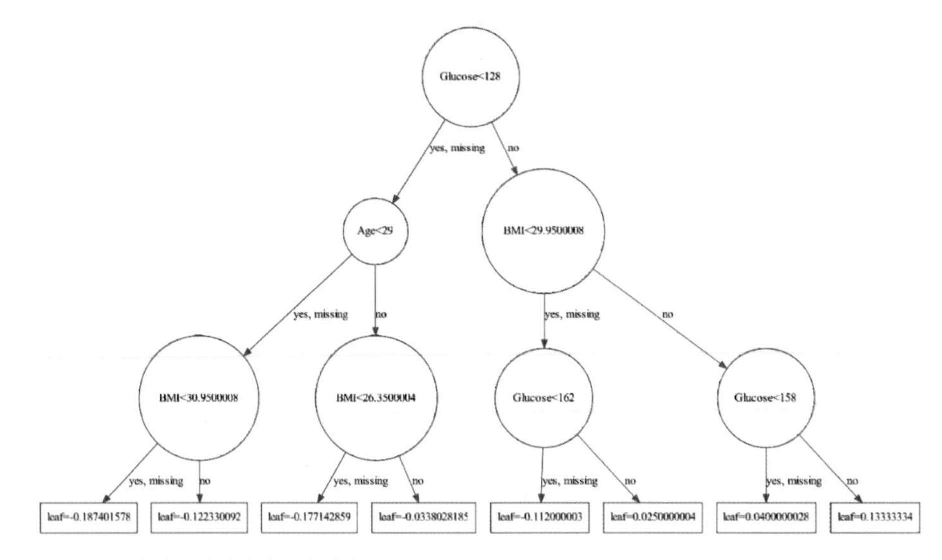

그림 4.13 당뇨병 진단 의사 결정 트리 시각화

그림 4.13의 루트 노드는 GTT 테스트 결과가 128 미만인지를 묻고 있다. 이때 가지고 있는 데이터의 GTT 테스트 수치가 128 미만이거나 데이터가 존재하지 않는다면 'yes, missing'을, 그렇지 않으면 'no'를 따라 오른쪽 노드를 선택한다.

앞서 '의사 결정 트리' 단원 초반에 의사 결정 트리는 부모 노드에서 내려갈수록 정보 이득량이 적어진다고 언급했다. 다시 말해, 최상단 노드에서 Glucose 수치를 묻는다는 것은 해당 피처로 환자를 분류했을 때 당뇨병 분류 정보 이득량이 가장 많다는 것을 간접적으로 시사한다. 당뇨병 진단 모델은 GTT 테스트 수치를 1순위로 환자를 진단한다.

이번에는 예제 4.2에 있는 환자의 데이터를 근거로 당뇨병 진단 모델의 의사 결정 과정을 따라가 보자. 이 환자의 GTT 수치는 161이었다. 'no'를 따라 오른쪽 노드를 선택하자.

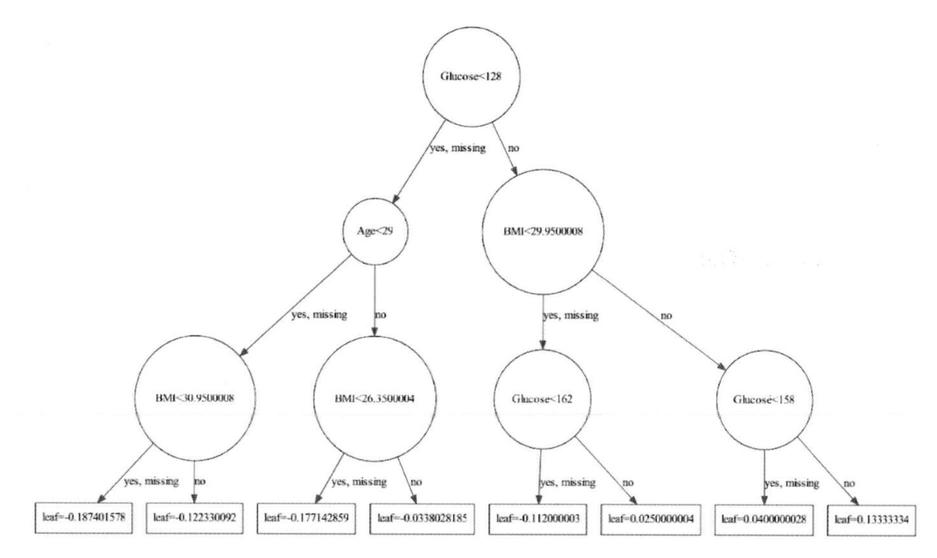

그림 4.14 GTT 수치가 161인 환자에 대한 당뇨병 진단 의사 결정 트리

그림 4.14에서 의사 결정 트리는 환자의 BMI 수치를 묻고 있다. 우리가 알고 있는 환자의 BMI는 28.1이다. 'yes, missing'을 선택하고 왼쪽 노드로 이동하자. 의사 결정 트리가 다시 한 번 GTT 결과를 묻는다. 이번에는 루트 노드에서 물었던 128보다 훨씬 더 높은 162다. 환자는 161의 수치를 보였다. 이번에도 'yes, missing'을 선택하자.

종단 노드는 `leaf=-0.112000003`이라는 값을 출력했다. 앞서 이 환자가 당뇨병이 없을 확률은 69.09%였다. 감이 좋은 독자라면 음수가 '당뇨병 없음'을 진단하는 것이라고 추정했을지도 모르겠다. 맞다. 종단 노드의 값은 로지스틱 함수 확률값(logistic function probability score)으로, 0은 중립, 음수는 당뇨병 없음, 양수는 당뇨병 있음을 진단한다. 종단 노드 값을 확률로 표시하는 공식은 다음과 같다.

$$p(x) = \frac{1}{1 + e^{-leafvalue}}$$

leaf value에 `-0.11200003`을 넣고 계산하면 `0.472`가 나온다. 이진법 로지스틱 함수의 결과는 `0.5(50%)`가 넘으면 당뇨병이고 그렇지 않으면 당뇨병이 아니라고 진단한다. 이 환자는 47.2%가 나왔다. 따라서 모델은 환자가 당뇨병을 앓고 있지 않다고 진단한다.

모델이 너무 많은 수의 의사 결정 트리 가지를 그린다고 생각된다면 XGBClassifier의 옵션을 변경해서 의사 결정 트리의 가지를 프루닝할 수 있다.

예제 4.7 XGBClassifier의 max_depth 옵션을 조절해 의사 결정 트리를 가지 치는 코드

```
# 학습 데이터로 모델을 학습시키기
model = XGBClassifier(max_depth=2)
```

이때 의사 결정 트리는 다음과 같이 표현된다.

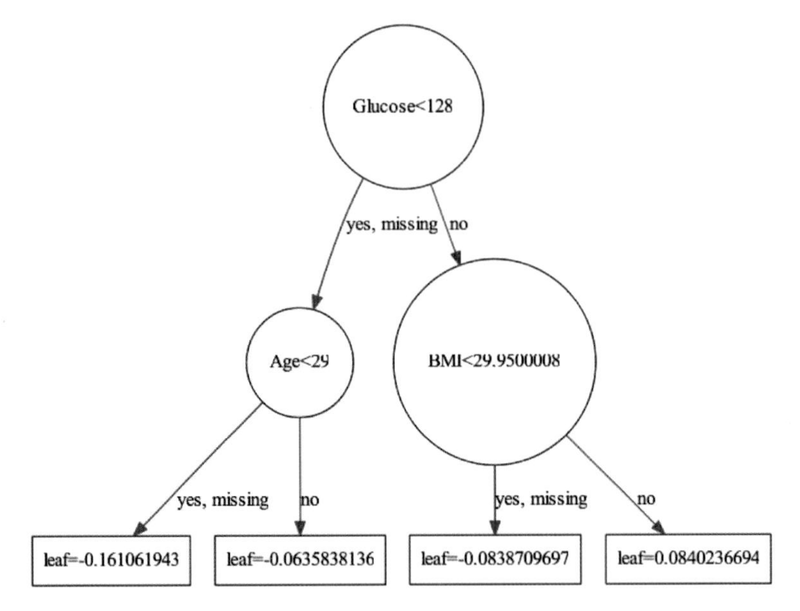

그림 4.15 가지치기를 거친 의사 결정 트리

물론 max_depth 옵션을 높여서 더 복잡한 의사 결정 트리를 만들 수도 있다(그림 4.16).

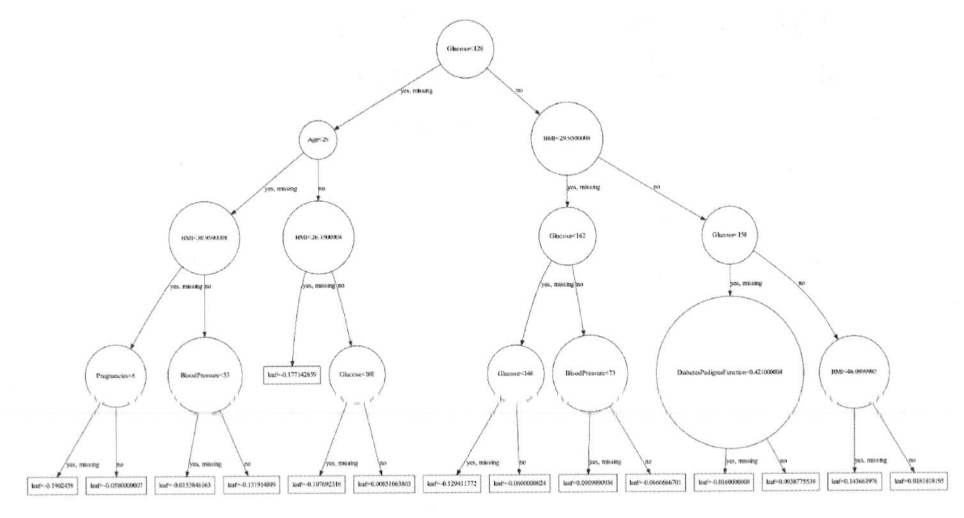

그림 4.16 max_depth가 4인 의사 결정 트리

이처럼 의사 결정 트리를 시각화하면 모델이 어떤 비중으로 특정 피처를 우선순위로 생각하는지, 그리고 단계마다 어떤 기준으로 당뇨병을 진단하는지 순서대로 따라가 볼 수 있다.

4.5.2.2. 피처 중요도 구분하기

앞서 피처 중요도란 해당 피처가 모델의 에러를 얼마나 줄여주는지를 근거로 중요성을 측정하는 방법이라고 설명했다. 알고리즘 4.1의 피셔, 루딘, 도미니치 방법을 다시 상기해 보자.

Notice: 훈련된 모델 f, 피처 매트릭스 X, 목표 벡터(Target Vector) y, 에러 측정 방법 $L(y,f)$

1. 주어진 모델의 에러를 측정한다. $e^{original}=L(y,f)$
2. X의 피처 k(k=1, …, p)에 대하여
   - a. 피처 매트릭스 $X^{permutation}$을 만든다. $X^{permutation}$이란 피처 k를 매트릭스 X에서 임의의 값으로 변경한 모델이다.
   - b. $X^{permutation}$으로 모델 에러를 측정한다. $e^{permutation}=L(Y,f(X^{permutation}))$
   - c. 퍼뮤테이션 피처 중요도를 산정한다. $FI^k=\frac{e^{permutation}}{e^{original}}$ 이다. 이것 대신 차이를 이용해도 된다. $FI^k=e^{permutation}-e^{original}$
3. 피처 중요도 FI를 구한다.

알고리즘 4.1 피셔, 루딘, 도미니치의 피처 중요도 계산 방법

알고리즘 4.1은 특정 피처마다 한 번씩 순회하면서 모델을 만들고 에러를 측정하며 FI를 조정한다. 이때 중요한 점은 피처들 모두가 서로에게 상호 의존성이 약해야 한다는 것이다. 가령 피처 중에 BMI와 키, 몸무게가 함께 있다고 하면 BMI는 키와 몸무게를 사용하므로 피처 중요도가 정확하게 계산되지 않을 것이다. BMI는 $\frac{몸무게}{신장^2}$ 공식으로 계산되는데, 이때 피처 중요도를 계산하느라 세 값 중 하나를 임의의 값으로 변경하게 되면 $e^{permutation}$이 현저히 높아지고, 세 피처에 대한 모델 중요도가 다른 피처를 압도하게 된다. 따라서 피처 중요도는 피처 간 의존성이 낮은 상태에서 효율이 높다는 것을 기억해야 한다.

예제 4.8은 예제 4.1에 이어 학습한 모델의 피처 중요도를 계산하고 결괏값을 시각화하는 코드다.

예제 4.8 당뇨병 진단 모델의 피처 중요도를 계산하고 시각화하는 코드

```
from xgboost import plot_importance

rcParams['figure.figsize'] = 10, 10

plot_importance(model)

plt.yticks(fontsize=15)
plt.show()
```

예제 4.8의 `plot_importance`는 학습된 모델을 가지고 각 피처를 분해해 중요도 행렬(importance matrix)을 계산한다. 중요도 행렬은 의사 결정 트리와 유사하게 피처의 중요성을 줄 세우기하고 각 피처의 커버리지, 정보 이득 값(Gain)을 계산한다. `plot_importance`는 중요도 행렬의 결괏값을 F-measure 점수로 표현하고 정렬한다.

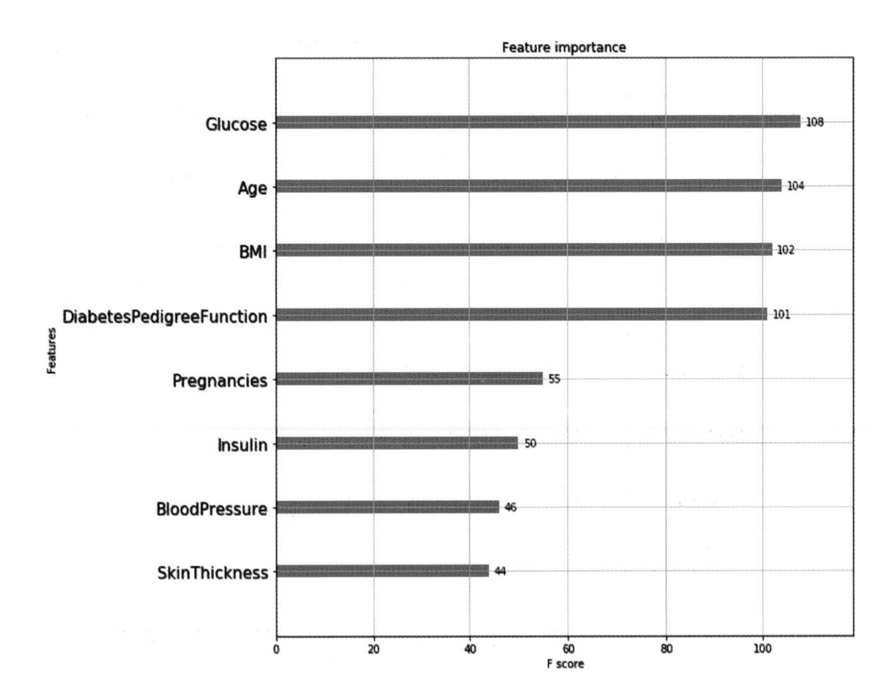

그림 4.17 max_depth가 3일 때 피처 중요도 그래프

앞서 그림 4.12에서 트리 깊이가 3일 때 최상단 노드의 분기점은 GTT 수치였다. 그림 4.17의 피처 중요도 그래프에서도 글루코스(Glucose) 피처가 당뇨병을 진단하는 데 가장 중요한 요소라고 드러났다. 물론 피처 중요도의 순서가 꼭 의사 결정 트리의 순서를 결정하는 것은 아니다. 의사 결정 트리는 노드의 선정과 분기 기준이 정보 이득이 큰 방향이고, 피처 중요도는 모델의 분류 에러가 큰 순서로 정렬되기 때문이다. 그러나 일반적으로 피처 중요도와 의사 결정 트리의 순서는 대부분 일치한다. 이제 트리 깊이가 4일 때 피처 중요도를 측정해 보자.

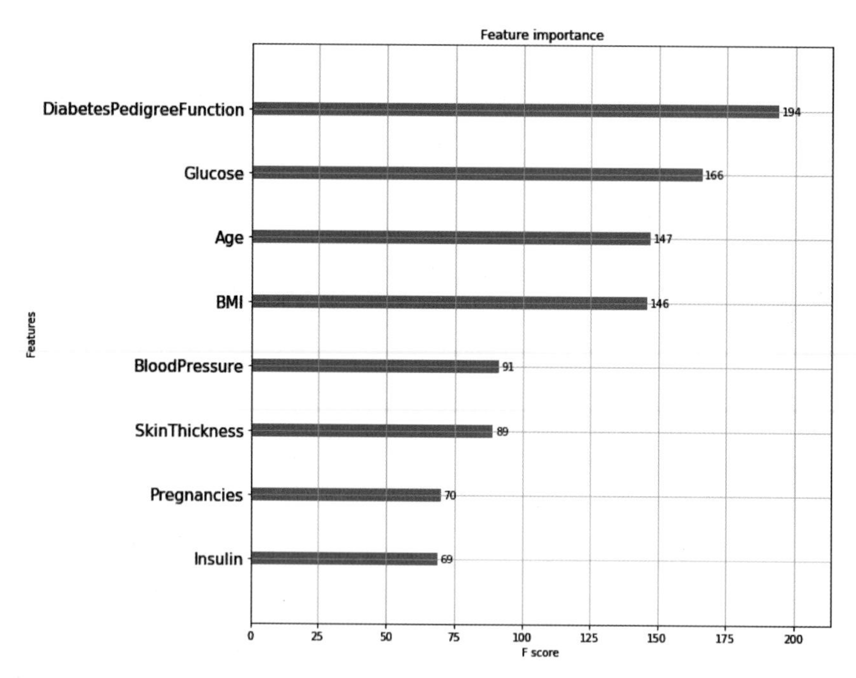

그림 4.18 트리 깊이가 4일 때 피처 중요도 그래프

그림 4.18에서는 그림 4.17과 달리 당뇨병 병력 함수(DiabetesPedigreeFunction)가 글루코오스 피처보다 높게 측정됐다. 이렇게 피처 중요도가 변하는 이유는 트리의 깊이에 따라 모델의 의사 결정 방식과 정확도가 함께 변하기 때문이다(참고로 트리 깊이가 3일 때 테스트 정확도는 81.17%고, 트리 깊이가 4일 때 테스트 정확도는 77.92%다). 피처 중요도 그래프의 순서가 당뇨병을 진단하는 우선순위라고 판단할 수는 없다. 이것은 피처 중요도 기법보다는 의사 결정 트리 시각화로 판단하는 것이 좋다. 그렇지만 피처 중요도의 순서가 당뇨병 진단에 영향을 미치는 정도를 구분한다는 해석은 가능하다. 이 두 이야기는 비슷하게 들리지만, 전혀 다르다.

앞으로 다양한 XAI 기법을 익힐 것이다. 그리고 이후에도 언급하겠지만, 모든 기법 중 제일 좋은 XAI 기법은 없다. 각각의 XAI 기법은 모두 목적이 있고, 그 목적을 달성하기 위해 디자인됐다. 따라서 연구자는 자신의 의사 결정에 필요한 XAI 기법을 잘 선정해야 한다. XAI 기법의 개념을 정확하게 파악하고 질문을 던질 때 XAI 기법은 연구자에게 길을 제시할 수 있을 수 있을 뿐만 아니라 설명을 듣는 사람에게도 도움이 된다.

4.5.2.3. 부분 의존성 플롯 그리기

부분 의존성 플롯은 피처의 수치 변화에 따라 모델에 기여하는 정도가 어떻게 달라지는지 확인할 수 있는 XAI 기법이다. 앞서 피처 중요도를 익히며 모델이 피처를 어떻게 해석하는지 알 수 있었다. 그러나 피처 중요도로는 해당 피처가 모델의 판단에 긍정적인 영향을 미치는지, 부정적인 영향을 미치는지 알 수 없다. 또한, 현실 세계에 있는 피처 중 다수는 피처 간 독립이 아니다(키와 몸무게, 그리고 이를 응용한 BMI라는 수치는 당뇨병을 진단하는 데 모두 중요하다). 부분 의존성 플롯은 궁금한 피처가 모델에 긍정적인/부정적인 영향을 미치는지 파악하게 도울 뿐만 아니라, 특정 피처에 대해 여유분(buffer)을 함께 표시함으로써 피처 간 독립을 보장하지 못하는 환경에서 어느 정도 모델에 오차가 있을 수 있는지를 확인할 수 있게 해준다.

부분 의존성 플롯은 파이썬 패키지인 pdpbox로 간단하게 사용할 수 있다[26]. pdpbox는 부분 의존성 플롯 툴박스(Partial dependence plot tool box)의 줄임말이다. pdpbox는 기본 부분 의존성 플롯뿐만 아니라 그림 4.18에서 그린 목표 플롯, 모델 예측에 대한 의존성 플롯, 두 피처 간 의존성 플롯 비교, 피처 간 부분 의존성 등고선 비교 등이 가능하다. pdpbox는 단일 예측뿐만 아니라 멀티 클래스 분류기에도 작동하고, 두 개의 피처가 상호 작용하는 부분 의존성 플롯도 함께 시각화할 수 있다. 따라서 pdpbox는 피처가 모델 예측에 미치는 독립적인 영향력뿐만 아니라 피처 간 연관관계가 있을 때도 활용 가능하다. pdpbox에 대한 다양한 활용 방법은 공식 문서에 자세히 나와 있으니 참고하자[27]. 이번에는 피마 인디언 당뇨 분류 모델에 초점을 맞추고, 이 모델을 해석하는 방식에 pdpbox를 사용할 것이다.

pdpbox를 설치했다면 예제 4.1에 이어 다음 코드를 따라 입력해 보자.

예제 4.9 pdpbox를 사용해 GTT 피처에 대한 목표 플롯(Target plots)을 그리는 코드

```
from pdpbox import info_plots

pima_data = dataset
pima_features = dataset.columns[:8]
pima_target = dataset.columns[8]
```

26 pip install pdpbox 또는 https://github.com/SauceCat/PDPbox

27 https://github.com/SauceCat/PDPbox/tree/master/tutorials

```
fig, axes, summary_df = info_plots.target_plot(
    df=pima_data,
    feature='Glucose',
    feature_name='Glucose',
    target=pima_target
)
```

예제 4.9의 info_plots.target_plot 메서드를 잘 살펴보자. info_plots.target_plot은 우리가 학습한 모델을 파라미터로 받지 않는다. 이상하지 않은가? 앞서 피처 중요도 계산법이나 부분 의존성 플롯은 모두 모델을 설명하는 기법이라고 언급했다. 그런데 모델을 파라미터로 이용하지 않으면서 모델을 설명하는 일이 가능할까? 이 질문에 대한 대답은 '그럴 수 있다'이다.

부분 의존성 기법은 학습 데이터를 철저하게 분석해서 모델이 어떻게 학습할 것인지 예상하는 XAI 기법이다. 모델은 학습 데이터를 이용해서 만들어지므로 학습 데이터를 철저하게 분석할 수 있다면 모델을 예측할 수 있다는 믿음을 바탕으로 한다. 일반적으로 트레이닝 데이터를 만들 때 레이블이 균등하게 분포를 맞춰야 한다. 예를 들어, 카테고리가 3가지인 데이터를 머신러닝하려면 데이터 내 카테고리 세 가지의 분포를 각각 33%, 33%, 33%로 맞추는 것이 이상적이다. 가위, 바위, 보를 기계에 학습시키려고 하는데, 가위가 98%, 바위가 0.8%, 보가 0.2%의 데이터 분포를 보인다면 기계는 모든 경우에 대해 가위를 예측하는 모델을 만들고 98%의 확률로 정답을 맞힐 것이다. 그러나 현실적인 가위바위보 게임의 분포는 각각 33.33%이다. 따라서 방금 만든 모델은 명백히 과적합됐다. 과적합은 파라미터나 모델의 복잡성이 커져서 발생하기도 하고 학습 데이터의 불균형으로도 발생한다.

피처도 마찬가지다. 특정 데이터가 편향돼 있고, 그 데이터에 맞춰 결론이 왜곡돼 있다면 모델을 뜯어보지 않아도 어떤 편향으로 모델이 학습될지 파악할 수 있다. 부분 의존성 기법은 데이터를 분석한다. 그리고 이러한 알고리즘을 구현해 놓은 pdpbox 패키지를 이용하면 손쉽고 효율적으로 모델을 해석할 수 있다.

이제 예제 4.9를 입력하고 그 결과를 관찰해 보자.

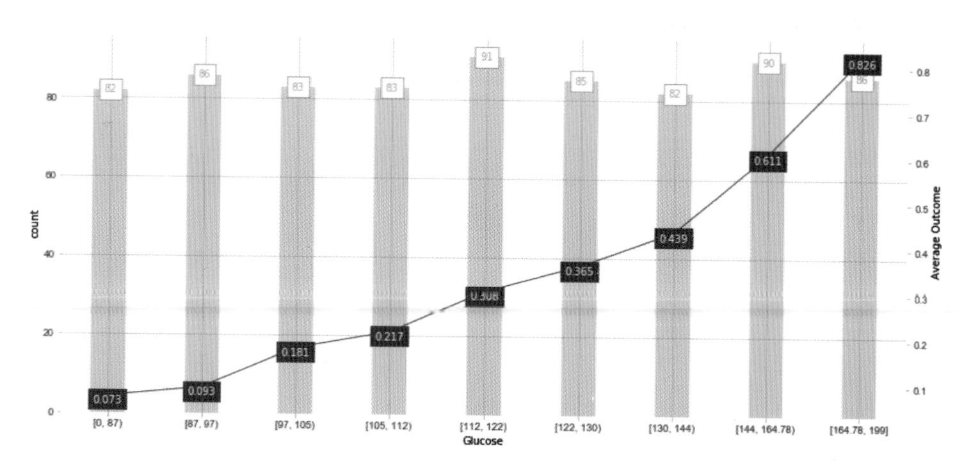

그림 4.19 pdpbox를 사용해 그린 GTT 피처에 대한 목표 플롯

그림 4.19에서 X 축은 GTT 수치, 왼쪽 Y 축은 각 수치 구간별 데이터 개수, 오른쪽 Y 축은 당뇨병 진단 여부(>50%)다. 막대그래프는 왼쪽 Y 축에 대응하고, 꺾은선 그래프는 오른쪽 Y 축에 대응한다.

예를 들어, GTT가 84mg/dL인 경우 데이터가 속한 그룹은 맨 왼쪽 첫 번째 막대그래프에 속하며, 데이터 수는 82개다. 또한 GTT가 84mg/dL인 환자에 대해 수치만 관찰했을 때 당뇨를 진단할 확률은 오른쪽 Y 축에 대응하며, 확률은 평균 7.3%다. 반대로 GTT 수치가 181mg/dL인 환자는 가장 오른쪽 막대그래프 그룹에 속하며, 이때 모델이 환자를 당뇨병이라 진단할 확률은 평균 82.6%다.

이제 이 그래프를 의사에게 가져갔다고 하자. 의사는 이 모델이 충분히 합리적이라고 판단할 것이다. 당뇨병 진단 기준은 공복혈당이 126mg/dL이거나 GTT 2시간 이후 혈당이 200mg/dL이기 때문이다[28]. 따라서 의사는 GTT 수치가 커질수록 당뇨병 진단 가능성이 점점 올라가는 모델이 자연스럽다고 받아들일 것이다.

28 The Expert Committee on the Diagnosis and Classification of Diabetes Mellitus. Report of the Expert Committee on the Diagnosis and Classification of Diabetes Mellitus. Diabetes Care 1997;20:1183–97.

이번에는 예제 4.9에서 `Glucose`를 `BloodPressure`로 바꿔서 실행해 보자.

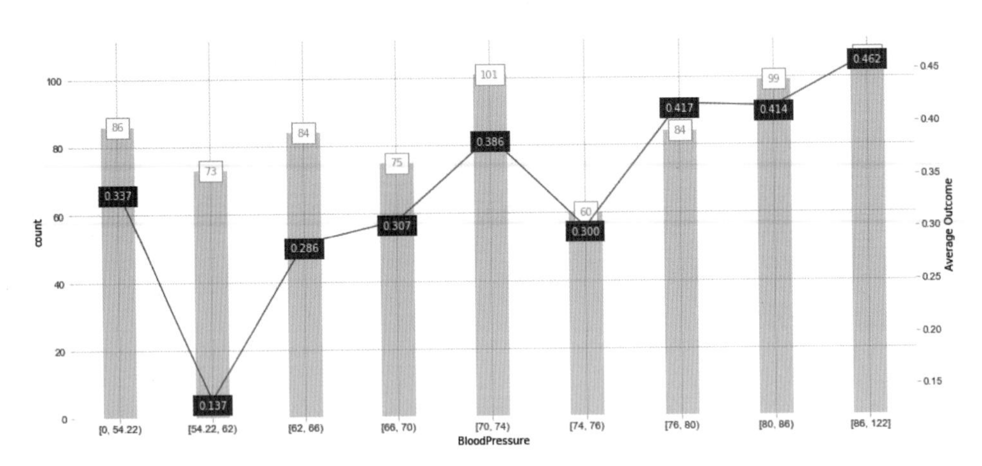

그림 4.20 pdpbox를 사용해 혈압에 대해 당뇨병 진단 목표 플롯을 그린 결과

앞서 고혈압은 당뇨병과 상관관계가 있다고 밝혔다. 또한, 고혈압의 진단 범위는 80-120mmHg 이상일 때라고 언급했다. 그림 4.20에서 확인할 수 있듯이, 정상기 혈압 범주[29]에서 당뇨병을 진단할 가능성은 30% 정도를 웃돈다. 그마저도 혈압이 가장 높은 그룹(가장 오른쪽 막대그래프)에서 46.2%로 우상향한다. 그렇지만 혈압이 122mmHg인 환자에 대해서도 당뇨병 진단 가능성이 50%를 넘지 않는다. 따라서 혈압 피처만으로 당뇨병을 진단하는 것은 섣부르다고 결론지을 수 있다. 이 결과는 앞서 의사 결정 트리 시각화의 결론과도 일치한다.

예제 4.9의 `summary_df`는 그림 4.20의 결과를 pandas의 DataFrame 포맷으로 저장한다. 다음 코드를 실행해 보자.

29 정상기 혈압 범주는 80-120mmHg이다.

```
In [16]: summary_df
```

Out[16]:

	x	display_column	value_lower	value_upper	count	Outcome
0	0	[0, 54.22)	0.000000	54.222222	86	0.337209
1	1	[54.22, 62)	54.222222	62.000000	73	0.136986
2	2	[62, 66)	62.000000	66.000000	84	0.285714
3	3	[66, 70)	66.000000	70.000000	75	0.306667
4	4	[70, 74)	70.000000	74.000000	101	0.386139
5	5	[74, 76)	74.000000	76.000000	60	0.300000
6	6	[76, 80)	76.000000	80.000000	84	0.416667
7	7	[80, 86)	80.000000	86.000000	99	0.414141
8	8	[86, 122]	86.000000	122.000000	106	0.462264

그림 4.21 혈압에 대한 당뇨병 진단 목표 플롯을 pandas DataFrame으로 저장한 결과

이렇게 데이터를 시각화하는 것만으로도 머신러닝이 잘 이루어졌을 때 모델의 예측 정도를 가늠해 볼 수 있다.

이번에는 데이터와 실제 모델을 결합해 두 결과가 일치하는지 확인해 보자. 이 기법은 예측 분포 플롯(prediction distribution plot)이라고 부른다.

예제 4.10 GTT 데이터에 대한 모델의 실제 예측 분포 플롯을 그리는 코드

```
fig, axes, summary_df = info_plots.actual_plot(
    model=model,
    X=pima_data[pima_features],
    feature='Glucose',
    feature_name='Glucose',
    predict_kwds={}
)
```

예제 4.10은 info_plots.actual_plot을 실행한다. 이것이 info_plots.target_plot과 다른 점은 메서드의 파라미터로 우리가 학습한 모델이 들어간다는 점이다. 이 메서드는 모델이 학습 데이터의 빈도와 비슷한 추이로 당뇨병을 진단하는가를 예측한다. 이 셀을 실행하면 다음과 같은 분포를 얻을 수 있다.

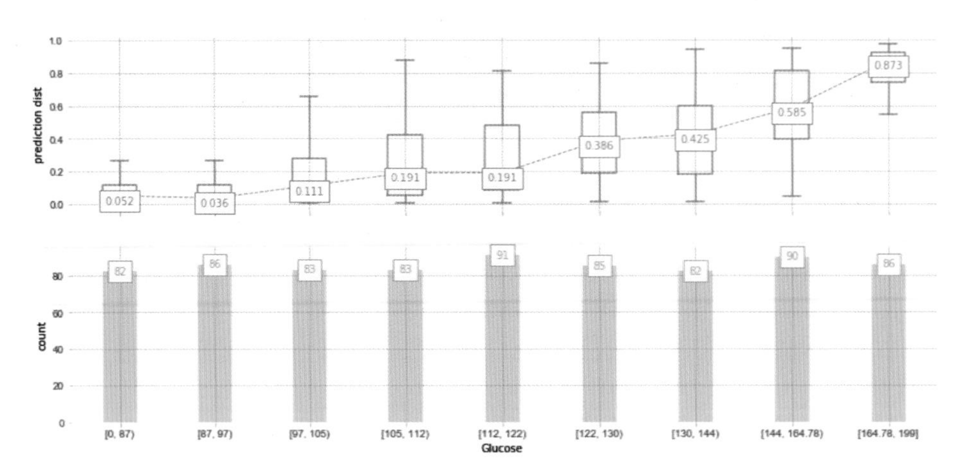

그림 4.22 GTT 데이터에 대해서 당뇨병 진단 모델이 실제 분포를 예측한 결과

그림 4.22의 결과에는 캔들스틱 차트가 포함된다. 캔들스틱 차트는 전통적 통계 해석 방식으로, 이에 대한 설명은 이 책 후반부 11.2 '캔들스틱 차트(candlestick chart)'에 수록했다.

그림 4.22는 예측 분포(prediction distribution) 셀과 데이터 누적(count) 셀로 나뉘어 있다. 예측 분포 셀에서는 '모델'이 특정 수치를 보이는 환자들에 대해 당뇨병이 있으리라 추정하는 캔들스틱 차트다. GTT 테스트 수치가 0-87mg/dL 구간에 있는 환자들을 중심으로 결과를 해석해 보자.

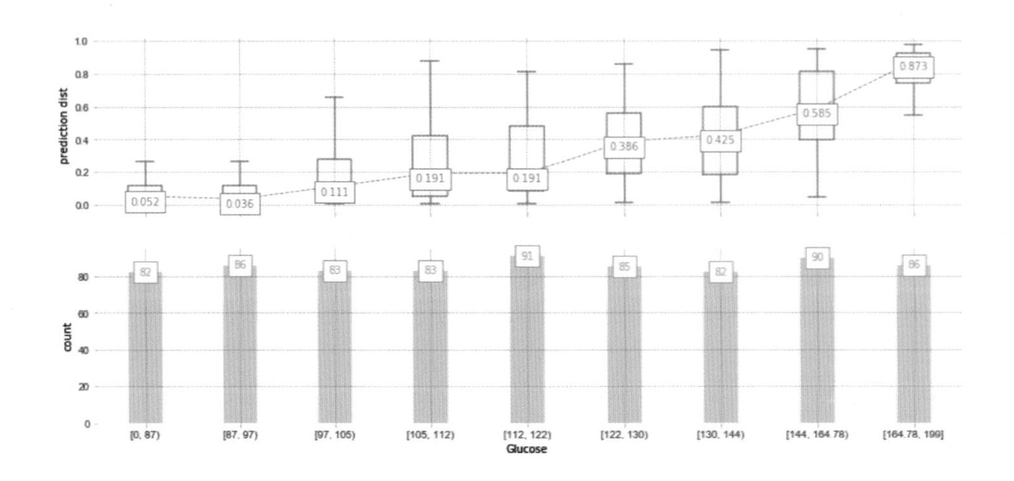

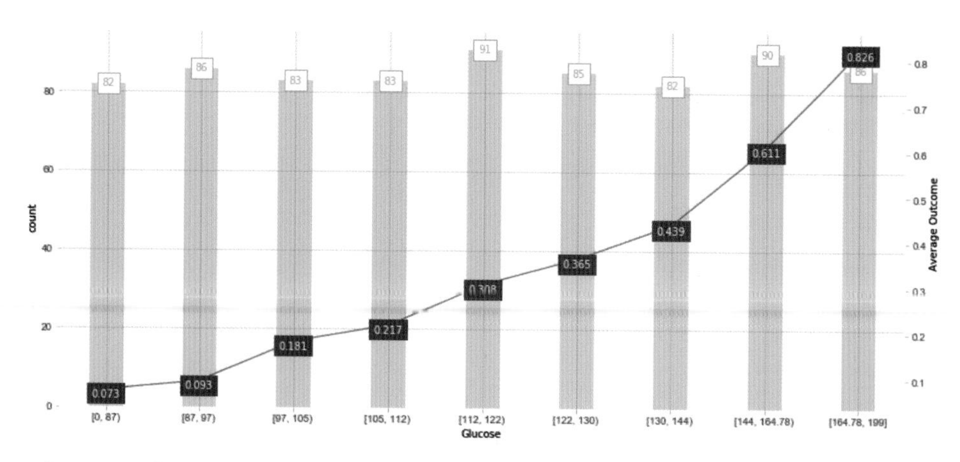

그림 4.23 GTT 테스트 수치가 0-87mg/dL인 환자들에 대한 누적치와 예측 분포 차트(상), GTT 테스트 결과 동일 구간에 대한 목표 플롯(하)

그림 4.23의 상단 차트는 모델이 특정 환자(GTT 테스트 결과가 0-87mg/dL인 환자)에 대해 당뇨병 진단을 예측한 결과다. 이 수치를 보이는 환자들은 평균 5.2%의 확률로 당뇨병을 앓고 있다고 추정된다. 이때 캔들스틱 차트의 최대치는 0.3보다 작다. 따라서 모델이 해당 구간에서 당뇨가 있으리라 추정하는 수치는 최대 30%를 넘지 않게 학습될 것이다. 그림 4.23의 하단 차트는 모델을 사용하지 않고 오로지 학습 데이터의 분포만 표시한 플롯이다. 위 차트에 의하면, GTT 테스트 결과가 0-87mg/dL인 환자는 약 7.3%의 가능성으로 당뇨 진단과 관련이 있을 것으로 추정된다.

그림 4.23을 통해 머신러닝한 결과, GTT 테스트 수치가 0-87mg/dL인 환자들은 데이터를 단순하게 사용했을 때보다 당뇨병의 존재 가능성이 상대적으로 더 낮아졌다(5.2%<7.3%). 즉, 해당 구간의 GTT 피처는 당뇨병을 진단하는 데 있어 음의 상관관계를 가진다.

앞서 설명한 두 메서드 `info_plots.target_plot`과 `info_plots.actual_plot`은 데이터의 분포와 최종 학습된 모델을 기준으로 특정 구간의 피처가 당뇨병 진단에 얼마나 영향력을 행사하는가를 시각적으로 표현한다. 이제 특정 피처에 대해 모델 부분 의존성 플롯을 그리는 코드를 실행해 보자.

예제 4.11 GTT 테스트 피처에 대해 부분 의존성을 계산하고 플롯을 그리는 코드

```
pdp_gc = pdp.pdp_isolate(
    model=model,
    dataset=pima_data,
    model_features=pima_features,
    feature='Glucose'
)

# 플롯 정보 설정
fig, axes = pdp.pdp_plot(
    pdp_gc,
    'Glucose',
    plot_lines=False,
    frac_to_plot=0.5,
    plot_pts_dist=True
)
```

예제 4.11의 `pdp.pdp_isolate` 메서드는 `Glucose` 피처 하나에 대해 부분 의존성 수치를 계산한다. 이때 반환값인 `pdp_gc`에는 GTT 테스트 피처에 대한 부분 의존성 계산 값이 담긴 객체(`PDPIsolate`)가 저장된다.

`pdp_gc`는 `pdp.pdp_plot` 메서드를 호출해 플롯을 그릴 수 있다. 해당 메서드는 `pdp` 객체를 읽고 matplotlib을 사용해 그래프를 그린다.

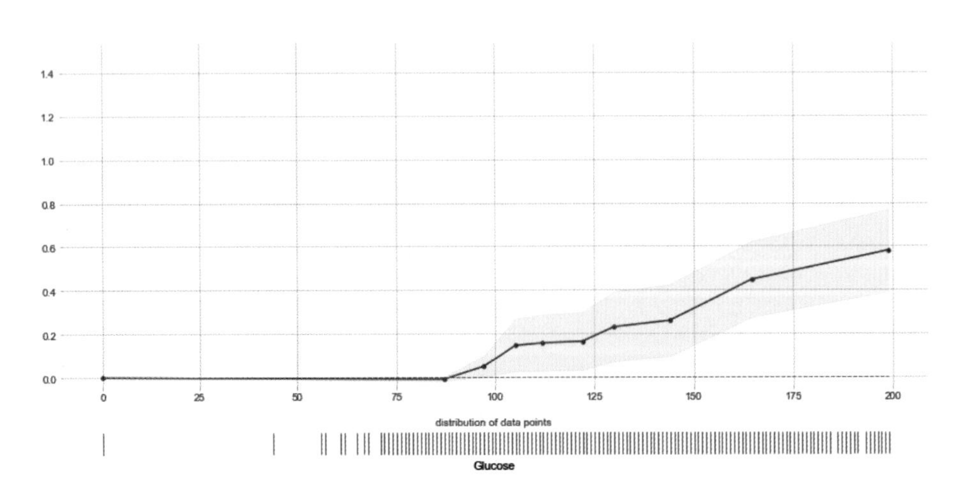

그림 4.24 GTT 테스트 피처에 대해 모델의 부분 의존성 차트를 플롯으로 그린 결과

pdp.pdp_plot은 파라미터로 PDPIsolate 객체와 피처 이름 plot_lines, frac_to_plot, plot_pts_dist 등을 받는다. PDPIsolate 객체는 pdp.pdp_isolate를 통해 계산된 결괏값이다. 피처 이름은 부분 의존성 알고리즘을 수행하고자 하는 피처 이름을 말한다. plot_lines는 그림 4.24 차트의 옅은 푸른색 영역으로, 이 항목을 True로 바꾸면 부분 의존성 알고리즘 매회에 대응하는 별도의 라인이 표시된다(그림 4.24).

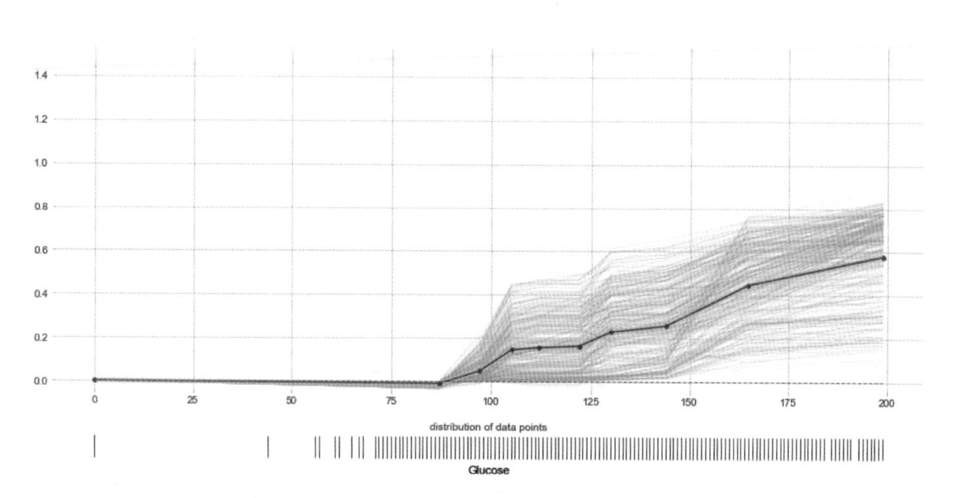

그림 4.25 GTT 테스트 피처에 대해 모델의 부분 의존성 알고리즘을 매회 수행한 결과

그림 4.24는 그림 4.25에 비해 간결하고 함축적이다. 그렇지만 그림 4.25에는 그림 4.24에서 확인할 수 없었던 부분을 상세하게 관찰할 수 있다. 예를 들어, 그림 4.24에서는 그림 4.25의 Glucose 150과 175mg/dL 사이에 추세가 급격히 올라가는 부분을 발견할 수 없다. 해당 내용을 그림 4.24에서 확인할 수 없는 이유는 특정 부분 의존성 계산 결과가 해당 구간에 미치는 영향이 미미했기 때문이다. pdp.pdp_plot의 plot_pts_dist는 특정 피처(X 축)에 대해 데이터가 얼마나 분포하는지를 세로 막대로 표시한다. 이를 통해 부분 의존성 플롯 구간마다 얼마나 많은 데이터가 밀집돼 있는지 시각적으로 확인할 수 있다.

앞서 부분 의존성 플롯은 두 가지 피처 등이 집합 형태로 모델에 미치는 영향을 확인할 수 있다고 언급했다[30]. pdpbox는 두 피처에 대해 목표 플롯과 예측 분포 플롯, 그리고 부분 의존성 플롯을 시각화하는 메서드를 제공한다.

예제 4.12 혈압과 GTT 테스트 데이터 두 피처에 대해 목표 플롯을 그리는 코드

```
fig, axes, summary_df = info_plots.target_plot_interact(
    df=pima_data,
    features=['BloodPressure', 'Glucose'],
    feature_names=['BloodPressure', 'Glucose'],
    target=pima_target
)
```

예제 4.12의 pdp.target_plot_interact는 pdp.target_plot과 유사하게 데이터 전체에 대한 당뇨병 진단 결과를 그리고, 피처 간 관계를 표시한다.

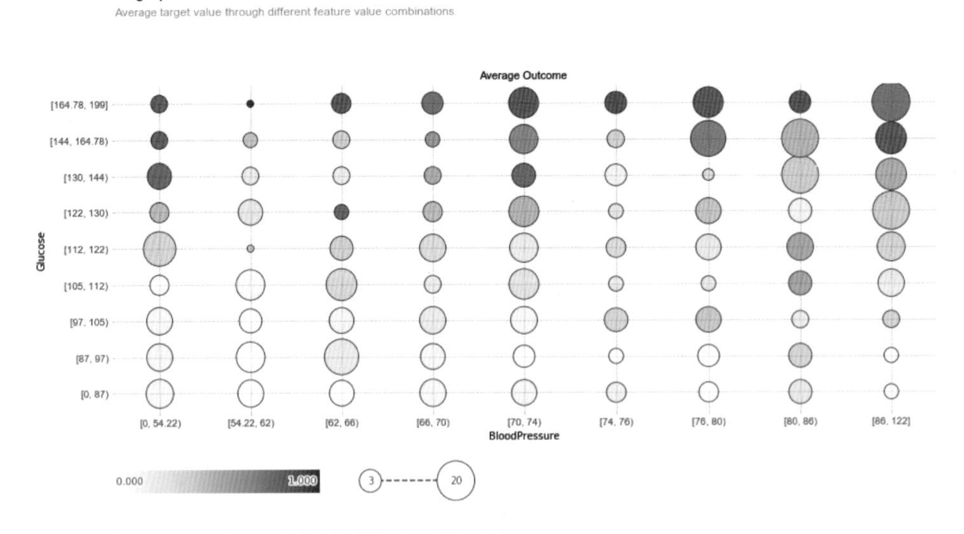

그림 4.26 혈압과 GTT 테스트 데이터에 대한 목표 플롯 결과

30 '부분 의존성 플롯(Partial Dependence Plots, PDP)' 단원 참조.

그림 4.26의 X 축은 혈압(BloodPressure), Y 축은 GTT 테스트 결과(Glucose)를 나타낸다. 학습 데이터는 원의 크기로 표시된다. X, Y의 군집(cluster)에 대해 원의 크기가 작을수록 사례가 적어지고, 원이 커질수록 사례가 많아진다. 당뇨병 진단은 원의 색으로 구분한다. 원 안의 색이 진할수록 당뇨병 진단 가능성이 높아진다. 그림 4.26을 어림짐작하면, GTT 테스트 결과가 높을수록 당뇨병에 걸릴 가능성이 높아진다. 당뇨병 진단에서 혈압은 GTT 테스트 결과보다 약한 상관관계를 가진다.

앞서 혈당 수치가 높을수록(GTT 테스트 결과 수치가 높을수록) 고혈압을 동반할 가능성이 높다는 과학적 사실을 언급했다[31]. 그림 4.26의 목표 플롯은 GTT와 혈압, 그리고 당뇨병 진단 간 관계를 표시한다. 따라서 우리가 알고 있는 과학적 사실과 그림 4.26을 비교하면, 상식대로 데이터가 분포돼 있는지 시각적으로 확인할 수 있다.

이제 그림 4.26에 혈압과 GTT 테스트 결과를 가로지르는 가상의 선(Y=X)을 그려 보자. 이때 가상의 선 위로 당뇨병 진단 빈도가 높아진다면(가상의 선 아래보다 원 안의 색이 진한 경향이 많이 관찰된다면) 혈압과 GTT 테스트 결과가 당뇨병 진단과 상관관계가 있다고 판단할 수 있다. 그림 4.26은 혈압과 GTT 테스트 결과가 비례하며 증가한다. 두 피처의 수치가 증가할수록 당뇨병 진단을 받을 가능성이 높아 보인다. 이 결과를 통해서 피마 인디언 데이터와 의학적 사실이 어느 정도 합치한다는 것을 확인할 수 있다.

이번에는 혈압과 GTT 테스트 결과 간 부분 의존성 플롯을 그려 보자.

예제 4.13 혈압과 GTT 테스트 데이터로 모델에 대한 부분 의존성 플롯을 그리는 코드

```
pdp_interaction = pdp.pdp_interact(
    model=model,
    dataset=pima_data,
    model_features=pima_features,
    features=['BloodPressure', 'Glucose']
)

fig, axes = pdp.pdp_interact_plot(
    pdp_interact_out=pdp_intertatcion,
```

31 4.3 '부분 의존성 플롯(Partial Dependence Plots, PDP)' 단원 참조.

```
        feature_names=['BloodPressure', 'Glucose'],
        plot_type='contour',
        x_quantile=True,
        plot_pdp=True
    )
```

예제 4.13의 pdp.pdp_interact는 부분 의존성을 계산한다. pdp.pdp_interact는 메서드 파라미터로 모델과 데이터, 특정 부분 의존성 피처(여기서는 혈압, GTT 테스트)를 받아서 pdp_interaction에 저장한다.

pdp_interaction은 PDPInteract 객체로 혈압과 GTT 테스트 피처로 모델 부분 의존성을 계산한 결과를 저장한다. 마지막으로 pdp.interact_plot은 부분 의존성 계산 결과를 등고선 방식(Contour)으로 그린다.

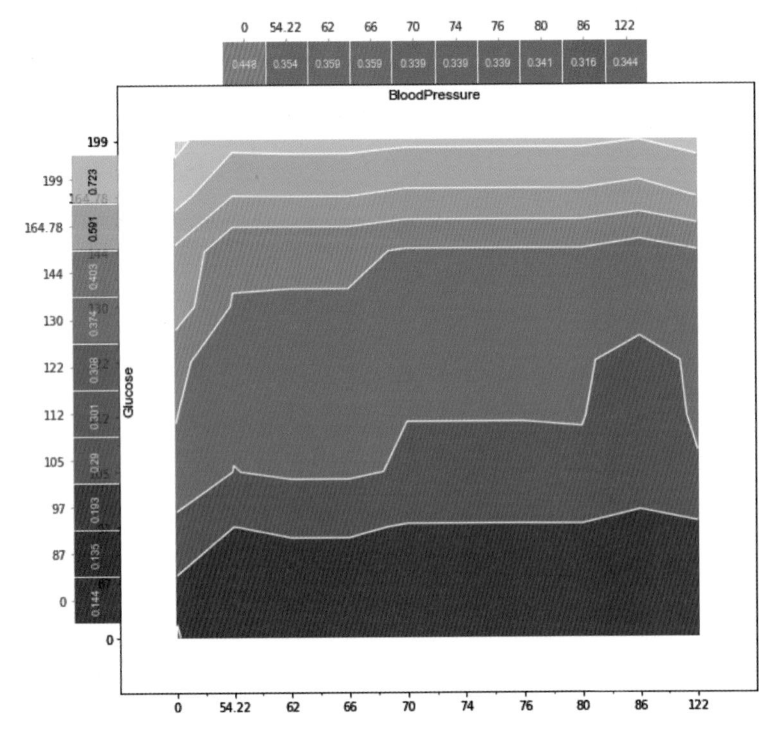

그림 4.27 모델에 대해 혈압과 GTT 테스트 피처로 등고선 차트 부분 의존성 플롯을 그린 결과

그림 4.27의 등고선 플롯에서 X 축은 혈압(BloodPressure)이고, Y 축은 GTT 테스트(Glucose)다. 등고선의 색이 옅어질수록 당뇨병 진단 가능성이 올라간다. 왼쪽 등고선은 대체로 X 축에 평행하다. 이것은 당뇨병 진단 모델이 혈압보다는 GTT 테스트에 더 의존적임을 의미한다. 다만 혈압이 80−122mmHg이면서 GTT 테스트 결과가 100−130mg/dL인 구간 사이에서는 종 모양 그래프가 관찰된다. 이것은 해당 구간 안에서는 혈압의 변화가 당뇨병 예측 결과에 민감하게 영향을 받고 있음을 의미한다. 만약 등고선 그래프 해상도에 문제가 있으면 예제 4.13의 `plot_type='contour'`를 `plot_type='grid'`로 바꿔 보라. 이 코드는 컨투어(등고선) 차트를 그리드 차트로 변환해준다(그림 4.28).

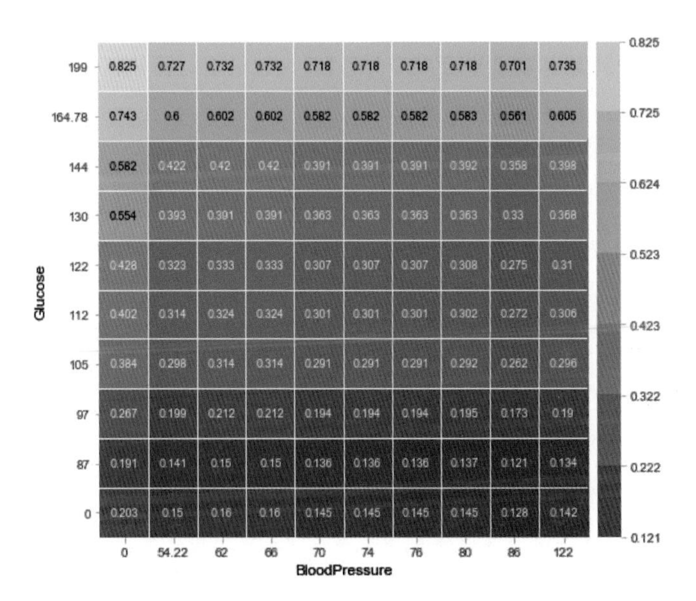

그림 4.28 모델에 대한 혈압/GTT 테스트 피처를 격자 차트로 나타낸 결과

그림 4.28의 격자 차트는 혈압을 X 축으로, GTT 테스트 피처를 Y 축으로 나눈다. 그리고 두 피처의 변화량이 모델의 예측 결과에 얼마나 큰 영향을 미치는지 판단한다. 그림 4.28에서 모델은 혈압이 0에 가깝고, GTT 테스트 결과가 200에 가까울 때 82.5%의 확률로 당뇨병을 진단한다. 이때 혈압 데이터 0은 혈압 피처가 관찰되지 않을 때를 의미한다. 따라서 피처가 없을

때를 제외하고자 한다면 X 축에 평행한 0번째 라인과 Y 축에 평행한 0번째 라인을 제외하고 부분 의존성 플롯을 해석해야 한다.

앞서 혈압과 GTT 테스트 피처를 가로지르는(Y=X) 가상의 선을 그었을 때, 가상의 선에 비례해 당뇨병 진단 가능성이 높아지면 혈압과 GTT 테스트 피처가 모델에게 주는 영향력이 비슷하다고 추론할 수 있다고 언급했다. 그러나 그림 4.27과 그림 4.28로 확인한 결과, 부분 의존성 차트는 모델이 혈압보다는 GTT 테스트 피처의 크기 변화에 훨씬 더 민감하게 당뇨병 진단을 내리는 것처럼 해석된다.

그렇다면 어떤 말이 맞는 것일까? 데이터의 분포만으로 목표 플롯을 그렸을 때는 혈압이 높아짐에 따라 당뇨병 진단 가능성이 높아졌다(그림 4.20). 이 현상은 의학적 상식과도 합치했다. 그러나 그림 4.28의 부분 의존성 차트는 혈압이 당뇨병 진단에 크게 도움이 안 된다고 해석된다. 그렇다면 당뇨병과 혈압은 어떤 관계가 있을까? 이번에는 다음 예제를 통해 혈압 피처에 대한 부분 의존성 플롯을 그려 보자.

예제 4.14 혈압 피처에 대해 부분 의존성 플롯을 그리는 코드

```
# 혈압 정보를 계산하는 코드
pdp_bp = pdp.pdp_isolate(
    model=model,
    dataset=pima_data,
    model_features=pima_features,
    feature='BloodPressure'
)

# 혈압에 대한 PDP 정보를 플롯
fig, axes = pdp.pdp_plot(pdp_bp,
                         'BloodPressure',
                         plot_lines=False,
                         frac_to_plot=0.5,
                         plot_pts_dist=True)
```

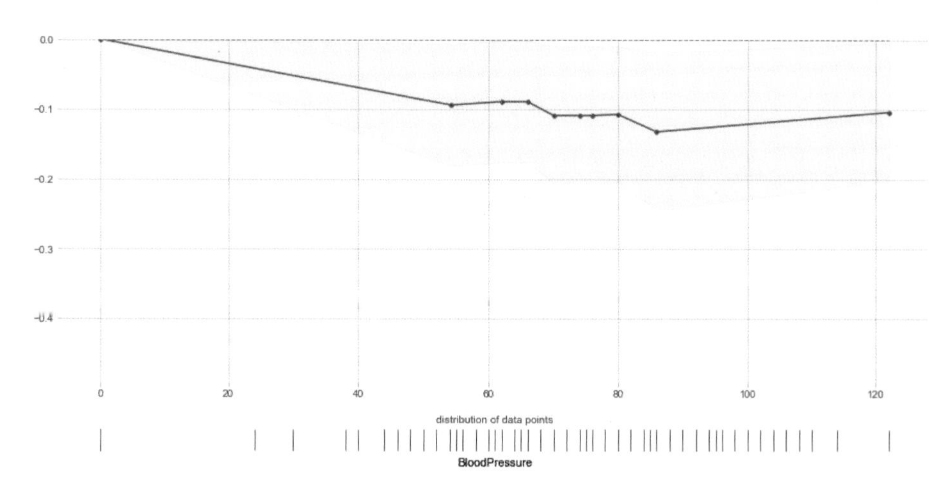

그림 4.29 혈압 피처에 대한 부분 의존성 플롯

그림 4.29의 결과에 의하면 모델은 혈압이 측정될 때마다 당뇨병 진단에 음의 영향력(음수)을 발휘한다. 이것은 목표 플롯의 결과와 명백하게 다르다. 그림 4.20에 의하면, 목표 플롯으로 데이터를 분석했을 때는 당뇨병 진단 가능성이 혈압에 비례해 높아졌기 때문이다. 두 결과가 상충한다. 과연, 어떤 해석이 옳은 것일까?

4.5.2.4. 해석 결과가 상충한다면 무엇이 옳은 해석일까?

앞서 피처 중요도는 관심 있는 피처가 독립적일 때 잘 계산되며, 중요도(변화량)는 측정 가능하다고 배웠다. 그러나 피처 중요도에는 방향이 없으며(양의 영향력인지, 또는 음의 영향력인지), 피처의 계층(scale)에 따라 모델에 미치는 영향을 확인할 수 없고, 피처 간 의존성이 조금이라도 존재할 경우 결과를 신뢰할 수 없다고 했다. 이러한 한계를 극복하고자 부분 의존성 플롯이 등장했다. 부분 의존성 플롯은 피처가 의존적일 때도 계산이 가능하다. 그렇지만 이 방법은 알고리즘의 동작 원리상 계산이 오래 걸릴 수 있다[32].

32 알고리즘 동작 방식은 4.3 '부분 의존성 플롯(PDP)' 참조.

지금까지 실습한 결과에 따르면, 혈압 피처는 모델에 대해 음의 영향력을 미친다. 그림 4.19의 목표 플롯은 혈압이 높아질수록 당뇨병 진단 가능성이 올라간다고 해석하지만, 모든 피처가 조합된 모델에서는 혈압 피처가 당뇨병 진단 가능성을 낮추고 있다.

앞서 '당뇨병은 70% 정도의 확률로 고혈압을 동반한다'고 언급했다. 또한, 고혈압은 '수축기 혈압이 140mmHg 이상일 때'를 의미한다. 이 두 가지 의학적 상식을 가지고 그림 4.29를 다시 해석해 보자. 그림 4.29의 X 축은 혈압으로, 측정 최소치는 0mmHg, 최대치는 120mmHg이다.

우리가 가진 데이터의 최대치로는 '의학적인 고혈압'을 표시할 수 없다. 오히려 그림 4.28의 데이터는 정상기 혈압 범주에 대한 당뇨병 진단 영향력을 나타내고 있다. 따라서 모델은 정상기 혈압을 학습했으므로 혈압 피처가 당뇨병 진단에 음의 영향력을 발휘했다고 해석할 수 있다.

이 결과는 데이터 상관관계 분석(목표 플롯)만으로는 밝혀내지 못했을 것이다. 어떤 이는 의학적 편향이 강해서 그림 4.18과 그림 4.20의 데이터가 이상하다고 주장할 수도 있다. 그러나 그것은 오로지 일반론에 의지한 근거 없는 주장일 뿐이다. 데이터 과학자와 의사 결정권자들은 근거가 필요하다. PDP를 그려서 알게 된 혈압과 당뇨병 진단에 대한 관계는 위와 같은 현상을 해석하는 합리적인 근거가 된다.

데이터 과학자 중 일부는 '데이터에 기반을 둔 의사 결정'이라는 말을 즐겨 사용한다. 그렇지만 그들은 "결과를 시각화한 산출물이 데이터인가?"라는 물음에 대한 고민 없이 '데이터'라는 용어를 남발한다.

예를 들어, 어떤 데이터 과학자들은 피처 중요도나 목표 플롯도 데이터라고 주장한다(이들은 "자, 결과를 보라. 알고리즘을 돌린 결과 이 '데이터'는 혈압이 높을수록 당뇨병에 걸렸을 가능성이 높다"라고 말한다). 그러나 부분 의존성 플롯의 결과와 피처 중요도/목표 플롯의 해석은 상충한다. 그렇다면 어떤 데이터는 옳고, 어떤 데이터는 그릇된 것일까? 아니다. 데이터는 거짓말을 하지 않는다. 부분 의존성 플롯을 계산하면서 추가한 데이터도 없고 삭제한 데이터도 없기 때문이다.

거짓은 우리의 해석에서 발생한다. 피처 중요도와 목표 플롯, 그리고 부분 의존성 플롯은 데이터가 아니라 '데이터를 해석하는 기법'이다. 즉, 데이터는 배신하지 않지만, 데이터를 해석하는 방법은 얼마든지 우리를 배신할 수 있다(더 슬픈 진실은 심지어 해석 방법도 우리를 배신하지 않는다는 것이다). 피처 중요도는 각 피처가 모델에 미치는 영향력을 절댓값으로 계산한 것일 뿐이다. 목표 플롯은 피처의 구간별 분포에 대한 결과 간 상관관계 분석 결과를 보여준다. 부분 의존성 플롯은 학습한 모델에 대해 구간별로 해석 결과를 시각화한다.

결국 우리를 배신하는 것은 우리의 지식이다. '알고리즘 해석 결과의 차이'를 '데이터'라고 오인했던 것처럼, 알고리즘이 어떤 데이터를 해석하는지, 그리고 그 결과가 어느 한계까지 유효한지에 대해 정확하게 인식하고 있지 않으면 과대 해석의 오류(False effect)에 빠지기 쉽다. 그리고 과대 해석의 오류에 빠진 이들은 머신러닝의 입력값과 출력값만으로 은빛 탄환(Silver Bullet)을 구했다는 환상에 젖기도 쉽다[33]. 이들은 인공지능의 해석 가능성보다 결과를 신봉하느라 결과에 모든 주장을 끼워 맞힌다. 매력적인 관점 하나만으로 '머신러닝의 보편 진리'를 찾았다는 양 해석해서는 곤란하다. XAI는 인공지능을 해석하는 만고불변의 진리 기법이 아니다. XAI는 모델을 해석하는 다양하고 합리적인 관점을 제시한다. XAI는 학습된 모델이 어떤 영역에서 강점과 약점이 있는지 파악하기 위해 '관점'을 들고 해석하는 기법이다. 결국 중요한 것은 XAI 기법 간 미세한 차이를 인식하고 제대로 된 질문을 던져야 한다는 것이다.

4.5.3. 모델 튜닝하기

앞서 실습한 예제 4.1은 `XGBClassifier()`의 기본 파라미터를 사용한다. 의사 결정 트리 시각화가 없었다면 이 모델이 세 가지 피처 위주로 당뇨병을 진단했는지 몰랐을 것이다. 이제 모델 파라미터를 튜닝하면서 최적의 정확도를 찾아보자.

앞서 XGBoost의 기본 파라미터로 모델을 구축하고 학습을 진행했다(예제 4.1). 테스트 정확도는 81.17%였다. 이 모델로 다음과 같은 의사 결정 트리도 만들었다.

33 은빛 탄환(Silver Bullet)은 앞으로 도입할 단 한 가지 해결 방식이 우리가 직면하고 있는 모든 문제를 해결해 줄 것이라는 잘못된 믿음을 비유한 말이다.

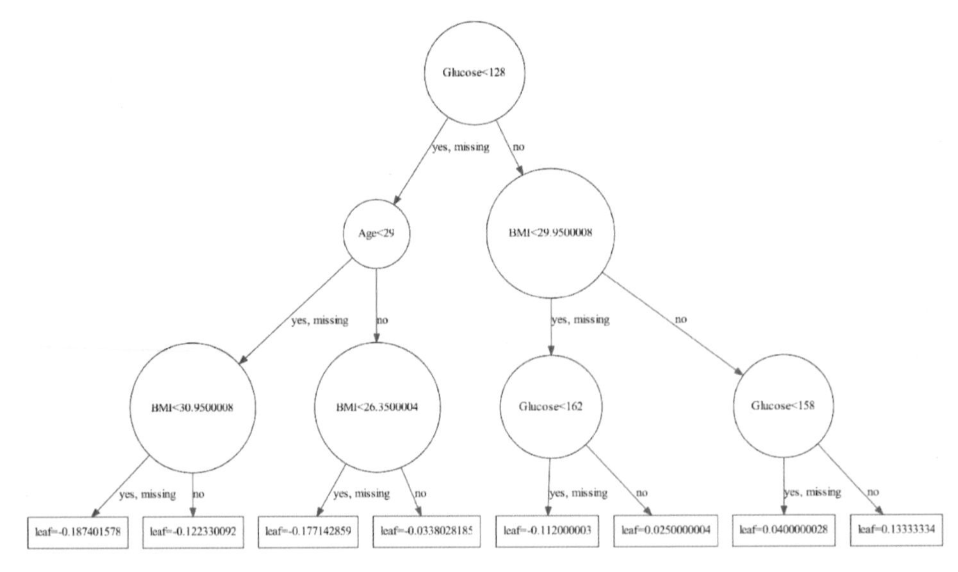

그림 4.12(중복) XGBoost로 학습하고 Graphviz로 의사 결정 트리를 시각화한 결과

그림 4.12에서 만든 모델은 Glucose와 Age, 그리고 BMI 피처만 사용해 당뇨를 진단한다. 학습에 사용한 피처는 총 6가지인데, 의사 결정 트리에서 나온 분기는 3가지뿐이다. 물론 해당 모델은 81.17%의 높은 테스트 정확도를 보인다. 그렇지만 질병 진단과 같이 정확도가 중시되는 모델은 1%나 0.1%의 성능 향상마저 소중하다. 설상가상으로 이 의사 결정 트리에 사용된 피처가 세 가지뿐이기 때문에 의사들이 이 모델을 신뢰하지 않을 수도 있다. 만약 독자들이 이 모델을 만들었다면 의사들은 독자들에게 당뇨병 병력 함수(Diabetes Pedigree function)나 환자의 임신 횟수(Pregnancies), 혈압(Blood Pressure)에 대해서도 의사 결정 트리의 분기가 발생하는 지점을 물을 것이다. 동료 데이터 과학자는 이 모델이 오직 정확도(accuracy)에만 편중된 모델임을 지적한다. 그들은 당뇨병의 진단 민감도(sensitivity)[34], 정밀성(precision)[35], 특이성(specialty)[36], 낙제율(fallout)[37]에 따라서 모델을 수정할 수 있어야 한다고 주장한다. 모든 요구사항을 만족시키기 위해서는 새롭게 모델을 조정해야 한다.

34 민감도(sensitivity, 또는 recall): 모델이 당뇨가 있는 환자에게 당뇨가 없다고 진단할 확률. 피마 인디언의 당뇨가 생명을 위협할 정도로 위급한 질병일 경우 민감도는 아주 높아야 한다.

35 정밀성(precision): 모델이 당뇨가 있다고 진단한 환자가 실제로 당뇨병을 앓고 있을 확률을 의미한다.

36 특이성(specificity): 모델이 당뇨가 없는 환자에게 당뇨가 있다고 진단할 확률. 피마 인디언의 당뇨 진단 이후 치료에 매우 높은 비용이 들고 검사 비용이 낮다고 할 경우 특이성을 낮춰 많은 검사를 통해 당뇨를 진단하는 것이 환자의 비용을 절약하는 길일 것이다.

37 낙제율(fallout): 만약 당뇨가 결핵과 같이 격리를 해야만 하는 질병이라면 당뇨 환자가 아님에도 모델이 당뇨 환자라고 진단하는 경우 문제가 생긴다. 낙제율은 실제 당뇨 환자가 아님에도 모델이 당뇨 환자라고 진단하는 확률이다.

4.4 'XGBoost 활용하기' 절에서 언급한 파라미터를 일일이 수정하며 최적값을 찾을 수도 있다. 그러나 파이썬 scipy 패키지에 있는 `GridSearchCV` 클래스는 복수 개의 하이퍼파라미터(hyperparameter)를 일일이 입력하지 않아도 최적의 파라미터를 찾을 수 있게 모든 파라미터를 조합해 모델을 만든다. 다음 코드를 따라 해 보자.

예제 4.15 GridSearchCV를 통해 당뇨병 진단 모델의 최적 하이퍼파라미터를 찾는 코드

```
import numpy as np
from sklearn.model_selection  import GridSearchCV

cv_params = {
    'max_depth': np.arange(1, 6, 1),
}

fix_params = {
    'booster': 'gbtree',
    'objective': 'binary:logistic',
}

csv = GridSearchCV(XGBClassifier(**fix_params),
                   cv_params,
                   scoring = 'precision',
                   cv = 5,
                   n_jobs=5)
csv.fit(x_train, y_train)

print(csv.best_params_)

# 테스트 데이터 예측하기
y_pred = csv.predict(x_test)
predictions = [round(value) for value in y_pred]

# 정확도 평가
accuracy = accuracy_score(y_test, predictions)
print("Accuracy: %.2f%%" % (accuracy * 100.0))
```

`cv_params`에는 조사하고 싶은 모든 모델 파라미터를 입력한다. 키 값은 파라미터 이름, 밸류 값에는 리스트 형태로 실험하고 싶은 모든 파라미터를 입력한다. 파이썬 numpy 패키지

의 arange는 파이썬 기본 함수인 range와 비슷하게 동작한다. 그렇지만 range 함수는 정수형(integer)에 대해서만 동작하는 반면, numpy의 arange는 실수형(float)에 대해서도 동작한다.

GridSearchCV 클래스는 max_depth의 np.arage(1, 6, 1)(리스트 [1, 2, 3, 4, 5])만큼 모델을 만들고 각각의 학습 결과를 비교하면서 최적의 트리 깊이를 찾는다.

fix_params에서는 모델에 적용할 고정 파라미터를 입력한다. 'booster': 'gbtree'는 XGBoost 모델의 기본 부스터로 그래디언트 부스트를 사용하겠다는 의미다. 'objective': 'binary:logistic'은 목적함수가 로지스틱 이진 분류 함수를 사용한다는 뜻이다. GridSearchCV(XGBClassifier(**fix_params))에서는 고정 변수를 제외한 그리드를 만들고 반복해서 모델을 생성한다.

GridSearchCV는 첫 번째 파라미터로 모델 클래스를 입력받는다. 이때 모델 생성 시 들어가는 고정 변수를 입력한다. 두 번째 파라미터는 그리드를 만들어 탐색할 모든 파라미터를 입력한다. 세 번째 파라미터인 cv는 교차 검증(Cross Validation)의 약자다. 모델은 fit 메서드가 실행될 때 학습 데이터로부터 교차 검증 파라미터 숫자만큼 데이터를 분리해 검증을 수행한다. n_jobs는 파이썬 joblib 패키지의 parallel_backend 메서드를 실행하며, 그리드 탐색을 병렬 프로세스로 수행한다. 디폴트 값은 1로, 하나의 프로세스를 사용해 사용자의 명령을 처리한다는 의미다. 예제 코드에서는 cv 값이 5로, 다섯 개의 CPU를 사용해 그리드 서치를 수행한다. n_jobs 파라미터에 -1을 입력하면 CPU가 사용할 수 있는 모든 프로세스를 이용해 그리드 탐색을 수행한다. scoring은 모델이 초점을 맞춰 학습해야 할 최적의 평가 방식이다. 지금은 정확도(accuracy)를 최적화 목표로 설정해 학습된 모델의 성능을 비교한다('accuracy').

GridSearchCV는 fit 메서드를 호출할 때 그리드 탐색을 사용해 cv_params에서 나올 수 있는 모든 조합으로 모델을 생성한다. 그리고 이를 모두를 학습시킨 다음, 모델 평가 방식을 비교해 최고 성능이 나오는 모델의 파라미터를 찾는다.

csv.best_params_는 그리드 탐색을 수행한 후 나올 수 있는 최적의 파라미터 값이다. 예제 4.15를 실행하면 다음과 같은 결과가 출력되는 것을 확인할 수 있다.

예제 4.16 GridSearchCV를 사용해 의사 결정 모델의 트리 깊이 파라미터를 찾은 결과

```
{'max_depth': 1}
Accuracy: 77.92%
```

GridSearchCV에 의하면 우리가 만든 모델은 의사 결정 모델의 트리 깊이가 1일 때 정확도가 가장 높으며, 이때의 정확도는 77.92%다. 모델은 더 깊어질 필요 없이 트리 깊이가 하나일 때 최적의 성능을 발휘한다는 의미다. 그렇지만 이것은 우리가 원하는 결과가 아니며, 처음에 기본 변수로 학습했던 모델 성능인 81.17%보다도 낮다. 이제 다양한 파라미터를 조합해 보자.

예제 4.17 GridSearchCV를 사용해 max_depth, learning_rate, n_estimators 파라미터값 변화에 대한 최적의 모델을 찾는 코드

```
import numpy as np
from sklearn.model_selection  import GridSearchCV

cv_params = {
    'max_depth': np.arange(1, 6, 1),
    'learning_rate': np.arange(0.05, 0.6, 0.05),
    'n_estimators': np.arange(50, 300, 50),
}

fix_params = {
   'booster': 'gbtree',
   'objective': 'binary:logistic',
}

csv = GridSearchCV(XGBClassifier(**fix_params),
                   cv_params,
                   scoring = 'precision',
                   cv = 5,
                   n_jobs=5)
csv.fit(x_train, y_train)

# 최적의 파라미터 출력하기
print(csv.best_params_)
```

```
# 테스트 데이터 예측하기
y_pred = csv.predict(x_test)
predictions = [round(value) for value in y_pred]

# 성능 평가하기
accuracy = accuracy_score(y_test, predictions)
print("Accuracy: %.2f%%" % (accuracy * 100.0))

# GridSearch를 사용한 모든 조합 출력
for parameter in csv.cv_results_["params"]:
    print(parameter)
```

예제 4.17은 GridSearchCV를 사용해 당뇨병 진단 모델의 의사 결정 모델 최적 깊이(max_depth)와 학습률(learning_rate), 추정치 모델(n_estimators)의 모든 그리드 탐색 조합을 통해 최적의 하이퍼파라미터를 찾는다. 이 코드는 실습하는 PC의 사양에 따라 시간이 오래 걸릴 수 있으므로 여유가 된다면 n_jobs 옵션에 -1을 입력해서 컴퓨터가 알아서 프로세스 최적화를 수행할 수 있게 한다. 예제 4.17의 마지막 줄은 GridSearchCV 클래스의 cv_results_ 딕셔너리를 탐색한다. "params"에는 그리드 탐색에 사용되는 모든 파라미터의 조합이 들어 있다. 예제 4.17을 실행하면 다음과 같은 결과를 확인할 수 있다.

예제 4.18 예제 4.17의 모델을 수행했을 때 최적의 파라미터와 그때의 정확도, 그리고 그리드 탐색으로 생성한 파라미터 조합

```
{'learning_rate': 0.05, 'max_depth': 1, 'n_estimators': 50}
Accuracy: 73.38%
{'learning_rate': 0.05, 'max_depth': 1, 'n_estimators': 50}
{'learning_rate': 0.05, 'max_depth': 1, 'n_estimators': 100}
{'learning_rate': 0.05, 'max_depth': 1, 'n_estimators': 150}
{'learning_rate': 0.05, 'max_depth': 1, 'n_estimators': 200}
{'learning_rate': 0.05, 'max_depth': 1, 'n_estimators': 250}
{'learning_rate': 0.05, 'max_depth': 2, 'n_estimators': 50}
{'learning_rate': 0.05, 'max_depth': 2, 'n_estimators': 100}
{'learning_rate': 0.05, 'max_depth': 2, 'n_estimators': 150}
{'learning_rate': 0.05, 'max_depth': 2, 'n_estimators': 200}
{'learning_rate': 0.05, 'max_depth': 2, 'n_estimators': 250}
{'learning_rate': 0.05, 'max_depth': 3, 'n_estimators': 50}
```

```
{'learning_rate': 0.05, 'max_depth': 3, 'n_estimators': 100}
{'learning_rate': 0.05, 'max_depth': 3, 'n_estimators': 150}
{'learning_rate': 0.05, 'max_depth': 3, 'n_estimators': 200}
{'learning_rate': 0.05, 'max_depth': 3, 'n_estimators': 250}
{'learning_rate': 0.05, 'max_depth': 4, 'n_estimators': 50}
{'learning_rate': 0.05, 'max_depth': 4, 'n_estimators': 100}
{'learning_rate': 0.05, 'max_depth': 4, 'n_estimators': 150}
{'learning_rate': 0.05, 'max_depth': 4, 'n_estimators': 200}
{'learning_rate': 0.05, 'max_depth': 4, 'n_estimators': 250}
{'learning_rate': 0.05, 'max_depth': 5, 'n_estimators': 50}
{'learning_rate': 0.05, 'max_depth': 5, 'n_estimators': 100}
{'learning_rate': 0.05, 'max_depth': 5, 'n_estimators': 150}
{'learning_rate': 0.05, 'max_depth': 5, 'n_estimators': 200}
{'learning_rate': 0.05, 'max_depth': 5, 'n_estimators': 250}
{'learning_rate': 0.1, 'max_depth': 1, 'n_estimators': 50}
{'learning_rate': 0.1, 'max_depth': 1, 'n_estimators': 100}
{'learning_rate': 0.1, 'max_depth': 1, 'n_estimators': 150}
{'learning_rate': 0.1, 'max_depth': 1, 'n_estimators': 200}
{'learning_rate': 0.1, 'max_depth': 1, 'n_estimators': 250}

.
.
(이하 생략)
.
.

{'learning_rate': 0.55, 'max_depth': 5, 'n_estimators': 250}
```

예제 4.17을 실행함으로써 입력된 그리드 탐색의 모든 경우의 수를 확인할 수 있다. 또한, `GridSearchCV` 클래스가 XGBClassifier 모델에 대해 발견한 최적의 학습률, 의사 결정 트리의 깊이, 추정치 모델의 최적값을 알 수 있다(각각 `0.05, 1, 50`). 그러나 의사 결정 트리의 깊이가 1이라면 이 모델은 너무 간단하다. 이 모델은 그림 4.11보다 깊이가 얕기 때문에 공신력을 얻기 어렵다. 그렇다면 `fix_params`의 `'max_depth'`를 `4`로 바꿔보자. 그리고 이에 대응하는 학습률(learning rate)과 추정치(number of estimators), L1(regression alpha), L2(regression lambda) 노름에 대한 하이퍼파라미터 탐색을 수행해 보자. 이 작업에는 대단히 많은 프로세스 조합이 필요하다. 그리드 탐색에 사용되는 변수가 하나씩 추가될 때마다 복잡도는 지수 스케일(exponential scale)로 커진다. 학습할 때 CPU 파워가 부족하다면 저자가 미리 찾아 놓은 최적의 파라미터를 사용해 보자(예제 4.19).

예제 4.19 GridSearchCV로 찾아낸 당뇨병 진단 모델의 최적 파라미터

```
model = XGBClassifier(
    booster='gbtree',
    objective='binary:logistic',
    learning_rate=0.03,
    n_estimators=150,
    reg_alpha=0.15,
    reg_lambda=0.7,
    max_depth=4
)
```

예제 4.19 모델에 대한 테스트 데이터의 정확도는 84.42%다. 이 모델은 의사 결정 트리의 깊이가 4이기 때문에 더욱 많은 피처를 사용해 당뇨병을 진단할 수 있을 것으로 기대된다. 위 모델로 의사 결정 트리를 시각화해 보자.

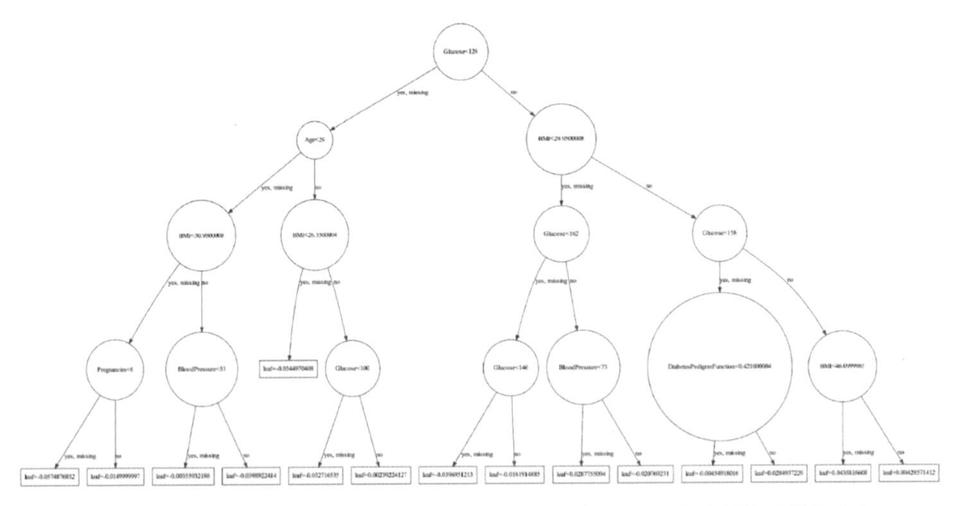

그림 4.30 최적의 하이퍼파라미터로 튜닝한 당뇨병 진단 모델에 대해 의사 결정 트리 시각화를 수행한 결과

앞서 머신러닝 모델은 정확도나 정밀성, 재현도, 민감도, 특이성, 낙제율과 같이 다양한 기준에 의해 달라질 수 있다고 언급했다. 이때 모든 피처에 대한 계산은 컨퓨전 행렬(Confusion

Matrix)[38]을 사용해 찾아낼 수 있다. 컨퓨전 행렬을 시각화할 수 있다면 모델 최적화에 대한 힌트를 얻을 수 있다. 컨퓨전 행렬에 대한 설명은 참고자료에 추가로 설명해두었다.

컨퓨전 행렬은 파이썬 sklearn 패키지의 confusion_matrix로부터 간단하게 얻을 수 있다. 다음 코드를 입력해 보자.

예제 4.20 sklearn 패키지로 컨퓨전 행렬을 계산하는 코드

```
from sklearn.metrics import confusion_matrix

cm = confusion_matrix(y_test, y_pred)

print(cm)
```

예제 4.20의 코드는 테스트 데이터(y_test)와 모델이 당뇨병을 진단한 예측치(y_pred)를 비교하면서 컨퓨전 행렬을 만든다. 이 결과는 변수 cm에 저장된다. 예제 4.20을 실행하면 다음과 같은 결과를 확인할 수 있다.

예제 4.21 당뇨병 진단 테스트 데이터와 모델의 예측치로 만든 컨퓨전 행렬의 출력값

```
[[88  9]
 [15 42]]
```

이제 다음 예제를 추가로 입력해서 컨퓨전 행렬을 보기 좋게 시각화해 보자.

예제 4.22 sklearn 패키지로 계산한 컨퓨전 행렬을 matplotlib을 통해 시각화하는 코드[39]

```
import itertools

def plot_confusion_matrix(cm,
                          classes,
                          normalize=False,
                          title='Confusion matrix',
                          cmap=plt.cm.Blues):
```

38 컨퓨전 행렬에 대한 더 자세한 설명은 참고자료의 '컨퓨전 행렬' 단원에서 확인할 수 있다.

39 이 코드는 scikit-learn 문서의 코드를 참조해 컨퓨전 행렬을 시각화하는 부분만 편집해 만든 것이다. 컨퓨전 행렬에 관심이 있는 독자들은 이 문서를 통해 멀티 클래스 컨퓨전 행렬에 대해 학습할 수 있을 것이다(https://scikit-learn.org/stable/auto_examples/model_selection/plot_confusion_matrix.html#sphx-glr-auto-examples-model-selection-plot-confusion-matrix-py).

```
    plt.imshow(cm, interpolation='nearest', cmap=cmap)
    plt.title(title)
    plt.colorbar()
    tick_marks = np.arange(len(classes))
    plt.xticks(tick_marks, classes, rotation=45)
    plt.yticks(tick_marks, classes)

    if normalize:
        cm = cm.astype('float') / cm.sum(axis=1)[:, np.newaxis]
    thresh = cm.max() / 2.
    for i, j in itertools.product(range(cm.shape[0]), range(cm.shape[1])):
        plt.text(j, i, cm[i, j],
                 horizontalalignment="center",
                 color="white" if cm[i, j] > thresh else "black")

    plt.tight_layout()
    plt.ylabel('True label')
    plt.xlabel('Predicted label')
    plt.show()

def show_data(cm, print_res = 0):
    tp = cm[1,1]
    fn = cm[1,0]
    fp = cm[0,1]
    tn = cm[0,0]
    if print_res == 1:
        print('Precision =     {:.3f}'.format(tp/(tp+fp)))
        print('Recall (TPR) =  {:.3f}'.format(tp/(tp+fn)))
        print('Fallout (FPR) = {:.3e}'.format(fp/(fp+tn)))
    return tp/(tp+fp), tp/(tp+fn), fp/(fp+tn)

plot_confusion_matrix(cm, ['0', '1'], )
show_data(cm, print_res=1)
```

예제 4.22의 plot_confusion_matrix는 컨퓨전 행렬값을 입력받아 2×2 크기의 사각 행렬로 그려준다. 이 행렬의 X 축은 테스트 데이터값이고 Y 축은 모델이 예측한 값이다. 플롯 행렬 (0, 1) 성분은 테스트 데이터상에서 당뇨병이라고 예측했지만, 모델에서는 당뇨병이 없다고 진단한 모델의 수다. 예제 4.22에 의하면 9명이 이에 해당된다. 플롯 행렬 (1, 1) 성분은 테스트 데이터상 실제로 당뇨가 있는 환자들이면서 모델이 당뇨병 진단을 예측한 환자들이다. 예제 4.21에 의하면 42명이 이에 해당된다. 즉, 컨퓨전 행렬의 대각성분은 모델과 테스트가 정확히 일치할 때를 의미한다.

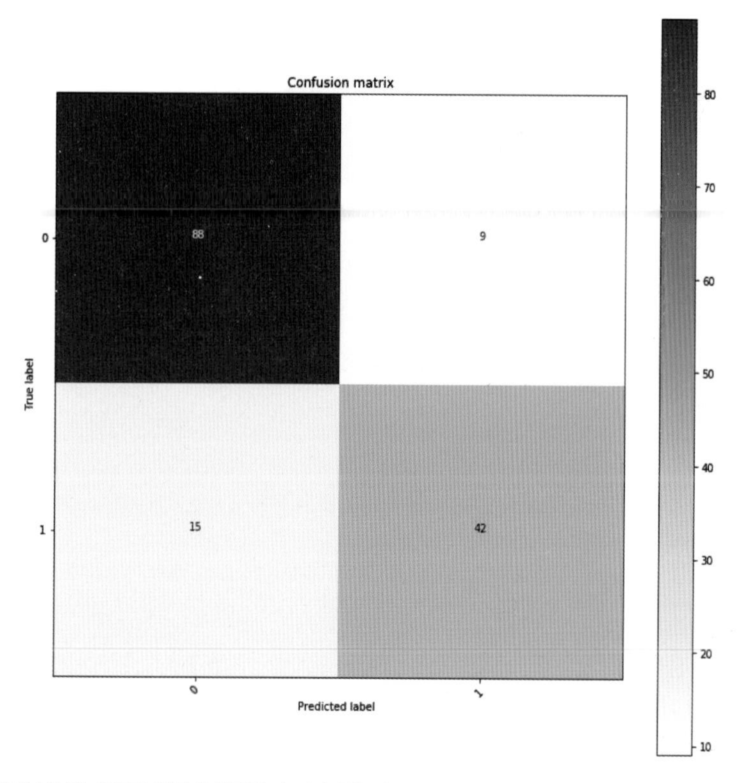

그림 4.31 2차원 정사각 컨퓨전 행렬을 입력받아 시각화한 결과

예제 4.22에서 show_data는 컨퓨전 행렬을 입력받아 정밀성(precision)과 민감도(Recall), 낙제율(Fallout)을 출력한다. 각 수치를 계산하는 방법은 '참고자료'에 실었으니 관심 있는 독자들은 참고하기 바란다.

예제 4.23 show_data 함수를 작성하고 예제 4.22를 실행한 결과로 출력되는 모델 정확도와 재현도, 낙제율 수치

```
Precision      = 0.824
Recall (TPR)   = 0.737
Fallout (FPR) = 9.278e-02
```

예제 4.23의 결과로 판단하건대, 모델은 재현도(recall)보다 정밀성(precision)이 높다. 즉, 이 모델은 당뇨병이 있다고 진단했을 때 그 진단을 신뢰할 가능성이 높고(82.4%), 실제 당뇨 환자 중에서 당뇨병 환자를 색출해낼 가능성은 상대적으로 낮은(73.7%) 모델이다. 낙제율은 실제 당뇨병이 없는 환자들 중 모델이 당뇨가 있다고 진단한 비율이다(9.2%).

컨퓨전 행렬을 잘 사용하면 다양한 성능 평가 지표를 출력할 수 있다. 컨퓨전 행렬을 통해 머신러닝 모델이 어느 관점에서 유리하게 생성됐는지 판단할 수 있다.

이 장에서 생성한 모델을 경제학의 비용 함수(cost function)와 결합한다고 상상해 보자. 당뇨가 전염성이 높고 격리가 필요한 질병이라면 정밀함보다 민감성이 더욱더 중요해질 것이다. 이때는 정밀성을 조금 손해보더라도 당뇨병을 검출하는 기준을 더 낮춰야 할 것이다. 반대로 당뇨병 환자를 찾아 혈액 실험을 해야 하는 경우라면 당뇨병 환자가 아님에도 진단 키트가 피험자를 당뇨병이라고 진단하는 비율이 낮아야 할 것이다. 이때는 민감도 대신 모델의 정밀성을 높여야 한다.

4.5.4. 마치며

이번 단원에서는 XAI 기법 일부와 머신러닝 모델인 XGBoost를 배우고 실습했다. XGBoost를 사용해 피마 인디언 당뇨병을 진단하는 모델을 만들고, 이 모델이 가지고 있는 특성을 이해하기 위해 의사 결정 트리를 시각화하고 피처 중요도를 플롯으로 나타내고 부분 의존성 플롯을 살펴봤다. 컨퓨전 행렬을 만들어 모델의 특성을 파악해 보기도 했다. 마지막으로 여태까지 분석한 결과를 총망라해 모델을 최적화했다. 이를 통해 전통적인 머신러닝 모델이 XAI 기법을 통해 해석되는 과정을 이해할 수 있었다.

지금까지 전통적인 머신러닝 기법에 적용하는 XAI 기법에 대해 알아봤다. 기법은 간단하지만 모두 유용하다. 이어서 모델의 특성과 관계없이 적용 가능한 XAI 기법을 학습하는 한편, 신경망 모델과 딥러닝에 적용할 수 있는 XAI 기법을 알아볼 것이다.

05

대리 분석

실습용 colab 링크: http://bit.ly/2RNP6zv

5.1. 대리 분석 개론

본래 대리 분석 기법(Surrogate Analysis)이란 엔지니어링에 사용되던 용어였다. 대리 분석은 '대리(Surrogate)'라는 이름에서 알 수 있듯이 본래 기능을 흉내 내는 간단한 대체재를 만들어서 프로토타입이 동작하는지 판단하는 분석 방법이다. 이 방법은 결과를 내기까지 너무 비용이 많이 들거나 연산이 너무 많아 정확한 결과를 내는 데 시간이 많이 소요될 때 사용됐다. XAI에서 대리 분석은 본래 인공지능 모델이 너무 복잡해서 분석이 불가능할 때 유사한 기능을 흉내 내는 인공지능 모델 여러 개를 대리로 만들어서 본래 모델을 분석하는 기법을 말한다.

대리 분석법은 여러 가지 이름을 가지고 있다. 그것은 근사치 모델(Approximation model)이나 반응 표면 기법(Response Surface Model, RSM), 에뮬레이터(Emulator) 등의 이름으로 불린다.

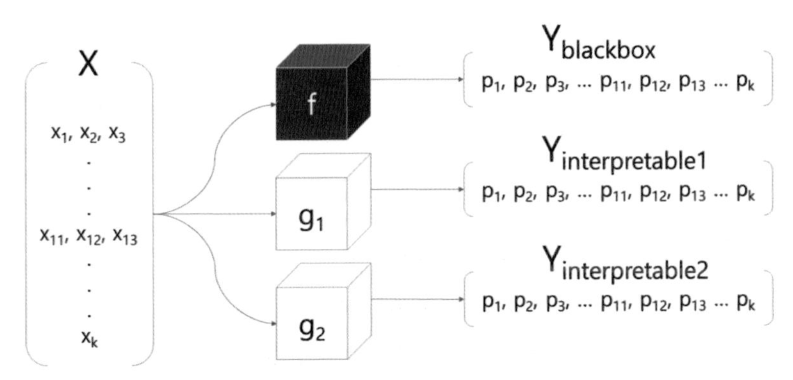

그림 5.1 블랙박스 모델 f와 f를 흉내 내는 해석 가능한 머신러닝 모델 g_1과 g_2 도식. f의 예측 결과와 가장 유사하게 학습된 모델(g_1, g_2 중 하나)이 f를 대신 설명할 모델이 된다.

대리 분석법의 핵심 이론은 이렇다. 분석해야 할 모델을 f라고 하자. 대리 분석 모델은 f를 흉내 내는 모델 g를 만든다. 모델 g는 모델 f의 학습 방식과 같을 수도 있고 다를 수도 있다. 예를 들어, 모델 f가 SVM(Support Vector Machine)을 사용해 학습한 모델이라면 모델 g는 트리나 선형 회귀 모델일 수도 있다. 모델 g를 결정하는 조건은 (1) 모델 f보다 학습하기 쉽고, (2) 설명 가능하며, (3) 모델 f를 유사하게 흉내 낼 수 있으면 된다.

모델 g를 학습시키는 과정은 두 가지다. 하나는 모델 f를 학습시킬 때처럼 학습 데이터 전부를 모델 g를 학습하는 데 사용하는 경우고, 다른 하나는 데이터 라벨별로, 또는 학습 데이터의 일부만 추려서 모델 g를 학습시키는 것이다. 여러 가지 모델을 새로 만들고 학습시킨 다음 비교해도 좋다. 이 과정이 끝나면 모델 g는 모델 f를 어설프게나마 따라 할 것이다. 또한, g는 설명 가능하기 때문에 원래 모델 f가 어떻게 학습됐을지 간단하게라도 해석할 수 있다. 따라서 모델 g는 모델 f보다 정확도가 떨어지지만, 모델 f를 대변할 수 있다.

학습 데이터(일부 또는 전체)를 사용해서 대리 분석 모델을 구축할 경우, 이것을 글로벌 대리 분석(Global Surrogate Analysis)이라고 한다. 반면 모델이 학습 데이터 하나를 해석하는 과정을 로컬 대리 분석(Local Surrogate Analysis)이라고 부른다. 두 모형에 관해서는 뒤에서 자세히 설명할 것이다.

대리 분석법의 가장 큰 장점은 이 기술이 모델 애그노스틱(model-agnostic technology, 모델에 대한 지식 없이도 학습할 수 있음)하다는 것이다. '모델 애그노스틱'이라는 용어가 생소하겠지만, XAI를 공부하다 보면 자주 보게 될 용어이므로 기억해 두는 게 좋다. 또한, 대리 분석법은 적은 학습 데이터로도 설명 가능한 모델을 만들 수 있다. 필요한 것은 학습 데이터에 대한 권한과 예측 모델 f뿐이다. 중간에 모델 f가 바뀌더라도 피처만 같다면 대리 분석을 수행할 수 있다. 그 이유는 대리 분석 모델과 블랙박스 모델이 완전히 분리돼(decoupled) 있기 때문이다. 자세한 내용은 다음 단원을 읽으면서 파악해 보자.

5.1.1. 글로벌 대리 분석

글로벌 대리 분석(Global Surrogate)이란 전체 학습 데이터를 사용해 블랙박스 함수 f를 따라 하는 유사 함수 g를 만들고 g를 해석 가능하도록 변조하는 방법이다. 이때 함수 g는 '설명 가능'해야 한다. 예를 들어, g는 앞서 배웠던 의사 결정 트리가 될 수도, 선형 회귀(Linear Regression)나 로지스틱 회귀(Logistic Regression), 나이브 베이즈(Naive Bayes), 또는 다음 단원에서 만들 K-최근접 이웃 알고리즘(K-Nearest Neighbors)이 될 수도 있다. 방금 나열한 알고리즘의 특징은 설명 가능 기능을 붙이기 쉽다는 것이다. 책의 분량상 모든 XAI 알고리즘의 특성을 다루기는 어렵다. 따라서 다음 표를 참고로 XAI 알고리즘 각각의 특성을 잘 파악해서 블랙박스 모델 f에 적합한 모델을 직접 구성해 볼 것을 권한다.

표 5.1 잘 알려진 XAI 알고리즘과 알고리즘 각각의 특성을 정리한 표[1]

알고리즘	선형성 (Linearity)	단조함수 유무 (Monotone)	PDP Interaction	목표
선형 회귀	있음	단조함수	불가능	회귀
로지스틱 회귀	없음	단조함수	불가능	분류
의사 결정 트리	없음	일부	가능	분류, 회귀
나이브 베이즈	없음	단조함수	불가능	분류
K-최근접 이웃	없음	단조함수 아님	불가능	분류, 회귀

글로벌 대리 분석을 수행하는 과정은 다음과 같다.

1. 데이터 집합 X를 선택한다. 이것은 학습 데이터 집합 전체일 수도 있고 일부일 수도 있다.
2. 선택한 데이터 집합 X에 대해 블랙박스 모델 f의 예측 결과를 구한다.
3. XAI 모델을 고른다(표 5.1 참고). 학습한 결과를 모델 g라고 부른다.
4. 모델 g는 설명 가능해야 한다.
5. 데이터 집합 X로 모델 g를 학습시킨다.
6. 데이터 X에 대해 모델 f가 예측한 결과(2)와 모델 g의 예측 결과를 비교하면서 두 모델이 최대한 유사한 결과를 내도록 튜닝한다.
7. (6)의 과정이 끝나면 설명 가능한 모델 g를 XAI 기법을 사용해 해석한다.

6번 과정에 대해 모델 f와 모델 g 간 비교를 R-스퀘어(Squared) 방식으로 측정한다고 해 보자. 이때 SSE(Sum of Squares Error)와 SST(Sum of Squares Total)의 차이를 통해 모델 g가 모델 f에 얼마나 근사하는지 측정할 수 있다.

1 Gorissen, Dirk, Tom Dhaene, and Filip De Turck. "Evolutionary model type selection for global surrogate modeling." Journal of Machine Learning Research 10.Sep (2009): 2039-2078.

$$R^2 = 1 - \frac{SSE}{SST} = 1 - \frac{\sum_{i=1}^{n} (y_*^{\wedge(i)} - y^{\wedge(i)})^2}{\sum_{i=1}^{n} (y^{\wedge(i)} - \underline{y^{\wedge}})^2}$$

$y_*^{\wedge(i)}$는 모델 g가 i번째 데이터를 예측한 결과이며, $y^{\wedge(i)}$는 블랙박스 모델 f가 i번째 데이터를 예측한 결과다. $\underline{y^{\wedge}}$는 모델 f의 예측 결과 평균이다. R-스퀘어 값이 1에 가깝다면(낮은 SSE) 모델 g와 모델 f가 유사하다는 의미다. 다시 말해, R-스퀘어 결정지수가 1에 가까워질수록 모델 g가 모델 f를 설명하는 데 합리적이다. 반대로 R-스퀘어 결정지수가 0에 가깝다면(높은 SSE) 모델 g는 모델 f를 제대로 흉내 내지 못하므로 설명 가능한 인공지능을 만들어도 f를 제대로 해석하고 있다고 말하기 어렵다.

글로벌 대리 분석의 장점은 다음과 같다. 글로벌 대리 분석법은 유연하다. 다양한 XAI 기법을 자유롭게 적용할 수 있을 뿐만 아니라 블랙박스 모델을 이해하고 있지 않아도 메저 함수(measure function, 예를 들어 R-스퀘어 결정지수 같은)를 가지고 모델 f가 어떻게 학습됐는지 설명할 수 있다. 또한, 글로벌 대리 분석법은 직관적이다. 대리 분석에 사용하는 머신러닝 기법은 구현이 쉽고 설명이 간단하다. 원래 모델을 유사하게 따라 하는 대리 모형을 찾을 수만 있다면 큰 힘을 들이지 않고도 블랙박스 모델을 해석할 수 있다.

반면 글로벌 대리 분석법을 수행할 때 주의해야 할 점 또한 존재한다. 첫 번째는 글로벌 대리 분석으로 만든 모델 g가 모델 f를 유사하게 설명하는 모델이라는 점이다. 궁극적으로 보면 모델 f, 또는 실전 데이터에 대해 해석해야 한다. 그러나 글로벌 대리 분석 기법은 모델 f를 직접 설명하는 게 아니라 간접적으로 설명하기 때문에 g 모델의 정확도와 g 모델의 해석 방향에 결함이 있을 수 있다.

또한 메저 함수의 설명 가능성 판단 기준이 주관적이다. 예를 들어, R-스퀘어 결정지수를 사용한 대리 분석 모형을 생각해 보자. 모델 g가 모델 f를 얼마나 유사하게 모방해야 해석을 잘했다고 판단할 수 있을까? 어떤 이는 모델 g가 모델 f를 80% 넘게 모방해야만 모델 g의 XAI가 f를 합리적으로 설명한다고 주장할 것이다. 어떤 이는 그 기준이 99%일 수도 있다. 그 기준이 터무니없이 낮은 사람도 있을 것이다. 따라서 글로벌 대리 분석 기법으로 XAI를 수행할 때는 메저 함수와 모델 유사도에 따라 XAI에 대한 신뢰도가 주관적임을 인지해야 한다.

마지막으로 글로벌 대리 분석 모델이 학습하는 데이터 X가 편향됐을 위험이 있다. 앞서 글로벌 대리 분석에 사용하는 데이터 X는 학습 데이터 전체일 수도 있고 부분일 수도 있다고 설명했다. 모델 g를 학습시키는 데이터 X가 전체 학습 데이터와 비교할 때 편향됐다면 편향된 모델로 만든 모델의 XAI는 신뢰도가 떨어진다. 따라서 글로벌 대리 분석을 수행할 때는 대리 분석에 사용하는 학습 데이터가 일반적이면서도 그 크기가 효율적인지 재고해야 한다.

글로벌 대리 분석은 전통적인 머신러닝 기법(딥러닝이 아닌)에 적용하기 좋다. 서포트 백터 머신(Support Vector Machine, 이하 SVM)은 전통적인 머신러닝 기법임에도 오늘날까지 자주 사용된다. 그렇지만 SVM은 학습에 사용되는 파라미터가 많고, 피처가 많아질수록 지지 백터가 커지기 때문에 XAI 기법을 적용하기가 어렵다. 이때 글로벌 대리 분석은 SVM의 의사 결정 결과를 모방하는 로지스틱 회귀 모델이나 의사 결정 트리모델을 구축해 SVM 학습 결과를 대신 설명한다. SVM 모델을 가장 잘 모방하는 모델이 로지스틱 회귀라면 로지스틱 회귀의 XAI 기법을, 그것이 의사 결정 트리라면 이 책 4.5절에서 학습했던 의사 결정 트리 시각화 기법을 사용해서 SVM 모델 대신 의사 결정 과정을 해석할 수 있다.

5.1.2. 로컬 대리 분석(Local Surrogate)

로컬 대리 분석은 데이터 하나에 대해 블랙박스가 해석하는 과정을 분석하는 기법이다. 이 기법은 'LIME(Local Interpretable Model-agnostic Explanations, 학습 기법과 관계없이 모델을 설명할 수 있는 로컬 설명 가능 모델)'이라는 이름으로 더 잘 알려져 있다[2].

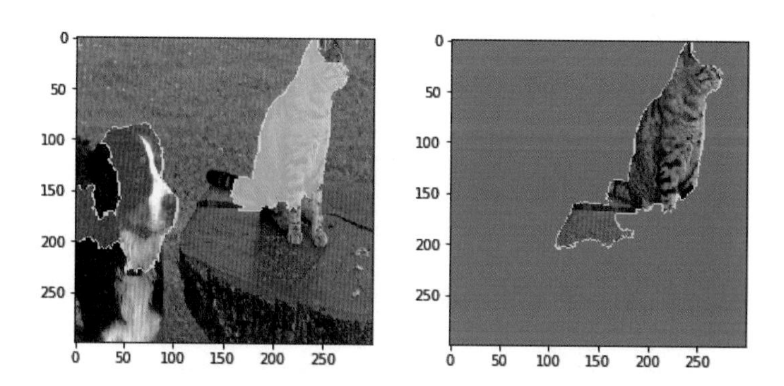

그림 5.2 LIME 기법을 사용하면 이미지 데이터 하나에 대한 블랙박스 해석 결과를 관찰할 수 있다. 이번 데이터의 경우, 고양이를 예측할 때 블랙박스가 집중한 영역을 확인할 수 있다

2 Ribeiro, Marco Tulio, Sameer Singh, and Carlos Guestrin. "Why should i trust you?: Explaining the predictions of any classifier." Proceedings of the 22nd ACM SIGKDD international conference on knowledge discovery and data mining. ACM, 2016.

글로벌 대리 분석과 달리, 로컬 대리 분석은 데이터 하나에 대해 원래 모델이 분류한 결과를 해부한다. 다음 단원에서 대표적인 로컬 대리 분석 기법인 LIME의 수학적 원리를 알아보고 실습해 보자.

5.2. LIME

일반적으로 모델 신뢰도는 정확도로 검증하며, 정확도는 테스트 데이터셋으로 측정한다. 그렇지만 현실 데이터는 테스트 데이터와 동떨어져 있는 경우가 흔하며, 잘못된 결과를 출력하기도 한다. 따라서 인공지능 모델을 활용하는 사람이 비전문가일 경우, 현실 데이터를 해석한 결과물을 받고 해석에 어려움을 겪을 가능성이 높다.

LIME(Local Interpretable Model-agnostic Explanations)은 모델이 현재 데이터의 어떤 영역을 집중해서 분석했고 어떤 영역을 분류 근거로 사용했는지 알려주는 XAI 기법이다. LIME은 모델 학습 방법과 관계없이(Model-agnostic) 적용할 수 있는 XAI다. 따라서 이미 사용하는 학습 모델이 존재한다면 LIME을 적용해서 각자 인공지능 모델을 설명 가능하게 변환할 수 있다.

5.2.1. LIME 알고리즘, 직관적으로 이해하기

앞서 LIME은 데이터 하나를 해석하는 XAI 기법이라고 설명했다. 즉, LIME을 이용하면 특정 데이터 인풋에 대해 블랙박스가 그것을 어떻게 해석하는지 파악할 수 있다. 이제 LIME 알고리즘의 결과물을 직관적으로 이해하기 위해서 다음 상황을 상상해 보자[3].

> 우리는 뉴스거리를 제보 받는 상황실 직원이다. 뉴스는 메일과 팩스 등 다양한 방법으로 날아온다. 제보를 읽고 그것을 기사로 제작할 수 있는 적절한 부서에 문서를 전달해야 한다. 만약 기사가 적절한 카테고리로 분류돼 전달되지 않는다면 각 부서의 인력이 또 다시 제보 카테고리를 분류하는 데 시간을 소모할 것이다. 따라서 제보가 들어왔을 때 그것을 어떤 부서가 다뤄야 할지 분류하는 머신러닝 모델을 만들었다.

3 데이터 및 LIME 튜토리얼 참조: https://marcotcr.github.io/lime/tutorials/Lime%20-%20multiclass.html

첫 번째 제보가 들어왔다.

```
From: ranck@joesbar.cc.vt.edu (Wm. L. Ranck)
Subject: Re: BMW heated grips
Organization: Virginia Tech, Blacksburg, Virginia
Lines: 24
NNTP-Posting-Host: joesbar.cc.vt.edu
X-Newsreader: TIN [version 1.1 PL9]

Mark Bergman (bergman@panix.com) wrote:
: To those of you who have the BMW heated handgrips:
:     What are they like during the summer? Yes, you
:     wiseguy, I mean while they are off!
:     Are they comfortable? Do they transmit a lot of
:     vibration? How do they compare to the stock grips?
:     To foam grips?
: Do they really make a difference during the winter?

I just got a K75 and had the heated grips installed.  As far as I can
tell the grips look and feel the same as the standard grips.
They are *not* soft.  Last weekend I did a 500 mile round-trip and
got to a point where it was in the 30s and raining.  Those heated
grips were *great*.  I've only had the bike a month and the heated
grips are already one of my favorite features on the bike.
--
*****************************************************************************
* Bill Ranck             (703) 231-9503               Bill.Ranck@vt.edu      *
* Computing Center, Virginia Polytchnic Inst. & State Univ., Blacksburg, Va. *
*****************************************************************************
```

[참고용 번역본]

보낸이: ranck@joesbar.cc.vt.edu (Wm. L. Ranck)

제목: Re: BMW 열선 손잡이

기관: 버지니아 테크, 버지니아, 버지니아

텍스트 줄: 24

NNTP-Posting-Host: joesbar.cc.vt.edu

X-Newsreader: TIN [1.1 PL9 버전]

Mark Bergman (bergman@panix.com)의 서신:

: BMW 열선 손잡이가 있는 분들께:

: 열선 손잡이가 여름에 무슨 소용인가요?

: 제 말은 그것이 꺼져 있을 때 말이죠!

: 열선 손잡이가 편안하길 하나요? 기존 손잡이보다 노면 정보를 잘 전달해주나요?

: 이게 기존 손잡이와 차이점이 무엇이죠?

: 열선 손잡이는 스펀지 손잡이 인가요? 너무 부드러워요.

: 그러니까 정말로 열선 손잡이가 정말 겨울에 효과가 있냐고요?

저는 최근에 K75를 샀고, 기본 옵션으로 열선 손잡이가 설치되어 있습니다. 제가 아는 바로는 열선 손잡이는 기존 손잡이와 촉감이 비슷합니다. 열선 손잡이는 스펀지 그립처럼 부드럽지 *않습니다*. 지난 주말에 저는 약 500 마일 정도 되는 거리로 왕복 여행을 다녀왔는데, 비가 내렸습니다. 열선 손잡이는 *정말* 좋았습니다. 제가 이 바이크를 산 지 딱 한 달 밖에 안 됐음에도 열선 손잡이는 이 오토바이의 가장 좋은 옵션 중 하나라고 말하고 싶습니다.

—

****

* Bill Ranck (703) 231-9503 Bill.Ranck@vt.edu *

* 컴퓨터 센터, 버지니아 폴리테크닉 주립 대학교, 블랙스버그 *

****

그림 5.3 제보 데이터 원문(상단)과 번역본(하단)

그림 5.3을 받고 어리둥절했다. 머신러닝 모델이 그림 5.3의 제보를 '스포츠-모터사이클(Motorcycles)' 카테고리로 분류했기 때문이다. 그림5.3에서 'Motorcycles'라는 키워드를 검색해 봤다. 아무런 결과도 나타나지 않았다. 이제 문서를 처음부터 읽기 시작했다. 가장 먼저 보이는 것은 BMW였다. BMW는 모터사이클을 제작한다. 그렇지만 BMW는 자동차도 제조

한다. 게다가 우리 회사에는 자동차(Automobiles) 부서가 있다. 따라서 문서 분류에 더욱 신중해야 한다.

이제 모델이 이 제보를 몇 퍼센트의 정확도로 모터사이클 기사라고 분류하는지 찾아봤다. 모델은 약 99.8% 확률로 이 제보가 모터사이클 기사라고 예측했다. 그러나 확률만으로는 상사에게 이 기사가 모터사이클 부서에 전달돼야 하는지 자동차 부서에 전달돼야 하는지 설득하기 어렵다.

이제 LIME을 사용해서 이 제보가 왜 모터사이클 부서에 전해져야 하는지 분석하기로 했다. LIME은 다음과 같은 시각화 기능으로 이 제보의 분류 이유를 상소 표시했다.

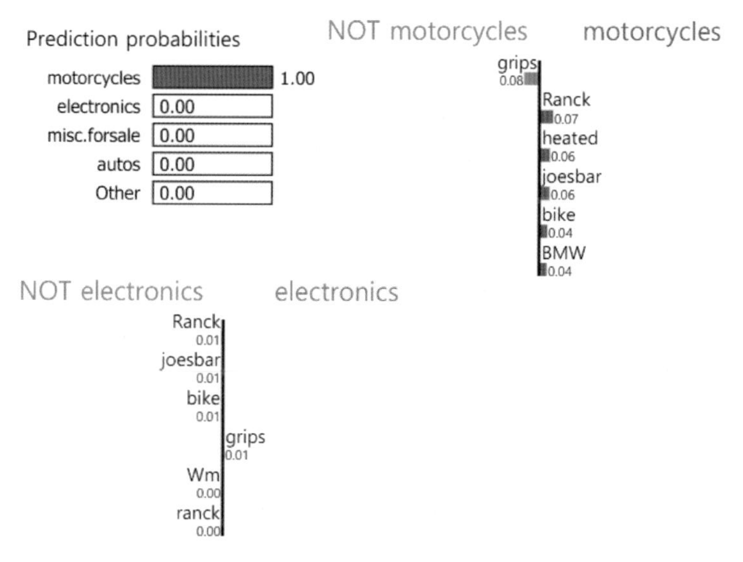

그림 5.4 LIME이 제공하는 워드 하이라이트(word highlights) 기능

Text with highlighted words

From: ranck@joesbar.cc.vt.edu (Wm. L. Ranck)

Subject: Re: BMW heated grips

Organization: Virginia Tech, Blacksburg, Virginia

Lines: 24

NNTP–Posting–Host: joesbar.cc.vt.edu

X–Newsreader: TIN [version 1.1 PL9]

Mark Bergman (bergman@panix.com) wrote:

: To those of you who have the BMW heated handgrips:

:   What are they like during the summer? Yes, you

:   wiseguy, I mean while they are off!

:   Are they comfortable? Do they transmit a lot of

:   vibration? How do they compare to the stock grips?

:   To foam grips?

: Do they really make a difference during the winter?

I just got a K75 and had the heated grips installed. As far as I can

tell the grips look and feel the same as the standard grips.

They are *not* soft. Last weekend I did a 500 mile round–trip and

got to a point where it was in the 30s and raining. Those heated

grips were *great*. I've only had the bike a month and the heated

grips are already one of my favorite features on the bike.

—

****

* Bill Ranck (703) 231–9503 Bill.Ranck@vt.edu *

* Computing Center, Virginia Polytchnic Inst. | State Univ., Blacksburg, Va. *

****

그림 5.5 LIME으로 제보 데이터를 하이라이트 표시한 결과

그림 5.5의 결과를 분석할 때 왜 랜크(Ranck)라는 이름에 하이라이트돼 있는지 이해할 수 없었다. 그렇지만 바이크(bike)라는 단어에 하이라이트돼 있는 것으로 봐서 이 제보는 모터사이클 부서에 전달돼야 한다고 확신했다. 그림 5.5를 상사에게 가져갔다. 상사는 이 기사를 모터

사이클 팀에게 전달하라고 말했다. 그는 랜크 씨가 우리에게 모터사이클 기사를 전달하는 정보통이고, 우리가 학습에 사용한 데이터 중 모터사이클 관련 제보에 랜크 씨 이름이 많이 등장할 것이라고 했다.

상사는 그림 5.5가 인쇄된 종이를 흔들며 "이렇게 제보에 하이라이트까지 되니 분류하기가 더 편리하다"고 말했다. 그는 인공지능을 만든 자신조차 랜크 씨를 모르는데 어떻게 기계가 이것을 학습할 수 있는지 물었다. 그는 나중에 시간이 될 때 자신에게 그 원리를 전수해달라는 말도 잊지 않았다.

5.2.2. 배경 이론

그림 5.2와 그림 5.5로 알 수 있듯이 LIME은 학습한 모델에 대해 텍스트 하이라이트 기능을 제공한다. LIME은 어떤 원리로 이미지와 텍스트 하이라이트를 수행할 수 있을까?

LIME은 입력 데이터에 대해 부분적으로 변화를 준다. 이것을 변형(perturbation) 또는 샘플 퍼뮤테이션(sample permutation)이라고 한다. 예를 들어, 40명의 얼굴을 학습하고 어떤 이미지가 들어왔을 때 40명 중 한 명을 구분하는 모델이 있다고 하자. 이때 어떤 이미지 X가 모델 입력값으로 들어온다면 LIME은 입력 이미지에 대해 다음과 같이 해석 가능하도록 인식 단위를 쪼개고 이미지를 해석한다.

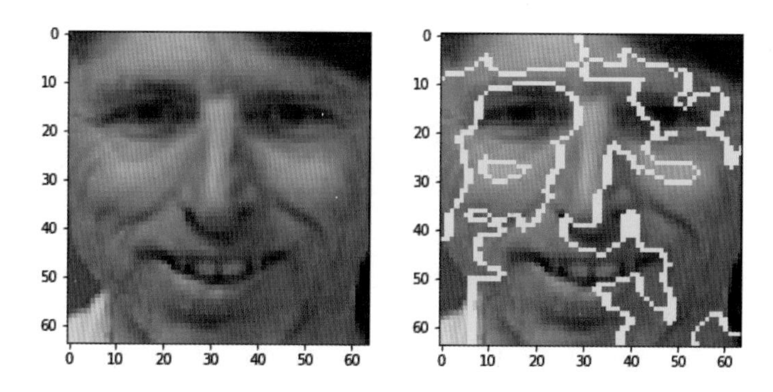

그림 5.6 원본 이미지(왼쪽)에 대해 LIME이 임의로 데이터를 변형한 결과(오른쪽)[4]

4 데이터 출처: 올리베티 얼굴 인식 데이터셋(Olivetti Faces Dataset), Scikit-learn, `https://scikit-learn.org/0.19/datasets/olivetti_faces.html`

LIME은 그림 5.6의 왼쪽 이미지에서 오른쪽 이미지처럼 노란색 실선으로 이해 단위를 구분한다. 그리고 이렇게 나뉜 영역을 조합해서 원본 모델이 대상을 가장 잘 분류할 수 있는 대표 이미지를 구성한다.

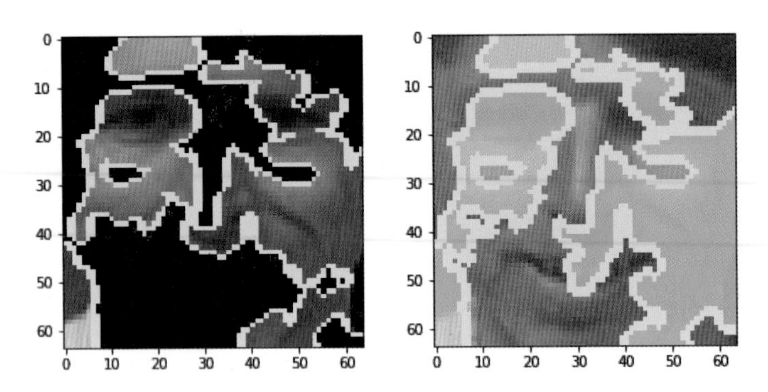

그림 5.7 LIME이 분해한 이미지에 대해 특정 사람으로 인식할 수 있는 가장 높은 가능성을 보이는 얼굴 조합(왼쪽)과 그것을 긍정, 부정 영역으로 구분한 결과물(오른쪽)

어떤 이미지가 주어졌을 때 이미지 내의 특정 관심 영역을 x라 하고, 초점 주변으로 관심 있는 영역을 키워나갈 때 기준 x로부터 동일한 정보를 가지고 있다고 간주할 수 있는 영역을 π_x라고 하자. 이때 π_x를 슈퍼 픽셀(super pixel)이라고 부른다.

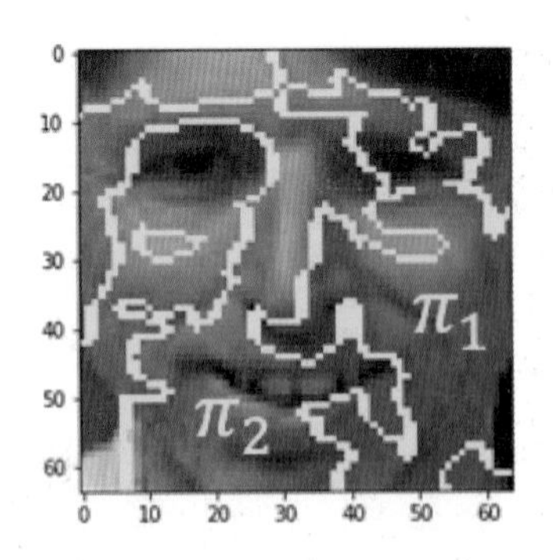

그림 5.8 초점 1, 2에 대해 동등한 값으로 해석을 간주하는 슈퍼 픽셀을 각각 π_1, π_2로 표시한 그림

이제 이미지 전체를 입력으로 받아 특정 사람일 확률을 반환하는 블랙박스 모델을 f, 해당 이미지 자체가 아닌 슈퍼 픽셀 π_x의 마스킹 정보 m_x를 입력받아 $f(\pi_x)$와 동일한 값을 반환하도록 학습한 해석 가능한 모델을 g라고 하자.

$$explanation(x) = \underset{g \in G}{argmin}\, L(f, g, \pi_x)$$

g는 각 π_x가 블랙박스 모델 f가 예측하는 데 얼마만큼 영향을 미치는가를 예측한다. 여기서 g는 사람이 이해할 수 있는 모델로, LIME 논문에서는 단순한 선형결합 모델 $g(m_1, m_2, \cdots) = w_1 m_1 + w_2 m_2 + \cdots$를 사용함으로써, 마스크 m_x로 대표되는 각 슈퍼 픽셀 π_x의 영향의 정도를 w_x로 파악할 수 있도록 설계했다. L은 손실 함수로, 슈퍼 픽셀 π_x에 대해 분류 모델 f의 예측 결과와 마스킹 데이터 m_x에 대한 회귀 모델 g의 검증 결과를 비교해 유사성을 계산한다.

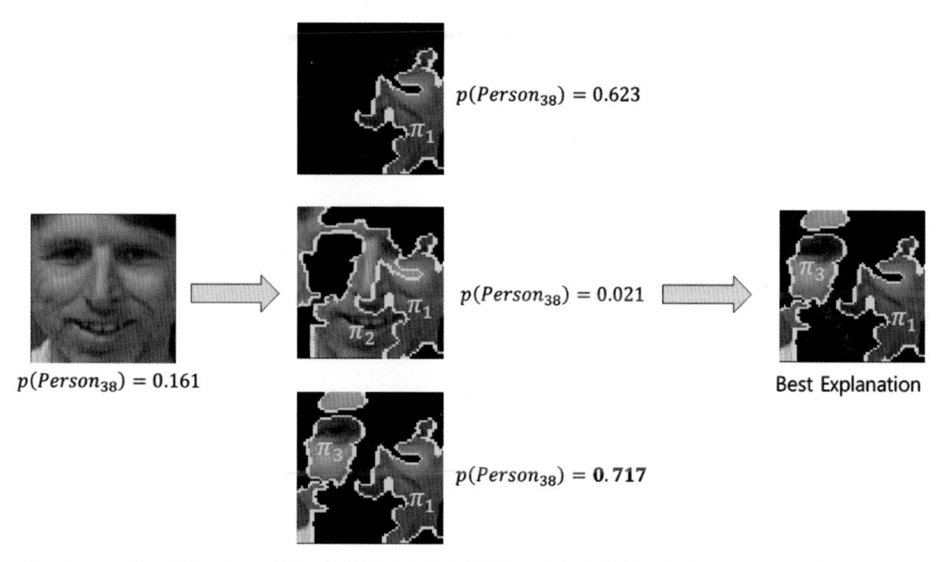

그림 5.9 LIME 알고리즘이 슈퍼 픽셀 π_x를 변형해가며 손실함수 L에 통과시켰을 때 최적의 설명 영역을 찾는 과정

LIME은 손실 함수가 최저가 되게 하는 슈퍼 픽셀 조합을 찾는다. LIME은 슈퍼 픽셀 π_x의 모든 조합에 대한 모델 f의 분류 결과와 π_x에 대응하는 마스킹 데이터 m_x를 입력받는 g가 최대한 같은 결과를 출력하도록 학습하며 모델 f가 가장 영향을 많이 받는 슈퍼 픽셀을 찾는다.

그림 5.9에 대해 모델 f는 π_1과 π_1/π_2, 그리고 π_1/π_3 영역을 예측한다. 동일한 이미지 영역에 대한 마스킹 데이터 m_1, m_1/m_2, m_1/m_3를 준비하고 데이터를 모델 g에도 입력하며 동일한 예측값을 반환하게 학습한다. 이때, 가장 영향을 많이 끼치는 슈퍼 픽셀인 π_1/π_3가 최종적으로 선택된다. 선택된 π_1/π_3에 대해 위의 해석 가능한 모델 g를 학습시킨다. 즉, $g(m_1, m_3) = w_1 m_1 + w_3 m_3$를 위 슈퍼 픽셀들의 여러 조합에 대해 학습함으로써 모델 w_1, w_3를 찾고, π_1/π_3가 얼마만큼의 중요도를 갖는지 찾는다.

LIME은 어떻게 고도로 복잡한 모델 f의 결정 경계를 순식간에 찾아낼 수 있을까? 이것을 이해하려면 모델 g가 상징하는 결정 경계(decision boundary)에 대한 가정을 이해해야 한다.

그림 5.10 블랙박스 모델 f가 분류한 결정 경계(흑백)와 설명이 필요한 지점 x (빨간색 원)

그림 5.10은 모델 f의 의사 결정과 유사한 결정을 내리는 모델 g를 구현하는 초기 과정을 도식적으로 표현한 것이다. 이때 흑과 백 영역 사이가 모델 g가 모사해야 할 결정 경계(decision boundary)다. LIME은 입력 이미지 x 근처를 조사하며 모델 f의 예측 결과를 구한다. 앞서 입력 이미지의 일부를 π_x로 정의했다. 이때 적절한 슈퍼 픽셀 집합 π_x를 샘플링해서 입력 이미지의 주변 샘플들을 효과적으로 구할 수 있다.

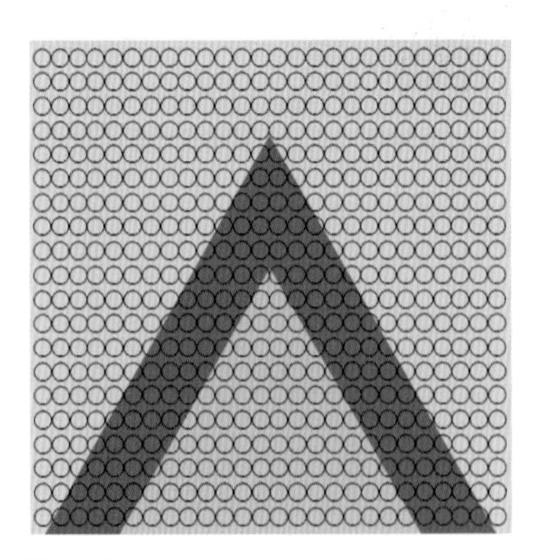

그림 5.11 가능한 모든 이미지를 표시한 그림

그림 5.11의 입력 이미지를 설명할 수 있는 최적의 슈퍼 픽셀 집합 π_x와 이를 설명하는 결정 경계 모델 g를 구하는 가장 단순한 방법은 π_x에 해당하는 모든 후보를 조사하고, 각 조합에 대한 결정 경계를 찾는 것이다. 그러나 이 방식으로는 모델 g를 구축할 수 없다.

그림 5.12 입력 이미지를 중심으로 주변 이미지를 찾고, 그에 대한 유사성(proximity)을 구하는 과정

그림 5.12에서는 LIME이 이미지 근방을 샘플링하며 원래 이미지를 입력으로 받은 f의 출력과 슈퍼 픽셀들로 일부만 선택한 이미지를 입력으로 받은 f의 출력이 비슷한 결과를 내는지, 입력 이미지와 근처 이미지는 얼마나 유사한지 구한다. 입력 이미지와 주변 이미지들, 그 이미지들에 대한 f의 출력값에 대해 몇몇 이미지는 기존 입력 이미지와 같이 긍정적인 예측을 할 것이고, 일부 중요 부분이 가려진 나머지 이미지들은 부정적인 결괏값을 출력할 것이다. 이는 이전에 살펴본 설명 가능한 모델 g를 학습시키는 중요한 정보가 된다. g는 이미지 내에 어떤 부분이 예측에 긍정적인 영향을 주는(필요한) 부분이고, 어떤 부분이 부정적인(도움이 되지 않는) 부분인지 찾아야 하기 때문이다.

그림 5.13 설명이 입력 이미지에 대해 모델 g로 마스킹 데이터와 유사성 가중치를 사용해서 결정 경계(decision boundary)를 찾아낸 결과

LIME은 한 이미지와 그 근처의 이미지들에 대해 탐색하기 때문에 해석 가능 함수인 선형 함수만 사용해도 결정 경계를 충분히 표현할 수 있다는 가정을 사용한다. 위 데이터를 이용해 g를

학습시키면 $g(m_1, m_2, \cdots, m_x) = w_1 m_1 + w_2 m_2 + \cdots w_x m_x$의 형태로 전개된다. 그리고 이때 값이 구해진 w_x가 π_x의 중요도를 나타내며, 인간이 해석 가능한 모델이 된다.

지금까지 LIME의 설명 원리와 서브모듈을 결정하는 알고리즘을 알아봤다. 이번에는 LIME의 장단점을 파악해 보자.

LIME의 장점은 다음과 같다.

1. LIME은 머신러닝 알고리즘에 관계없이 XAI를 적용할 수 있다. LIME은 입력 데이터를 변형해서 설명 가능성을 조사한다. 따라서 LIME은 모델의 종류에 구애받지 않는다(모델 애그노스틱). LIME은 딥러닝 기법이나 비싼 그래픽 카드를 사용하지 않아도 적용할 수 있는 XAI 기법이다. 실제로 다음 단원에서 XGBoost 알고리즘을 활용해 LIME을 실습할 것이다.

2. LIME은 매트릭스로 표현 가능한 데이터(텍스트, 이미지)에 대해 작동하는 XAI 기법이다. LIME은 서브모듈러를 찾고 그것을 설명하기 때문에 결과가 직관적이다.

3. LIME은 다른 XAI 기법과 비교했을 때 매우 가볍다.

반면 LIME의 불확실성도 있다. 슈퍼 픽셀을 구하는 알고리즘과 구하는 모델 g의 결정 경계를 확정 짓는 방식이 비결정적(non-deterministic)[5]이다. LIME은 슈퍼 픽셀 알고리즘에 따라 마스킹 데이터가 달라진다. 또한 모델 g는 샘플링 위치에 따라 랜덤한 결과를 보일 수 있다(실제로 LIME 알고리즘을 수행할 때마다 서브모듈이 조금씩 달라진다).

이번 단원에서 다루지는 않았지만, LIME은 데이터 하나에 대해 설명을 하기 때문에 모델 전체에 대한 일관성을 보전하지 못한다는 약점을 가질 수 있다. 원 논문에서는 이와 같은 한계를 인지하고 서브모듈러 픽(Submodular pick) 알고리즘을 제시했다. 이것은 데이터셋 전체에 대해 대표성을 띄는 서브모듈러를 선정하는 알고리즘이다.

지금까지 LIME을 구성하는 기본 원리를 이해했다. 다음 단원에서는 LIME을 활용한 뉴스 제보 카테고리 모델(텍스트) XAI와 안면 인식 모델(이미지)에 대해 XAI를 실습해 보자.

5 비결정적(Non-deterministic)이란 입력값이 같아도 출력 결과가 항상 일정하지 않고 호출될 때마다 다른 결과를 반환할 수 있는 현상을 의미한다.

5.2.3. 실습 2: 텍스트 데이터에 LIME 적용하기

이번 실습에서는 파이썬 scikit learn 패키지가 제공하는 fetch_20newsgroups 데이터를 사용할 것이다[6]. 이 데이터는 20개 카테고리에 대한 18,000개의 뉴스 제보가 수록돼 있다.

우선 fetch_20newsgroups 데이터를 가져오자.

예제 5.1 sklearn 패키지의 20 news groups 데이터셋을 가져오는 코드

```
from sklearn.datasets import fetch_20newsgroups
newsgroups_train = fetch_20newsgroups(subset='train')
newsgroups_test = fetch_20newsgroups(subset='test')

# 클래스 이름 줄이기
class_names = [x.split('.')[-1] if 'misc' not in x else '.'.join(x.split('.')[-2:])
for x in newsgroups_train.target_names]

print(class_names)

class_names[3] = 'pc.hardware'
class_names[4] = 'mac.hardware'

print(class_names)
```

예제 5.1은 newsgroups_train과 newsgroups_test 변수에 각각 학습용 데이터와 테스트용 데이터를 저장한다. 예제 5.1의 class_names 변수는 뉴스 그룹에 대한 20가지 카테고리다. 이때 네 번째와 다섯 번째 뉴스 카테고리는 동일하게 하드웨어(hardware)다. 혼돈을 방지하기 위해 네 번째와 다섯 번째 카테고리에 각각 'pc.hardware'와 'mac.hardware'를 입력하자.

5.2.3.1. 모델 학습하기

예제 5.1에서 데이터를 불러왔다면 이번에는 카테고리를 분류하는 머신러닝 모델을 만들자.

6 https://scikit-learn.org/stable/datasets/index.html#newsgroups-dataset

예제 5.2 제보 기사의 카테고리를 분류하는 모델을 만들고 F1-점수를 측정하는 코드

```
import sklearn
import sklearn.metrics
from sklearn.naive_bayes import MultinomialNB

# TF-IDF를 사용해서 문서를 숫자 벡터로 변환하는 전처리 과정
vectorizer = sklearn.feature_extraction.text.TfidfVectorizer(lowercase=False)
train_vectors = vectorizer.fit_transform(newsgroups_train.data)
test_vectors = vectorizer.transform(newsgroups_test.data)

# 학습하기
nb = MultinomialNB(alpha=.01)
nb.fit(train_vectors, newsgroups_train.target)

# 테스트하기
pred = nb.predict(test_vectors)
sklearn.metrics.f1_score(newsgroups_test.target, pred, average='weighted')
```

뉴스 그룹 데이터의 문자는 사람이 읽을 수 있는 형태지만, 기계는 알아들을 수 없다. 뉴스룸 직원은 'pc.hardware' 또는 'heated grips installed'와 같은 문자열에서 'pc'와 'hardware'를 구분할 수 있다. 단어가 다르기 때문이다. 그렇지만 기계는 모든 문자를 이해할 수 없다. 이때 사람이 사용하는 문자열을 기계도 알아들을 수 있는 형태로 변환하는 과정을 문자열 벡터화(Word Vectorize)라고 한다. 이 벡터화 과정을 통해 문자가 기계가 이해할 수 있는 행렬로 변환된다.

문자열을 벡터화하는 방식은 여러 가지가 있다. 예제 5.2에서는 TF-IDF 기법[7]을 사용한 벡터라이저를 사용한다. 학습 데이터를 벡터화하기 위해 `fit_transform`이라는 메서드를 호출한다. `fit_transform` 메서드는 `fit`과 `transform` 메서드가 결합된 호출이다. `fit`은 뉴스 문자열을 벡터화하면서 벡터 공간을 효율적으로 설계하는 메서드고, `transform`은 `fit`으로 설계된 공간에 데이터를 전사(projection)하는 메서드다. `fit_transform` 메서드는 `fit` 메서드와 `transform` 메서드를 따로 호출한 결과와 같다. 그렇지만 `fit_transform`을 한꺼번에 호출하면 컴퓨터는 병렬 처리로 `fit`과 `transform`을 수행한다. 따라서 이 방법이 계산량 면에서 효율적이다. `test_vectors`

7 TF-IDF(Term Frequency – Inverse Document Frequency)는 여러 문서로 이루어진 문서군이 있을 때 어떤 단어가 특정 문서 내에서 얼마나 중요한 것인지를 나타내는 통계적 수치다.

변수는 transform만 수행한다. 왜냐하면, 모델이 이미 train_vectors를 변형하면서 fit으로 벡터 공간을 완성했기 때문이다.

전처리 과정이 끝났다면 이번에는 적절한 모델을 찾아 학습해야 한다. MultinomialNB는 다항분포 나이브 베이즈(Mulitinomial Naive Bayes)의 약자다. 다항분포 나이브 베이즈는 벡터 입력값에 대해 해당 문서가 특정 카테고리에 속할 확률을 계산한다. 예제 5.2에서 벡터 입력값은 앞서 벡터화한 기사 데이터다. 나이브 베이즈 모델은 입력된 기사가 기존에 학습된 모델의 단어 사용빈도와 비교했을 때 얼마나 가까운지 확률적으로 결과를 비교한다. 이때 MultinomialNB는 alpha를 파라미터로 받는데, 이 파라미터가 너무 작으면 과적합이 일어날 수 있고, 너무 큰 값을 사용하면 과소적합(underfitting)이 발생할 수 있다.

학습이 끝났다면, 생성한 모델의 성능을 측정해야 한다. 이를 위해 테스트 데이터가 필요하다. 예제 5.2의 nb.predict(test data vectors)는 테스트 데이터에서 다항분포 나이브 베이즈 모델이 뉴스 카테고리를 어떻게 예측하는지 측정한다. 모델은 테스트 데이터를 예측하고 실제 결과와 비교해 F1-점수[8]를 출력한다.

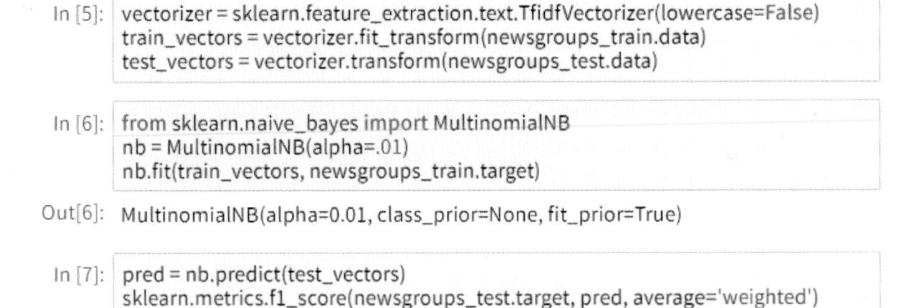

그림 5.14 다항분포 나이브 베이즈 모델을 학습하고 카테고리 분류 성능을 측정한 결과

그림 5.14는 예제 5.2를 실행한 결과다. 이제 어떤 제보 X가 들어왔을 때 약 83.5%의 성능으로 뉴스 카테고리를 분류하는 모델을 만들었다. 이 모델은 표 5.2와 같은 제보 데이터가 들어오면 제보에 해당하는 기사 카테고리를 예측할 것이다.

8 F1-점수에 대한 설명은 참고자료 '컨퓨전 행렬' 단원을 참조.

5.2.3.2. XAI 적용하기

이제 예제 5.2에서 학습한 모델에 LIME을 적용하고 하이라이트 표시를 해보자. 이때 sklearn 패키지의 파이프라인 기능을 사용할 것이다. 파이프라인 기능[9]은 LIME과 관계가 없지만, 이 기술을 적절히 사용하면 LIME을 단순 적용했을 때보다 가독성 높은 코드를 작성할 수 있다.

예제 5.3 파이프라인 기술을 사용해 테스트 데이터 인덱스 0번에 데이터 벡터라이저와 카테고리 분류를 한꺼번에 수행하는 과정

```
from sklearn.pipeline import make_pipeline

pipe = make_pipeline(vectorizer, nb)

predict_classes = pipe.predict_proba([newsgroups_test.data[0]]).round(3)[0]

print(predict_classes)
```

예제 5.3은 파이프라인 기술을 사용해서 데이터 벡터화와 예측을 수행한다. 예제 5.2에서 머신러닝 모델이 문자열을 인식하기 위해서는 `transform` 메서드로 데이터 벡터화를 수행해야 한다고 설명했다. 이 과정은 꼭 필요하지만, 데이터 전처리 과정이기 때문에 절차적이다. 또한 모델 가독성을 해친다. 따라서 예제 5.3으로 `vectorizer`와 분류기 `nb`(MultinomialNB)를 하나의 파이프라인으로 묶는다. 이제 테스트 데이터 하나를 이 파이프라인에 넣으면 데이터는 파이프를 타고 벡터화한 다음, 그 결과물을 나이브 베이즈 예측 모델에 보내서 카테고리 분류 결과를 출력한다.

```
In [13]: from sklearn.pipeline import make_pipeline
         pipe = make_pipeline(vectorizer, nb)
         predict_classes = pipe.predict_proba([newsgroups_test.data[0]]).round(3)[0]
         print(predict_classes)

         [0.001 0.01  0.003 0.047 0.006 0.002 0.003 0.521 0.022 0.008 0.025 0.
          0.331 0.003 0.006 0.    0.003 0.    0.001 0.009]
```

그림 5.15 파이프라인으로 묶은 벡터라이저와 모델 분류를 실행한 결과

9 파이프라인(pipeline)이란 우리가 만든 기능들을 배관(pipe)처럼 이어서 적절한 순서대로 처리되게 하는 기능이다. 예를 들어 데이터 X를 전처리하는 모듈 A가 있고, A의 결과를 받아서 처리하는 모듈이 B, 그리고 B의 결괏값을 받아서 시각화하는 기능이 C라고 한다면 파이프라인은 한 번의 호출만으로도 데이터 X로부터 A, B, C 기능을 동시에 수행하도록 연결한다. 파이프라인은 절차적 과정을 파이프로 연결한 선이라는 의미다.

파이프라인은 뉴스그룹 테스트 데이터 인덱스 0번을 입력받아서 그 내용이 각 카테고리에 속할 확률을 출력한다. predict_classes에는 테스트 데이터 인덱스 0번이 스무 가지 카테고리 중 어디에 속하는지에 관한 확률이 저장된다.

그림 5.15에 의하면 테스트 데이터 인덱스 0번은 8번째 카테고리일 확률이 가장 높다(52.1%). 출력 결과의 가독성을 높이기 위해 코드를 수정해 보자.

예제 5.4 데이터 분류 결과의 가독성을 높이기 위해 출력을 수정하는 코드

```
rank = sorted(range(len(predict_classes)),
              key=lambda i: predict_classes[i],
              reverse=True)
for rank_index in rank:
    print('[{:>5}] \t{:<3}\tclass ({:.1%})'.format(rank.index(rank_index) + 1,
rank_index, predict_classes[rank_index]))
```

```
In [48]: rank = sorted(range(len(predict_classes)),
                  key=lambda i: predict_classes[i],
                  reverse=True)
         for rank_index in rank:
           print('[{:>5}] \t{:<3}\tclass ({:.1%})'.format(rank.index(rank_index) + 1,
                                                   rank_index,
                                                   predict_classes[rank_index]))

[    1]  7   class (52.1%)
[    2]  12  class (33.1%)
[    3]  3   class (4.7%)
[    4]  10  class (2.5%)
[    5]  8   class (2.2%)
[    6]  1   class (1.0%)
[    7]  19  class (0.9%)
[    8]  9   class (0.8%)
[    9]  4   class (0.6%)
[   10]  14  class (0.6%)
[   11]  2   class (0.3%)
[   12]  6   class (0.3%)
[   13]  13  class (0.3%)
[   14]  16  class (0.3%)
[   15]  5   class (0.2%)
[   16]  0   class (0.1%)
[   17]  18  class (0.1%)
[   18]  11  class (0.0%)
[   19]  15  class (0.0%)
[   20]  17  class (0.0%)
```

그림 5.16 예제 5.4를 실행한 결과

그림 5.16의 출력 메시지에서 첫 번째 항목은 순위, 두 번째는 뉴스 카테고리 순서, 마지막은 그 카테고리에 기사가 속할 가능성이다. 이로써 뉴스 제보 기사 카테고리 분류기 프로토타입을 완성했다. 이제 LIME을 사용해서 뉴스 분류기 모델을 설명해 보자.

LIME 구현체는 기본적으로 텍스트 설명체(text module)와 이미지 설명체(image module), 테이블 분류(tabular data), 선형 공간 분류(base module)를 수행하게 미리 정의된 모듈과 사용자가 직접 수정할 수 있는 이산 모듈(discretize module)과 설명 모듈(explanation module)을 제공한다[10]. 여기서는 텍스트 분류기 LIME을 실습할 것이다. 따라서 텍스트 설명체(text module)를 사용해야 한다.

예제 5.5 LIME 텍스트 설명체를 선언하는 코드

```
from lime.lime_text import LimeTextExplainer

explainer = LimeTextExplainer(class_names=class_names)
```

예제 5.5의 explainer는 LIME 텍스트 하이라이트 알고리즘 구현체다. 이 구현체는 파라미터로 피처를 선택하는 방식이나 BOW(Bag of Words) 알고리즘 수행 방식, 커널 크기 등을 수동으로 지정할 수 있다. 파라미터에 대한 자세한 설명보다는 직접 해보는(hands-on) 것이 중요하므로 우선은 필수 파라미터(카테고리)만 넣자. class_names는 예제 5.1에서 선언했으며, 이 변수에는 뉴스 카테고리가 저장돼 있다.

이제 0번 데이터에 LIME을 적용해 보자. 우선 explainer.explain_instance() 메서드를 실행한다. 이 메서드는 0번 데이터 중 일부 벡터를 변형해서 분류기 출력 결과가 달라지는지 추적하고, 입력된 모델을 모사하는 선형 모델(linear model)을 만든다. 이 선형 모델의 카테고리 분류 기준이 결정 경계가 되고, 결정 경계에 걸리는 0번 데이터의 단어 집합이 서브모듈로 출력된다.

따라서 explainer.explain_instance() 메서드는 최소 2가지의 파라미터가 필요하다. 첫 번째는 해석하고 싶어 하는 데이터, 두 번째는 모델이다.

10 파이썬 LIME 구현체 문서: https://lime-ml.readthedocs.io/en/latest/

예제 5.6 LIME의 explain_instance 메서드에 필요한 최소한의 파라미터를 넣은 코드

```
exp = explainer.explain_instance(newsgroups_test.data[0],
                                 pipe.predict_proba,
                                 top_labels=1)
```

예제 5.6에는 데이터와 모델 외에도 파라미터 1개가 더 추가됐는데, 바로 top_labels다. top_labels는 분류 가능성이 높은 클래스를 순서대로 몇 개를 보여줄지 결정하는 파라미터다.

LIME이 잘 학습됐는지 확인하기 위해 간단한 메서드를 사용해 보자.

예제 5.7 LIME이 잘 작동하는지 확인하기 위한 메서드

```
exp.available_labels()
```

예제 5.7의 코드는 입력된 데이터(data[0])에 대해 설명이 가능한 레이블을 출력한다.

```
In [67]: exp = explainer.explain_instance(newsgroups_test.data[0],
                                          pipe.predict_proba,
                                          top_labels=1)
         print(exp.available_labels())

         c:\users\sogo\appdata\local\programs\python\python36\lib\re.py:212: FutureWarning: split
         () requires a non-empty pattern match.
           return _compile(pattern, flags).split(string, maxsplit)

         [7]
```

그림 5.17 explainer를 선언하고 설명 구현체가 잘 작동하는지 확인한 결과

그림 5.17에 의하면 explainer는 테스트 데이터에 대해 클래스 7번을 출력한다. 클래스 7번은 자동차(autos) 카테고리다. 이제 다음 코드를 입력해서 LIME의 설명을 확인해 보자.

예제 5.8 explainer가 0번 테스트 데이터를 해석한 결과를 주피터 노트북으로 출력하는 코드

```
exp.show_in_notebook(text=newsgroups_test.data[0])
```

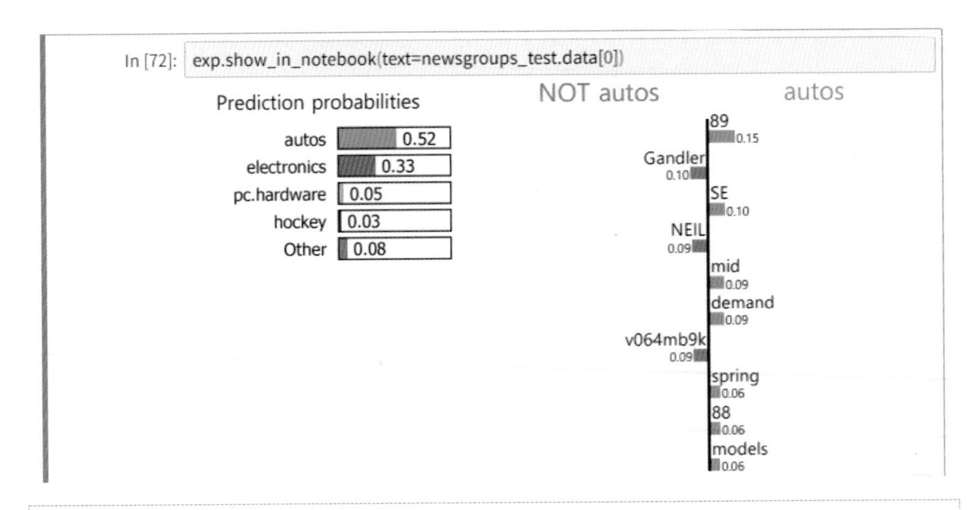

Text with highlighted words

From: v064mb9k@ubvmsd.cc.buffalo.edu (NEIL B. GANDLER)

Subject: Need info on 88-89 Bonneville

Organization: University at Buffalo

Lines: 10

News-Software: VAX/VMS VNEWS 1.41

Nntp-Posting-Host: ubvmsd.cc.buffalo.edu

I am a little confused on all of the models of the 88-89 bonnevilles.
I have heard of the LE SE LSE SSE SSEI. Could someone tell me the
differences are far as features or performance. I am also curious to
know what the book value is for prefereably the 89 model. And how much
less than book value can you usually get them for. In other words how
much are they in demand this time of year. I have heard that the mid-spring
early summer is the best time to buy.

Neil Gandler

[참고용 번역본]

강조 표시가 들어간 본문

보낸이: v064mb9k@ubvmsd.cc.buffalo.edu (NEIL B. GANDLER)

제목: 88-89년 생산 본네빌 정보 요청

기관: 버팔로 대학

텍스트 줄: 10

뉴스 소프트웨어: VAX/VMS VNEWS 1.41

Nntp-Posting-Host: ubvmsd.cc.buffalo.edu

88-89 년 생산 본네빌 모델에 대한 궁금증이 있습니다.

이 시기 본네빌 모델이 LE SE LSE SSE SSEI이 있다고 들었습니다. 관계자 분들 중 이 모델들의 특징이나 성능에 대해 정보를 주실 수 있는 분이 계신지 궁금합니다. 또한 89 모델 중에서 예약비가 가장 비싼 모델은 무엇인지 알고 싶습니다. 마지막으로 차를 출고하기 위한 비용과 예약비 차이가 얼마나 되는지도요. 한 번 더 말하자면, 올해 이 시기에 얼마나 많은 수요가 있을거라 보시는지 알려주세요. 저는 중순 봄 또는 초여름이 이 차를 사기에 가장 좋은 시기라고 들었습니다.

닐 간들러

그림 5.18 테스트 데이터 0번에 대해 LIME이 설명한 원문(상단)과 한글 번역(하단)

그림 5.18은 테스트 데이터 0번에 대해 LIME이 출력한 서브모듈러 결과물이다. 서브모듈러는 텍스트 하이라이트로 표시돼 있다. 텍스트 하이라이트로 확인할 수 있는 것은 88-89와 SE 모델이 자동차(autos) 카테고리를 결정하는 서브모듈러라는 점이다. 그러나 우리에게는 88-89, SE 모델에 대한 사전지식이 없다. 이제 인터넷을 켜고 88-89 본네빌(bonnevilles), SE를 검색해 보자.

그림 5.19 인터넷 검색 결과로 발견한 폰티악 본네빌 88년 모델[11]

11 이미지 출처: 위키피디아, https://en.wikipedia.org/wiki/Pontiac_Bonneville

검색 결과, 88–89 본네빌(bonnevilles)은 폰티악이라는 회사에서 만든 자동차 모델이라는 것을 알았다. 또한, 머신러닝 모델이 하이라이트 표시한 SE는 스포츠 에디션(Sport Edition)의 줄임말이며, LE는 럭셔리 에디션(Luxury Edition)이라는 정보를 발견할 수 있었다.

다른 데이터에 대해서도 LIME을 수행해 보자.

예제 5.9 테스트 데이터 5번을 LIME 알고리즘에 입력하는 코드

```
from lime.lime_text import LimeTextExplainer

idx = 5

explainer = LimeTextExplainer(class_names=class_names)
exp = explainer.explain_instance(newsgroups_test.data[idx],
                                 pipe.predict_proba,
                                 top_labels=1)

predict_classes = pipe.predict_proba([newsgroups_test.data[idx]]).round(3)[0]
rank = sorted(range(len(predict_classes)),
              key=lambda i: predict_classes[i], reverse=True)

print('Document id: %d' % idx)
print('Predicted class: %s' %
class_names[nb.predict(test_vectors[idx]).reshape(1,-1)[0,0]])
print('True class: %s' % class_names[newsgroups_test.target[idx]])
print(predict_classes)
print(rank)

print ('Explanation for class %s' % class_names[rank[0]])
print ('\n'.join(map(str, exp.as_list(rank[0]))))

exp.show_in_notebook(text=newsgroups_test.data[idx])
```

예제 5.9를 실행하면 다음과 같은 결과를 확인할 수 있다.

```
c:\users\sogo\appdata\local\programs\python\python36\lib\re.py:212: FutureWarning: split
() requires a non-empty pattern match.
 return _compile(pattern, flags).split(string, maxsplit)
```

```
Document id: 5
Predicted class: med
True class: med
[0. 0. 0. 0. 0. 0. 0. 0. 0. 0. 0. 0. 0. 1. 0. 0. 0. 0. 0. 0.]
[13, 0, 1, 2, 3, 4, 5, 6, 7, 8, 9, 10, 11, 12, 14, 15, 16, 17, 18, 19]
Explanation for class med
('yeast', 0.0018393684309202442)
('Candida', 0.00175132505582631)
('fungus', 0.0017074939649051985)
('infection', 0.00169130304364475 7)
('systemic', 0.00166288577271363 5)
('patients', 0.0014535586717148016)
('infections', 0.0014435143762116934)
('Osteopathic', 0.0013344215413993847)
('nutrition', 0.0012721446147021040)
('bunch', 0.00015915788622361594)
```

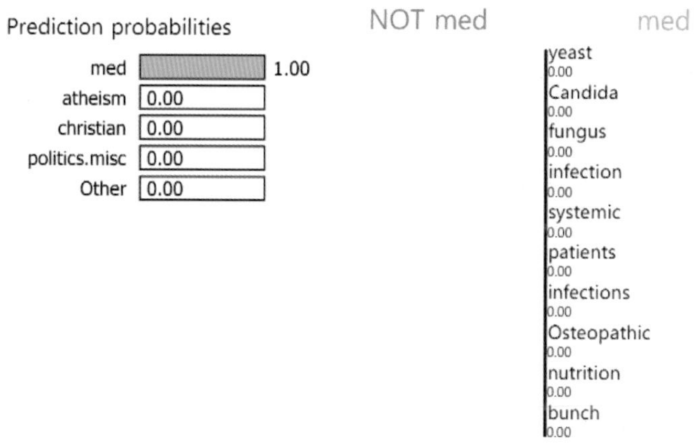

Prediction probabilities

med	1.00
atheism	0.00
christian	0.00
politics.misc	0.00
Other	0.00

NOT med　　med

yeast 0.00
Candida 0.00
fungus 0.00
infection 0.00
systemic 0.00
patients 0.00
infections 0.00
Osteopathic 0.00
nutrition 0.00
bunch 0.00

Text with highlighted words

From: banschbach@vms.ocom.okstate.edu

Subject: Re: Candida(yeast) Bloom, Fact or Fiction

Organization: OSU College of Osteopathic Medicine

Lines: 91

Nntp-Posting-Host: vms.ocom.okstate.edu

In article |1rp8p1$2d3@usenet.INS.CWRU.Edu|, esd3@po.CWRU.Edu (Elisabeth S. Davidson) writes:

|

| In a previous article, banschbach@vms.ocom.okstate.edu () says:

||least a few "enlightened" physicians practicing in the U.S. It's really

||too bad that most U.S. medical schools don't cover nutrition because if

||they did, candida would not be viewed as a non-disease by so many in the
||medical profession.
|
| Case Western Reserve Med School teaches nutrition in its own section as
| well as covering it in other sections as they apply (i.e. B12
| deficiency in neuro as a cause of neuropathy, B12 deficiency in
| hematology as a cause of megaloblastic anemia), yet I sill
| hold the viewpoint of mainstream medicine: candida can cause
| mucocutaneous candidiasis, and, in already very sick patients
| with damaged immune systems like AIDS and cancer patients,
| systemic candida infection. I think "The Yeast Connection" is
| a bunch of hooey. What does this have to do with how well
| nutrition is taught, anyway?

Elisabeth, let's set the record straight for the nth time, I have not read "The Yeast Connection". So anything that I say is not due to brainwashing by this "hated" book. It's okay I guess to hate the book, by why hate me? Elisabeth, I'm going to quote from Zinsser's Microbiology, 20th Edition. A book that you should be familiar with and not "hate". "Candida species colonize the mucosal surfaces of all humans during birth or shortly thereafter. The risk of endogenous infection is clearly ever present. Indeed, candidiasis occurs worldwide and is the most common systemic mycosis." Neutrophils play the main role in preventing a systemic infection(candidiasis) so you would have to have a low neutrophil count or "sick" neutrophils to see a systemic infection. Poor diet and persistent parasitic infestation set many third world residents up for candidiasis. Your assessment of candidiasis in the U.S. is correct and I do not dispute it.

What I posted was a discussion of candida blooms, without systemic infection. These blooms would be responsible for local sites of irritation (GI tract, mouth, vagina and sinus cavity). Knocking down the bacterial competition for candida was proposed as a possible trigger for candida blooms. Let me quote from Zinsser's again: "However, some factors, such as the use of a broad-spectrum antibacterial antibiotic, may predispose to

both mucosal and systemic infections". I was addressing mucosal infections
(I like the term blooms better). The nutrition course that I teach covers
this effect of antibiotic treatment as well as the "cure". I guess that
your nutrition course does not, too bad.

||Here is a brief primer on yeast. Yeast infections, as they are commonly
||called, are not truely caused by yeasts. The most common organism responsible
||for this type of infection is Candida albicans or Monilia which is actually a
||yeast-like fungus.
|
| Well, maybe I'm getting picky, but I always thought that a yeast
| was one form that a fungus could exist in, the other being the
| mold form. Many fungi can occur as either yeasts or molds,
| depending on environment. Candida exibits what is known as
| reverse dimorphism – it exists as a mold in the tissues
| but exists as a yeast in the environment. Should we maybe
| call it a mold infection? a fungus infection? Maybe we
| should say it is caused by a mold-like fungus.
|
||
||Martin Banschbach, Ph.D.
||Professor of Biochemistry and Chairman
||Department of Biochemistry and Microbiology
||OSU College of Osteopathic Medicine
||1111 West 17th St.
||Tulsa, Ok. 74107
||
|
| You're the chairman of Biochem and Micro and you didn't know
| that a yeast is a form of a fungus? (shudder)
| Or maybe you did know, and were oversimplifying?

My, my Elisabeth, do I detect a little of Steve Dyer in you? If you
noticed my faculty rank, I'm a biochemist, not a microbiologist.
Candida is classifed as a fungus(according to Zinsser's). But, as you point

pseudohyphae and true hyphae. Elisabeth, you are probably a microbiologist
and that makes a lot of sense to you. To a biochemist, it's a lot of
Greek. So I called it a yeast-like fungus, go ahead and crucify me.

You know Elisabeth, I still haven't been able to figure out why such a small
little organism like Candida can bring out so much hostility in people in
Sci. Med. And I must admitt that I got sucked into the mud slinging too.
I keep hoping that if people will just take the time to think about what
I've said, that it will make sense. I'm not asking anyone here to buy into
"The Yeast Connection" book because I don't know what's in that book, plain
and simple. And to be honest with you, I'm beginning to wish that it was never
written.

Marty B.

그림 5.20 테스트 데이터 5번을 LIME 알고리즘에 투입하고 설명한 결과

그림 5.20에 의하면 선형 모델은 이 제보를 의학(med) 카테고리로 분류했다. 그리고 이스트(yeast), 칸디다(Candida), 균(fungus), 감염(infection), 접골(Osteopathic), 영양(nutrition) 등이 이 제보가 의학 카테고리에 들어가야 하는 이유라고 설명했다. 카테고리 분류 결과와 이유를 함께 들으니 합리적이다. 호기심이 많은 독자라면 다른 데이터에 대해서도 실험해 보자.

지금까지 텍스트 데이터 환경에서 LIME이 잘 동작하는지 확인했다. LIME은 서브모듈 하이라이트 기능을 제공하고, LIME이 하이라이트 표시한 부분을 근거로 모델의 판단 근거를 확인할 수 있었다. LIME의 텍스트 설명체(Text Explainer)는 인공지능이 잘 된(또는 잘못된) 결정을 내렸을 때 근거를 파악하게 해줄 뿐만 아니라 모델을 수정해야 할 방향을 제시한다.

5.2.4. 실습 3: 이미지 데이터에 LIME 적용하기

이번 실습에서는 scikit learn 패키지의 `fetch_olivetti_faces` 데이터를 사용할 것이다[12 13]. 올리베티의 얼굴은 1992년부터 1994년까지 케임브리지 AT&T 랩에서 수집한 이미지 데이터다. 데이터는 40명의 얼굴을 각각 10장씩 촬영했다. 각 이미지는 다른 시각에, 다른 빛의 방향, 다른 표정으로 촬영했으며, 안경을 쓰거나 벗기도 했다. 모든 이미지는 정면을 바라보고 있다. 이미지 개수는 400장이다. 각각의 이미지는 8비트 흑백으로, 크기는 64×64이다(그림 5.21).

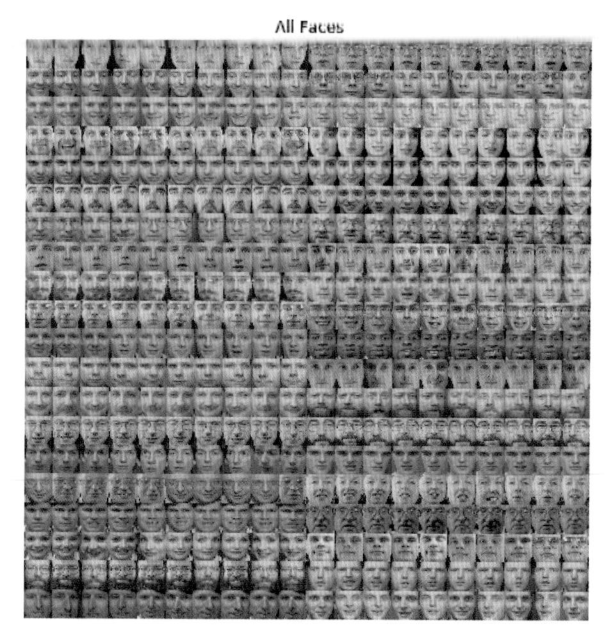

그림 5.21 올리베티 얼굴 데이터셋

올리베티 얼굴(Olivetti faces) 데이터는 scikit-image 패키지[14]로 쉽게 불러올 수 있다. scikit-image는 이미지 전처리에 필요한 다양한 패키지를 제공한다.

12 https://scikit-learn.org/stable/datasets/index.html#the-olivetti-faces-dataset

13 이미지 카피라이트 © 2002 AT&T Laboratories Cambridge

14 scikit-image 패키지 안내 페이지: https://scikit-image.org/

예제 5.10 scikit-image 패키지를 사용해서 올리베티 얼굴 데이터를 로드하고 확인하는 코드

```
import numpy as np
import matplotlib.pyplot as plt
from skimage.color import gray2rgb, rgb2gray
from skimage.util import montage2d

from sklearn.datasets import fetch_olivetti_faces

faces = fetch_olivetti_faces()

# 이미지 흑백으로 만들고 LIME이 처리할 수 있는 형태로 변환하기
X_vec = np.stack([gray2rgb(iimg)
                  for iimg in faces.data.reshape((-1, 64, 64))],0)
y_vec = faces.target.astype(np.uint8)

%matplotlib inline
fig, ax1 = plt.subplots(1,1, figsize = (8,8))
ax1.imshow(montage2d(X_vec[:,:,:,0]),
                     cmap='gray', interpolation = 'none')
ax1.set_title('All Faces')
ax1.axis('off')
```

예제 5.10은 scikit-learn과 scikit-image로 올리베티 얼굴 데이터셋 패키지를 불러온다. faces = fetch_olivetti_faces()는 올리베티 얼굴 데이터베이스를 저장한다. faces.data는 (400, 4096) 크기의 튜플로, 400은 데이터 개수, 4096은 64×64 이미지 벡터를 일렬로 늘어놓은 것이다.

X_vec은 올리베티 얼굴 데이터를 학습하기 좋게 벡터화한 과정을 저장한다. X_vec = np.stack([gray2rgb(iimg) for iimg in faces.data.reshape((-1, 64, 64))], 0)은 faces.data의 이미지 한 장에 대해(iimg) 이미지를 (64, 64) 크기로 재조정한다. 이때 reshape 함수는 -1 파라미터를 사용하는데, -1은 다음 파라미터를 (64 x 64) 크기에 맞춰 원본 이미지를 조정한다는 의미다. reshape(-1, size)는 for loop를 사용하는 reshape()에 이용하는 기법이다. 이렇게 재조정된 이미지를 skimage의 gray2rgb 메서드에 입력한다. gray2rgb는 흑백 이미지를 RGB 3채널로 확장해준다. 이렇게 이미지 전처리가 끝난 올리베티 얼굴 데이터셋의 모양은 (400, 64, 64, 3)으로, 각 원소는 순서대로 이미지 개수, 이미지 크기(64×64), 컬러 채널(RGB, 3)을 의미한다.

```
In [281]: y_vec

Out[281]: array([ 0,  0,  0,  0,  0,  0,  0,  0,  0,  0,  1,  1,  1,  1,  1,  1,  1,
                  1,  1,  1,  2,  2,  2,  2,  2,  2,  2,  2,  2,  2,  3,  3,  3,  3,
                  3,  3,  3,  3,  3,  3,  4,  4,  4,  4,  4,  4,  4,  4,  4,  4,  5,
                  5,  5,  5,  5,  5,  5,  5,  5,  6,  6,  6,  6,  6,  6,  6,  6,
                  6,  6,  7,  7,  7,  7,  7,  7,  7,  7,  7,  7,  8,  8,  8,  8,  8,
                  8,  8,  8,  8,  8,  9,  9,  9,  9,  9,  9,  9,  9,  9,  9, 10, 10,
                 10, 10, 10, 10, 10, 10, 10, 10, 11, 11, 11, 11, 11, 11, 11, 11, 11,
                 11, 12, 12, 12, 12, 12, 12, 12, 12, 12, 12, 13, 13, 13, 13, 13, 13,
                 13, 13, 13, 13, 14, 14, 14, 14, 14, 14, 14, 14, 14, 14, 15, 15, 15,
                 15, 15, 15, 15, 15, 15, 15, 16, 16, 16, 16, 16, 16, 16, 16, 16, 16,
                 17, 17, 17, 17, 17, 17, 17, 17, 17, 17, 18, 18, 18, 18, 18, 18, 18,
                 18, 18, 18, 19, 19, 19, 19, 19, 19, 19, 19, 19, 19, 20, 20, 20, 20,
                 20, 20, 20, 20, 20, 20, 21, 21, 21, 21, 21, 21, 21, 21, 21, 21, 22,
                 22, 22, 22, 22, 22, 22, 22, 22, 22, 23, 23, 23, 23, 23, 23, 23, 23,
                 23, 23, 24, 24, 24, 24, 24, 24, 24, 24, 24, 24, 25, 25, 25, 25, 25,
                 25, 25, 25, 25, 25, 26, 26, 26, 26, 26, 26, 26, 26, 26, 26, 27, 27,
                 27, 27, 27, 27, 27, 27, 27, 27, 28, 28, 28, 28, 28, 28, 28, 28, 28,
                 28, 29, 29, 29, 29, 29, 29, 29, 29, 29, 29, 30, 30, 30, 30, 30, 30,
                 30, 30, 30, 30, 31, 31, 31, 31, 31, 31, 31, 31, 31, 31, 32, 32, 32,
                 32, 32, 32, 32, 32, 32, 32, 33, 33, 33, 33, 33, 33, 33, 33, 33, 33,
                 34, 34, 34, 34, 34, 34, 34, 34, 34, 34, 35, 35, 35, 35, 35, 35, 35,
                 35, 35, 35, 36, 36, 36, 36, 36, 36, 36, 36, 36, 36, 37, 37, 37, 37,
                 37, 37, 37, 37, 37, 37, 38, 38, 38, 38, 38, 38, 38, 38, 38, 38, 39,
                 39, 39, 39, 39, 39, 39, 39, 39, 39], dtype=uint8)
```

그림 5.22 올리베티 얼굴 데이터셋의 레이블 데이터

y_vec은 이미지에 대응되는 사람 레이블을 저장한다. y_vec = faces.target.astype(np.uint8)은 데이터 레이블을 정수형으로 저장한다는 의미다. y_vec을 출력하면 그림 5.22와 같은 레이블이 출력되는 것을 확인할 수 있다.

이제 예제 5.10을 실행해 보자. fig, ax1 = plt.subplots(1, 1, figsize=(8, 8))은 올리베티 얼굴 데이터가 출력될 캔버스를 정의한다. (1,1)은 캔버스를 사용할 지점을, figsize는 캔버스 크기를 인치 단위로 선언한다. ax1.imshow(montage2d(X_vec[:,:,;,0]), cmap='gray', interpolation='none')은 캔버스에 올리베티 얼굴을 그린다. 여기서는 scikit-image의 montage2d를 사용해 이미지를 몽타주 형태로 나타낼 것이다. montage2d는 직렬로 배열된 이미지를 격자 형태로 캔버스에 그리는 함수다. 앞서 X_vec은 400장의 이미지를 일렬로 저장하고 있다고 설명했다. montage2d는 직렬 이미지를 불러와서 정사각 형태로 그린다. cmap은 컬러맵이다. 여기서 그릴 데이터는 흑백이므로 gray를 입력한다. interpolation은 이미지 해석이 쉽게 필터를 씌우는 코드다. 이 옵션을 바꾸면 데이터에 왜곡이 발생한다. 자세한 설명은 각주를 참고[15]하자.

15 https://matplotlib.org/3.1.0/gallery/images_contours_and_fields/interpolation_methods.html

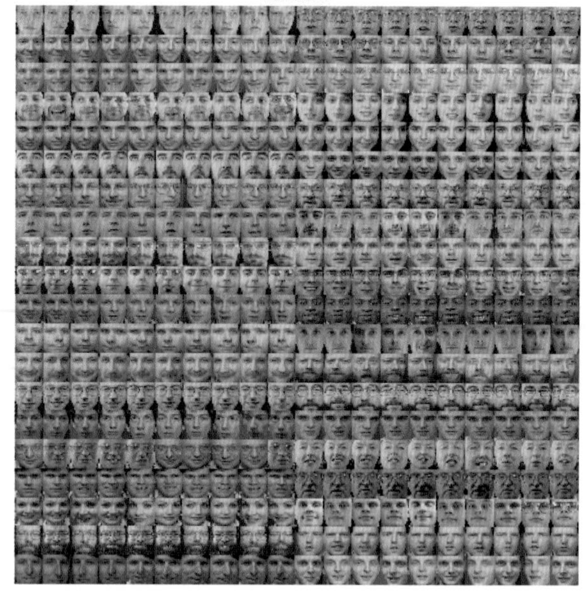

그림 5.23 올리베티 얼굴 데이터셋 몽타주 출력 결과

예제 5.11 이미지 데이터 한 장을 그리는 코드

```
index = 93
plt.imshow(X_vec[index], cmap='gray')
plt.title('{} index face'.format(index))
plt.axis('off')
```

데이터 하나의 출력 결과가 궁금하다면 예제 5.11을 입력해 보자. 실행 결과는 다음과 같다(그림 5.24).

93 index face

그림 5.24 올리베티 얼굴 데이터 93번을 나타낸 결과

지금까지 올리베티 얼굴 데이터셋을 파악하고 출력해 봤다. 다음 단원에서는 40명의 얼굴을 구분하는 이미지 분류 모델을 만들어 보자.

5.2.4.1. 모델 학습하기

앞서 텍스트 데이터를 분석했을 때는 실전 분석 예제를 다룬다기보다 LIME을 실행하는 가장 빠른 방법을 소개했다. 독자들이 LIME 이론에 빠져들기보다는 빨리 LIME을 실행해 보고 요령을 터득하기를 기대했기 때문이다. 이제 LIME을 한 번 실행해 봤으니, 이번에는 실제 데이터 문제를 해결하듯 데이터 전처리와 모델 선택, LIME을 적용하는 과정까지 실습해 보자.

LIME의 설명체(Explainer)의 파라미터로는 (1) 설명이 필요한 데이터 하나와 (2) 해당 데이터에 대한 분류 확률을 출력하는 모델이 필요하다. (2)의 경우 분류기 모델에서 제공하는 predict_proba 메서드가 필요하다. 일반적으로 scikit-learn이나 xgboost 모델은 predict_proba 메서드를 제공한다. 그러나 텐서플로로 만든 모델을 사용하는 경우는 다음과 같은 방식으로 설명체 컨벤션을 충족시켜야 한다. 텐서플로가 익숙하지 않은 독자라면 이 부분은 참고만 하고 넘어가도 된다.

예제 5.12 텐서플로를 이용한 분류 모델을 LIME에서 사용할 수 있게 컨벤션을 맞추는 코드

```
def predict_proba(image):
    return session.run(model_predict,
                       feed_dict={preprocessed_image: image})
```

이제 64×64 크기의 이미지 데이터 하나를 입력받고, 40명 중 한 명을 분류하는 모델을 구축해 볼 것이다. 이미지 분류 문제는 통계 기법을 사용한 모델링보다는 퍼셉트론 네트워크를 사용하는 머신러닝 기법이, 그리고 단층 퍼셉트론 네트워크를 사용하는 머신러닝 기법보다는 심층 신경망 기법이 좋다고 알려져 있다[16]. 그러나 심층 신경망의 경우 계산력 제약이 높다. 따라서 프로토타이핑에는 퍼셉트론 네트워크를 사용해서 개념 증명(Proof of Concept, PoC)을 하고, 고도화가 필요한 경우 더 좋은 머신으로 신경망을 구축하는 편이 시행착오가 적다는 면에서 유리하다. 게다가 작은 문제는 퍼셉트론 네트워크만으로 문제를 해결할 수 있다.

이번 올리베티 얼굴 데이터 분류 문제는 퍼셉트론 네트워크를 사용할 것이다. sklearn 패키지는 MLPClassifier(Multi-layer Perceptron Classifier, 이하 MLP)를 제공한다. 호기심 많은 독자라면 xgboost를 사용해 보거나 sklearn 패키지의 SVM, 또는 '필터 시각화'에서 배웠던 컨볼루션 신경망(심층 신경망) 기법을 사용해 보는 것도 좋다.

예제 5.13 sklearn 패키지에 있는 train_test_split 함수를 사용해서 X_vec과 y_vec으로부터 학습용과 테스트용 데이터셋을 분리하는 코드

```
from sklearn.model_selection import train_test_split

X_train, X_test, y_train, y_test = train_test_split(X_vec,
                                                    y_vec,
                                                    train_size=0.70)
```

올리베티 데이터셋을 머신러닝에 사용하기 위해서는 X_vec, y_vec 데이터를 학습용 데이터셋과 테스트용 데이터셋으로 분리해야 한다. 예제 5.13은 sklearn 패키지에 있는 train_test_split 함수를 사용해서 X_vec과 y_vec으로부터 학습용과 테스트용 데이터셋을 분리한다.

예제 5.13으로 학습용 데이터와 테스트 데이터를 분리했다면, 이번에는 MLP가 학습할 수 있게 이미지를 변형하는 파이프라인을 만들어 보자.

16 이미지는 각 픽셀이 상, 하, 좌, 우, 대각선 등으로 연결돼 있다. 따라서 이미지를 통째로 학습할 수 있다면 모델이 상관관계를 파악하기 용이할 것이다.

예제 5.14 MLP가 학습할 수 있게 이미지 전처리를 수행하는 파이프라인 생성

```
from sklearn.pipeline import Pipeline
from sklearn.neural_network import MLPClassifier

class PipeStep(object):
    """
        Wrapper for turning functions into pipeline transforms (no-fitting)
    """
    def __init__(self, step_func):
        self._step_func=step_func

    def fit(self,*args):
        return self
    def transform(self,X):
        return self._step_func(X)

makegray_step = PipeStep(lambda img_list:
                                     [rgb2gray(img) for img in img_list])
flatten_step = PipeStep(lambda img_list:
                                     [img.ravel() for img in img_list])

simple_pipeline = Pipeline([
    ('Make Gray', makegray_step),
    ('Flatten Image', flatten_step),
    ('MLP', MLPClassifier(
        activation='relu',
        hidden_layer_sizes=(400, 40),
        random_state=1))
])
```

예제 5.14는 파이프라인에 makegray_step과 flatten_step이라는 전처리 과정을 넣는다[17]. MLP가 이미지를 분류하기 위해서는 RGB 채널의 이미지를 가공해야 한다.

makegray_step은 $(400 \times 64 \times 64 \times 3)$인 데이터를 흑백으로 바꾼다. 이 과정이 끝나면 RGB 3채널이 1채널로 합산된다$(400 \times 64 \times 64 \times 1)$. flatten_step은 64×64 크기의 이미지 데이터를

17 파이프라인(pipeline)이란 우리가 만든 기능들을 배관(pipe)처럼 이어서 적절한 순서대로 처리되게 하는 기능이다. 예를 들어 데이터 X를 전처리하는 모듈 A가 있고, A의 결과를 받아서 처리하는 모듈이 B, 그리고 B의 결괏값을 받아서 시각화하는 기능이 C라고 한다면 파이프라인은 한 번의 호출만으로도 데이터 X로부터 A, B, C 기능을 동시에 수행하도록 연결한다. 파이프라인은 절차적 과정을 파이프로 연결한 선이라는 의미다.

한 줄로 펼쳐준다(64×64=4096). MLP는 1차원 배열만 처리할 수 있기 때문이다. numpy 패키지의 ravel() 메서드는 벡터 평탄화 과정을 한 줄로 처리할 수 있게 한다.

마지막으로 makegray_step과 flatten_step 과정을 PipeStep 클래스로 래핑(wrapping)한다. sklearn 패키지의 Pipeline 클래스는 파이프라인 입력값을 클래스로 받기 때문에 직접 사용할 수 없다. 따라서 예제 5.14는 Pipeline 클래스를 흉내 낼 수 있게 최소 기능을 하는 래퍼(wrapper)를 만들었다.

예제 5.14의 MLPClassifier는 이제 (400×4096)의 데이터를 입력받아서 학습한다. MLP는 완전 연결 네트워크이기 때문에 과적합이 발생하기 쉽다. 따라서 과적합에 강한 ReLU(Rectified Linear Unit)를 활성 함수로 사용했다. hidden_layer_sizes는 은닉층 모양을 결정한다. 여기서는 (400, 40)을 은닉층으로 입력했다. 단순하게 생각해서 400장의 이미지를 40명으로 분류하는 문제이기 때문이다. 은닉층의 개수와 유닛 숫자는 저자가 임의로 결정한 것이다. 최고의 성능을 내는 은닉층 개수와 유닛 숫자는 모양을 바꿔가면서 적절히 찾아야 한다[18]. random_state 파라미터는 시드 값을 입력받는다. 인공지능 모델은 비결정적으로 생성되기 때문에 같은 결과를 내기 위해서는 시드 값을 입력해 모양을 고정해야 한다.

모든 데이터가 준비됐다면 모델을 만들어 보자.

예제 5.15 학습 데이터를 MLP가 있는 파이프라인에 입력하는 코드

```
simple_pipeline.fit(X_train, y_train)
```

예제 5.15는 400장의 1차원 행렬(4096)에 400×40 은닉 계층을 가진 머신러닝을 수행한다. 따라서 작업을 수행하는 컴퓨터 사양에 따라 결과 출력에 어느 정도 시간이 소요될 수 있다. 학습이 끝나면 예제 5.15는 다음과 같은 결과를 출력한다.

18 적절한 은닉층과 유닛 개수에 대한 논의는 예제 9.17에 기재된 설명을 참고하라.

```
In [320]: simple_pipeline.fit(X_train, y_train)

c:\users\sogo\appdata\local\programs\python\python36\lib\site-packages\sklearn\neural_n
etwork\multilayer_perceptron.py:562: ConvergenceWarning: Stochastic Optimizer: Maximum
iterations (200) reached and the optimization hasn't converged yet.
  % self.max_iter, ConvergenceWarning)

Out[320]: Pipeline(memory=None,
     steps=[('Make Gray', <__main__.PipeStep object at 0x0000025C33775080>), ('Flatten Imag
e', <__main__.PipeStep object at 0x0000025C33775198>), ('MLP', MLPClassifier(activation='rel
u', alpha=1e-08, batch_size='auto', beta_1=0.9,
       beta_2=0.999, early_stopping=False, epsilon=1e-06,
       hidden_la...=True, solver='adam', tol=0.0001,
       validation_fraction=0.1, verbose=False, warm_start=False))])
```

그림 5.25 MLP에 학습용 데이터를 입력한 결과. 파이프라인을 통과하며 모델을 학습하고 결과가 출력된다.

모델 학습이 끝났다면 정확도를 측정하자.

예제 5.16 classification_report를 사용해서 모델 성능을 테스트하는 코드

```
pipe_pred_test = simple_pipeline.predict(X_test)
pipe_pred_prop = simple_pipeline.predict_proba(X_test)

from sklearn.metrics import classification_report
print(classification_report(y_true=y_test, y_pred = pipe_pred_test))
```

예제 5.16의 classification_report는 테스트 데이터셋의 예측 결과(pipe_pred_test)와 실제 테스트 레이블(y_test)을 비교해서 정확도, 재현율, F1-점수를 낸 다음, 결괏값을 평균한다.

	precision	recall	f1-score	support
0	0.00	0.00	0.00	2
1	0.33	1.00	0.50	1
2	0.50	0.50	0.50	2
3	0.50	1.00	0.67	1
4	1.00	0.75	0.86	4
5	1.00	1.00	1.00	4
6	1.00	0.25	0.40	4
7	1.00	0.50	0.67	4
8	0.25	1.00	0.40	2
9	0.25	1.00	0.40	1
10	1.00	0.67	0.80	3
11	0.25	1.00	0.40	1
12	0.50	0.50	0.50	2
13	1.00	0.67	0.80	3
14	0.80	1.00	0.89	4
15	0.00	0.00	0.00	6
16	0.67	0.67	0.67	3
17	1.00	0.67	0.80	3
18	0.75	1.00	0.86	3
19	1.00	0.75	0.86	4
20	0.20	1.00	0.33	1
21	0.75	1.00	0.86	3
22	1.00	0.75	0.86	4
23	0.67	1.00	0.80	4
24	0.80	1.00	0.89	4
25	1.00	0.75	0.86	4
26	0.29	0.67	0.40	3
27	0.40	1.00	0.57	2
28	0.33	1.00	0.50	1
29	1.00	0.80	0.89	5
30	1.00	1.00	1.00	2
31	0.50	0.25	0.33	4
32	1.00	0.75	0.86	4
33	1.00	1.00	1.00	3
34	0.00	0.00	0.00	5
35	1.00	0.67	0.80	3
36	1.00	1.00	1.00	2
37	0.67	1.00	0.80	2
38	1.00	0.20	0.33	5
39	0.00	0.00	0.00	2
micro avg	0.66	0.66	0.66	120
macro avg	0.66	0.72	0.63	120
weighted avg	0.72	0.66	0.64	120

그림 5.26 classification_report로 F1-점수를 출력한 결과

그림 5.26에 의하면 MLP 모델의 F1 성능은 64%다. 40명을 랜덤하게 선별했을 때 2.5%의 정확도를 보일 테니, 처음 생성한 모델치고는 분류 성능이 나쁘지 않다. 그렇지만 이것을 상용 모델로 채택하기에는 무리가 있다. 이 모델에 약간의 전처리 과정을 추가해서 모델의 성능과 학습 속도를 향상시켜 보자.

전처리 과정 추가하기

이미지 데이터는 피처 간의 값 차이가 크다. 픽셀 하나가 0(검은색)부터 255(흰색)까지 다양한 값을 가지기 때문이다. 따라서 데이터를 정규화(Normalization)하는 과정이 필요하다[19]. 정규

19 정규화는 노멀라이제이션(Normalization)과 레귤러라이제이션(Regularization)으로 해석될 수 있다. 레귤러라이제이션은 비용함수를 조절해서 모델이 과적합에 빠지지 않게 돕는다. 이번 문장에서 정규화는 노멀라이제이션의 의미로 쓰였다. 노멀라이제이션에 대한 더 자세한 설명은 '참고자료'를 참고한다.

화는 각 피처 간 편차가 큰 구간을 줄이고, 편차가 작은 구간의 변별력을 늘려준다. 따라서 정규화는 모델이 지역 최적(local minima, 또는 극솟값 문제)에 빠질 가능성을 줄여준다. 또한, 정규화는 신경망의 핵심 알고리즘인 경사 하강 기법(Gradient Descent method)을 수월하게 사용할 수 있게 돕는다. 따라서 정규화를 마친 모델은 학습 시 빠르게 수렴한다.

이제 전처리 과정에 `sklearn.preprocessing` 패키지의 `Normalizer`를 추가해 보자.

예제 5.17 Normalizer 전처리 과정을 추가해서 MLP를 학습시키는 코드

```
from sklearn.pipeline import Pipeline
from sklearn.preprocessing import Normalizer
from sklearn.neural_network import MLPClassifier

class PipeStep(object):
    """
    Wrapper for turning functions into pipeline transforms (no-fitting)
    """
    def __init__(self, step_func):
        self._step_func=step_func

    def fit(self,*args):
        return self

    def transform(self,X):
        return self._step_func(X)
makegray_step = PipeStep(lambda img_list:
                                   [rgb2gray(img) for img in img_list])
flatten_step = PipeStep(lambda img_list:
                                   [img.ravel() for img in img_list])
simple_pipeline = Pipeline([
    ('Make Gray', makegray_step),
    ('Flatten Image', flatten_step),
    ('Normalize', Normalizer()), # 전처리 과정에 노멀라이저 추가하기
    ('MLP', MLPClassifier(
        activation='relu',
        hidden_layer_sizes=(400, 40),
        random_state=1)),
])

simple_pipeline.fit(X_train, y_train)
```

예제 5.17을 실행하고 예제 5.16으로 성능을 테스트하자. 이론대로라면 정규화를 마친 데이터는 지역 최적에 빠지지 않고 학습을 더 잘할 것이다.

	precision	recall	f1-score	support
0	0.20	0.50	0.29	2
1	1.00	1.00	1.00	4
2	0.50	0.40	0.44	5
3	0.60	1.00	0.75	3
4	0.33	0.50	0.40	2
5	0.50	1.00	0.67	2
6	1.00	0.33	0.50	3
7	0.33	0.25	0.29	4
8	1.00	0.20	0.33	5
9	0.50	0.67	0.57	3
10	1.00	1.00	1.00	3
11	0.75	1.00	0.86	3
12	1.00	1.00	1.00	1
13	1.00	1.00	1.00	3
14	1.00	1.00	1.00	2
15	1.00	0.67	0.80	3
16	1.00	0.75	0.86	4
17	1.00	1.00	1.00	2
18	1.00	1.00	1.00	4
19	1.00	1.00	1.00	2
20	1.00	0.75	0.86	4
21	1.00	0.40	0.57	5
22	0.33	0.33	0.33	3
23	0.50	0.50	0.50	2
24	0.50	1.00	0.67	2
25	0.50	0.50	0.50	2
26	1.00	1.00	1.00	3
27	1.00	1.00	1.00	2
28	0.33	1.00	0.50	1
29	1.00	1.00	1.00	5
30	0.00	0.00	0.00	2
31	1.00	0.67	0.80	3
32	1.00	1.00	1.00	5
33	1.00	1.00	1.00	1
34	1.00	0.67	0.80	3
35	0.60	1.00	0.75	3
36	0.67	1.00	0.80	2
37	1.00	1.00	1.00	4
38	1.00	0.80	0.89	5
39	0.25	0.33	0.29	3
micro avg	0.73	0.73	0.73	120
macro avg	0.76	0.76	0.73	120
weighted avg	0.80	0.73	0.73	120

그림 5.27 정규화 이후 classification_report를 사용해서 F1-점수를 출력한 결과

정규화만 추가했는데도 MLP 모델의 F1-점수가 9%나 올랐다(64%→73%).

파라미터 수정하기

이제 파라미터를 수정해서 모델의 최고 성능을 끌어내 보자. MLP 관련 문서[20]를 찾아 읽어 가면서 L1 노름과 L2 노름을 조정하고, 은닉층의 개수를 바꿔보자. 모델의 분류 성능을 높이는

20 https://scikit-learn.org/stable/modules/generated/sklearn.neural_network.MLPClassifier.html

방법과 파라미터의 의미를 설명하는 것은 이 책의 주제를 벗어나므로 다루지 않을 것이다. 대신 저자가 찾은 파이프라인 조합으로 학습하고 F1-점수를 확인하자.

예제 5.18 저자가 찾은 최적의 파이프라인 조합

```
simple_pipeline = Pipeline([
    ('Make Gray', makegray_step),
    ('Flatten Image', flatten_step),
    ('Normalize', Normalizer()), # 전처리 과정에 노멀라이저 추가하기
    ('MLP', MLPClassifier(
        activation='relu',
        alpha=1e-7,
        epsilon=1e-6,
        hidden_layer_sizes=(800, 120),
        random_state=1)),
])
```

	precision	recall	f1-score	support
1	1.00	1.00	1.00	3
2	1.00	1.00	1.00	3
3	0.50	0.75	0.60	4
4	0.75	1.00	0.86	3
5	1.00	1.00	1.00	1
6	0.80	0.80	0.80	5
7	0.67	1.00	0.80	2
8	0.50	1.00	0.67	1
9	1.00	0.75	0.86	4
10	1.00	1.00	1.00	5
11	1.00	1.00	1.00	2
12	1.00	1.00	1.00	1
13	1.00	1.00	1.00	2
14	1.00	1.00	1.00	2
15	1.00	0.50	0.67	4
16	1.00	1.00	1.00	2
17	0.33	1.00	0.50	1
18	1.00	1.00	1.00	4
19	1.00	0.50	0.67	4
20	0.33	0.33	0.33	3
21	1.00	1.00	1.00	3
22	1.00	0.50	0.67	6
23	1.00	1.00	1.00	4
24	1.00	0.80	0.89	5
25	1.00	0.80	0.89	5
26	1.00	1.00	1.00	5
27	0.75	1.00	0.86	3
28	1.00	1.00	1.00	2
29	1.00	1.00	1.00	4
31	1.00	0.75	0.86	4
32	1.00	1.00	1.00	3
33	1.00	1.00	1.00	2
34	1.00	1.00	1.00	3
35	0.57	1.00	0.73	4
36	1.00	1.00	1.00	3
37	1.00	0.67	0.80	3
39	0.67	0.80	0.73	5
micro avg	0.86	0.86	0.86	120
macro avg	0.89	0.89	0.87	120
weighted avg	0.90	0.86	0.86	120

그림 5.28 예제 5.18로 만든 모델로 검증한 classification_report 결과

이제 파라미터 수정까지 마친 MLP 모델은 F1-점수가 86%까지 올랐다. 이 모델은 대부분의 인물을 잘 분류하지만, 17번 인물이나 20번 인물은 헷갈린다(약 33%의 정확도). 그러나 F1-점수로는 결과만 확인할 수 있을 뿐, MLP 모델이 17번 인물과 20번 인물을 어떻게 해석하는지는 알 수 없다. 다음 단원에서는 LIME을 사용해서 MLP가 잘 분류하는 인물들과 헷갈리는 인물들을 어떻게 인식하고 있는지 알아보자.

5.2.4.2. XAI 적용하기

앞 단원에서는 올리베티 얼굴 데이터셋을 분류하는 모델을 만들었다. 이번에는 그 인공지능 모델에 LIME을 적용해서 모델에 해설 기능을 덧붙여보자.

LIME 이미지 설명체 적용하기

앞서 LIME의 설명체는 설명 대상이 될 데이터 하나와 해당 데이터에 대한 분류 확률을 출력하는 모델을 파라미터로 받는다고 설명했다[21]. LIME의 이미지 분류기는 이 같은 기본 파라미터 외에 이미지를 쪼개서 영역을 만드는 서브모듈러 분할 알고리즘을 선정할 수 있다[22].

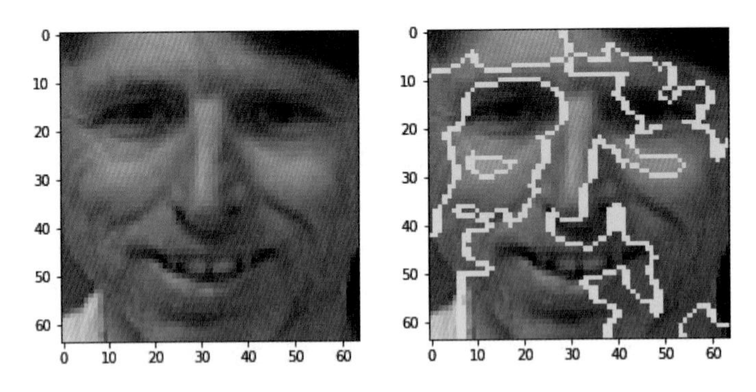

그림 5.6(중복) 원본 이미지(왼쪽)에 대해 LIME이 임의로 데이터를 변형한 결과(오른쪽)

그림 5.6는 LIME이 설명 모델에 적용하기 위해 원본 이미지(왼쪽)를 서브모듈로 분할(segmentation)한 모습(오른쪽)이다. LIME은 사용자가 설명 모델과 서브모듈러 분리기를

21 LIME의 설명체 필수 파라미터에 대해서는 5.2.3.2 'XAI 적용하기' 단원 참고.

22 LIME 알고리즘의 이론에 대해서는 5.2.2 '배경 이론' 단원 참고.

입력하지 않아도 XAI를 수행할 수 있게 디폴트 파라미터가 정해져 있다. 설명 모델은 model_regressor[23] 파라미터를 수정해 디폴트 파라미터를 바꿀 수 있다. 서브모듈 분할 알고리즘은 segmentation_fn[24] 파라미터를 수정해 사용자 정의 이미지 분할 알고리즘[25]을 사용할 수 있다. 물론 LIME의 텍스트 설명체를 학습할 때와 마찬가지로 디폴트 파라미터를 사용해도 좋다. 그렇지만 이미지 데이터의 LIME은 분할 알고리즘에 따라 XAI 성능이 크게 달라진다. 이번 실습에서는 직접 이미지 분할 알고리즘을 지정해서 LIME의 설명 능력을 높여볼 것이다.

이제 LIME의 이미지 설명체를 선언하고 이미지 분할 알고리즘(segmentation algorithm)을 시작해 보자.

예제 5.19 LIME의 이미지 설명체와 이미지 분할 알고리즘을 선언하는 코드

```
from lime import lime_image
from lime.wrappers.scikit_image import SegmentationAlgorithm

explainer = lime_image.LimeImageExplainer()

# 이미지 분할 알고리즘: quickshift(기본), slic, felzenszwalb
segmenter = SegmentationAlgorithm('slic',
                                  n_segments=100,
                                  compactness=1,
                                  sigma=1)
```

예제 5.19에서 LIME의 이미지 분할 알고리즘은 scikit-image 패키지[26]에서 래핑했다. 이미지 분할 알고리즘으로는 퀵 시프트(quickshift), 슬릭(slic), 펠젠스왈브(felzenszwalb)를 사용할 수 있다.

23 완벽한 경로는 LimeImageExplainer.explain_instance(model_regressor={user defined regressor})다.

24 완벽한 경로는 LimeImageExplainer.explain_instance(segmentation_fn={user defined segmenter})다.

25 정확하게는 슈퍼 픽셀(super pixel) 선정 알고리즘이다. 슈퍼 픽셀은 디지털 이미지를 구성하는 점들 중 같은 정보를 가진 점의 집합을 의미한다.

26 Scikit-image Segmentation Algorithm: https://scikit-image.org/docs/dev/api/skimage.segmentation.html

그림 5.29 scikit-image 패키지가 제공하는 슈퍼 픽셀 선정 알고리즘을 비교한 그림

그림 5.29에서 이미지 분할 알고리즘 각각의 특성을 직관적으로 확인할 수 있다. 자세한 설명이 필요한 독자들은 scikit-image 홈페이지에서 해당 문서를 찾아 읽어 보자[27].

이번 실습에서는 슬릭 알고리즘으로 이미지를 분할할 것이다. 슬릭은 이미지를 비교적 균등하게 조각낸다. 따라서 우리가 만든 모델이 얼굴의 어떤 지점을 분류하는 데 사용되는지 부분별로 파악하기가 쉽다.

예제 5.19의 SegmentationAlgorithm은 파라미터별로 다음과 같은 의미가 있다.

27 Image Segmentation Algorithm comparison: https://scikit-image.org/docs/dev/auto_examples/segmentation/plot_segmentations.html

- n_segments: 이미지 분할 조각 개수.
- compactness(디폴트 10.0): 분할한 이미지 조각으로부터 유사한 파트를 합치는 함수. 숫자는 로그스케일(log scale)이다. 숫자가 클수록 합쳐지는 비율이 높다. 일반적으로 0.01, 0.1, 1, 10, 100을 권장한다.
- sigma: 분할한 이미지를 부드럽게 깎아주는 정도(smoothing, 이하 스무딩). 0은 스무딩 없음. 1은 스무딩 최대.

이제 설명체로부터 설명 모델을 학습하자.

예제 5.20 테스트 0번 이미지에 대해 설명 모델을 구축하는 코드

```
%%time

olivetti_test_index = 0

exp = explainer.explain_instance(X_test[olivetti_test_index],
                        classifier_fn = simple_pipeline.predict_proba,
                        top_labels=6,
                        num_samples=1000,
                        segmentation_fn=segmenter)
```

예제 5.20은 앞에서 만든 simple_pipeline 모델로 테스트 데이터 0번의 설명체를 학습한다. top_labels=6은 simple_pipeline 모델이 예측한 1등부터 6등까지의 분류 값을 분석하겠다는 의미이며, num_samples 파라미터는 설명 모델이 결정 경계를 결정하기 위해 샘플링하는 공간[28]의 크기다. %%time은 주피터 노트북의 한 셀에서 명령을 처리하는 데 걸리는 시간을 보여준다. num_samples와 XAI 학습 시간은 비례해 증가한다.

예제 5.20을 실행해 보자. 다음과 같이 설명 함수를 학습하는 데 걸린 시간이 표시될 것이다.

28 결정 경계를 결정하는 샘플링의 의미는 LIME의 배경 이론 단원 참조.

```
In [628]: %%time

olivetti_test_index = 0

exp = explainer.explain_instance(X_test[olivetti_test_index],
                        classifier_fn = simple_pipeline.predict_proba,
                        top_labels=6,
                        num_samples=10000,
                        segmentation_fn=segmenter)

Wall time: 5.12 s
```

그림 5.30 설명체로부터 설명 함수를 구축하고 걸린 시간을 측정한 결과

이제 학습된 설명체로부터 XAI를 수행해 보자.

예제 5.21 올리베티 데이터 0번을 설명체에 통과시켜 XAI를 수행하는 코드

```
from skimage.color import label2rgb

# 캔버스 설정하기
fig, ((ax1, ax2), (ax3, ax4)) = plt.subplots(2,2, figsize = (8, 8))

# 예측에 도움이 되는 세그먼트 출력하기
temp, mask = exp.get_image_and_mask(y_test[olivetti_test_index],
                                    positive_only=True,
                                    num_features=8,
                                    hide_rest=False)
ax1.imshow(label2rgb(mask, temp, bg_label = 0),
           interpolation = 'nearest')
ax1.set_title('Positive Regions for {}'.format(y_test[olivetti_test_index]))

# 모든 세그먼트 출력하기
temp, mask = exp.get_image_and_mask(y_test[olivetti_test_index],
                                    positive_only=False,
                                    num_features=8,
                                    hide_rest=False)


ax2.imshow(label2rgb(4 - mask, temp, bg_label = 0),
           interpolation = 'nearest')
ax2.set_title('Positive/Negative Regions for {}'.format(y_test[olivetti_test_index]))

# 이미지만 출력
ax3.imshow(temp, interpolation = 'nearest')
ax3.set_title('Show output image only')
```

```
# 마스크만 출력
ax4.imshow(mask, interpolation = 'nearest')
ax4.set_title('Show mask only')
```

예제 5.21은 얼핏 보면 복잡해 보이지만, get_image_and_mask의 결과물만 이해할 수 있다면 해석이 쉬워진다. LIME의 이미지 설명체는 get_image_and_mask를 기본으로 사용한다. get_image_and_mask의 실행 결과는 1차원 튜플로, 이미지 분할이 완료된 원본 이미지(예제 5.21의 temp)와 분할된 영역(masking area, 예제 5.21의 mask)을 반환한다.

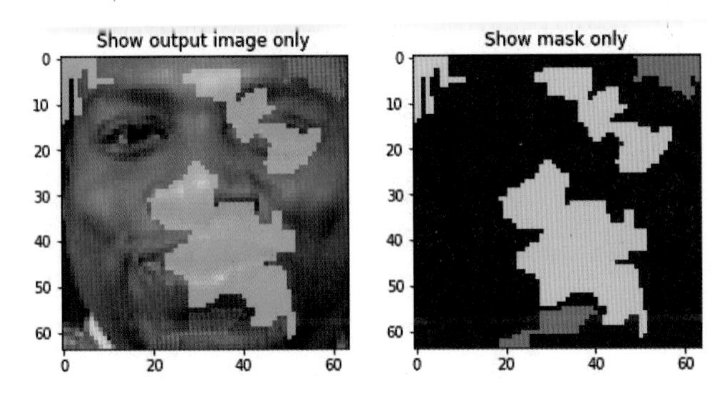

그림 5.31 get_image_and_mask를 실행한 결과인 이미지와 마스킹 영역을 출력한 결과

get_image_and_mask는 다음 파라미터가 필요하다.

- XAI를 수행할 이미지(원본).
- positive_only: 설명 모델이 가장 높게 분류한 라벨을 인식하는 데 도움이 되는(positive) 이미지 영역만 출력하는 파라미터. 여기에 False를 입력하면, 모든 이미지 조각에 대한 마스킹 레이블을 출력한다.
- num_features: XAI에 사용하기 위한 분할 영역의 크기.
- hide_rest: 이미지를 분류하는 데 도움이 되는 서브모듈만 출력할지를 결정한다. 이 값이 True라면 XAI에 도움이 되는 영역을 제외하고 나머지 영역을 흑백으로 출력한다.

get_image_and_mask를 시각화하기 위해서 matplotlib의 캔버스 기능을 활용한다. plt.subplots는 플롯을 그릴 행(row)과 열(column)의 크기, 그리고 캔버스의 크기(figsize)를 파라미터로 받는다. 예제 5.21은 8×8인치 캔버스를 4분할하고 ax1, ax2, ax3, ax4 변수에 영역을 할당한다.

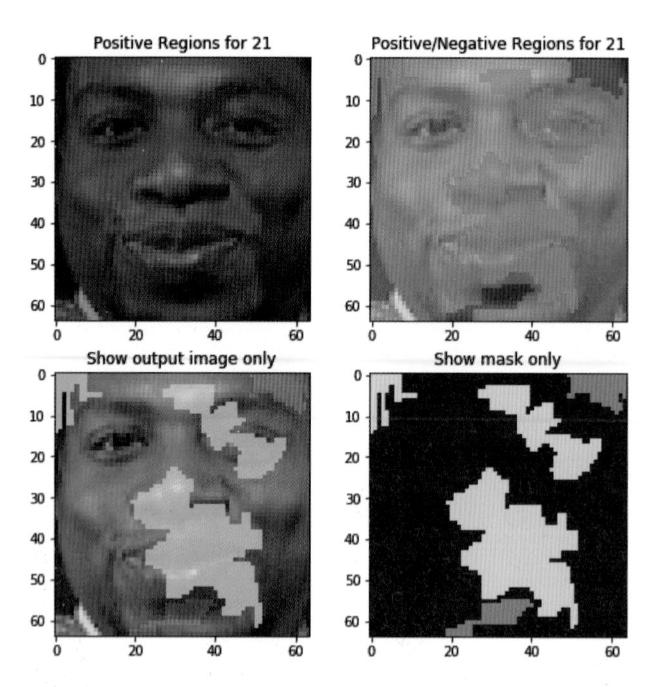

그림 5.32 올리베티 이미지 한 장(테스트 데이터 0번)을 LIME의 get_image_and_mask 기능을 사용해서 XAI한 결과. 왼쪽 위부터 시계방향으로 ax1, ax2, ax4, ax3.

예제 5.21의 ax1은 설명 모델이 가장 높은 확률로 분류한 라벨에 도움이 되는 이미지 영역만을 표시한다. 이때 ax1에 그려질 이미지는 label2rgb를 통해 만들어진다. label2rgb는 이미지 위에 형광색 마스킹을 할 때 사용되는 함수다. label2rgb를 통과한 결과물은 원본 이미지 위에 마스킹 결과를 겹쳐서 출력한다.

ax2는 ax1의 파라미터 중 positive_only만 False로 바꿨다. 따라서 ax2는 모든 이미지 조각 마스킹 레이블을 출력한다. 그림 5.32의 오른쪽 상단 이미지가 ax2의 결과물이다. ax2의 분홍색 영역은 설명 모델이 21번째 사람으로 분류한 조각이다. 파란색 영역은 설명 모델이 2번째 사람으로 분류한 이미지 조각이다. 마지막으로 노란색 영역은 모델의 분류에 도움이 되지 않는 이미지다.

그림 5.32의 ax3는 설명 모델이 유용하게 사용한 이미지 조각만을 출력한다. ax3는 positive_only=False 파라미터가 적용됐기 때문에 설명 모델이 유의미하게 해석한 모든 이미지 조각을 출력한다.

ax4는 get_image_and_mask의 분할 영역을 정수형 타입으로 시각화한다. ax4의 mask는 64×64 크기의 2차원 행렬이다. 따라서 print() 함수로 mask를 출력해 보면 다음과 같은 결과를 확인할 수 있다.

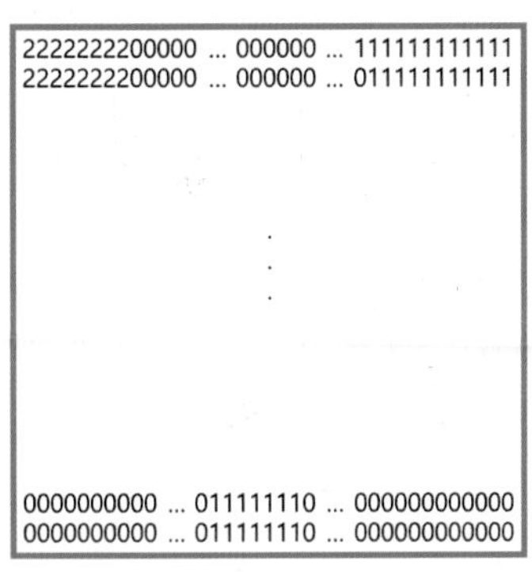

그림 5.33 get_image_and_mask 메서드 결과물 중 하나인 mask를 출력한 결과

그림 5.32는 설명 모델이 테스트 데이터 0번을 입력받아 21번째 사람이라고 분류한 근거를 제시한다. 설명 모델은 인물의 미간과 오른쪽 눈매, 코와 입을 분류에 중점적으로 사용했다고 표시한다. LIME의 이미지 인식 결과는 일반적으로 사람의 외모를 인식할 때 흔히 들을 수 있는 답변(눈매, 코의 생김새, 입술의 크기 등)과 유사하다. 이 결과를 통해 설명 모델은 사람과 유사한 방식으로 이미지를 인식하고 있다고 해석할 수 있다.

MLP가 잘 분류하는 모델 해석하기

그림 5.28의 F1-점수 보고서에 의하면, 모델은 17번과 20번 이미지를 제외하고 분류를 잘한다.

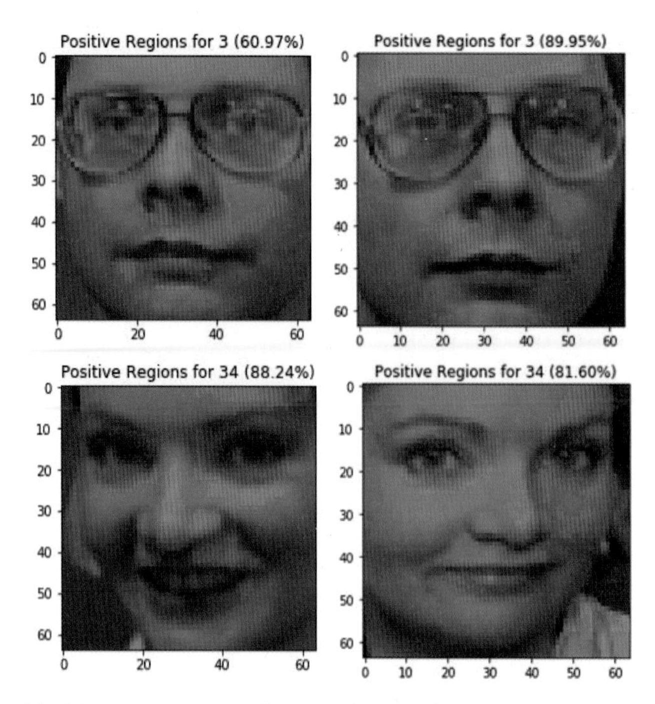

그림 5.34 설명 모델이 제대로 분류한 3번째 사람(첫 번째 행)과 34번째 사람(두 번째 행) 이미지

그림 5.34는 설명 모델이 이미지를 제대로 분류했을 때 어느 파트를 중점적으로 관찰했는지 표시한 결과다. 설명 모델은 이미지 3번 인물의 안경 라인과 T존[29]을 중점적으로 관찰한다. 반면 모델은 34번 인물에 대해서 둥글고 깊은 눈매를 분류에 사용했다. 설명 모델은 3번과 34번 인물의 특징을 잘 찾아서 두 사람을 인식한다.

좀 더 객관적이고 충분한 예시가 필요하다면 다음 예제를 직접 실행해 보자.

예제 5.22 올리베티 얼굴 테스트 데이터 0번(3번 인물)으로부터 추가 설명을 출력하는 코드

```
# 하나의 인물에 대한 부가 설명을 출력
olivetti_test_index = 1

fig, m_axs = plt.subplots(2,6, figsize = (12,4))
for i, (c_ax, gt_ax) in zip(exp.top_labels, m_axs.T):
```

29 얼굴에서 이마, 코, 턱까지 이어지는 라인이 알파벳 T자를 형상한다고 하여 붙여진 용어

```
    temp, mask = exp.get_image_and_mask(i,
                                        positive_only=True,
                                        num_features=12,
                                        hide_rest=False,
                                        min_weight=0.001)

    c_ax.imshow(label2rgb(mask,temp, bg_label = 0),
                interpolation = 'nearest')
    c_ax.set_title('Positive for {}\nScore:{:2.2f}%'.format(i,
                   100*pipe_pred_prop[olivetti_test_index, i]))
    c_ax.axis('off')

    face_id = np.random.choice(np.where(y_train==i)[0])

    gt_ax.imshow(X_train[face_id])
    gt_ax.set_title('Example of {}'.format(i))
    gt_ax.axis('off')
```

예제 5.22는 설명 모델이 인물을 분류한 가장 높은 확률의 클래스부터 순서대로 판단 근거를 제시한다. 예제 5.22의 exp.top_labels는 설명 모델이 인물을 분류한 순서를 저장한다. 같은 코드의 pipe_pred_prop은 설명 모델이 각 클래스를 예측한 확률을 저장한다.

설명 모델은 이미지를 분류한 가능성이 높은 순서대로 for loop를 순회하며 모델이 중점적으로 주시한 부분을 c_ax에 그리고, 주시한 부분을 근거로 판단한 클래스를 gt_ax에 그린다. 설명이 어렵게 느껴진다면 다음 결과물을 먼저 보고, 예제 5.22를 다시 읽으면서 과정을 이해해 보자.

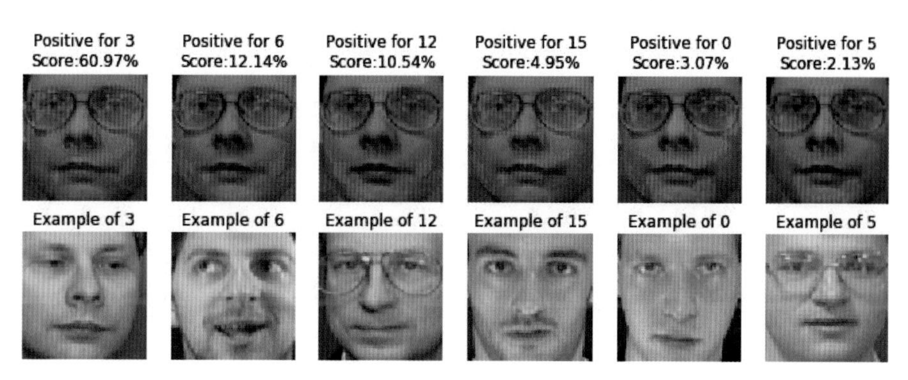

그림 5.35 3번째 인물 사진에서 인공지능이 주시한 부분(붉은색, 첫 번째 행)과 그때 분류한 인물들의 대표 이미지 (두 번째 행)

그림 5.35에서 설명 모델은 3번 인물 이미지의 안경과 T존을 중점적으로 살펴보고, 다른 인물들에 대해서는 주로 얼굴 외곽이나 코를 살핀다.

이번에는 34번 인물 이미지를 설명 모델이 어떻게 인식하는지 살펴보자. 이를 위해 예제 5.22의 `olivetti_test_index = 1`을 `olivetti_test_index = 7`로 바꿔서 실행해 보자.

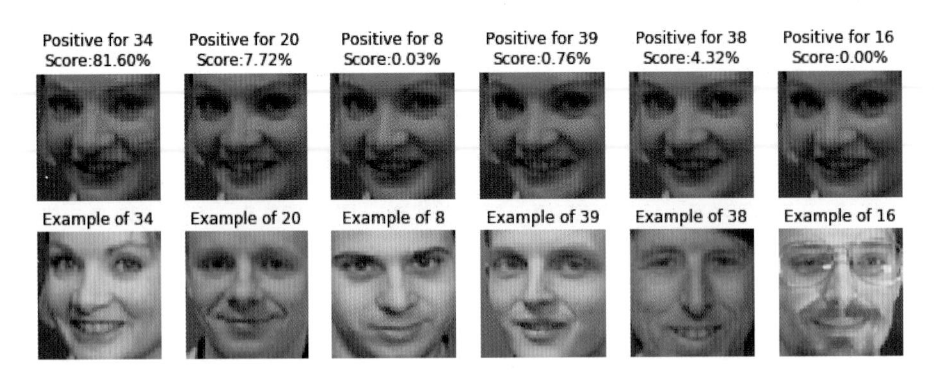

그림 5.36 설명 모델이 34번째 사람을 판단하기 위해 주시한 부분(붉은색, 첫 번째 행)과 그때 분류한 인물들의 대표 이미지(두 번째 행)

그림 5.36에 의하면, 설명 모델은 34번째 인물의 둥근 눈매와 코를 중점적으로 파악한 것으로 확인된다. 설명 모델이 8번째 인물과 16번째 인물을 분류할 때도 눈과 코를 중심으로 분류를 시도하지만, 분류 가능성이 현저히 낮다(7.72%, 0.00%). 따라서 설명 모델은 34번째 인물을 인식할 때 눈과 코를 중심으로 파악한다고 해석할 수 있다.

MLP가 잘 분류하지 못하는 모델 해석하기: 17번째, 20번째 인물

이번에는 F1-점수에서 낮은 성능을 보인 17번째와 20번째 인물을 분석해 보자. LIME으로 분류 모델이 이 인물들을 어떻게 인식하는지 파악할 수 있다면 앞으로 어떤 데이터를 보강해야 모델을 학습하는 데 도움이 될지 대안을 제시할 수 있을 것이다. 먼저 17번째와 20번째 인물 원본을 살펴보자.

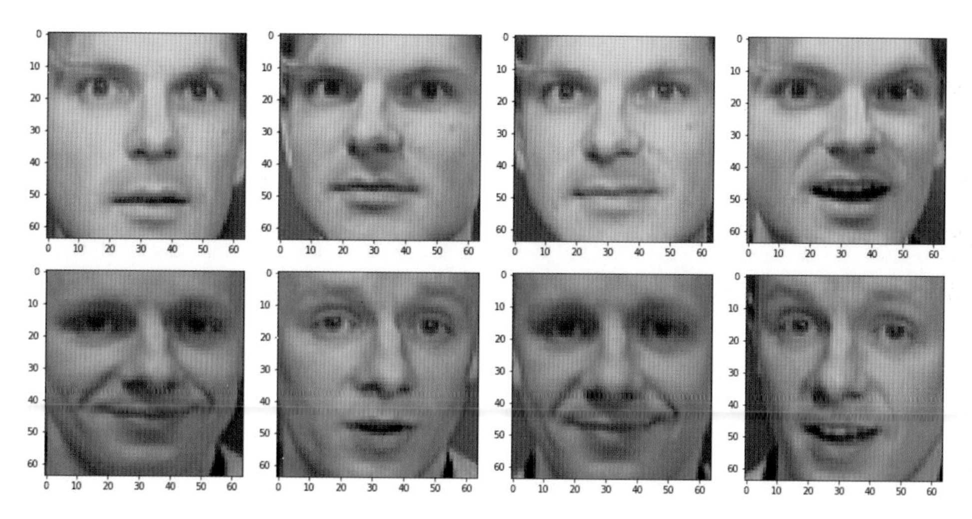

그림 5.37 MLP가 잘 분류하지 못하는 인물인 17번째 인물(첫 번째 행)과 20번째 인물(두 번째 행)의 학습 데이터

이제 예제 5.22의 olivetti_test_index를 17번째와 20번째 인물로 바꿔보자. 바뀐 이미지의 마스킹 결과를 살펴보자. 예제 5.22에서 olivetti_test_index = 25를 대입하고 실행하자.

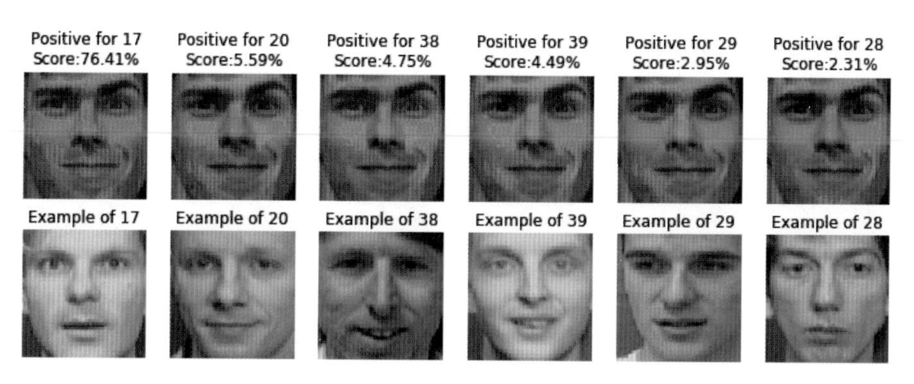

그림 5.38 설명 모델의 인물 분류 결과(추정: 17번째 인물, 정답: 19번째 인물)와 모델이 주시한 부분(붉은색, 첫 번째 행)과 실제 이미지(두 번째 행)

그림 5.38에 따르면 MLP 모델은 19번째 인물을 17번째 인물로 오분류했다. 이때 그림 5.38의 첫 번째 열과 두 번째 열을 통해 MLP 모델이 두 이미지를 구분하기 위해 주시한 부분이 거의 같은 것을 확인할 수 있다. 이 결과는 MLP 모델이 올리베티 얼굴 중 17번째와 20번째 인물에 대해 차별점을 찾지 못하고 있다는 증거다. 맨눈으로 두 인물은 명백하게 다르지만, 인공지능은 두 인물의 차이를 분간하지 못했다.

이번에는 20번째 인물의 오분류 원인을 추정해 보자. 예제 5.22의 `olivetti_test_index = 25`를 `olivetti_test_index = 101`로 수정하고 실행한다.

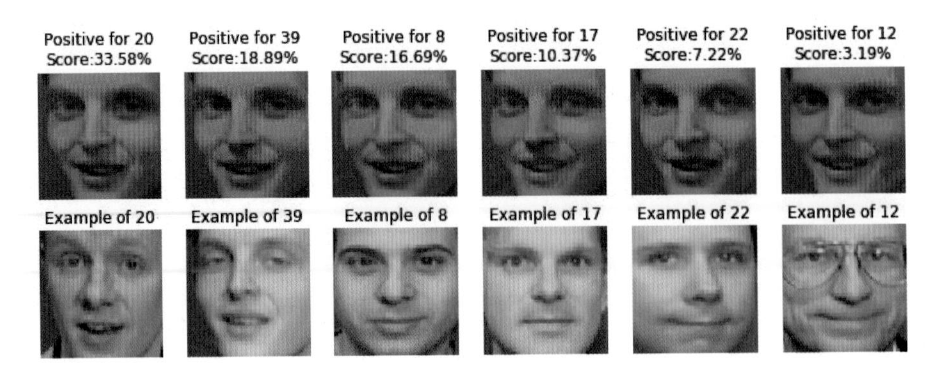

그림 5.39 MLP 모델의 인물 분류 결과(추정: 20번째 인물, 정답: 39번째 인물)와 모델이 주시한 부분(붉은색, 첫 번째 행)과 실제 이미지(두 번째 행)

MLP 모델은 39번째 인물을 20번째 인물로 오분류했다. 이때 그림 5.39의 첫 번째 열과 두 번째 열은 두 인물을 분간할 때 같은 부분을 주시하고 있다. 그림 5.38과 마찬가지로 MLP 모델이 두 인물의 차이를 분간하지 못하고 있다. 그림 5.39는 MLP 모델이 올리베티 얼굴 중 20번째 인물과 39번째 인물에 대해 차별점을 못 찾고 있다는 증거다. 저자는 그림 5.39의 두 번째 행이 의미하는 인물(20번)과 39번 인물 간 차이점이 명확하게 보이지 않는다. MLP도 두 인물을 헷갈린다. 따라서 두 인물을 더욱 잘 구분하려면 학습 알고리즘을 바꿔서 실험하거나 두 인물이 잘 구별되는 각도나 빛의 방향을 찾아서 학습용 데이터셋을 늘려야 한다는 결론을 유추할 수 있다.

기존의 단순 인공지능 모델은 출력값의 결과로 정확도만 측정할 수 있었다. 그렇지만 LIME을 사용하면 모델이 어떻게 데이터를 이해하고 있는지 해석할 수 있다. 사용자는 LIME의 결과물을 근거로 인공지능이 대상을 어떻게 판단하고 있는지 확인하고, 이에 동의하거나 보완해야 할 부분을 고민할 수 있다.

개선할 점 찾기

지금까지 LIME의 이미지 설명체를 구현하고 잘 또는 잘못 분류한 이미지를 분석했다. 이 과정에서 인물 분류 모델이 분석 대상의 특징을 잘 주시하고 있음을 확인했다. 모델이 분류를 잘하지 못하는 경우, 다른 인물 후보와 비슷한 영역을 주시하느라 차별점을 찾지 못했다는 증거도 구했다. 이러한 한계점을 극복하기 위해서는 인공지능이 헷갈려 하는 이미지의 차별점이 더욱 잘 드러나는 데이터를 추가하거나 학습 알고리즘을 바꾸는 등 증거에 기반을 둔 돌파구를 고려해야 한다.

5.2.5. 마치며

흔히 분류가 잘 안 되는 결과에 대해서 '모델 학습이 잘 안 됐다. 더 많은(또는 더 좋은) 데이터가 필요하다'고 주장한다. 그렇지만 기존의 인공지능 기법과 해설만으로는 어떤 데이터를 어떻게 마련해야 하는지, 모델이 데이터의 어떤 부분을 주시하고 있는지 확인할 수 없다.

대리 분석은 본 모델을 모방하는 설명 모델을 조합해 설명 불가능성을 극복하는 방법이다. 모델 전체를 근사하는 설명 가능한 모델을 구축하는 방식을 글로벌 대리 분석(Global Surrogate Analysis)이라고 하며, 데이터 하나에 초점을 맞춰서 블랙박스 모델을 해석하는 설명 가능 모델을 구축하는 기법을 로컬 대리 분석(Local Surrogate Analysis, 또는 LIME[Local Interpretable Model-agnostic Explanations])이라고 한다.

글로벌 및 로컬 대리 분석은 데이터 변형과 블랙박스를 모방해서 인공지능을 설명하는 XAI 기법이다. 두 분석을 통해 블랙박스 모델이 주시하는 결정 경계를 확인할 수 있다. 그리고 데이터 과학자는 이렇게 발견한 결정 경계를 근거로 삼아 모델을 수정할 방향을 찾는다. 마지막으로 인공지능 사용자는 대리 분석 모델을 블랙박스를 신뢰할 수 있는 근거로 활용하며 과학자와 모델을 신뢰할 수 있다.

5.3. SHAP (SHapley Additive exPlanations)

A 씨는 이사 갈 집을 구하고 있다. 어느 날 A 씨가 주택을 조사하던 중 이상한 점을 발견한다. 특정 주택 하나가 주변부 주택보다 유난히 가격이 높은 것이다. A 씨는 온라인에서 집값 적정성을 판별하는 인공지능을 내려받았다. 그러나 인공지능도 이 주택의 가격이 합리적이라는 결론을 내렸다. 하지만 A 씨는 그 이유를 알 길이 없었다. 주택 가격이 높은 이유가 세금 감면 혜택 덕분인지, 범죄율이 낮아서 그런지, 그것도 아니라면 강을 끼고 있는 환경 때문인지 지금으로서는 결론만으로 추정해야 한다. 그가 알고 싶은 것은 이 주택이 어떤 이유로 가격이 높은지다. 그러나 그가 내려받은 자료와 그 자료로 만든 인공지능만으로는 그 질문에 답을 할 수 없었다. 어떤 방법을 써야 A 씨의 고민을 해결할 수 있을까?

5.3.1. 배경 이론

SHAP(SHapley Additive exPlanations)[30]는 로이드 섀플리(Lloyd Stowell Shapley)[31]가 만든 이론 위에 피처 간 독립성을 근거로 덧셈(addition)이 가능하게 활용도를 넓힌 논문이다. SHAP는 섀플리 값(Shapley value)과 피처 간 독립성을 핵심 아이디어로 사용하는 XAI 기법이다. 섀플리 값은 전체 성과를 창출하는 데 각 참여자가 얼마나 공헌했는지를 수치로 표현할 수 있다. 섀플리 값에 의하면, 각 사람의 기여도는 그 사람의 기여도를 제외했을 때 전체 성과의 변화 정도로 나타낼 수 있다. 가령 위 주택 예제에서 A 씨가 찾은 주택이 강을 끼고 있기 때문에 집값이 높다고 추정된다면 강가로부터의 거리를 강제로 늘렸을 때 집값이 어떻게 변할지 예측한 다음, 이를 원래 집값에서 빼면 그 차이가 집값에 이바지하는 정도라고 추론하는 식이다. 이 내용을 수식으로 표현[32]하면 다음과 같다.

$$\phi_i(v) = \sum_{S \in N \setminus \{i\}} \frac{|S|!(n-|S|-1)!}{n!}(v(S \cup \{i\}) - v(S))$$

30 Lundberg, Scott M., Gabriel G. Erion, and Su-In Lee. "Consistent individualized feature attribution for tree ensembles." arXiv preprint arXiv:1802.03888 (2018).

31 미국의 수학자이자 경제학자. 2012년에 노벨 경제학상을 수상한다.

32 https://en.wikipedia.org/wiki/Shapley_value#Formal_definition

ϕ_i: i 데이터에 대한 섀플리 값

n: 참여자

S: 총 그룹 에서 번째 인물을 제외한 모든 집합

$v(S)$: i번째 인물을 제외하고 나머지 부분 집합이 결과에 공헌한 기여도

$v(S \cup \{i\})$: i번째 인물을 포함한(전체) 기여도

즉, i번째 인물(또는 피처)이 기여하는 정도는 전체 기여도에서 i번째 인물이 제외된 기여도의 합을 뺀 값이다.

모델에 피처를 입력하면 예측 레이블과 정확도를 돌려준다. 예를 들어 피처가 4개인(x_1, x_2, x_3, x_4) 모델이 있다고 할 때 전체 모델에 대해서 $\{x_2\}$ 피처 하나가 기여한 가치 S는 다음과 같이 계산할 수 있다.

$$\phi_2(v) = \frac{1}{4!}\sum_R [v(P_2^R \cup \{2\}) - v(P_2^R)] = \frac{1}{4!}\sum_R [v(\{x_1, x_3, x_4\}^R \cup \{x_2\}) - v(\{x_1, x_3, x_4\}^R)]$$

복잡해 보이지만 원리는 간단하다. 섀플리 값은 모델이 표현할 수 있는 모든 조합과 피처 x_2를 제외한 피처의 조합을 빼서 평균을 낸다. 예를 들어 $\{x_2, x_4\}$ 피처가 기여한 가치 S는 $\phi_2(v)$와 $\phi_4(v)$를 더한 값이다.

$$\phi_{2,4}(v) = \sum_i^{i=2,4} \frac{1}{4!}\sum_R [v(P_i^R \cup \{i\}) - v(P_i^R)] = \phi_2(v) + \phi_4(v)$$

SHAP는 모델의 출력을 각 피처의 기여도로 분해한다. 다음은 SHAP가 처음 등장한 논문에 있는 그림이다[33].

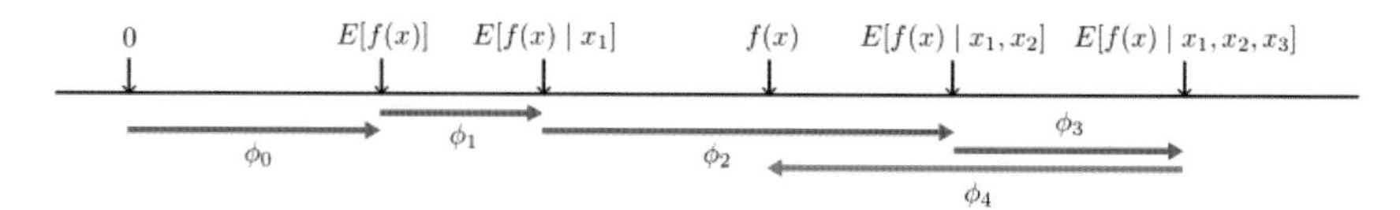

그림 5.40 모델 f의 출력을 ϕ 값으로 분해한 결과

33 Lundberg, Scott M., Gabriel G. Erion, and Su-In Lee. "Consistent individualized feature attribution for tree ensembles." arXiv preprint arXiv:1802.03888 (2018).

그림 5.40에서 SHAP는 모든 가능한 피처 순서쌍에 대해서 샘플링하고 평균값을 계산한다 ($E[y]$). 그림 5.40의 오른쪽 화살표($\phi_{0,1,2,3}$)는 원점으로부터 $f(x)$가 높은 예측 결과를 낼 수 있게 도움을 주는 요소고, 왼쪽 화살표(ϕ_4)는 $f(x)$ 예측에 방해된다. 즉 ϕ_0은 모든 피처 정보로 예측을 수행한 평균 기댓값이고, ϕ_1은 x_1 피처가 $f(x)$에 기여하는 정도이며, $\phi_{1,2}$는 x_1, x_2 피처가 모델 예측에 기여하는 크기다. 마찬가지로 $\phi_{1,2,3}$은 피처 x_1, x_2, x_3이 모델 예측에 기여하는 크기, 마지막으로 $\phi_{1,2,3,4}$는 모든 피처가 $f(x)$의 예측에 기여한 정도다.

이때 섀플리 값은 음수일 수 있으며, 이 경우 특정 피처가 예측에 부정적인 영향을 미치고 있다고 해석할 수 있음을 기억하자.

앞에서 피처 일부가 전체 예측에 얼마나 의존하는지 보여주는 XAI 기법을 배웠다. 혹시 피처 중요도(Feature Importance)나 부분 의존성 플롯(PDP)이 생각나지 않는가? 두 가지 개념이 헷갈린다면 '피처 중요도 구하기'와 '부분 의존성 플롯 그리기' 단원으로 돌아가서 관련 이론을 다시 읽어봐도 좋겠다. 시간이 부족한 독자들을 위해 간단히 핵심만 요약하면, (1) 피처 중요도는 예측에 가장 큰 영향을 주는 변수를 퍼뮤테이션(Permutation)하며 찾는 기법이다. 퍼뮤테이션은 피처를 돌아가며 임의로 그 값을 바꾸고, 그 변화가 예측에 주는 영향력을 계측한다. 이것은 피처 영향력을 측정하는 데 강력한 방법이지만, 퍼뮤테이션 정도와 에러에 기반한 추정 한계 때문에 알고리즘 실행 시마다 중요도가 다를 수 있다. 게다가 피처 중요도는 피처 간 의존성을 간과한다. 따라서 피처 간 상관관계가 존재하는 모델은 피처 중요도 사용을 지양해야 한다. (2) 부분 의존성 플롯은 관심 피처를 조정한 값을 모델에 투입해 예측값을 구하고 평균을 낸다. 부분 의존성 플롯의 경우, 3차원까지의 관계만 표시할 수 있다는 한계를 가진다. 예를 들어 피처 세 개가 변할 때 예측값이 어떻게 변할지 알고 싶다고 하자. 이때 네 번째 피처가 예측에 큰 영향을 미친다면 부분 의존성 플롯은 4차원을 표현할 수 없으므로 결과가 왜곡될 수 있다.

SHAP는 피처 중요도와 유사해 보인다. 그러나 SHAP는 피처 간 의존성까지 고려해서 모델 영향력을 계산한다(SHAP가 계산한 모든 피처의 영향력 합은 1(100%)이다). 그러나 SHAP는 계신 시간이 오래 걸린다. 피처의 결측(missing)을 시뮬레이션해야 하기 때문이다. 시뮬레이션 샘플 계산량을 줄이면 계산 시간은 빨라지겠지만, 오차의 분산이 커진다. 또한, SHAP는 학습된 모델에 대해서만 설명할 수 있다. 따라서 SHAP 기법은 피처의 추가와 삭제가 빠른 모델을 설명하기에 적합하지 않다. 세 기법은 모두 다양한 모델에 적용 가능(model agnostic)하다. 그러나 (1)번 및 (2)번 기법과 SHAP 기법은 모두 다른 방법으로 계측하고, 알고리즘마다 장단점이 분명하다. 모델 제작자라면 기법 간 한계와 목적을 잘 이해하고 있어야 한다.

예를 들어 앞에서 소개한 집값의 비유로 세 가지 XAI 알고리즘을 비교해 보자. (1) 피처 중요도는 집값을 예측하는 피처들 몇 개가 서로 의존적이라면 피처 영향력이 잘못 계산될 수 있다. (2) 부분 의존성 플롯은 특정 피처가 변할 때 집값에 어떤 영향을 미치는지 시각화할 수 있다. 그러나 비교하고자 하는 피처가 많아지면 시각화할 수 없고, 피처 영향력이 과대 평가될 위험이 있다. 마지막으로 (3) SHAP는 집값을 결정하는 기준이 어떻게 배분되는지 균형 있게 해석한다. 그러나 이 방식은 샘플링과 결과를 내기까지 시간이 오래 걸리고, 새로 나온 특이한 집(아웃라이어)의 등장에 허술한 해석을 내놓을 가능성이 높다. 또한, (1)과 (2)는 모델의 관점에 대한 설명이고 (3)은 데이터 하나에 대한 설명을 구한다는 차이가 있다.

5.3.2. 실습 4: 공유 경제 스타트업에서 섀플리 값 사용하기

섀플리 값은 게임 이론에서 처음 등장했는데, 요즘 들어 이 공식이 다시 한 번 주목받고 있다. 섀플리 값이 뜻하는 바가 공유 경제 시대의 요구에 잘 들어맞기 때문으로 추측된다. 섀플리 값은 특정 경제 체제에서 구성원 각각이 기여하는 정도를 수치로 표현할 수 있다. 이 수치를 근거로 특정 인물이 우리가 원하는 경제 체제에 얼마나 협조적인지 계산할 수 있다. 이제 종이와 펜을 들고 다음 문제를 직접 해결해 보자.

> 당신은 운송 수단 스타트업에서 근무 중인 데이터 과학자다. 당신이 운영하는 서비스는 최근 많은 사람의 호응을 받으며 승승장구하고 있다. 어느 날 기획자들로부터 합승 제도를 도입하는 게 어떠냐는 제안을 받았다.
>
> 문제는 합승 요금을 분배할 때 발생했다. 중간에 탑승한 사용자에게 합승 요금을 어떻게 분배해야 하는지 논쟁이 발생한 것이다. 베타 기간에는 동승자들이 알아서 청구 금액을 분배하기로 했다. 그러나 이 방식은 합리적이지 않았고, 곧 고객들의 불만이 폭주했다. 이제 당신은 운송 비용을 어떻게 나눠야 더 합리적인지 구분해달라는 요청을 받았다. 어떻게 하면 사용자들의 합승 요금 기여도를 합리적으로 계산할 수 있을까?

다음 표는 사용자 A, B, C가 홀로 탑승 또는 합승했을 때 지급한 요금이다.

표 5.2 사용자 A, B, C가 공유 운송 수단을 이용한 대가로 지급한 요금

사용자	요금(원)
A	10,000
B	30,000
C	5,000
A, B	50,000
A, C	40,000
B, C	35,000
A, B, C	100,000

표 5.2의 이용자 C는 나머지 사용자들보다 택시 이용 거리가 짧다. 이용자 C와 B를 비교했을 때는 무려 6배나 요금 차이가 난다. A와 C가 합승한 경우 어떻게 요금을 분배해야 할까? C가 개인 요금 부담비가 적으므로 합승 요금도 적을까? B는 A보다 3배나 높은 비용을 1인 이용 금액으로 부담하고 있다. 그렇다면 A와 B가 합승할 때는 어떤 비중으로 요금을 분배해야 할까? 섀플리 값은 이렇게 다양한 조합의 원인이 섞여 있을 때 요소별 기여도를 수치로 표현할 수 있다.

이제 세 명에 대한 섀플리 값을 구해 보자.

표 5.2 A, B, C 사용자가 특정 순서대로 서비스를 이용했을 때 사용자별 기여 요금

순서	A 기여도	B 기여도	C 기여도
A, B, C	v(A) = 10,000	v(A,B) – v(A) = 40,000	v(A,B,C) – v(A,B) = 50,000
A, C, B	v(A) = 10,000	v(A,B,C) – v(A,C) = 60,000	v(A,C) – v(A) = 30,000
B, A, C	v(A,B) – v(B) = 20,000	v(B) = 30,000	v(A,B,C) – v(A,B) = 50,000
B, C, A	v(A,B,C) – v(B,C) = 65,000	v(B) = 30,000	v(B,C) – v(B) = 5,000
C, A, B	v(A,C) – v(C) = 35,000	v(A,B,C) – v(A,C) = 60,000	v(C) = 5,000
C, B, A	v(A,B,C) – v(B,C) = 65,000	v(B,C) – v(C) = 30,000	v(C) = 5,000

표 5.1은 사용자 A, B, C가 특정 순서대로 서비스를 이용했을 때 사용자별로 기여한 금액을 계산한다. 세 사용자는 총 6가지(3×2) 이용 조합을 만들 수 있다. 따라서 표 5.2는 6행이다. 표 5.2의 대각 성분은 사용자 각각이 서비스를 사용하는 비용이다.

1행 1열을 살펴보자. 이용 순서가 A, B, C일 때 A가 가장 먼저 목적지에 도착한다. 목적지에 도착한 A는 차에서 내릴 것이고 B와 C의 비용을 부담할 필요가 없다. 따라서 표 5.1에서 A의 이용 요금(10,000원)이 1행 1열의 기여도가 된다. 1행 2열의 경우, B의 기여도는 A와 B의 합승 요금에서 A의 개인 이용 요금을 차감한 결과다. 따라서 1행 2열의 B 기여도는 50,000-10,000=40,000원이다. 마찬가지로 나머지 데이터에 대해서도 기여도를 채워보자. 이때 테이블 열(column) 데이터가 사용자별 마진(기여도)이다.

섀플리 값은 표 5.2의 열을 평균한 값이다. 표 5.2의 각 열 값을 가져다가 섀플리 값을 구해 보자.

표 5.3 표 5.2의 이용자별 마진을 가지고 섀플리 값을 구한 결과

사용자	섀플리 공식	섀플리 값
A	$\frac{(10+10+20+65+35+65)}{6} \times 1000$	34,170
B	$\frac{(40+60+30+30+60+30)}{6} \times 1000$	41,700
C	$\frac{(50+30+50+5+5+5)}{6} \times 1000$	24,170

이론상 섀플리 기여도는 합이 1이다. 따라서 A, B, C의 기여도 각각을 백분위로 표시할 수 있다. A, B, C 고객의 섀플리 기여도는 각각 34.17%, 41.7%, 24.17%다.

표 5.3을 참고한 결과 B는 C에 비해서 많은 개인 운송 비용(6배)을 부담하고 있지만, 합승 시에는 상대적으로 적은 금액을 지급해도 된다. 사용자 A는 B와 비교했을 때 개인 운송 요금이 3배나 차이가 나지만, 합승했을 때 훨씬 많이 요금을 부담하고 있다는 것(서비스 이용에 적극적임)을 확인할 수 있다.

이렇듯 섀플리 값을 이해하면 여러 가지 성과가 얽혀 있어도 인물별로 최종 결과(v(A, B, C))에 얼마나 기여하고 있는지 계산할 수 있다.

5.3.3. 실습 5: 보스턴 주택 가격 결정 요소 구하기

다시 주택 문제로 돌아가자. A씨 얘기 말이다. 앞서 A씨는 이상하게 주변 동네 시세보다 높은 가격으로 책정된 주택을 발견했다. A씨는 SHAP를 이용해 이 주택 시세를 결정하는 결정적인 요소를 찾아보기로 했다.

5.3.3.1. 데이터 설명

A씨는 보스턴 주택 가격과 요인을 조사한 데이터를 내려받았다[34]. 이 데이터는 506개의 주택 가격과 14개의 주택 가격 상승 요인을 조사했다.

표 5.4 보스턴 주택 가격 데이터와 피처 설명[35]

약어	설명
CRIM	도시 구획별 1인당 범죄율
ZN	약 700평(25,000sq. ft.)이상 거주지 비율
INDUS	도시 구획별 상업지역 점유 토지 비율
CHAS	찰스강과 가까운지 여부(가깝다면 1, 그렇지 않다면 0)
NOX	10ppm당 농축 일산화질소량
RM	주택당 평균 방 개수
AGE	건설한 지 30년 이상 된 주택 비율
DIS	주요 업무지구 다섯 곳까지의 접근성 지수
RAD	고속도로 접근성 지수
TAX	10,000달러당 재산세율
PTRATIO	도시 구획별 학생/교사 비율
B	도시 구획별 흑인 비율
LSTAT	하위 계층 비율(%)
MEDV	주택 가격(중앙값) (단위: $1,000)

34 데이터는 UCI와 scikit-learn 패키지에서 제공한다. 데이터는 1978년 다음 논문을 통해 공개됐으며, 1993년 7월 7일에 저작권을 없애 자유롭게 사용할 수 있게 개방했다. Harrison Jr, David, and Daniel L. Rubinfeld. "Hedonic housing prices and the demand for clean air." Journal of environmental economics and management 5.1 (1978): 81–102.

35 설명 출처: UCI 데이터셋 아카이브, https://github.com/rupakc/UCI-Data-Analysis/blob/master/Boston%20Housing%20Dataset/Boston%20Housing/UCI%20Machine%20Learning%20Repository_%20Housing%20Data%20Set.pdf

보스턴 데이터셋을 로드하고 학습용 데이터셋과 테스트용 데이터셋으로 분리해 보자.

예제 5.23 SHAP 모듈로부터 보스턴 데이터셋을 불러와서 학습용과 테스트용 데이터셋으로 분리하는 코드

```
import shap
from sklearn.model_selection import train_test_split

X, y = shap.datasets.boston()
X_train, X_test, y_train, y_test = train_test_split(X, y,
                                                    test_size=0.2,
                                                    random_state=1)
X_train[:10]
```

예제 5.23은 보스턴 데이터셋을 불러와서 sklearn 패지키의 학습용과 테스트용 데이터를 분리한다. 그리고 학습용 데이터 10개를 출력한다.

```
In [125]: import shap
          from sklearn.model_selection import train_test_split

          X, y = shap.datasets.boston()
          X_train, X_test, y_train, y_test = train_test_split(X, y, test_size=0.2, random_state=1)
          X_train[:10]
Out[125]:
```

	CRIM	ZN	INDUS	CHAS	NOX	RM	AGE	DIS	RAD	TAX	PTRATIO	B	LSTAT
42	0.14150	0.0	6.91	0.0	0.448	6.169	6.6	5.7209	3.0	233.0	17.9	383.37	5.81
58	0.15445	25.0	5.13	0.0	0.453	6.145	29.2	7.8148	8.0	284.0	19.7	390.68	6.86
385	16.81180	0.0	18.10	0.0	0.700	5.277	98.1	1.4261	24.0	666.0	20.2	396.90	30.81
78	0.05646	0.0	12.83	0.0	0.437	6.232	53.7	5.0141	5.0	398.0	18.7	386.40	12.34
424	8.79212	0.0	18.10	0.0	0.584	5.565	70.6	2.0635	24.0	666.0	20.2	3.65	17.16
160	1.27346	0.0	19.58	1.0	0.605	6.250	92.6	1.7984	5.0	403.0	14.7	338.92	5.50
185	0.06047	0.0	2.46	0.0	0.488	6.153	68.8	3.2797	3.0	193.0	17.8	387.11	13.15
101	0.11432	0.0	8.56	0.0	0.520	6.781	71.3	2.8561	5.0	384.0	20.9	395.58	7.67
268	0.54050	20.0	3.97	0.0	0.575	7.470	52.6	2.8720	5.0	264.0	13.0	390.30	3.16
173	0.09178	0.0	4.05	0.0	0.510	6.416	84.1	2.6463	5.0	296.0	16.6	395.50	9.04

그림 5.41 보스턴 데이터를 불러온 결과

그림 5.41을 통해 데이터가 잘 로드됐고 측정이 잘 됐음을 확인할 수 있다. 그렇지만 데이터가 모두 잘 들어와 있다는 의미가 데이터를 해석하기 쉽다는 의미는 아니다. 이렇게 숫자가 복잡하게 나열된 데이터를 한눈에 파악하려면 산점도(scatter plot)를 그려보는 것이 좋다.

예제 5.24 방의 개수와 집값 간의 관계를 산점도로 그리는 코드

```
# 산점도 출력 코드
import matplotlib.pylab as plt
import matplotlib
%matplotlib inline
matplotlib.style.use('ggplot')

fig, ax1 = plt.subplots(1,1, figsize = (12,6))

ax1.scatter(X['RM'], y, color='black', alpha=0.6)

ax1.set_title('Relation # of Rooms with MEDV')
ax1.set_xlim(2.5, 9)
ax1.set_xlabel('RM')
ax1.set_ylim(0, 55)
ax1.set_ylabel('MEDV \n Price $1,000')
```

예제 5.24의 plt.subplot는 캔버스를 지정해서 산점도를 그릴 영역을 설정한다. ax1은 산점도가 그려질 공간이다. ax1.scatter 메서드는 방 개수(X['RM'])와 집 가격(y)을 파라미터로 받아서 산점도로 표시한다. 이때 데이터 하나는 점 하나에 해당한다. 점의 색깔은 검은색으로, 투명도(alpha)는 0.6으로 처리한다.

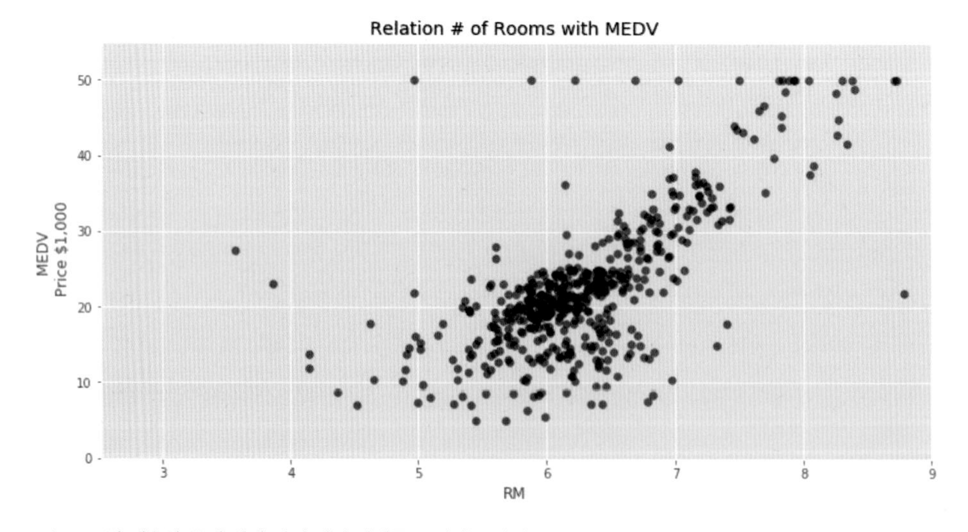

그림 5.42 방 개수와 주택 매매 가격 간의 관계를 표시하는 산점도

그림 5.42는 예제 5.24를 실행한 결과다. 산점도 표시 결과, 방 개수가 증가할 때 주택 매매 가격이 상승하는 경향을 보인다. 물론 예외도 있다. 어떤 집은 방이 9개지만, 방 4개짜리 집보다 저렴하다. 바로 이런 집이 A 씨가 찾아낸 '예외'에 해당한다. 그리고 이러한 예외가 집값을 비정상적인 것처럼 보이게 했을 것이다. 그러나 시장은 대체로 거짓말을 하지 않는다. 비정상적으로 보이는 어떤 값은 실제로는 잘 보이지 않는 합리적 피처의 조합으로 형성됐을 가능성이 높다.

결국 13개의 복잡한 피처가 맞물려 집값을 결정할 때 이것을 합리적으로 설명할 수 있는 초평면(hyperplane)을 찾아야 한다. 우선 피처 하나와 집값의 상관관계를 확인해 보자. 이것은 예제에서 해결하려는 문제를 상당히 왜곡하지만, 그 상관관계를 구체적으로 이해하는 데는 도움이 된다.

예제 5.25 선형 모델을 이용해서 방 개수와 주택 가격 간의 관계를 구하는 코드

```
from sklearn import linear_model
import pandas as pd

linear_regression = linear_model.LinearRegression()
linear_regression.fit(X=pd.DataFrame(X_train['RM']), y=y_train)
prediction = linear_regression.predict(X=pd.DataFrame(X_test['RM']))

print('a value: ', linear_regression.intercept_)
print('b value: ', linear_regression.coef_)
print('MEDV = {:.2f} * RM {:.2f}'.format(linear_regression.coef_[0],
                                        linear_regression.intercept_))
```

예제 5.25는 X_train 데이터(방의 개수)와 y_train(주택 매매 가격)을 가장 잘 설명하는 직선을 학습한다. Sklearn 패키지의 linear_model[36]은 학습 데이터를 가장 보편적으로 설명할 수 있는 직선의 방정식을 계산한다. 다음 코드를 추가해서 학습된 직선의 방정식이 주택 매매 가격을 정말 잘 예측하는지 시각화해 보자.

36 https://scikit-learn.org/stable/modules/linear_model.html

예제 5.26 방의 개수가 달라질 때 주택 매매 가격을 예측하는 그래프와 데이터를 한꺼번에 플롯으로 그리는 코드

```
# 학습, 테스트 데이터를 산점도로 그리고 직선의 방정식을 표시하는 코드
fig, ax1 = plt.subplots(1,1, figsize = (12,6))

ax1.scatter(X_train['RM'], y_train, color='black',
            alpha=0.4, label='data')
ax1.scatter(X_test['RM'], y_test, color='#993299',
            alpha=0.6, label='data')

ax1.set_title('Relation # of Rooms with MEDV')
ax1.set_xlim(2.5, 9)
ax1.set_xlabel('RM')
ax1.set_ylim(0, 55)
ax1.set_ylabel('MEDV \n Price $1,000')

ax1.plot(X_test['RM'], prediction, color='purple', alpha=1,
         linestyle='--', label='linear regression line')

ax1.legend()
```

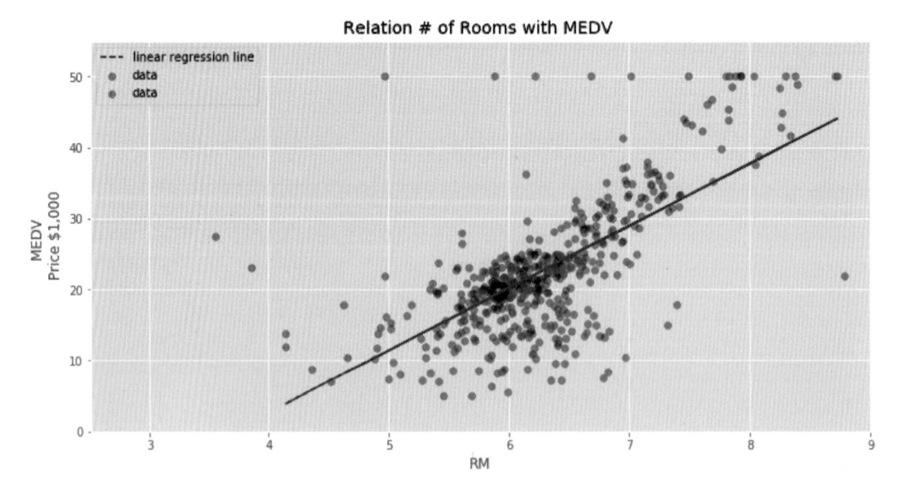

그림 5.43 방 개수가 달라질 때 주택 매매 가격을 예측하는 그래프를 그리고 학습용 및 테스트용 데이터를 함께 그린 결과

그림 5.43의 검은색 점은 학습용 데이터다. 학습용 데이터는 직선의 방정식을 학습하는 데 사용했다. 보라색 점은 테스트용 데이터다. 마지막으로 두 데이터를 가로지르는 선은 예제에서 학습시킨 직선의 방정식을 나타낸다. 이러한 분석 방식을 회귀 분석(Regression)[37]이라고 부른다. 회귀 분석은 데이터를 전부 반영하지는 않지만, 데이터의 추세(trend)는 설명할 수 있다. 보라색 직선의 방정식은 방 개수가 많아지면 집값이 비례해서 증가하는 경향을 보여준다.

그러나 그림 5.43의 결과는 하나의 직선만으로 모든 관계를 설명할 수 없다는 한계도 있다. 예외 데이터가 너무 많기 때문이다. 또한, 여기서 얻은 직선의 방정식이 얼마나 유효한지 측정도 할 수 없다. 일반적인 분류 문제는 정확도를 측정해서 모델의 성능을 파악했다. 그러나 직선의 방정식은 예측 결과가 '분류 집단'이 아니라 값이기 때문에 옳고 그름을 따질 수 없다(방 5개짜리 집에 대한 실제 가격이 $11,000라고 했을 때, 예제에서 구축한 직선의 방정식은 집값을 $11,011이라고 예측했다면 이 모델은 집값을 제대로 측정했다고 말할 수 있을까?).

회귀 분석은 필연적으로 예측값에 오차가 발생하기 때문에 성능을 측정하는 새로운 지표가 필요하다. 오차 지표는 실제 값과 예상 값 사이의 벡터 거리(vector distance)로 측정한다. 이 작업에는 보편적으로 평균 제곱근 편차(Root Mean Square Deviation, 이하 RMSE)[38]를 사용한다. RMSE는 다음과 같이 구할 수 있다.

$$RMSE = \frac{1}{N}\sqrt{\sum_{i}^{N}(y_i^{real} - y_i^{pred})^2}$$

이 공식은 전체 테스트 데이터 `y(real)`과 예측값 `prediction`을 빼고 제곱해서 평균 낸다. RMSE는 `sklearn.metrics` 패키지의 `mean_squared_error` 함수를 조정해서 구할 수 있다. 다음 코드를 실행해서 실제 집값과 모델의 예측치 간의 RMSE를 구해보자.

37 회귀분석: 관찰된 연속형 변수들에 대해 두 변수 사이의 모형을 구한 뒤 적합도를 측정해 내는 분석 방법이다. 회귀분석은 시간에 따라 변화하는 데이터나 어떤 영향, 가설적 실험, 인과 관계의 모델링 등의 통계적 예측에 이용될 수 있다. 출처: 위키피디아 한국.

38 평균 제곱근 편차: 평균 제곱근 편차 또는 평균 제곱근 오차(Root Mean Square Error; RMSE)는 추정 값 또는 모델이 예측한 값과 실제 환경에서 관찰되는 값의 차이를 다룰 때 흔히 사용하는 측도다. 정밀도(precision)를 표현하는 데 적합하다. 각각의 차이 값은 잔차(residual)라고도 하며, 평균 제곱근 편차는 잔차들을 하나의 측도로 종합할 때 사용된다. 출처: 위키피디아 한국.

예제 5.27 모델 예측치와 실제 집값 간의 RMSE를 구하는 코드

```
from sklearn.metrics import mean_squared_error
rmse = np.sqrt(mean_squared_error(y_test, prediction, squared=False))

print("RMSE: %f" % (rmse))
```

예제 5.27을 실행하면 다음과 같은 결과를 확인할 수 있다.

```
In [281]: from sklearn.metrics import mean_squared_error
          rmse = np.sqrt(mean_squared_error(y_test, prediction))

          print("RMSE: %f" % (rmse))

          RMSE: 6.383135
```

그림 5.44 RMSE 에러 출력 결과

그림 5.44는 예측한 주택 가격과 실제 주택 가격 간의 RMSE가 약 6.38이라고 보여준다. 이 숫자 자체로는 아무 의미도 없다. 6.38이라는 숫자가 좋은 숫자일까, 나쁜 숫자일까? 회귀 문제는 성능 지표 하나만으로 모델이 잘 학습됐는지 아닌지를 가늠하기 어렵다[39]. 분류 문제의 경우, 모델 성능은 정확도로 측정할 수 있다. 이때 분류 문제 정확도로 백분위 값이 출력된다. 그렇지만 회귀 문제는 '거리'를 성능으로 갖기 때문에 숫자 하나만으로는 그 의미를 찾기 어렵다. 6.38이라는 숫자는 그 수치를 비교할 수 있을 때만 의미가 있다. 예를 들어, 예제의 회귀 모델이 하나 더 있다고 해 보자. 그때 이 모델의 RMSE가 7이라면, 예제 5.25에서 만든 모델이 방금 생성한 모델보다 성능이 좋다고 말할 수 있다. 왜냐하면 전자의 모델 예측 오차가 후자보다 더 작기 때문이다.

이처럼 회귀 문제의 성능은 비교 성능이 없이는 아무런 의미도 갖지 않는다. 지금은 하나의 피처만 사용해서 모델을 학습시켰다. 모든 피처를 조합해서 예측 모델을 만든다면 전자의 모델에 비해 후자의 성능이 좋을 것이라고 짐작할 수 있다. 그러나 이것은 어디까지나 추정일 뿐이다. 새 모델의 RMSE가 나오지 않는 한, 추정은 과학적 근거가 부족한 가설이다. 이제 집값을 결정하는 모든 피처를 사용해서 모델을 학습해 보자.

39 물론 회귀문제도 정확도 측정이 어느 정도 가능하다. 예측하려는 값의 범위를 정확하게 알 수 있다면 RMSE 값 예측 범주로 오차를 계산할 수 있다. 그러나 계산은 예측치 범주가 명확해야 한다는 전제가 추가로 필요하다.

5.3.3.2. 데이터 학습하기

앞서 학습했던 직선의 방정식이 피처 하나에 대한 집값을 예측했다면 이번에는 13개의 피처를 전부 사용해서 집값을 예측하는 초평면 방정식을 구해 보자. 이 모델을 학습시키기 위해 xgboost 패키지의 XGBRegressor를 사용할 것이다. XGBRegressor는 그 이름에서 알 수 있듯이 XGBoost 패키지 중 회귀 분석과 관련된 모델을 모아놓은 클래스다. 예제 5.25로 구현한 선형 회귀 방정식을 xgboost로 옮겨와서 그대로 학습해 보자.

예제 5.28 xgboost의 선형 회귀 모델로 주택 매매 가격을 예측하는 모델을 만들고 학습하는 코드

```
import xgboost

# XGBoost 모델 학습하기
model = xgboost.XGBRegressor(objective ='reg:linear')
model.fit(X_train, y_train)

preds = model.predict(X_test)
```

예제 5.28의 XGBRegressor는 학습에 도움이 되는 다양한 파라미터를 조정할 수 있다[40]. 그러나 이때 목적 함수만 선형 회귀(reg:linear)로 정하고, 나머지는 기본 파라미터를 그대로 사용하자. 처음부터 파라미터를 조정해서 성능을 극한으로 올릴 수도 있다. 그러나 우리의 일차적인 목적은 피처 하나를 사용해서 학습시킨 모델보다 전체를 사용해서 학습시킨 모델의 성능이 더 좋고, 이때의 RMSE가 전자보다 낮다는 것을 확인하는 것이다. 모델을 학습할 때는 목적을 달성할 수 있는 가장 빠른 수단을 선택하고 천천히 고도화하자.

학습을 마쳤다면 이번에는 예측치(preds)에 대한 RMSE를 출력해 보자.

예제 5.29 전체 피처를 사용해서 학습시킨 모델의 RMSE를 구하는 코드

```
from sklearn.metrics import mean_squared_error
rmse = np.sqrt(mean_squared_error(y_test, preds))

print("RMSE: %f" % (rmse))
```

40 XGBRegressor의 파라미터는 API 문서 참조. https://xgboost.readthedocs.io/en/latest/python/python_api.html

```
import numpy as np
from sklearn.metrics import mean_squared_error

rmse = np.sqrt(mean_squared_error(y_test, preds))

print("RMSE: %f" % (rmse))
```

RMSE: 2.818447

그림 5.45 RMSE를 출력한 결과

그림 5.45와 그림 5.44를 비교해 보자. 전체 피처를 사용해서 학습한 모델의 RMSE는 약 2.82고, 피처 하나만 사용해서 학습한 모델의 RMSE는 약 6.38이다. 전체 데이터를 사용한 모델이 그렇지 않은 모델보다 오차가 적다. 그러므로 전체 피처를 사용한 모델이 그렇지 않은 모델보다 더 잘 예측한다는 결론을 내릴 수 있다.

그러나 이렇게까지 노력해서 집값을 예측하는 인공지능을 만들어도 A 씨의 궁금증은 해결되지 않았다. 그는 여전히 자신이 찾아낸 집이 왜 다른 집보다 가격이 높은지 모른다. 이 문제는 SHAP 알고리즘으로 해결 가능하다. 다음 단원에서는 SHAP 알고리즘을 적용해서 집값 결정 피처들의 기여도를 계산해 본다.

5.3.3.3. XAI 적용하기

이번 단원에서는 모델에 SHAP 알고리즘을 적용해 보자. 실습 외에 더 다양한 기능을 활용하고 싶은 독자들은 SHAP 패키지의 API 문서를 참고하자[41].

예제 5.30 SHAP의 설명체를 정의하고 섀플리 값을 계산하는 로직

```
# JS 시각화 라이브러리 로드하기
shap.initjs()

# SHAP 값으로 모델의 예측을 설명하기
# 설명체는 LightGBM, CatBoost, scikit-learn 모델을 입력받을 수 있다
explainer = shap.TreeExplainer(model)
shap_values = explainer.shap_values(X_train)
```

41 https://shap.readthedocs.io/en/latest/

```
# 첫 번째 데이터에 대한 구체적 SHAP 값 시각화
shap.force_plot(explainer.expected_value,
                shap_values[0,:],
                X_train.iloc[0,:])
```

SHAP는 결괏값을 보여주기 위해 자바스크립트 비주얼라이제이션 라이브러리를 사용한다. shap.initjs()는 주피터 노트북에 자바스크립트 프리셋을 로드한다.

설명체(explainer)는 트리 모델을 사용했다. shap.TreeExplainer는 섀플리 값의 출력 형태를 앙상블 트리 형태로 시각화한다. 설명체의 종류는 모델에 따라 다르게 선언될 수 있다. 일반적으로 딥러닝 모델을 위한 딥-설명체(DeepExplainer)와 그 밖의 모델에 대한 트리 설명체(TreeExplainer), 그리고 각 피처에 대한 가중치를 설정할 수 있는 커널 설명체(KernelExplainer)가 있다. 설명체는 모델의 특징에 따라 선택한다. 집값 결정 모델은 각 피처가 개별적(discrete)이고 피처 간 조합이 결과에 영향을 미친다. 따라서 트리 설명체를 선언해서 분기를 관찰한다.

설명체를 선언했다면, 이번에는 Explainer.shap_values()라는 명령으로 섀플리 값을 계산하자. 이때 섀플리 값은 모든 학습용 데이터(X_train)에 대한 피처별 결과를 저장한다. 학습 데이터는 피처가 13개, 데이터가 404개이므로 섀플리 값은 13개의 피처에 대한 404개의 값을 반환한다.

force_plot 메서드는 특정 데이터(궁금한 어떤 주택)에 대한 섀플리 값을 상세하게 분해하고 시각화한다. force_plot을 실행하면 특정 데이터 하나에 대한 섀플리 값을 1차원 평면에 정렬해서 보여준다.

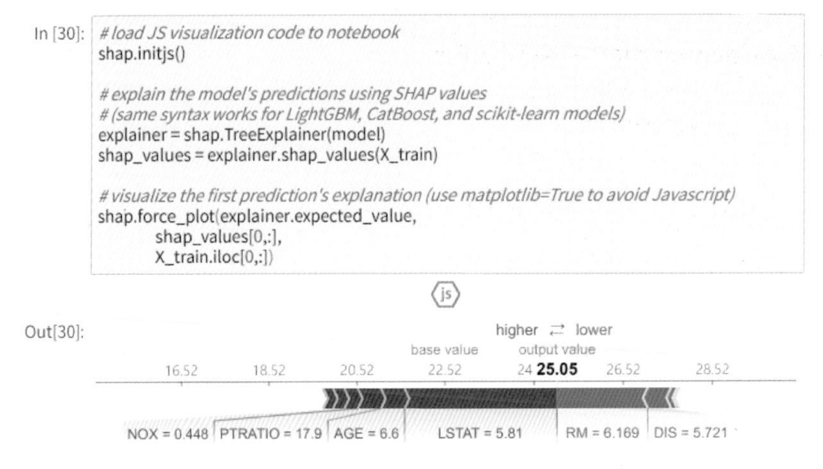

그림 5.46 학습용 데이터 0번에 대한 섀플리 값을 1차원 평면에 플롯으로 나타낸 결과

그림 5.46은 테스트 데이터 0번의 주택 매매 가격이 25.05로 추정되며, 이때 집값 상승에 긍정적인 영향을 준 요소는 LSTAT(동네의 하위 계층 비율)가 가장 크다고 해석한다. 또한 0번 주택의 집값 형성에 가장 부정적인 영향을 준 요소는 RM(방의 수)으로, 비슷한 조건의 주택에 비해 방의 개수가 상대적으로 적기 때문에 집값 형성에 부정적인 영향을 미쳤다고 해석할 수 있다.

이렇게 force_plot 메서드를 사용하면 특정 데이터 하나에 대한 섀플리 영향력을 직관적으로 파악할 수 있다. 이제 A 씨가 가장 궁금해했던 아웃라이어 집 한 채에 대한 집값 상승 요소를 파악해 보자. A 씨는 자신이 조사한 주택 데이터의 인덱스가 259번임을 알아냈다. 이제 다음 코드를 입력해서 259번 주택이 어떤 특징을 가졌는지 이해해 보자.

예제 5.31 259번 데이터에 대해서 방의 개수(RM)와 집 가격(MEDV)이 어떤 관계가 있는지 플롯으로 그리는 코드

```
fig, ax1 = plt.subplots(1,1, figsize = (12,6))
idx = 259
ax1.scatter(X['RM'], y, color='black', alpha=0.6)
ax1.scatter(X_train['RM'].iloc[idx],  y_train[idx], c='red', s=150)
ax1.set_title('Relation # of Rooms with MEDV')
ax1.set_xlim(2.5, 9)
ax1.set_xlabel('RM')
ax1.set_ylim(0, 55)
ax1.set_ylabel('MEDV \n Price $1,000')
```

예제 5.31을 실행하면 다음과 같은 결과를 확인할 수 있다(그림 5.47).

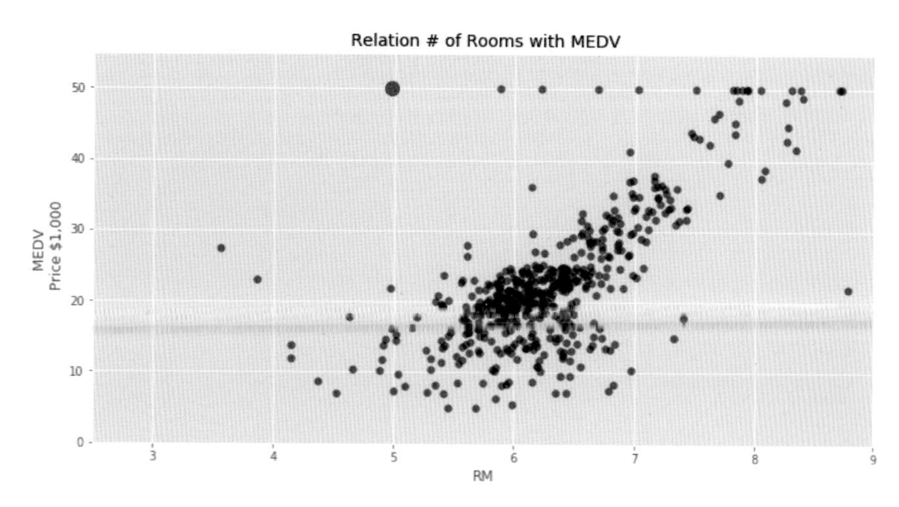

그림 5.47 259번 데이터는 방이 5개뿐인데도 집값이 50(최고치)을 달성했다(붉은색 원).

이제 259번 데이터에 대한 섀플리 영향력을 플롯으로 나타내 보자.

예제 5.32 데이터 259번에 대한 섀플리 영향도를 그리는 코드

```
shap.force_plot(explainer.expected_value,
                shap_values[259,:],
                X_train.iloc[259,:])
```

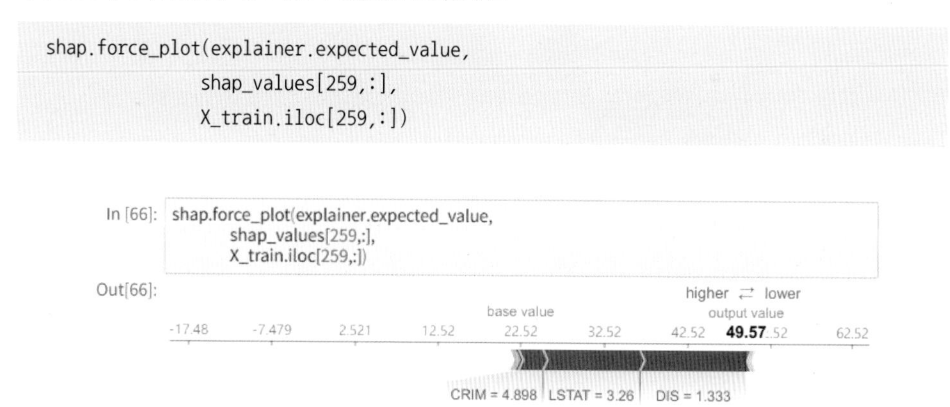

그림 5.48 259번 데이터의 집값을 결정하는 섀플리 영향도

A 씨는 그림 5.48을 보고 자신이 조사한 집의 집값을 결정하는 데 방 개수의 영향을 거의 받지 않는다는 사실을 알았다. 259번 주택이 높게 평가된 이유는 주요 업무지까지 거리가 가깝고(DIS), 주변 지역에 하위 계층 사람들이 적게 살면서(LSTAT), 범죄율이 극도로 낮다는

(CRIM) 요인이 컸다. 즉, 주택 259번은 주택 자체의 상태보다 주변 환경으로 평판이 좋은 건물이었다.

A 씨는 자신이 만든 인공지능 모델에 대한 신뢰가 높아졌다. 자신이 가장 궁금했던 데이터에 대해 속 시원한 해설을 내놓았기 때문이다. 이제 A 씨는 모델이 전체 데이터를 어떻게 해석하는지 궁금해졌다. A 씨는 다음 코드를 입력하면서 SHAP가 제공하는 플롯을 하나씩 띄워보기 시작했다.

예제 5.33 전체 데이터에 대한 섀플리 값을 플롯으로 그리는 코드

```
# 모델이 학습 데이터를 예측한 결과에 대해 SHAP 분석한 결과를 출력
shap.force_plot(explainer.expected_value, shap_values, X_train)
```

예제 5.33을 실행하면 다음과 같은 그림을 얻을 수 있다(그림 5.49, 5.50, 5.51).

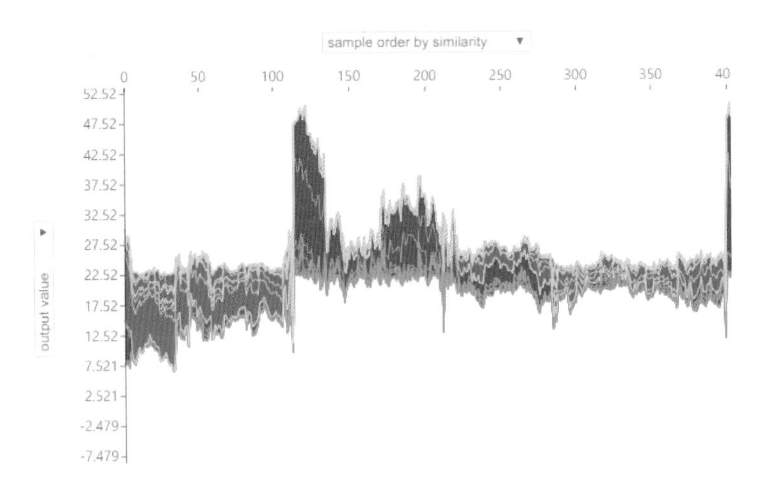

그림 5.49 전체 데이터에 대한 섀플리 영향도를 누적 적재한 결과

그림 5.49는 그림 5.48과 같은 데이터가 세로로 누적된 결과다. 그림 5.48이 259번 데이터 하나에 대한 섀플리 영향도였다면 그림 5.49는 404개의 학습용 데이터셋 전체가 세로로 퇴적된 결과물이다.

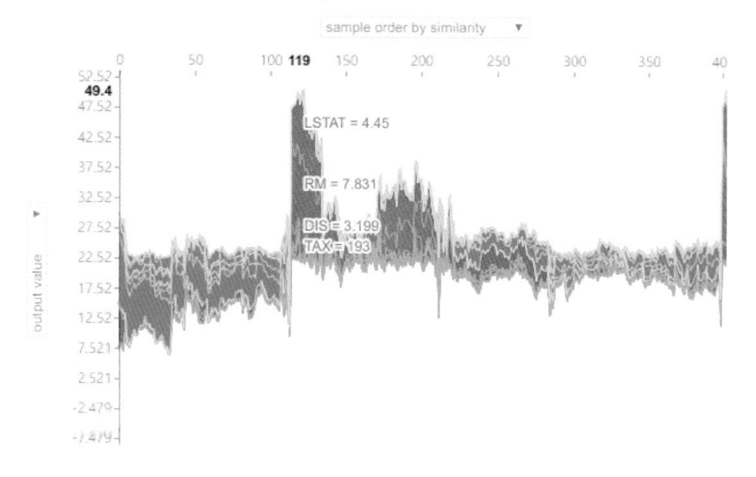

그림 5.50 그림 5.49의 x축 위(119번째 데이터)에 마우스를 올린 상태

그림 5.50은 x축이 119인 위치에 마우스를 올린 결과물이다. SHAP 라이브러리는 사용자의 움직임에 반응하기 위해 자바스크립트 툴킷을 사용한다. 그래프에 마우스를 올리면 119번의 집값(49.4)에 영향을 받은 긍정적인 요소를 파악할 수 있다. 결과물에 의하면 119번 집값 상승에 긍정적인 영향을 준 요소들은 하위 계층 사람들이 적다는 것(LSTAT)과 방의 수가 많은 것(RM), 업무지구와의 거리가 가깝고(DIS), 세율이 낮다(TAX)는 점이었다.

이렇게 복합적인 데이터가 아니라 피처 하나에 대한 전체 누적 섀플리 영향도가 궁금하다면 x축 가장 상단에 있는 드롭다운 메뉴를 열어서 특정 피처를 필터링하고 결과를 검토할 수 있다.

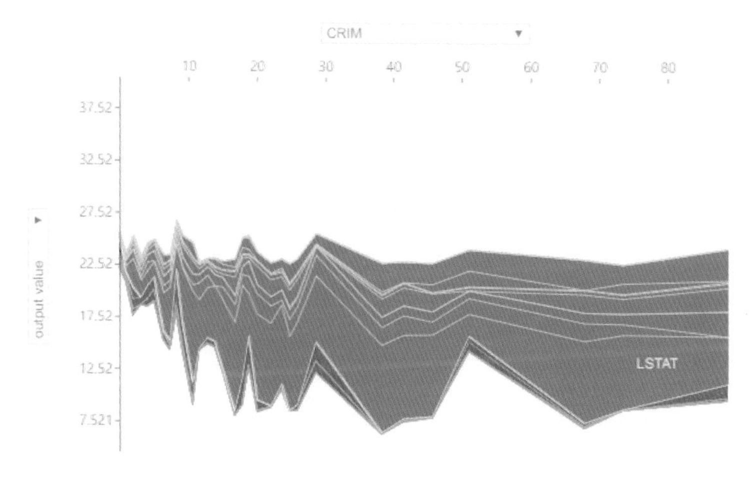

그림 5.51 전체 데이터에 대한 섀플리 영향도 중 범죄율과 집값 간의 상관관계를 필터링한 결과

그림 5.51은 섀플리 영향도 중 범죄율이 집값에 미치는 영향을 표현한 그래프다. 결과에 의하면, 범죄율은 수치가 존재하는 한 집값에 나쁜 영향을 미친다. 그러나 어떤 주택은 범죄율이 집값 하락에 적은 영향을 미치는가 하면, 어떤 주택은 집값 하락에 결정적인 영향을 미치는 결과도 확인할 수 있다. 이것은 주택 간 범죄율이 똑같더라도 집값에 영향을 미치는 영향력은 다를 수 있다는 의미다.

이제 A 씨는 방 개수 피처가 전체 데이터셋에 미치는 영향이 궁금해졌다. SHAP의 dependence_plot 메서드를 실행해 보자.

예제 5.34 방 개수 피처가 집값에 미치는 섀플리 영향도를 시각화하는 플롯

```
# 하나의 피처가 전체 예측에 미치는 영향력을 SHAP로 계산하고 출력하는 코드
shap.dependence_plot("RM", shap_values, X_train)
```

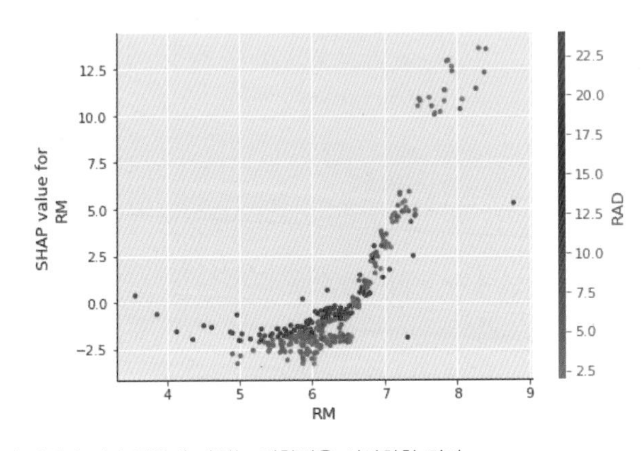

그림 5.52 방 개수의 변화가 집값 변화에 미치는 영향력을 시각화한 결과

그림 5.52는 방 개수가 변함에 따라 달라지는 섀플리 값을 출력한 결과다. 그림 5.52의 X 축은 방의 개수고, Y 축은 섀플리 값(SHAP value)이다. 붉은색 데이터는 다른 피처들보다 방 개수에 집값 변동이 큰 데이터군이고, 파란색 데이터는 방 개수가 다른 피처들에 비해 적은 영향을 미치는 경우다.

그림 5.52가 피처 하나에 대한 SHAP 영향력을 보여줬다면, 이번에는 피처 전체가 집값 형성에 어떤 영향을 미치는지 플롯으로 나타내 보자. summary_plot 메서드는 전체 피처들이 섀플리 값 결정에 어떻게 관여하는지 시각화한다.

예제 5.35 전체 피처들이 섀플리 값 결정에 어떻게 관여하는지 시각화하는 코드

```
# 모든 피처에 대해 SHAP 값을 계산하고, 영향력을 시각화하는 코드
shap.summary_plot(shap_values, X_train)
```

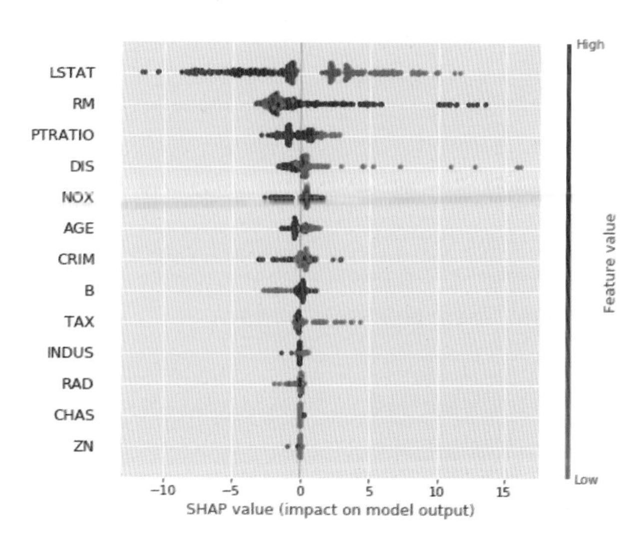

그림 5.53 전체 피처가 섀플리 값 분포에 어떤 영향을 미치는지 시각화한 결과

그림 5.53의 붉은색 점은 그 지점에 해당하는 행 피처가 집값을 결정하는 데 큰 영향을 미쳤음을 의미한다. 파란색 점은 행 피처가 집값을 결정하는 데 적은 영향을 미쳤다는 의미다. 그림에서 확인할 수 있듯이, LSTAT과 RM, DIS는 분산이 크다. 붉은점도 위 세 개의 피처에 집중돼 있다. 즉, LSTAT과 RM, DIS 피처가 집값을 결정하는 데 큰 역할을 한다.

그림 5.53의 결과가 각 피처의 쓰임(예측에 미치는 영향도)을 표현하는 데 적합하지 않다고 느껴진다면 summary_plot 메서드의 파라미터로 plot_type="bar"를 입력해 보자. summary_plot의 플롯 유형을 막대 그래프로 변경하면 각 피처가 모델에 미치는 절대 영향도를 파악할 수 있다.

예제 5.36 피처별 섀플리 값을 막대 타입으로 비교하는 코드

```
shap.summary_plot(shap_values, X_train, plot_type="bar")
```

예제 5.36을 실행하면 다음과 같은 막대(bar) 타입의 요약 플롯을 얻을 수 있다.

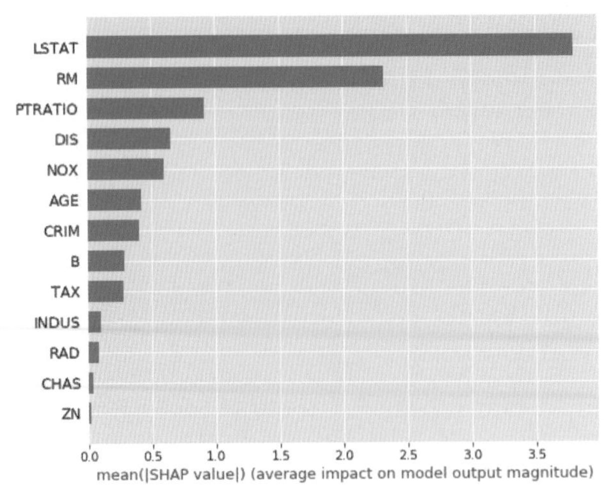

그림 5.54 데이터 및 피처별로 섀플리 값의 절댓값을 계산한 막대 플롯

그림 5.54에 의하면, 집값을 결정하는 가장 큰 요소는 LSTAT(저소득층 비율)이며, 그다음은 RM(방의 개수), PTRATIO(학생/교사의 비율), DIS(업무지구까지의 거리) 등이다.

이 그래프는 피처 중요도 기법과 상당히 유사해 보인다. 이번에는 xgboost의 기본 기능인 피처 중요도를 호출해 보고, 피처 중요도와 SHAP가 다른지, 다르다면 왜 다른 결과를 보이는지 추정해 본다.

예제 5.37 xgboost의 피처 중요도를 호출하는 코드

```
xgboost.plot_importance(model)
```

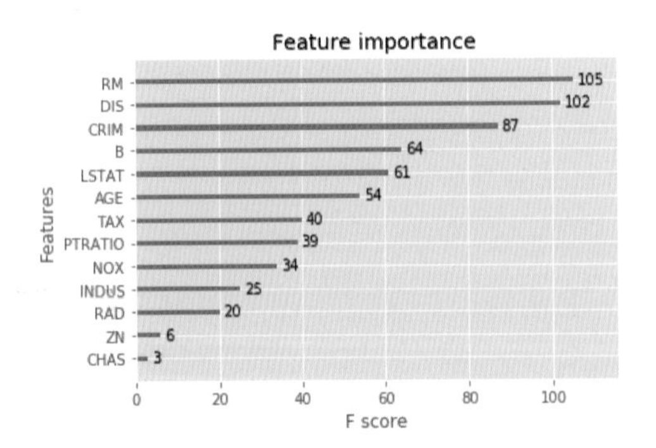

그림 5.55 집값 추론 모델의 피처 중요도 그래프

그림 5.54와 그림 5.55를 비교해 보자. 그림 5.55는 RM(방의 개수), DIS(업무지구와의 거리), CRIM(범죄율), B(동네 흑인 거주자의 비율) 순서로 집값에 영향을 미친다고 말한다. 반면 그림 5.54는 집값이 LSTAT, RM, PTRATIO, DIS 순서로 결정된다고 보여준다.

왜 피처 중요도와 SHAP는 다른 결과를 냈을까? 그리고 이런 상황에서 어떤 XAI를 신뢰할 수 있을까?

피처 중요도는 퍼뮤테이션 기법을 사용해서 피처가 모델에 미치는 영향을 측정한다. 이 방법은 데이터를 약간만 조작하면 되기 때문에 계산 속도가 빠르다. 그렇지만 피처들이 서로 의존적일 때는 결과가 왜곡될 수 있다. 또한, 피처 중요도는 음의 영향력(집값이 내려가는 요인)은 계산하지 않는다. 이것은 피처 중요도를 계산하는 알고리즘의 특징이다. 피처 중요도는 '에러가 높아지는 변인'은 결과에 포함하지 않는다. 모델이 학습할 때 음의 피처에 대해 학습을 의도적으로 무시하기 때문이다. 따라서 어떤 피처가 집값 결정에 부정적인 영향을 미쳐도 피처 중요도에는 반영되지 않는다. 따라서 피처 중요도 기법은 실제 영향력보다 특정 피처의 가치가 높게 책정될 수 있다. 그러나 이런 단점에도 불구하고 피처 중요도는 측정하기 쉽고 알고리즘이 단순해서 모델의 간편한 이해를 위해 사용된다.

반면 섀플리 값은 피처들이 서로 영향을 미칠 가능성을 고려한다. 섀플리 값은 기본 계산량이 많아서 측정 속도가 느리다. 그렇다고 기본 계산량을 줄이면 오차 분산이 커져 신뢰도가 떨어진다. 그렇지만 섀플리 값은 피처 간의 의존성을 고려하고 음의 영향력을 계산할 수 있다. 따라서 섀플리 값은 피처 중요도가 보장하지 못하는 넓은 범위의 함정을 피할 수 있다.

집값은 피처별 의존성이 어느 정도 존재한다. 예를 들어, 범죄율(CRIM)은 저소득자 비율(LSTAT)에 비례해 증가하는 것이 상식이고, DIS(업무지구와의 거리)는 멀어질수록 RM(주택의 방 개수)가 증가할 것이다. 즉, 집값을 계산하는 피처는 독립적이라기보다는 어느 정도 영향을 주고받는다.

게다가 집값을 결정하는 피처는 음의 영향을 주기도 한다. 예를 들어, 그림 5.53의 범죄율은 집값 상승에 긍정적이지 않다. 이때 섀플리 값은 음수다. 앞서 피처 중요도는 에러를 상승시키는 피처를 계산에 포함하지 않는다고 언급했다. 따라서 피처 중요도 계산 방식은 다른 피처들보다 범죄율의 중요성을 과장할 가능성이 높다. 실제로 그림 5.53의 CRIM은 집값을 결정하는 피처 중 3위에 랭크돼 있다. 이는 그림 5.54에서 SHAP가 낸 결과(7위)와는 거리가 멀다. 즉,

음의 영향력이 분명한 피처는 피처 중요도 계산 시 잘못된 결과를 산출할 수 있다. 따라서 이번 보스턴 집값 예측 데이터는 피처 중요도 계산법보다 SHAP를 사용했을 때 정확한 영향력을 측정했다고 볼 수 있다.

SHAP는 모델 애그노스틱하다. SHAP는 딥러닝 모델이나 이미지 데이터에 적용할 수 있다. 파이썬 SHAP 패키지는 공식 문서에 VGG16이라는 딥러닝 이미지 모델에 SHAP 기법을 사용한 결과물을 공유한다[42].

그림 5.56 SHAP는 딥러닝 모델이나 이미지 데이터에 대해서도 잘 작동한다[43]. SHAP는 모델 애그노스틱하다[44].

42 https://github.com/slundberg/shap#deep-learning-example-with-gradientexplainer-tensorflowkeraspytorch-models

43 Interpretable Machine Learning for Computer Vision, 2019, https://interpretablevision.github.io/

44 이 데이터로 짐작컨대, SHAP는 잘못된 카테고리로 분류한 결과에 대해서도 옳은 분류 결과와 동일한 이미지 영역이 활성화되는 것을 관찰할 수 있다. 이것은 채널 특정성 부족(Lack of channel specificity)이라 불리는 현상이다. 이에 대한 해결책으로 2019년 안드레아 비달디(Andrea Vedaldi) 교수가 ICCV에서 발표한 자료인 "Understanding models via visualizations and attribution"을 참고하는 것을 추천한다. https://interpretablevision.github.io/slide/iccv19_vedaldi_slide.pdf

5.3.4. 마치며

SHAP는 섀플리 값을 사용해서 피처가 모델에 미치는 영향을 분석하는 XAI 기법이다. SHAP는 피처 중요도나 부분 의존성 플롯의 결과물과 유사해 보인다. 그러나 세 가지 알고리즘은 나름의 장단점을 골고루 갖고 있다.

SHAP는 결정적이다. SHAP는 매회 계산할 때 같은 결과를 출력한다. 게다가 SHAP는 피처 중요도가 고려하지 못하는 음의 영향력을 고려한다. SHAP는 부분 의존성과 달리 하나 이상의 중요한 피처를 시각화할 수 있다. 그러나 SHAP는 섀플리 값을 계산하기 위해 모든 피처를 순서대로 계산해야 한다. 따라서 SHAP는 데이터 수의 제곱에 비례해 계산량이 증가한다. 또한, SHAP는 기존의 데이터를 확고하게 믿고 해석하기 때문에 아웃라이어 데이터에 취약하다.

그렇지만 SHAP는 피처가 서로 의존적일 때도 사용할 수 있으며, 피처가 모델에 미칠 음의 영향력까지도 계산할 수 있다. 따라서 SHAP는 피처 중요도나 대리분석 기법, 부분 의존성 플롯 같은 훌륭한 XAI 기법들과 같은 위상으로 다룰 수 있다. 따라서 SHAP의 장점과 단점, 한계점을 명확히 인식할 수 있다면 모델 해석에 새로운 돌파구를 마련할 수 있을 것이다.

06

필터 시각화(Filter Visualization)

실습용 colab 링크: http://bit.ly/37M96YV

이전 단원에서는 전통적인 머신러닝 알고리즘에 적용할 수 있는 XAI 기법을 학습했다. 어떤 기법들은 모델 애그노스틱하다고 설명했지만, 실습 모델은 전통적인 머신러닝 기법을 골랐다. 딥러닝은 전통적인 머신러닝 기법보다 학습 과정이 복잡하므로 XAI 기법과 함께 학습하기 어려우리라 판단했기 때문이다. 그러나 언제까지나 딥러닝 XAI 기법 학습을 미룰 수는 없다. 딥러닝의 등장으로 머신러닝 기술이 부흥했고, 딥러닝은 기존 머신러닝 모델보다 더욱 해석하기 어려운 블랙박스이기 때문이다.

이번 단원에서는 딥러닝(Deep Learning)에 적용할 수 있는 XAI 기법, 그중에서도 필터 시각화(Filter Visualization)를 실습하려고 한다. 딥러닝은 입력 계층(input layer)과 출력 계층(output layer) 사이에 은닉 계층(hidden layer)을 수많은 비선형 방정식으로 조합해 학습하는 머신러닝 알고리즘이다. 과거 딥러닝은 계산해야 할 방정식이 너무 많고, 모델 학습 시 수렴성을 보장할 수 없어서 연구가 정체됐다. 그렇지만 현대에 들어 역전파 알고리즘(backpropagation algorithm)이 개발되고[1] GPU를 사용한 빠른 병렬 처리가 가능해지면서 딥러닝을 구현할 수 있게 됐다.

딥러닝은 은닉 계층이 문자 그대로 가려져(hidden) 있다. 따라서 모델을 이해하기가 몹시 어렵다. '머신러닝 모델의 블랙박스'라는 표현은 딥러닝 등장 이후에 더욱 대두됐다. 딥러닝의 은닉층은 인간이 이해하기에 너무 어려워서 "왜 이렇게 학습됐는지 모르겠지만 (학습이) 그냥 잘 된다."는 답변 말고는 이 현상을 대변할 수 없었다. 이에 카네기 멜론 대학 네이브 투어츠키

1 LeCun, Yann, Yoshua Bengio, and Geoffrey Hinton. "Deep learning." nature 521.7553 (2015): 436.

(David S. Touretzky) 교수의 연구[2]를 필두로 은닉 계층을 이해하려는 연구가 조금씩 늘기 시작했다. 이 노력은 오늘날까지 이어지고 있다. 현재는 신경망의 다양한 변형 알고리즘에 대해서도 XAI 기법을 적용하려는 시도가 늘고 있다.

이번 단원에서는 데이브 투어츠키 교수가 딥러닝 블랙박스를 해석하기 위해 최초로 시도했던 연구를 이해해 보자. 그는 은닉층의 필터를 시각화하는 방식으로 합성곱 신경망을 이해하려고 했다. 실습으로 이 내용을 텐서플로로 구현할 것이다.

6.1. 이미지 필터 시각화

이미지 필터 시각화(Visualizing Image Filters)란 학습된 신경망 모델에 이미지가 입력됐을 때 각 은닉 계층마다 인풋 이미지에 어떻게 반응하는지 시각적으로 확인하는 기법이다. 이때 필터(Filter)란 은닉층에 복수로 존재하는 활성 함수 다발(bunch of activation functions)이다. 이미지가 신경망 입력층을 통과하며 각 은닉층에 들어오면 필터는 입력 이미지를 통과시키며 활성화 함수를 연산하고, 계산 결과를 앞으로 전달한다(feed forward). 데이브 투어츠키 교수는 막 은닉 필터를 지난 활성 함수 다발을 보기 좋게 시각화하는 연구를 했다. 이번 단원에서 이 기법을 직접 실습해 볼 것이다. 그리고 이렇게 적용한 XAI 기법이 어떤 인사이트를 주는지, 또 문제가 발생했을 때는 어떤 반응을 보이는지 시각적으로 확인해 볼 것이다.

이번 실습에는 MNIST 데이터베이스(Modified National Institute of Standards and Technology database)를 사용한다[3]. 이 데이터는 손으로 쓴 숫자 이미지들이다. 데이터는 약 60,000개의 트레이닝 이미지와 10,000개의 테스트 이미지를 제공한다. 각 이미지 크기는 28×28픽셀이다.

2 Touretzky, David S., and Dean A. Pomerleau. "What's hidden in the hidden layers." Byte 14.8 (1989): 227-233.

3 MNIST 데이터 베이스는 얀 르쿤의 웹사이트에서 내려받을 수 있다. http://yann.lecun.com/exdb/mnist/

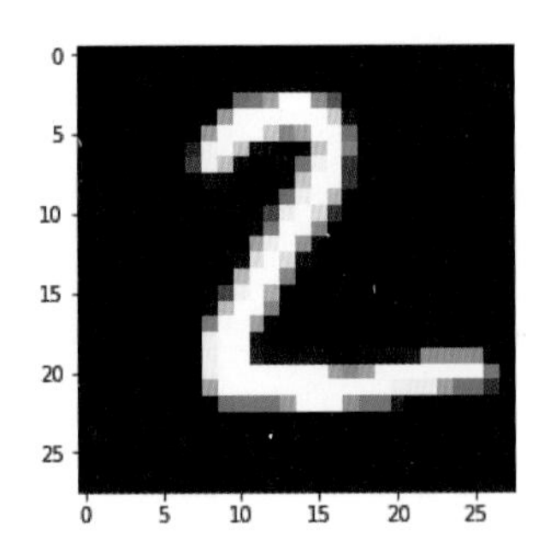

그림 6.1 MNIST 데이터베이스의 손글씨 이미지 하나

필터 시각화 기법을 구현하기 전에 MNIST 데이터로 합성곱 신경망(Convolutional Neural Network)을 학습시킬 것이다. 그리고 이렇게 학습한 모델의 은닉층을 분해해 이미지 필터를 시각화하기 좋은 형태로 구분할 것이다. 마지막으로 이렇게 분해한 은닉층 필터를 해석하기 좋은 형태로 시각화할 것이다. 예를 들어 그림 6.1의 이미지가 합성곱 신경망의 첫 번째 은닉층 필터를 지나면 다음과 같은 결과를 출력한다.

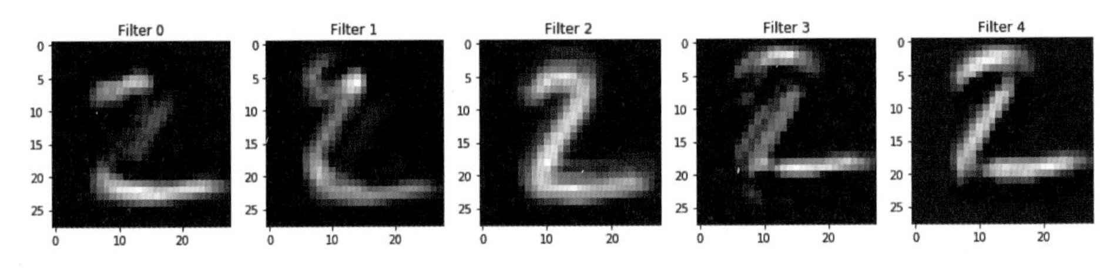

그림 6.2 합성곱 신경망에 그림 6.1이 통과했을 때 첫 번째 은닉층 필터를 시각화한 결과물

그림 6.2의 이미지가 합성곱 신경망의 두 번째 은닉 계층을 통과하면 필터는 다음과 같이 변한다.

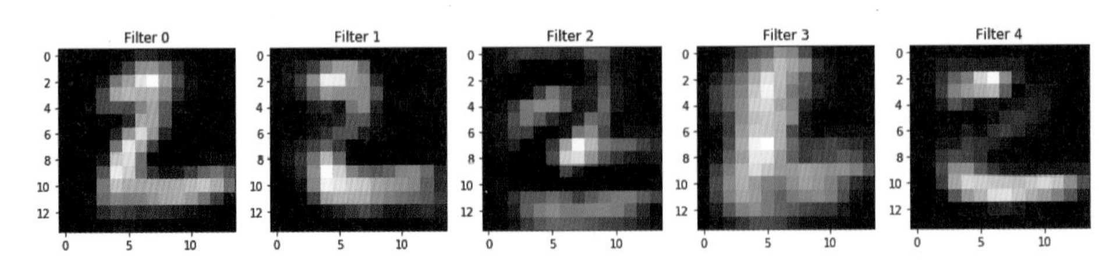

그림 6.3 합성곱 신경망의 두 번째 은닉층이 그림 6.2의 데이터를 만났을 때 필터 반응

그림 6.3은 그림 6.2보다 훨씬 더 추상적이다. 그림 6.3은 필터 종류에 따라 이미지가 구별되게 반응함을 확인할 수 있다. 그림 6.3의 Filter 2는 이미지의 윤곽선을 활성화했다. Filter 3은 다른 필터들과 비교했을 때 수직 성분의 활성 함수의 역치가 낮다. 합성곱 신경망에 어떤 숫자 이미지를 입력했을 때 필터가 특징을 잘 분해하지 못한다면 합성곱 신경망이 특정 이미지를 제대로 학습하지 못한 것이라고 추론할 수 있다.

마지막으로 두 번째 은닉층을 통과한 이미지 결과물이 세 번째 은닉층을 통과할 때 필터를 확인해 보자.

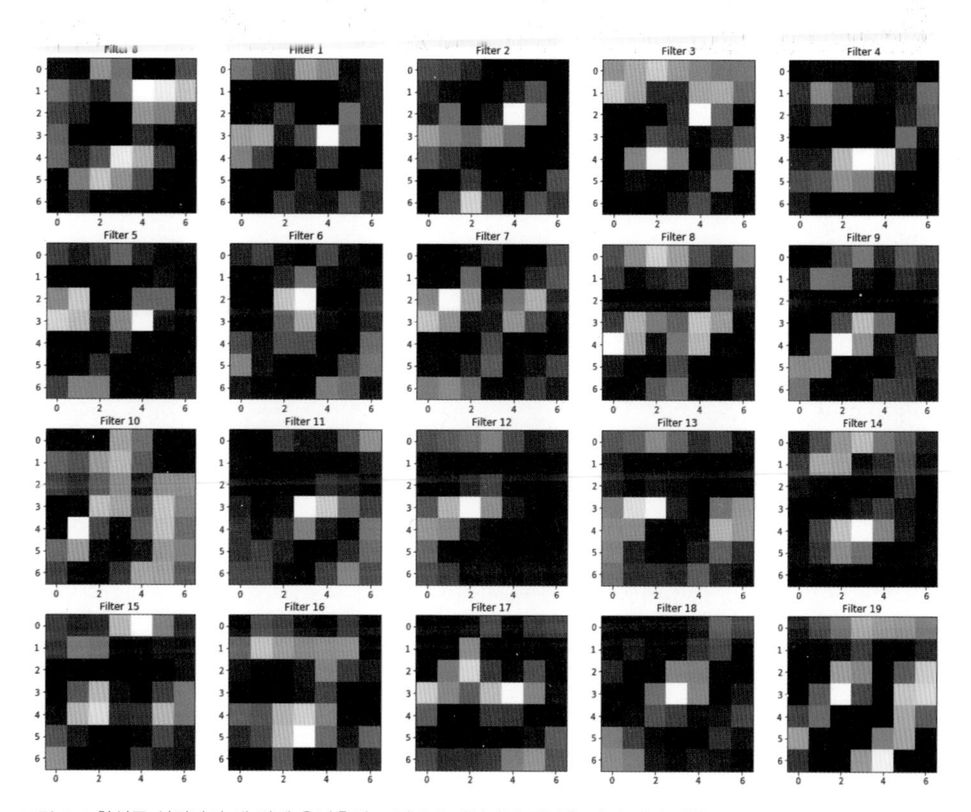

그림 6.4 합성곱 신경망의 세 번째 은닉층이 그림 6.3 데이터를 만났을 때의 필터 반응

그림 6.4는 앞선 은닉 계층들과 비교했을 때 훨씬 더 해석하기 어렵다. 그림 6.4의 시각화 결과물로 합성곱 신경망이 대상을 잘 학습했는지를 판단할 수 있는 독자도 있을지 모른다. 그렇지만 그림 6.4는 일반 독자가 받아들이기에는 추상화 수준이 너무 높다. 반면 그림 6.2와 그림

6.3의 결과는 필터를 직관적으로 이해할 수 있다. 학습된 합성곱 모델이 어떻게 입력값을 활성화하는지 직관적으로 이해할 수 있기 때문이다. 같은 필터를 두고 손글씨 분류를 잘하는 이미지와 그렇지 않은 이미지를 함께 비교할 수 있다면 손글씨 분류 모델이 어떤 숫자나 필체가 학습이 더 필요한지 직관적으로 파악할 수 있을 것이다.

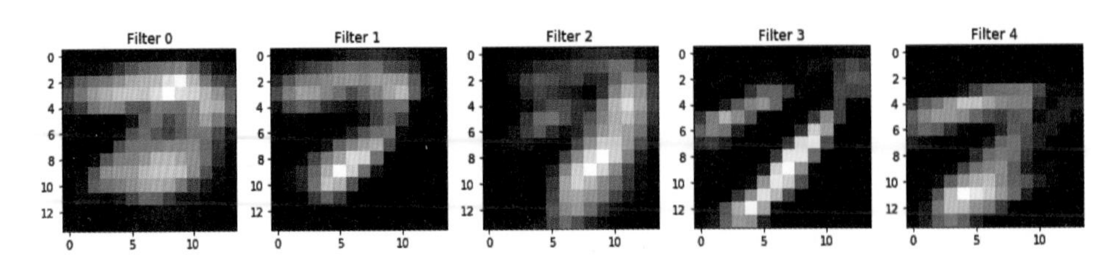

그림 6.5 합성곱 신경망이 7이라고 예측한 숫자(실제로는 숫자 2)의 두 번째 은닉층 필터 시각화 결과물

6.2. 설명 가능한 모델 결합하기

일반적으로 신경망은 초기화 상태의 활성화 뉴런(Activation neurons)에 데이터를 입력하면 신경망이 적절히 반응하게 파라미터를 조정하며 학습한다. 따라서 학습 초기의 신경망은 학습용 데이터에 의미를 알 수 없는 반응을 보이거나 아예 필터 전체에 0을 출력하는 경향을 띤다. 그러나 학습이 반복되면서 신경망 다발은 입력값에 대해 패턴을 보이기 시작한다. 이 과정은 그림 6.3처럼 윤곽선만 활성화하는 필터가 된다거나 역치가 높고/낮은 필터 결과물로 드러난다. 학습이 끝난 신경망이 어떤 입력에 대해 지속해서 검은 필터 결과만을 출력한다면 이 신경망이 잘못된 손실 함숫값(loss function) 때문에 학습이 잘 이뤄지지 않았다고 유추할 수 있다.

6.2.1. 합성곱 신경망과 필터

합성곱 신경망(Convolutional Neural Network, CNN)은 딥러닝 신경망의 일종이다. 이 신경망은 1989년 얀 르쿤이 발표한 논문에 처음 등장한다[4]. 합성곱 신경망은 기존 완전 연결 신

4 LeCun, Yann, et al. "Backpropagation applied to handwritten zip code recognition." Neural computation 1.4 (1989): 541–551.

경망(fully connected neural network)의 한계를 극복하기 위해 만들어진 신경망이다. 합성곱 신경망은 완전 연결 신경망과 달리 합성곱 계층(Convolutional Layer)과 풀링 계층(Pooling Layer)을 도입했다. 두 가지 계층은 기존 신경망의 한계점이었던 많은 계산 부하와 네트워크 깊이 확장의 어려움, 오랜 학습 시간, 이동 불변성(translation invariant) 문제를 극복했다.

6.2.1.1. 필터

필터(filter, 또는 kernel)란 원본 데이터를 해석하기 위해 사용하는 일정한 행렬값이다. 필터를 조리 도구에 비유하자면 체(sieve)로 설명할 수 있을 것이다. 체는 원료로부터 특정 크기 이하의 알갱이를 거른다. 마찬가지로 필터는 원본 이미지에서 특정 요소를 추출하기 위해 사용한다.

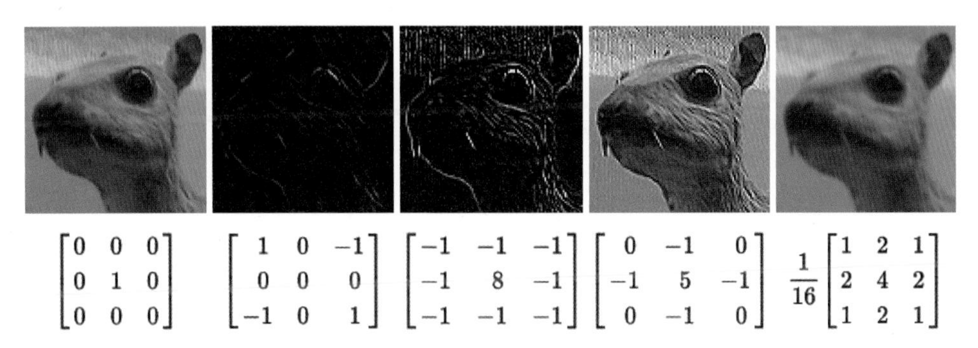

$$\begin{bmatrix} 0 & 0 & 0 \\ 0 & 1 & 0 \\ 0 & 0 & 0 \end{bmatrix} \quad \begin{bmatrix} 1 & 0 & -1 \\ 0 & 0 & 0 \\ -1 & 0 & 1 \end{bmatrix} \quad \begin{bmatrix} -1 & -1 & -1 \\ -1 & 8 & -1 \\ -1 & -1 & -1 \end{bmatrix} \quad \begin{bmatrix} 0 & -1 & 0 \\ -1 & 5 & -1 \\ 0 & -1 & 0 \end{bmatrix} \quad \frac{1}{16}\begin{bmatrix} 1 & 2 & 1 \\ 2 & 4 & 2 \\ 1 & 2 & 1 \end{bmatrix}$$

그림 6.6 다양한 필터를 사용해서 원본 이미지(왼쪽)를 필요에 맞게 변형한 결과[5]

커널에 대한 이미지 시각화란 합성곱 신경망의 은닉층을 통과한 중간 결과를 이미지화하는 방법이다. 합성곱 신경망에 이미지를 입력하면 이미지는 신경망의 각 은닉층을 통과하면서 중간 결과물을 출력한다. 이때 중간 결과물(filter map)들을 인간이 알아볼 수 있는 형태로 변환하면, 신경망이 특정 이미지를 어떻게 해석하는지 확인할 수 있다.

5 필터와 이미지 원본 출처: 위키피디아, Kernel, https://en.wikipedia.org/wiki/Kernel_(image_processing)

6.2.1.2. 합성곱 계층(Convolution Layer)

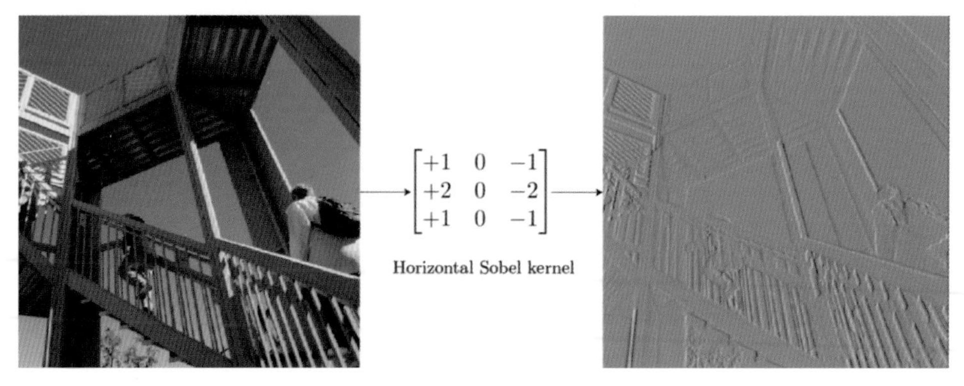

$$\begin{bmatrix} +1 & 0 & -1 \\ +2 & 0 & -2 \\ +1 & 0 & -1 \end{bmatrix}$$

그림 6.7 원본 이미지(왼쪽)에 대해 수평 소벨 커널을 통과시킨 결과(오른쪽)

합성곱 계층은 풀링 계층과 함께 합성곱 신경망의 두 가지 특징 중 하나로, 입력 데이터로부터 특정 요소만을 추출한다. 합성곱 계층은 입력 행렬에 필터(filter, 또는 kernel)를 곱하는 방식으로 데이터를 요약한다. 예를 들어 그림 6.7은 원본 이미지에 수평 소벨 커널(Horizontal Sobel kernel)을 통과시킨다. 수평 소벨 커널은 이미지로부터 외곽선 정보만을 추출한다[6].

이때 '커널을 통과'한다는 표현은 합성곱 연산을 의미한다. 합성곱 연산은 패딩(Padding)[7]과 스트라이드(Stride) 같은 기법[8]을 사용한다. 그림 6.7의 이미지와 수평 소벨 커널 간 합성곱 연산 과정은 다음 그림을 참고하자.

6 이미지 출처: Towards Data Science, June 2, 2018, https://towardsdatascience.com/intuitively-understanding-convolutions-for-deep-learning-1f6f42faee1

7 패딩(Padding): 합성곱 연산을 수행하기 이전에 원본 데이터의 커널을 최대한 활용할 수 있게 원본 데이터 주변을 특정 값으로 채워 행렬의 크기를 늘리는 과정.

8 스트라이드(Stride): 커널은 상하좌우로 움직이며 행렬 연산을 수행한다. 이때 스트라이드는 필터가 움직이는 간격을 의미한다. 일반적으로 스트라이드 간격은 1이다. 스트라이드 수치가 적을수록 왜곡 없이 이미지 특징을 추출할 수 있다.

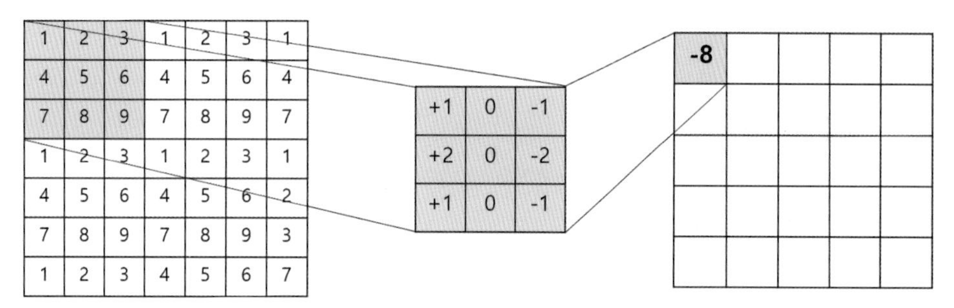

1*1+2*0+3*-1+4*2+5*0+6*-2+7*1+8*0+9*-1 = **-8**

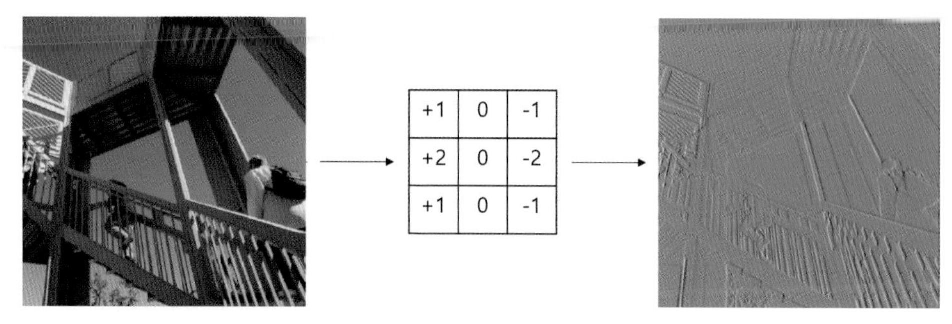

그림 6.8 1행 1열 요소부터 3×3 크기만큼 합성곱을 수행하는 과정(왼쪽부터 원본 데이터, 커널, 합성곱 결과 행렬).

합성곱은 행렬 요소별로 커널과 곱셈 연산을 수행한 다음 그 결과를 모두 더한다. 그림 6.8은 원본 이미지에 3×3 크기의 행렬을 합성곱하고, 결과 행렬을 축적한다.

6.2.1.3. 풀링 계층(Pooling Layer)

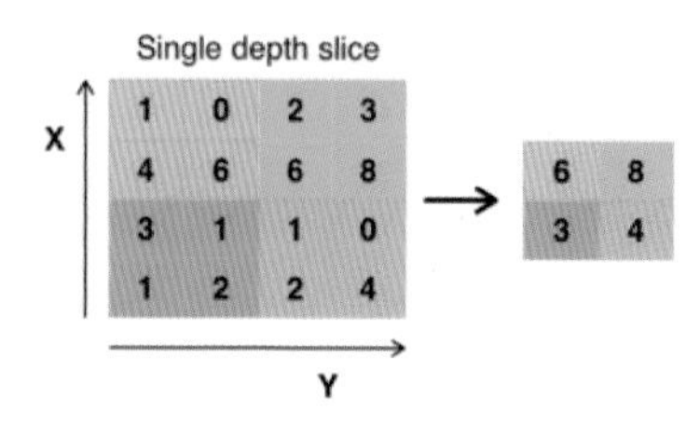

그림 6.9 4×4 크기의 원본 행렬(왼쪽)에 대해 스트라이드 2(2×2)인 최댓값 풀링을 수행한 결과(오른쪽)[9]

9 이미지 출처: 위키피디아, Convolutional Neural Network, `https://en.wikipedia.org/wiki/Convolutional_neural_network#Pooling_layer`

합성곱 신경망에서 합성곱 계층을 통과한 이미지는 풀링 계층에 입력된다. 풀링 계층은 사용자가 지정한 정방 행렬 크기만큼 원본 데이터에 구획을 나누고 풀링 연산을 수행한다. 풀링(Pooling)이란 '통합'이라는 의미로, 구획을 가장 잘 표현할 수 있는 대푯값을 지정하는 연산이다. 최댓값 풀링(Max-Pooling)이 대중적이다. 최댓값 풀링은 스트라이드만큼 구획을 나누고, 구획마다 최댓값을 대푯값으로 선정한다(그림 6.9). 풀링에는 그 밖에도 중간값 풀링, 평균값 풀링, 최솟값 풀링 기법 등이 있다.

6.2.1.4. 합성곱 신경망

합성곱 신경망은 신경망 네트워크 중 은닉층을 합성곱과 풀링 계층으로 구성한 네트워크다. 이제 앞서 배웠던 합성곱 계층과 풀링 계층을 조합해서 합성곱 신경망을 구성해 보자.

합성곱 첫 번째(Conv 1st Layer)와 두 번째 계층(Conv 2nd Layer)은 각각 딥러닝의 은닉 계층이다. 각 은닉 계층은 합성곱 연산과 풀링 연산이 합쳐져 있다. 평탄화 계층(Flatten Layer)과 드롭아웃 계층(Dropout Layer)은 완전 연결 신경망에서도 등장하는 개념으로, 다차원의 벡터를 1차원으로 평탄화하고, 평탄화한 데이터 중 일부를 확률적으로 제거한다. 마지막으로 분류 계층(Classification layer)은 특정 벡터가 목표 카테고리에 속할 확률을 계산하고 결과를 출력한다.

지금까지 설명한 모든 내용을 처음부터 전부 이해하려고 노력할 필요는 없다. 겁을 먹거나 포기할 필요도 없다. 합성곱 신경망을 완전히 이해하지 못한다고 해서 실습을 못 하는 것은 아니기 때문이다. 프로그래밍 업계의 공공연한 교훈은 '해보면서 배우라(learn by doing)'다[10].

위에서 설명한 개념은 다음 장 '합성곱 신경망 제작하기'에서 실습으로 구현할 것이다. 이번 단원에서는 합성곱 필터가 무엇인지 이론적으로 학습했다. 만약 위에서 설명한 내용을 전부 다 이해하는 독자라면 다음 단원을 건너뛰고, 곧바로 '합성곱 신경망 시각화하기' 단원으로 넘어가도 좋을 것이다.

10 해보면서 배운다(Learn by doing)는 교훈은 미국의 유명 교육철학자 존 듀이(John Dewey)가 처음으로 주장한 개념이다. 이 교훈은 진보적이며 실용주의적 학습의 핵심 가치다.

6.3. 합성곱 신경망 제작하기

앞서 설명한 이론을 기반으로 합성곱 신경망을 구현해 보자. 학습용 데이터는 MNIST 데이터베이스를 사용할 것이다. 주피터 노트북을 켜고 필요한 라이브러리를 불러오자.

예제 6.1 신경망 학습을 구현하는 데 필요한 라이브러리 선언

```
import numpy as np
import matplotlib.pyplot as plt
%matplotlib inline

import tensorflow as tf
import tensorflow.contrib.slim as slim
from tensorflow.examples.tutorials.mnist import input_data
```

예제 6.1의 numpy와 matplotlib 패키지는 MNIST 데이터베이스를 시각화하기 위해 사용한다. 텐서플로 패키지는 slim과 input_data를 사용한다. slim은 '텐서플로 슬림'의 줄임말로, 텐서플로 슬림은 합성곱 신경망을 만들 때 반복적으로 사용되는 변수 선언 등을 추상화할 수 있는 고수준 경량 API다. 더 자세한 설명은 11장 '참고자료'에 수록했다. input_data는 텐서플로 함수로, 웹에서 MNIST 데이터베이스를 직접 내려받을 수 있는 함수가 구현돼 있다. 이 함수를 호출하면 로컬 폴더에서 MNIST 데이터셋을 찾고, 데이터가 없다면 인터넷에서 MNIST 데이터셋을 가져와서 사용자의 로컬 저장소에 내려받는다.

이제 MNIST 데이터셋을 로드해 보자.

예제 6.2 input_data 함수를 호출해 MNIST 데이터셋을 내려받는 코드

```
mnist = input_data.read_data_sets("MNIST_data/", one_hot=True)
```

예제 6.2의 input_data.read_data_sets는 첫 번째 파라미터로 "MNIST_data/"를 입력받는다. 이 파라미터에서는 데이터셋을 저장할 폴더 이름을 지정한다. 폴더가 없다면 저장되지 않으니 폴더를 만들고 코드를 실행하자. 두 번째 파라미터는 원 핫 레이블(one-hot label) 방식을 설정한다. 원 핫 레이블은 레이블 데이터가 0과 1로 구성된 데이터를 의미한다. 원 핫 레이블 파라미터의 기본값은 False다. 이 파라미터 값을 True로 변경하자. 이렇게 원 핫 레이블로 결과 데

이터를 처리하면 모델을 만들고 나서 레이블링할 때 전처리 또는 후처리를 하지 않아도 된다. 코드를 실행하고 다음과 같이 정상적인 결과가 출력되는지 확인한다(그림 6.10).

```
In [3]: mnist = input_data.read_data_sets("MNIST_data/", one_hot=True)

        Extracting MNIST_data/train-images-idx3-ubyte.gz
        Extracting MNIST_data/train-labels-idx1-ubyte.gz
        Extracting MNIST_data/t10k-images-idx3-ubyte.gz
        Extracting MNIST_data/t10k-labels-idx1-ubyte.gz
```

그림 6.10 MNIST 데이터베이스를 사용자의 컴퓨터에 정상적으로 내려받은 결과

이제 합성곱 신경망을 구축하자.

예제 6.3 합성곱 신경망 구축하기

```
tf.reset_default_graph()

x = tf.placeholder(tf.float32, [None, 784], name="x-in")
true_y = tf.placeholder(tf.float32, [None, 10], name="y-in")
keep_prob = tf.placeholder("float")

x_image = tf.reshape(x,[-1,28,28,1])
hidden_1 = slim.conv2d(x_image,5,[5,5])
pool_1 = slim.max_pool2d(hidden_1,[2,2])
hidden_2 = slim.conv2d(pool_1,5,[5,5])
pool_2 = slim.max_pool2d(hidden_2,[2,2])
hidden_3 = slim.conv2d(pool_2,20,[5,5])
hidden_3 = slim.dropout(hidden_3,keep_prob)
out_y = slim.fully_connected(slim.flatten(hidden_3),
                             10, activation_fn=tf.nn.softmax)


cross_entropy = -tf.reduce_sum(true_y*tf.log(out_y))
correct_prediction = tf.equal(tf.argmax(out_y,1), tf.argmax(true_y,1))
accuracy = tf.reduce_mean(tf.cast(correct_prediction, "float"))
train_step = tf.train.AdamOptimizer(1e-4).minimize(cross_entropy)
```

예제 6.3의 맨 윗줄 `tf.reset_default_graph()`는 주피터 노트북 환경에서 텐서플로 그래프가 두 개씩 중복으로 생성되는 일을 막는다. 일반적인 파이썬 코드의 경우, 프로세스가 종료되면서

커널을 리셋하기 때문에 상관없다. 그러나 주피터 노트북은 매회 실행에도 컨텍스트가 유지되기 때문에 노트북을 사용한다면 그래프 충돌이 발생할 수 있다. 따라서 그래프를 구축하는 코드 위에는 tf.reset_default_graph()가 반드시 선언돼야 한다.

예제 6.4 합성곱 신경망이 데이터를 입력받는 부분

```
x = tf.placeholder(tf.float32, [None, 784], name="x-in")
true_y = tf.placeholder(tf.float32, [None, 10], name="y-in")
keep_prob = tf.placeholder("float")
```

이제 합성곱 신경망이 데이터를 입력받는 부분을 살펴보자. 예제 6.4의 플레이스홀더(placeholder)는 합성곱 신경망에 들어갈 입력 벡터의 모양을 선언하고 전달한다. 플레이스홀더 파라미터는 순서대로 자료형과 모양, 그리고 명칭(name)을 지정한다.

입력 변수 x는 32비트 플로팅 포인트(32bit floating point) 자료형이고, 크기가 28×28이다. [None, 784]의 None은 텐서플로 플레이스홀더에서 '어떤 크기도 들어올 수 있다'는 의미다. 예제 6.4에서는 인풋으로 들어올 이미지의 개수가 가변적이기 때문에 파라미터를 지정하지 않고 None을 선언했다.

true_y에는 학습에 사용하기 위한 레이블이 들어간다. MNIST 데이터셋은 레이블이 각각 0~9인 손글씨다. 따라서 MNIST는 총 10개의 클래스가 있다. true_y는 인풋 데이터에 따라 데이터 개수가 달라진다. 입력 변수 x와 마찬가지로 플레이스홀더에 None을 선언하자. 두 번째 파라미터는 클래스의 개수(10)를 지정한다.

keep_prob는 합성곱 신경망의 과적합을 방지하기 위해서 드롭아웃(dropout)[11]을 조정하는 파라미터다. keep_prob가 1.0이라면 행렬 연산 결과에 대해 100%를 보전하고, keep_prob이 0.2라면 행렬 연산 결과에 대해 20%를 남기고 나머지 결과는 모두 무시한다.

이번에는 입력된 모델이 은닉층을 지나는 과정을 구축해 보자.

11 행렬 연산으로 만들어진 피처들 중 몇 퍼센트에 대해 가변적으로 피처를 버리는 행위

예제 6.5 합성곱 신경망의 은닉층과 결과 층을 구현한 코드

```
x_image = tf.reshape(x,[-1,28,28,1])
hidden_1 = slim.conv2d(x_image,5,[5,5])
pool_1 = slim.max_pool2d(hidden_1,[2,2])
hidden_2 = slim.conv2d(pool_1,5,[5,5])
pool_2 = slim.max_pool2d(hidden_2,[2,2])
hidden_3 = slim.conv2d(pool_2,20,[5,5])
hidden_3 = slim.dropout(hidden_3,keep_prob)
out_y = slim.fully_connected(slim.flatten(hidden_3),
                             10, activation_fn=tf.nn.softmax)
```

x_image 변수는 입력 벡터 784개(28×28)를 처리한다. 이 신경망은 x_image에서 손글씨 이미지 한 장을 28×28×1 크기의 행렬로 변환한다. 이때 신경망에 입력될 MNIST 이미지의 데이터 개수는 정해지지 않았으므로 무한대(−1)를 입력한다.

hidden_1 변수는 합성곱 신경망의 첫 번째 은닉 계층이다. 이 은닉층은 x_image로부터 전달받은 28×28 행렬에 5×5 크기의 필터 다섯 개를 합성곱한다. slim.conv2d는 합성곱을 수행하는 함수다. 이 함수는 이차원 이미지를 연산하기 위해 다섯 개 필터를 만들고, 크기가 1인 스트라이드를 사용한다. slim.conv2d는 행렬 합성곱 결과물로 28×28 크기의 2차원 행렬 다섯 장을 출력한다(28×28×5).

pool_1은 hidden_1로부터 데이터를 받아서 [2,2] 크기의 필터로 맥스 풀링(max pooling)을 수행한다. 이때 벡터의 크기는 반으로 줄어들 것이다. 따라서 hidden_1에서 맥스 풀링을 마치면 5개의 필터 처리된 14×14 크기의 텐서가 출력될 것이다(14×14×5).

hidden_2 변수는 합성곱 신경망의 두 번째 은닉 계층이다. hidden_2는 pool_1로부터 전달받은 14×14 행렬에 5×5 크기의 필터를 합성곱한다. 이때 slim.conv2d는 이차원 이미지 필터 다섯 개를 만들고 1만큼 스트라이드하며 합성곱한다. 즉, pool_1로부터 합성곱한 결과는 14×14 크기, 2차원 행렬 5개다(14×14×5).

pool_2는 hidden_2로부터 데이터를 받아서 2×2 크기의 필터로 맥스 풀링(max pooling)을 수행한다. 이때 벡터의 크기는 반으로 줄어들 것이다. 따라서 hidden_2에서 맥스 풀링을 마친 데이터는 5개의 필터 처리된 7×7 크기의 텐서가 될 것이다(7×7×5).

hidden_3 변수는 합성곱 신경망의 세 번째 은닉 계층이다. 7×7 행렬에 대해 5×5 크기의 필터 스무 개를 사용할 것이다. 이때 slim.conv2d는 이차원 행렬에 대해 스무 개의 필터를 만든다. 스트라이드의 크기는 1이다. 즉, pool_2로부터 합성곱 처리한 결과는 7×7 크기의 2차원 행렬 20개가 될 것이다(7×7×20).

hidden_3 = slim.dropout(hiddn_3, keep_prob) 코드는 hidden_3 결과물에서 keep_prob 비율만큼 남기고 나머지 벡터를 연산 결과를 차단한다. 만약 keep_prob가 0.5라면 이 코드는 7×7×20의 행렬에서 7×7 크기의 행렬 20개 결과 중 10개만을 연산에 사용할 것이다.

out_y는 hidden_3 은닉층 데이터를 받아서 완전 연결 네트워크(fully connected network)를 만든다. 이때 hidden_3 데이터의 크기가 7×7×(20×keep_prob)이므로, 이 데이터를 1차원 벡터로 평탄화한다. Slim.flatten(hiddend_3) 코드는 세 번째 은닉층 벡터를 1차원 벡터로 펼쳐준다. out_y는 평탄화된 세 번째 은닉 계층 데이터를 받아서 라벨의 수만큼(10) 압축한다. 이때 완전 연결 네트워크의 활성 함수는 소프트맥스(softmax)를 사용한다. 소프트맥스 함수는 세 번째 은닉층 벡터를 취합하고, 각각의 노드가 숫자 클래스에 속할 가능성을 계산한다.

지금까지 구축한 모델은 신경망의 가중치(weight)와 바이어스(bias)가 학습돼 있지 않다. 이제 이 모델이 학습될 수 있게 정확도와 학습률(learning rate)을 지정하는 코드를 구현하자.

예제 6.6 합성곱 신경망 모델이 비중과 바이어스를 학습할 수 있게 기준을 부여하는 코드

```
cross_entropy = -tf.reduce_sum(true_y*tf.log(out_y))
correct_prediction = tf.equal(tf.argmax(out_y, 1), tf.argmax(true_y, 1))
accuracy = tf.reduce_mean(tf.cast(correct_prediction, "float"))
train_step = tf.train.AdamOptimizer(1e-4).minimize(cross_entropy)
```

예제 6.5에서 구현한 합성곱 신경망은 학습되기 전이다. 따라서 신경망을 학습시킬 수 있게 가중치와 바이어스를 조정하는 기준을 지정해야 한다. 예제 6.6은 가중치와 바이어스를 조절하기 위해 교차 엔트로피 에러(cross entropy error) 기법을 사용한다. 교차 엔트로피 에러는 엔트로피 이론에 근거해 모델의 출력과 실제 출력 사이의 오차를 계산한다.

$$error = -\sum y_i \log(\hat{y}_i)$$

$\hat{y}_i$는 모델이 i번째 손글씨 이미지를 예측한 확률 분포고, y_i는 학습 데이터의 실제 손글씨 결과를 의미한다. 예제 6.6의 cross_entropy 변수는 out_y에 텐서플로 내장함수인 tf.log()로 원소의 로그 값을 구하고, 그 데이터를 실제 결과(true_y)와 곱한 다음, tf.reduce_sum() 함수로 텐서의 모든 원소를 더한다.

train_step 변수는 cross_entropy 결과(실제 데이터와 예측 데이터 사이의 간격)가 최소로 줄어들게 최적화 함수를 조정한다. 이때 조정한 최적화 값은 신경망의 가중치와 바이어스를 조절한다. 이 과정에서 오차를 후방으로 전달하는 역전파 알고리즘(backpropagation algorithm)이 사용된다. 역전파 알고리즘은 교차 엔트로피에서 발생한 오차를 뒤쪽 레이어로 전파하며 비중과 바이어스를 미세하게 조정한다. 예제 6.6에서는 0.0001의 학습률(1e−4)로 아담 옵티마이저(Adam optimizer)[12] 역전파 알고리즘을 사용한다.

correct_prediction과 accuracy는 학습 중인 모델의 성능을 평가한다. tf.argmax(out_y, 1)은 out_y에서 가장 큰 값의 인덱스를 리턴한다. 앞서 out_y는 10개의 손글씨 클래스를 표현하는 원핫 리스트라고 언급했다. 즉, tf.argmax(out_y, 1)은 손글씨 이미지가 속할 가장 높은 인덱스를 리턴한다. tf.argmax(true_y, 1)은 실제 레이블 인덱스를 리턴한다. tf.equal()은 이 두 변수를 묶고, 모델이 예측한 레이블이 실제 결과와 얼마나 일치하는지 비교한다. 이 결과는 correct_prediction에 누적 저장된다.

accuracy는 학습시킨 모델이 얼마나 정확한지 소수점으로 판별한다. 예를 들어 correct_prediction의 결과가 [False, False, True, True, True]라면 tf.cast 변수는 이 리스트를 [0, 0, 1, 1, 1]로 변환하고 이것을 평균 내어 0.6을 출력한다.

지금까지 텐서플로로 합성곱 신경망의 형태를 구축하고 학습 과정을 구현했다. 이제 MNIST 데이터셋을 입력해서 신경망을 학습시켜 보자.

예제 6.7 직접 구현한 합성곱 신경망을 학습시키는 코드

```
batchSize = 50
sess = tf.Session()
init = tf.global_variables_initializer()
sess.run(init)
```

12 Kingma, Diederik P., and Jimmy Ba. "Adam: A method for stochastic optimization." arXiv preprint arXiv:1412.6980 (2014).

```
for i in range(1000):
    batch = mnist.train.next_batch(batchSize)
    sess.run(train_step,
             feed_dict={x:batch[0],true_y:batch[1], keep_prob:0.5})
    if i % 100 == 0 and i != 0:
        trainAccuracy = sess.run(accuracy,
                                 feed_dict={x:batch[0],
                                            true_y:batch[1],
                                            keep_prob:1.0})
        print("step %d, training accuracy %g"%(i, trainAccuracy))
```

batchSize 변수는 신경망 모델의 배치 학습[13]을 수행할 크기를 설정한다. 프로그램 실행 환경(하드웨어)이 좋을수록 배치를 크게 키워서 학습 시간을 단축할 수 있다. 반대로 실행 환경이 좋지 않다면 배치 크기를 작게 조절한다.

sess = tf.Session()은 텐서플로의 세션 객체를 선언한다. 세션 객체는 자신만의 물리적 자원(CPU, GPU, 네트워크 연결 등)을 점유한다.

init = tf.global_variables_initializer()는 텐서플로의 각종 글로벌 변수를 초기화하는 코드다. 이제 sess.run(init) 명령을 실행해 그래프를 초기화하자.

반복문에는 실제 학습이 수행되는 코드를 구현한다. sess.run()은 하드웨어 자원을 점유하고 예제 6.6에서 작성한 경사하강법을 호출한다. 이때 예제 6.6의 train_step 변수만 호출했다고 해서 해당 변수만 실행되는 것이 아니다. 텐서플로는 train_step과 연계된 모든 변수를 로드한다. 예를 들어, train_step이 변동되면 예제 6.6의 train_step 변수와 연계된 cross_entropy 변수를 변경한다. cross_entropy 변수는 out_y를 조절한다. out_y는 예제 6.5와 연계된 변수를 순서대로 호출한다. 결국, train_step 변수가 변경될 때마다 신경망 그래프 전체가 조정된다.

이 모든 과정은 예제 6.7의 sess.run()의 파라미터인 feed_dict에서 입력된다. 예제 6.7의 feed_dict은 키값으로 x, ture_y, keep_prob를 갖는다. 이 세 키 파라미터는 예제 6.5의 모델에서 구현한 플레이스홀더다. 마찬가지로 예제 6.7의 feed_dict 값인 batch[0], batch[1], 1.0은 각각 이미지 데이터, 이미지 데이터에 대응하는 레이블, 벡터 드롭아웃 비율이다.

13 학습 데이터에 대해 병렬 처리를 사용해 뭉치(batch)로 학습하는 기법

예제 6.7의 조건문은 모델이 제대로 학습되고 있는지 확인한다. 조건문은 학습 배치가 100개씩 돌 때마다 예제 6.6의 accuracy를 호출한다. 예제 6.7을 실행해 보자. 완료하기까지 시간이 조금 걸릴 것이다.

```
In [5]: batchSize = 50
sess = tf.Session()
init = tf.global_variables_initializer()
sess.run(init)
for i in range(1000):
  batch = mnist.train.next_batch(batchSize)
  sess.run(train_step, feed_dict={x:batch[0],true_y:batch[1], keep_prob:0.5})
  if i % 100 == 0 and i != 0:
    trainAccuracy = sess.run(accuracy, feed_dict={x:batch[0],true_y:batch[1], keep_prob:1.0})
    print("step %d, training accuracy %g"%(i, trainAccuracy))

step 100, training accuracy 0.46
step 200, training accuracy 0.46
step 300, training accuracy 0.68
step 400, training accuracy 0.68
step 500, training accuracy 0.8
step 600, training accuracy 0.88
step 700, training accuracy 0.8
step 800, training accuracy 0.88
step 900, training accuracy 0.84
```

그림 6.11 MNIST 손글씨 데이터에 대해 합성곱 신경망을 학습하는 과정

드디어 합성곱 신경망을 완성했다. 이제 이 모델을 테스트해 보자.

예제 6.8 테스트 데이터를 활용해 학습된 신경망의 정확도를 구하는 코드

```
testAccuracy = sess.run(accuracy,
                        feed_dict={x: mnist.test.images,
                                   true_y: mnist.test.labels,
                                   keep_prob: 1.0})
print("test accuracy %g"%(testAccuracy))
```

예제 6.8은 예제 6.7의 trainAccuracy와 유사한 구조다. 다만 feed_dict의 x와 true_y 키값에 테스트 데이터를 사용한다.

머신러닝에서는 학습 데이터의 정확도는 높은데, 테스트 데이터의 정확도가 낮은 상황이 벌어질 수 있다. 이것을 과적합 문제라고 부른다. 학습이 제대로 된 모델이라면 과적합이 발생하지 않아야 한다. 예제 6.8은 테스트 데이터를 사용해서 모델에 과적합이 발생했는지 검증한다.

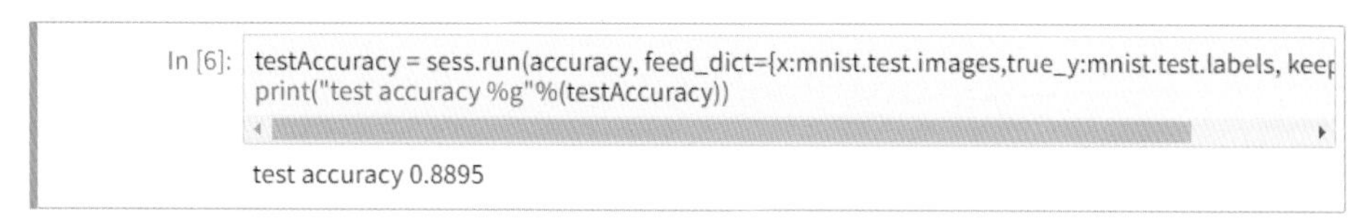

그림 6.12 합성곱 신경망의 테스트 데이터 정확도 출력 결과

그림 6.12는 학습시킨 합성곱 신경망 테스트 데이터 정확도가 88.95%라고 보여준다. 과적합이 일어나지 않았고, 합성곱 신경망 학습이 끝났다.

예제로 만든 신경망은 정확도가 높은 편이다. 그러나 이 모델을 얼마나 신뢰해야 할까? 88.95%만큼? 그렇다면 나머지 11.05%에 대한 불신이 어디에서 비롯된 것인지는 어떻게 조사할까? 그리고 이 오류값(error)은 합성곱 신경망 모델이 어떻게 학습되기에 발생하는 것일까? 과거 머신러닝 기법에서는 이것을 블랙박스 문제이며, 들여다볼 수 없다고 뭉뚱그려 말했다. 그렇지만 필터 시각화 기법을 이용하면 합성곱 신경망이 입력 데이터를 어떻게 처리하는지 들여다볼 수 있다. 필터 시각화 기법이 있는 한 은닉층은 더는 블랙박스가 아니다.

6.4. 실습 6: 합성곱 신경망 시각화하기

이번 단원에서는 합성곱 신경망에 필터 시각화 기법을 적용해 신경망이 데이터를 어떻게 받아들이고 출력하는지 살펴볼 것이다.

6.4.1. 입력값 시각화하고 예측값과 비교하기

6.3 '합성곱 신경망 제작하기' 절에서는 은닉층이 3개인 합성곱 신경망을 학습시켰다. 이때 테스트 정확도는 88.95%였다. 이 모델에 손글씨 하나를 입력하고, 모델이 이 데이터를 어떤 숫자로 예측하는지 시각화해 보자.

예제 6.9 테스트 데이터 0번을 시각화하는 코드

```
index = 0

imageToUse = mnist.test.images[index]
imageLabel = mnist.test.labels[index]

print(imageToUse.shape)
print(imageLabel)
plt.imshow(np.reshape(imageToUse, [28,28]),
          interpolation="nearest", cmap="gray")
```

예제 6.9는 0번 테스트 데이터를 불러와서 라벨과 손글씨 이미지를 시각화하는 코드다. `print(imageToUse.shape)`는 0번째 이미지 데이터의 텐서 모양을 출력한다. MNIST 데이터베이스 스펙에 의하면 하나의 이미지는 1차원, 784피처를 가지고 있다. `print(imageLabel)`은 원 핫 레이블로 표현한 0번째 이미지 데이터의 라벨이다.

MNIST 손글씨 데이터는 28×28 크기의 플로팅 포인트 흑백 데이터이므로, `imageToUse`를 직접 출력하면 모양(1×784)이 맞지 않는다. 따라서 numpy 패키지의 `reshape()` 함수를 호출하고 이미지를 변형할 것이다.

`plt.imshow()`의 `interpolation` 파라미터는 자료를 보기 좋게 수정한다. 일반적으로 "None"이나 "nearest" 방식을 쓴다고만 알고 있자. `Cmap`은 이미지를 시각화하는 컬러맵(cmap) 지정 파라미터다. 흑백(gray)으로 설정하자.

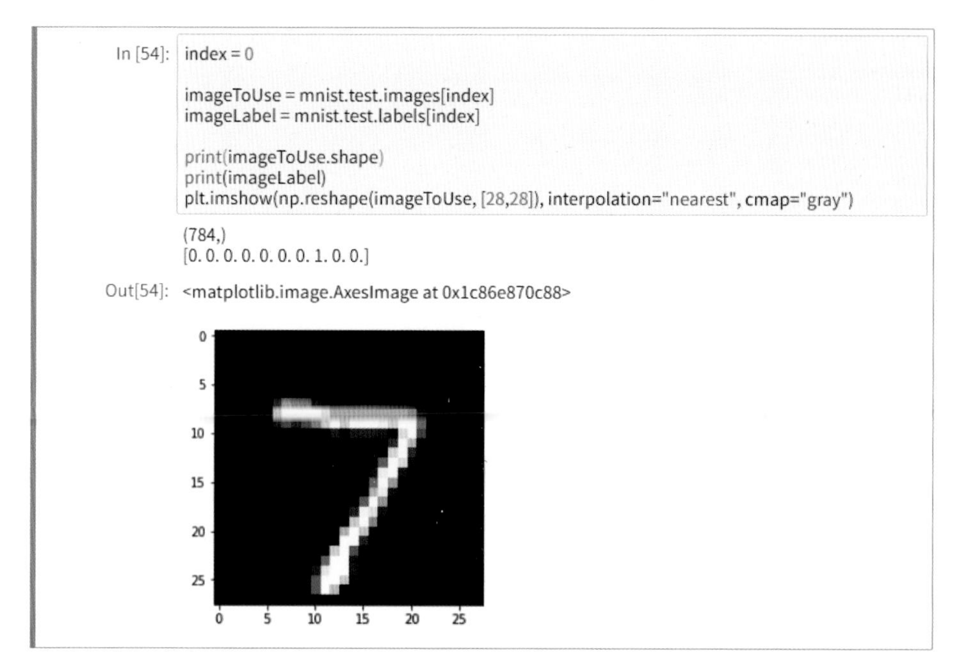

그림 6.13 테스트 데이터 0번에 대해 이미지와 레이블을 시각화한 결과

이제 이 손글씨 이미지에 대해 합성곱 신경망이 예측한 결과를 파악해 보자.

예제 6.10 합성곱 신경망이 0번째 손글씨 이미지를 예측하는 코드

```
image_in = np.reshape(imageToUse, [1, 784])
arg_max = tf.argmax(out_y, 1)
predict = sess.run(arg_max,
                   feed_dict={x: image_in, keep_prob: 1.0})
print(predict)
```

예제 6.10은 합성곱 신경망이 0번째 손글씨 이미지를 예측하는 코드다. `np.reshape()`은 합성곱 신경망의 입력 모양에 맞게 평탄화 작업을 수행한다. `arg_max(out_y, 1)` 변수는 신경망 모델의 출력 결과에서 가장 값이 큰 인덱스를 반환한다. `predict` 변수는 모델이 예측한 결과를 저장한다. 다음 코드를 추가로 입력하고 실행해 보자.

예제 6.11 합성곱 신경망이 예측한 데이터 라벨과 실제 데이터 라벨을 비교하는 코드

```
print(imageLabel.argmax())
print(predict[0])
print(predict[0] == imageLabel.argmax())
```

```
In [68]: print(imageLabel.argmax())
         print(predict[0])
         print(predict[0] == imageLabel.argmax())

         7
         7
         True
```

그림 6.14 합성곱 신경망이 손글씨 이미지 0번에 대해 예측한 결과와 실제 레이블을 비교한 산출물

그림 6.14에 의하면 합성곱 신경망은 그림 6.13의 이미지를 '7'로 예측했다. 그리고 실제 레이블은 7이었다. 학습된 신경망 모델이 테스트 데이터 0번 손글씨에 대해 정확한 라벨을 예측했다.

6.4.2. 필터 시각화

앞서 학습시킨 합성곱 신경망의 테스트 정확도는 88.95%였다. 그렇다면 합성곱 신경망 모델은 제대로 예측하지 못한 11.05%의 데이터를 어떻게 해석하고 있을까?

이 질문에 대답하기 위해 예제 6.9를 살짝 변형해 보자.

예제 6.12 테스트 데이터 924번을 시각화하는 코드

```
index = 924

imageToUse = mnist.test.images[index]
imageLabel = mnist.test.labels[index]

print(imageToUse.shape)
print(imageLabel)
plt.imshow(np.reshape(imageToUse, [28,28]),
           interpolation="nearest", cmap="gray")
```

예제 6.12는 테스트 데이터 924번의 입력값을 시각화한다.

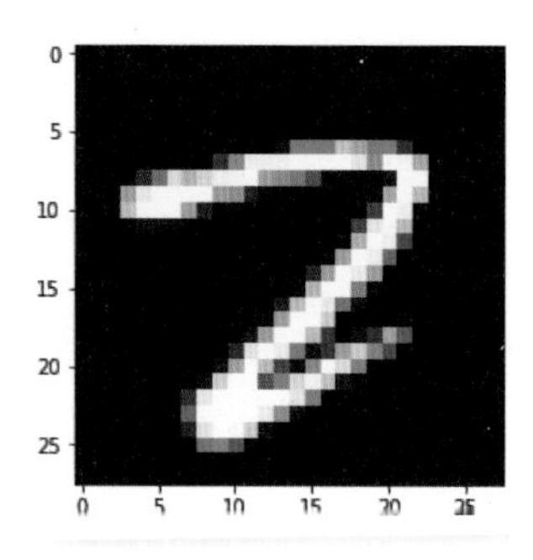

그림 6.15 MNIST 손글씨 테스트 데이터 924번

이 입력값에 대해 예제 6.10과 예제 6.11을 수행하면 다음과 같은 결과가 출력된다.

```
In [71]: print(imageLabel.argmax())
         print(predict[0])
         print(predict[0] == imageLabel.argmax())

         2
         7
         False
```

그림 6.16 테스트 데이터 924번에 대한 실제 라벨(2)과 모델이 예측한 결과(7)

그림 6.16에서 알 수 있듯이, 합성곱 신경망은 그림 6.15의 숫자를 '7'이라고 예측했다. 그러나 그림 6.15의 실제 데이터 라벨은 '2'다. 과거 딥러닝이나 현업에서 사용하는 딥러닝 모델은 여기까지 구현하고 은닉 계층의 상태를 '알 수 없다'고 답했다. 상상력이 조금 더 풍부한 데이터 과학자는 위 결과를 보고, "2를 그리는 마지막 획이 사선으로 이어지는 획과 너무 가까이 붙어 있어서 모델이 이것을 7로 착각한 것 같다"고 표현할 것이다.

조금 더 영민한 데이터 과학자라면 예제 6.10을 다음과 같이 고칠 것이다.

예제 6.13 합성곱 신경망이 테스트 데이터 924번을 어떻게 예측하는지 숫자별로 확률을 보여주는 코드

```
mat = sess.run(out_y, feed_dict={x: image_in, keep_prob: 1.0})[0]
count = 0

for i in mat:
    print('[{}] {:.2%}'.format(count, i))
    count += 1
```

위 데이터는 텐서플로 세션에 출력 레이어(out_y) 값을 그대로 받는다. 앞서 out_y는 예제 6.3에서 합성곱 신경망의 출력에 소프트맥스 활성화 함수를 태우고 10개의 피처에 매핑(mapping)한다고 설명했다. 즉, 예제 6.13을 실행한 후의 out_y의 값은 모델이 예측한 레이블들의 예상 확률이다.

이제 예제 6.13을 실행하면 합성곱 신경망이 각 숫자에 대해 예측한 숫자의 라벨별 확률을 알 수 있다.

```
In [80]: mat = sess.run(out_y, feed_dict={x: image_in, keep_prob: 1.0})[0]
         count = 0

         for i in mat:
            print('[{}] {:.2%}'.format(count, i))
            count += 1

         [0] 0.90%
         [1] 0.01%
         [2] 2.78%
         [3] 1.99%
         [4] 0.01%
         [5] 1.60%
         [6] 0.01%
         [7] 82.93%
         [8] 9.29%
         [9] 0.47%
```

그림 6.17 테스트 데이터 924번에 대해 합성곱 신경망이 각 숫자를 예측한 비중

그림 6.17에서 합성곱 신경망은 82.93%의 확률로 손글씨 이미지가 '7'이라고 예측했다. 두 번째 후보는 '8'이었고, 그때의 확률은 9.29%다. 합성곱 신경망은 실제 결과인 '2'가 나올 가능성을 2.78%라고 진단했다.

여기까지만으로도 충분히 설명적이라고 생각하는가? 그렇지만 XAI는 결과를 설명하는 분야가 아니다. XAI는 결과가 속할 확률을 보여주는 것 이상으로 설명적이어야 한다. XAI는 과정을 이해하려는 시도다. 따라서 XAI 기법은 그림 6.17의 시도보다 훨씬 더 구체적이어야 한다. 이제 필터 시각화를 통해 은닉층을 시각화해 보자. 이 결과물은 합성곱 신경망이 어떻게 학습됐기에 라벨 분류가 어려운지 시각적으로 표현할 수 있다.

앞에서 만든 합성곱 신경망은 비중과 바이어스를 조정해 학습했다. 학습이 일어나는 동안 비중과 바이어스는 역전파 알고리즘으로 미세하게 조정(finetuned)된다. 즉, 학습이 끝난 신경망은 은닉층마다 잘 조정된(학습이 잘 된) 비중과 바이어스를 가진다.

그러므로 입력에 대한 은닉층의 반응은 이미지 하나에 대해 신경망이 단계별로 대상을 '이해한(학습한)' 중간 결과물이라고 할 수 있다. 필터 시각화는 신경망에 특정 이미지가 입력됐을 때 각 은닉층의 중간 결과물을 파악할 수 있게 해준다.

앞서 텐서플로 세션이 그래프를 올려서 연산을 수행한다고 언급했다. 그래프를 원하는 대로 분리하고 시각화할 수 있다면 필터 시각화를 수행하기가 수월할 것이다. 이것을 수행하기 위해 간단한 함수를 하나 선언해 보자.

예제 6.14 이미지 하나가 특정 은닉층까지 통과한 결과물을 units 변수에 저장하고 호출하는 함수

```
def getActivations(layer, stimuli):
    units = sess.run(layer,
                     feed_dict={x: np.reshape(stimuli,
                                              [1,784],
                                              order='F'),
                                              keep_prob:1.0})
    plotNNFilter(units)
```

예제 6.14는 layer라는 파라미터를 받는다. layer는 은닉층이 될 것이다. 그리고 세션은 stimuli라는 데이터를 입력받아 세션에 실행한다. 이때의 결과물은 stimuli 입력값이 layer 계층까지 통과된 결과물이다. 세션은 이 결과물을 반환해 units 변수에 저장한다.

이미지 변수 stimuli는 numpy 패키지의 reshape() 함수로 변형한다. 이미지를 그래프의 입력 텐서 x의 규격 대로(1×784)로 변형한다. 드롭아웃 보전치는 1.0을 입력한다.

코드를 실행하면, 텐서플로 세션은 layer 파라미터까지 그래프를 처리하고, 그 결과를 units 변수에 저장한다. units에는 1×(행렬 연산 가로)×(행렬 연산 세로)×(필터 수) 크기의 데이터가 저장된다. 이제 이 units를 받아서 시각화하는 plotNNFilter() 함수를 작성하자.

예제 6.15 은닉층 연산 결과를 시각화하는 코드

```
import math

def plotNNFilter(units):
    filters = units.shape[3]
    plt.figure(1, figsize=(20,20))
    n_columns = 5
    n_rows = math.ceil(filters / n_columns) + 1
    for i in range(filters):
        plt.subplot(n_rows, n_columns, i+1)
        plt.title('Filter ' + str(i))
        plt.imshow(units[0,:,:,i], interpolation="nearest", cmap="gray")
```

예제 6.15는 텐서플로 세션이 계산한 은닉층 텐서를 받아서 시각화한다. 은닉층 텐서는 1×(행렬 연산 가로)×(행렬 연산 세로)×(필터 수) 크기다. 텐서는 units 파라미터를 타고 plotNNFilter() 함수에 입력된다. 텐서가 어떤 크기로 넘어오는지 궁금하다면 plotNNFilter() 함수에서 units.shape를 출력하고 크기를 관찰하자. 예를 들어, 첫 번째 합성곱 신경망 은닉층은 필터를 다섯 개 사용했으므로 units 텐서는 1×28×28×5 크기를 가진다.

plt.figure()는 matplotlib의 plot 객체로 행렬을 전달할 때 설정을 변경한다. plt.figure()의 첫 번째 파라미터는 객체 아이디로, 한 줄에 여러 이미지를 붙여서 출력하기 위해서 1(첫 번째 줄)이라는 변수를 대입했다[14]. 두 번째 파라미터는 이미지 크기다. 예제 6.15의 캔버스 크기는 20×20인치다.

만약 그림 6.4의 결과물처럼 필터가 5개를 초과하면 plot 객체를 수정하고 이미지를 다음 줄에 출력하는 것이 보기 좋다. 이때 n_columns를 5개로 고정하고, 필터의 줄 수를 n_rows에 저장한다. 필터의 개수가 21개라면 n_columns는 5, n_rows는 5줄이 필요하다. n_rows는 다음과 같이 계산된다.

14 자세한 설명은 파이썬 패키지 matplotlib.pyplot.figure의 공식 문서를 참고하자. https://matplotlib.org/api/_as_gen/matplotlib.pyplot.figure.html

$$n_{rows} = math.ceil\left(\frac{21}{5}\right) + 1 = math.ceil(4.2) + 1 = 4 + 1 = 5$$

복잡해 보이지만, 도식으로 이해하면 간단하다.

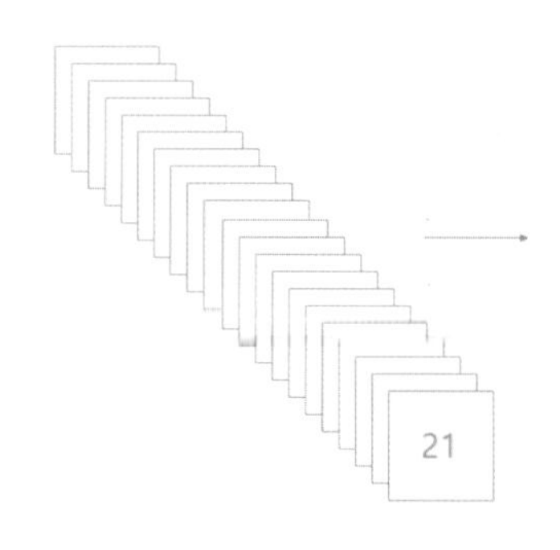

그림 6.18 스물 한 개의 필터를 n_rows와 n_columns로 계산해 그리는 과정

이제 플롯으로 나타낼 데이터 개수를 파악했으니, 반복문을 돌면서 필터를 시각화한다. 이때 예제 6.15의 `plt.imshow()` 명령이 필터를 시각화한다. 이 코드는 첫 번째 파라미터로 필터를 입력받는다. `unit`은 1×(행렬 연산 가로)×(행렬 연산 세로)×(필터 수)다. 이때 '필터 수' 변수를 행렬 인덱스 `i`로 치환하면 `i` 번째 필터 연산 결과를 플롯으로 나타내려는 위치로 지정할 수 있다.

파이썬의 ':'(콜론) 기호는 행렬식을 끊어서 사용하겠다는 명령어다. 예제 6.15의 경우 필터 가로와 필터 세로의 크기가 가변적이므로 입력값에 따라 변형되는 데이터를 사용하겠다는 의미다.

예제 6.14와 예제 6.15를 이해했다면 첫 번째 은닉층을 시각화해 보자.

예제 6.16 첫 번째 은닉층을 시각화하는 코드

```
getActivations(hidden_1, imageToUse)
```

예제 6.16을 실행하면 텐서플로는 `hidden_1`까지의 그래프를 세션에 올리고, `imageToUse`를 `hidden_1`층까지 행렬 연산하고, 그 결과를 예제 6.15의 `plotNNFilter()` 함수에 전달한다. 이때 첫 번째 은닉층은 5개의 필터를 사용해 28×28 크기의 입력값을 처리한다. 따라서 출력 텐서의 모양은 1×28×28×5가 될 것이다.

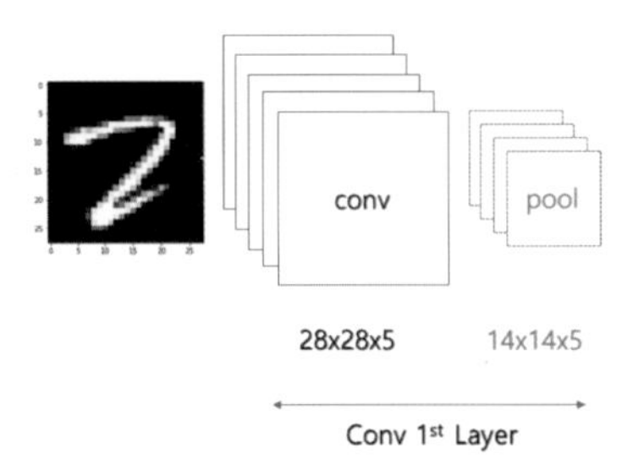

그림 6.19 첫 번째 합성곱 은닉층을 표현한 그림

예제 6.16은 그림 6.19의 'conv'라고 적힌 부분까지(합성곱까지) 그래프 연산을 수행한다.

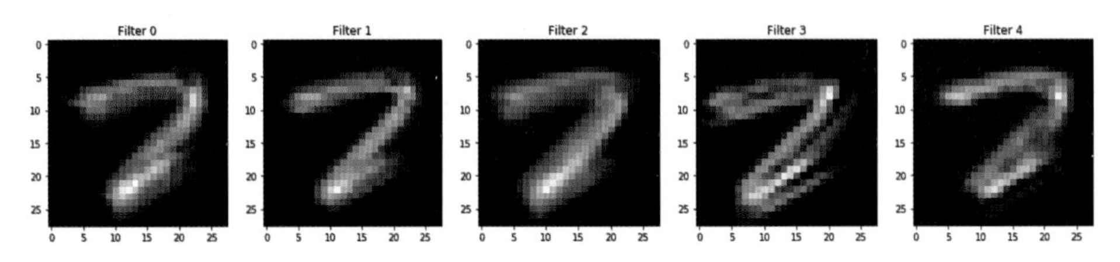

그림 6.20 입력 이미지(숫자 2)에 대해 예제 6.16을 실행한 결과

그림 6.20은 손글씨 2가 신경망에 입력됐을 때 첫 번째 은닉층 통과 결과를 시각화했다. 첫 번째 필터는 다섯 개이므로 총 다섯 개의 필터가 시각화된다. 그림 6.20의 결과, 합성곱 필터는 입력된 이미지의 선 요소를 강화하거나 이중화하거나 흐릿하게 하는 등의 처리로 원본 이미지로부터 정보를 추출했다. 이제 두 번째 은닉층을 시각화해 보자.

예제 6.17 합성곱 신경망의 두 번째 은닉층을 시각화하는 코드

```
getActivations(hidden_2, imageToUse)
```

두 번째 은닉층은 첫 번째 은닉층의 합성곱 연산 이후에 2×2 풀링 연산까지 수행한다. 따라서 이미지 크기는 첫 번째 합성곱 연산 이후에 반으로 줄어들 것이다(14×14). 그러나 이 계층에서도 여전히 필터 다섯 개를 사용한다(그림 6.21).

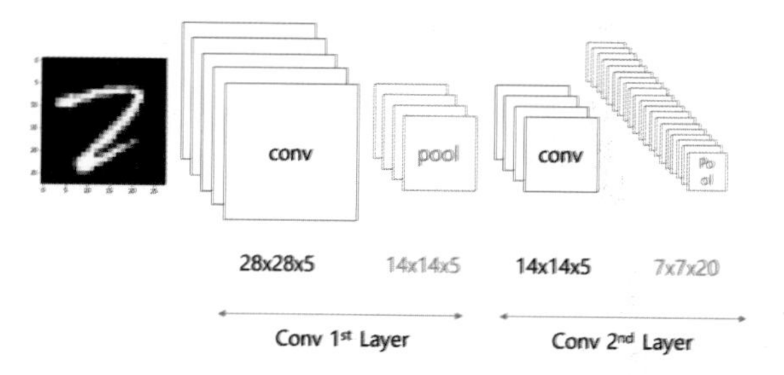

그림 6.21 합성곱 신경망에 손글씨 이미지를 입력했을 때 두 번째 은닉층까지 통과되는 과정을 도식적으로 표현한 그림

그림 6.21의 과정을 통과한 은닉층 필터는 다음과 같은 결과를 출력한다.

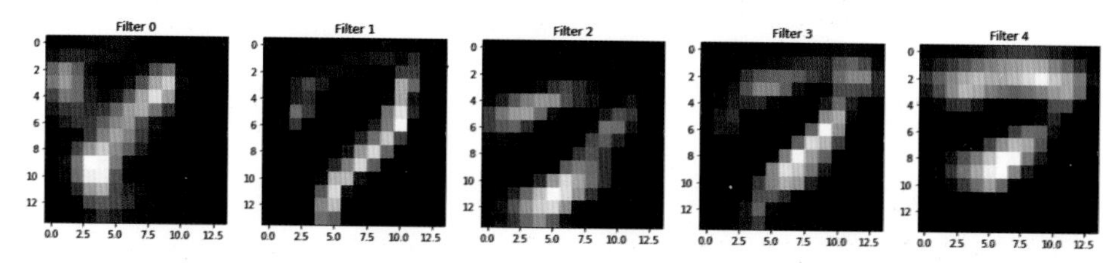

그림 6.22 입력 이미지(숫자 2)가 합성곱 신경망 두 번째 은닉층을 통과한 결과

그림 6.22는 그림 6.20의 이미지와 비교했을 때 훨씬 더 추상적이다. 두 번째 합성곱 연산이 끝난 필터는 이미지가 한쪽으로 쏠려 있거나 훨씬 더 흐릿해졌다. 어떤 필터 이미지는 숫자 2를 그리는 획 중에서 사선 요소가 도드라진다. 이미지가 흰색에 가까울수록 합성곱 신경망 요소가 활성화(activated)됐다는 의미이므로 합성곱 필터 시각화 결과가 밝다면 블랙박스가 해당 필터를 주시하고 있다고 해석할 수 있다. 즉, 합성곱 신경망은 입력한 손글씨 숫자 2에 대해서 상단부터 사선으로 이어지는 요소를 중점적으로 파악하고 숫자 2로 분류한다. 이제 세 번째 은닉층에서 어떤 일이 일어나는지 시각화해 보자.

예제 6.18 세 번째 은닉층을 시각화하는 코드

```
getActivations(hidden_3, imageToUse)
```

세 번째 은닉층은 20개의 필터를 사용한다. 출력 결과는 다음과 같다.

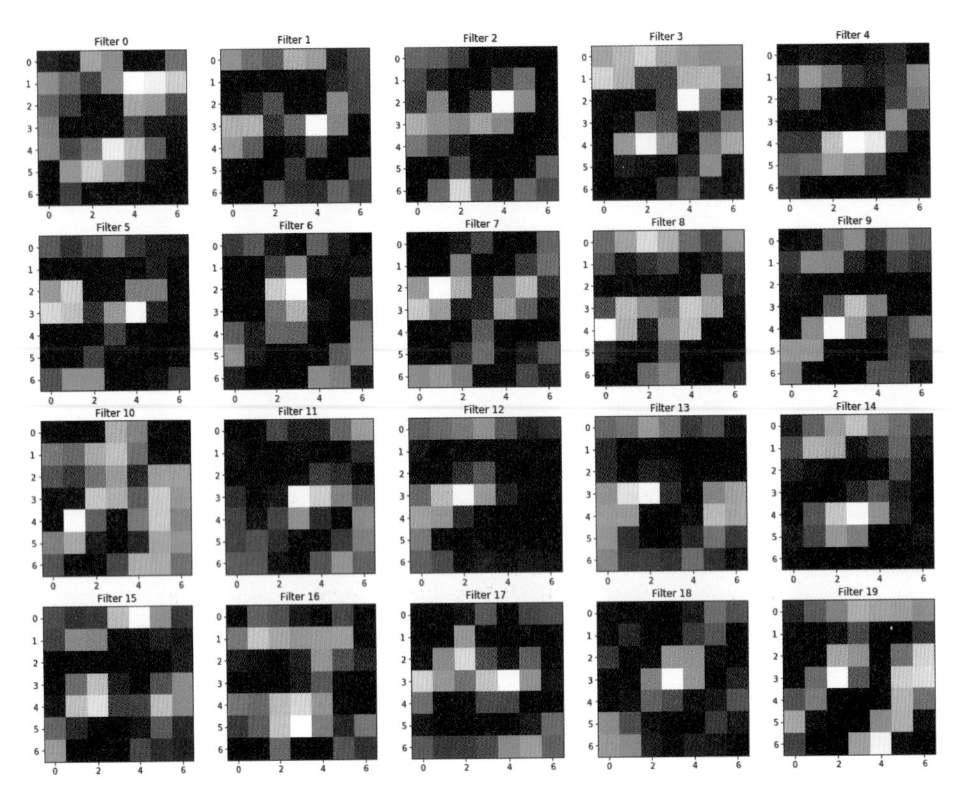

그림 6.23 이미지(숫자 2)를 입력하고 합성곱 신경망의 세 번째 은닉층까지 행렬 연산한 결과

그림 6.23의 결과는 앞선 은닉층 합성곱 결과(그림 6.20, 그림 6.22)와 비교했을 때 훨씬 더 추상적이다. 이미지는 두 번의 풀링과 스무 개의 필터를 통과하면서 작고 다양하게 쪼개졌다(1×7×7×20). 합성곱 신경망은 그림 6.23처럼 추상적인 데이터를 종합해서 이미지를 예측한다. 예제로 만든 모델은 이 이미지를 숫자 2가 아니라 '7'로 잘못 예측했다.

이제 진짜 손글씨 7을 신경망에 입력하고 손글씨 숫자 2의 은닉층 필터와 얼마나 유사한지 비교해 보자. 여기서는 MNIST 손글씨 테스트 데이터베이스 223번째 데이터를 사용할 것이다.

예제 6.18 MNIST 손글씨 테스트 데이터베이스 223번째 데이터를 불러오는 코드

```
imageToUse = mnist.test.images[223]
```

223번째 MNIST 데이터는 손글씨 숫자 7이다.

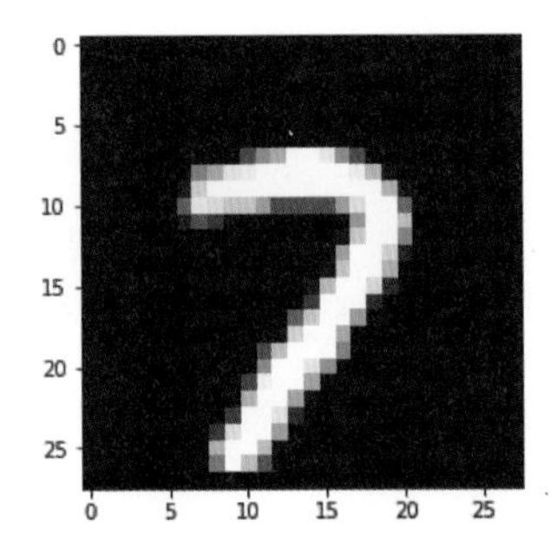

그림 6.24 MNIST 손글씨 테스트 데이터 223번째 이미지

예제 6.18을 합성곱 신경망의 각 필터에 통과시켜 보자. 이때 예제 6.16, 예제 6.17, 예제 6.18을 응용하자. 그리고 이 결과를 손글씨 테스트 데이터 924번(숫자 2)과 비교해 보자.

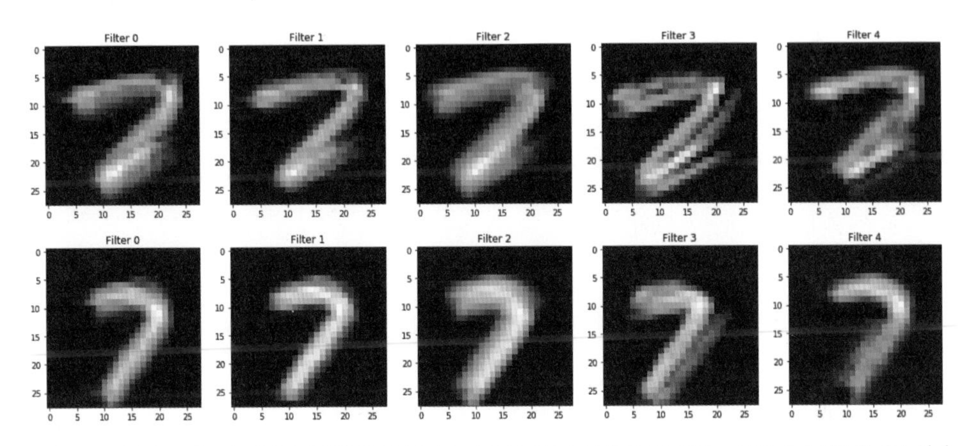

그림 6.25 손글씨 숫자 2가 합성곱 신경망의 첫 번째 은닉층 필터를 통과한 결과(위)와 손글씨 숫자 7이 합성곱 신경망의 첫 번째 은닉층 필터를 통과한 결과(아래)

그림 6.25의 결과로 보건대, 첫 번째 은닉층은 손글씨 숫자 2의 꼬리 획을 흐리게 해석한다. 이 결과로 보면, 첫 번째 은닉 계층이 숫자 2와 숫자 7을 구분해서 인식한다고 해석하기 어렵다. 현재의 합성곱 신경망은 숫자 2와 7을 구분하기 위해 반드시 필요한 마지막 획 성분이 빠졌다.

이번에는 숫자 2와 숫자 7 손글씨가 두 번째 필터를 통과했을 때의 결과를 비교해 보자.

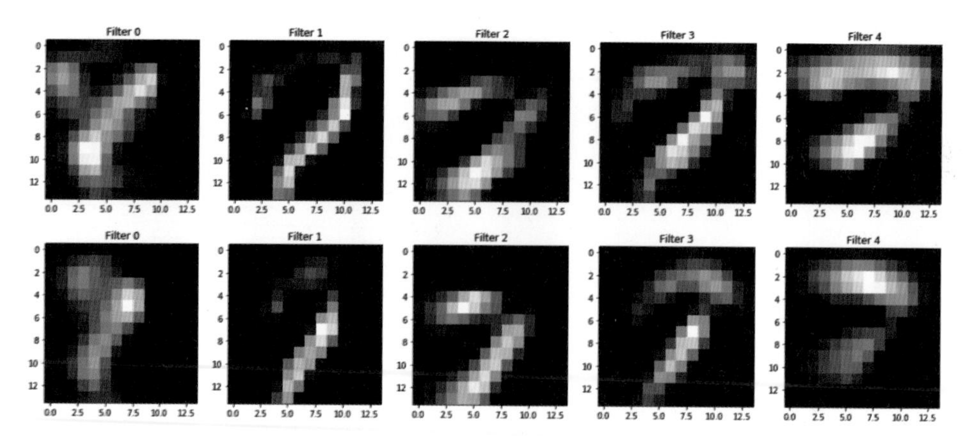

그림 6.26 숫자 2 손글씨에 대해 합성곱 신경망의 두 번째 은닉층을 통과한 결과(위)와 숫자 7 손글씨가 합성곱 신경망 두 번째 은닉층을 통과한 결과(아래)

그림 6.26을 보면 두 은닉층 간의 차이를 구별할 수 없다. 그림 6.24에서 희미하게나마 확인할 수 있었던 숫자 2의 꼬리 획은 합성곱 신경망의 두 번째 은닉층 필터에서 완전히 생략됐다.

숫자 2와 7의 손글씨 이미지를 세 번째 은닉층까지 통과시킨 결과는 매우 추상적이다. 따라서 그림을 읽는 사람마다 해석이 분분할 소지가 있다.

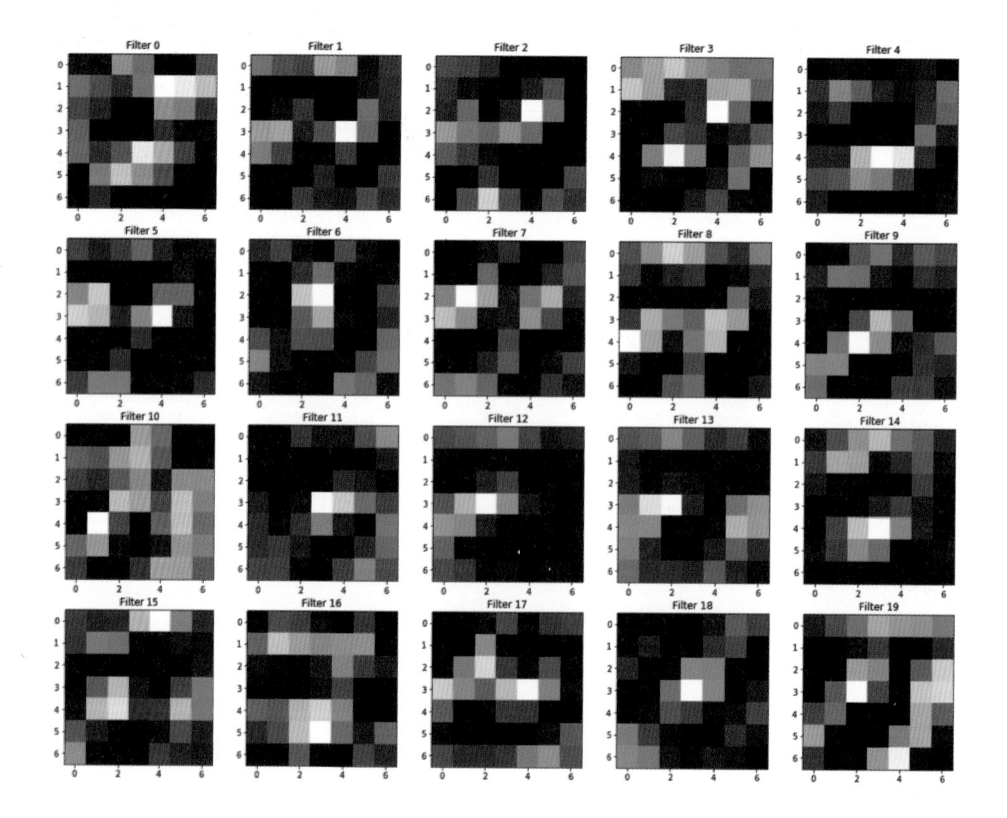

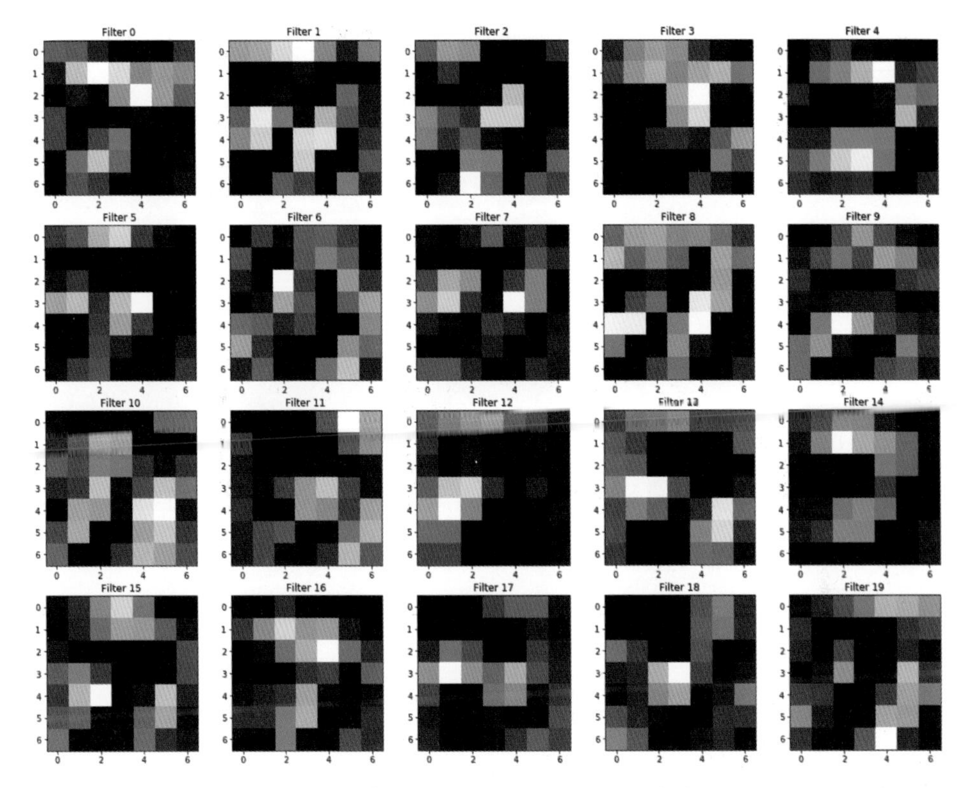

그림 6.27 손글씨 이미지 2를 합성곱 신경망의 세 번째 필터까지 통과시킨 결과(위)와 손글씨 이미지 7을 합성곱 신경망의 세 번째 필터까지 통과시킨 결과(아래)

그림 6.26의 필터와 비교해 본 결과, 직접 학습시킨 합성곱 신경망이 손글씨 2와 7을 구분하지 못하는 이유를 찾을 수 있었다.

참고로 합성곱 신경망이 잘 인식하는 손글씨 2는 은닉층에서 어떻게 해석되는지 함께 실어놓겠다. 다음 결과를 그림 6.24와 비교해 보라.

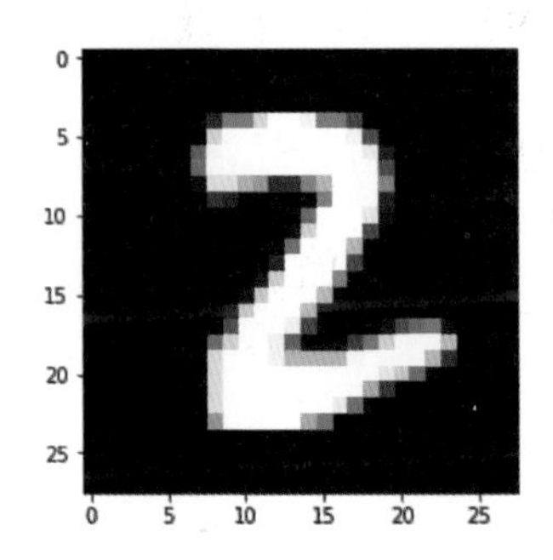

그림 6.28 MNIST 손글씨 테스트 데이터 186번(손글씨 2)

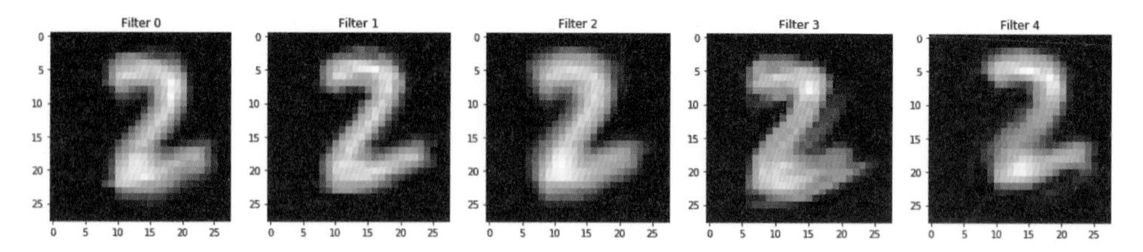

그림 6.29 그림 6.28 손글씨를 합성곱 신경망의 첫 번째 은닉층 필터에 통과시킨 결과

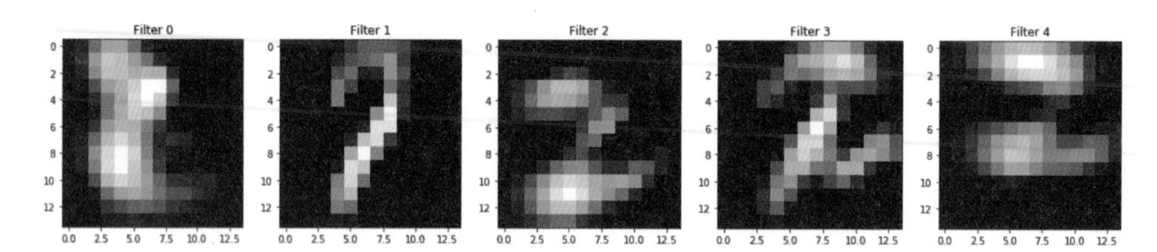

그림 6.30 그림 6.28의 손글씨를 합성곱 신경망의 두 번째 은닉층 필터에 통과시킨 결과

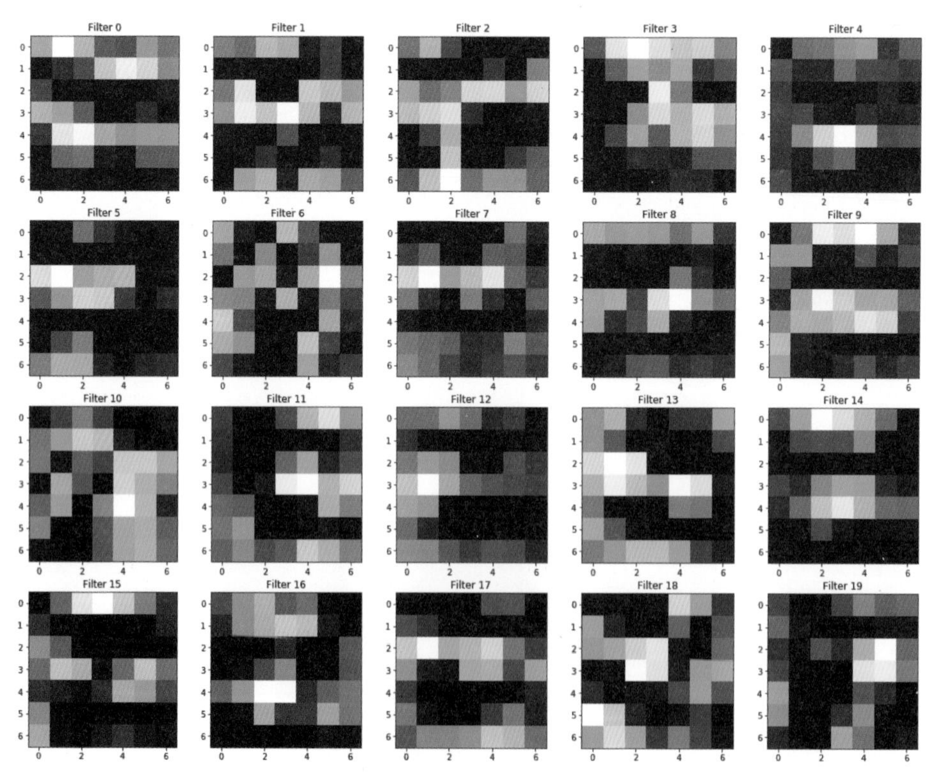

그림 6.31 그림 6.28의 손글씨를 합성곱 신경망의 세 번째 필터에 통과시킨 결과

지금까지 필터 시각화 기법을 통해 손글씨 2와 손글씨 7을 구분하지 못하는 경우를 확인했다. 이 모델을 개선하기 위해 다음과 같은 솔루션을 제안할 수 있을 것이다. (1) 손글씨 2의 꼬리획 특징을 분리할 수 있는 필터를 추가한다. (2) 손글씨 2와 손글씨 7 데이터를 키워 모델이 두 이미지를 확실하게 구분할 수 있게 한다. 이 두 가지 제안(특히 (1)번)은 필터 시각화 없이는 발견할 수 없는 개선점이다.

6.5. 마치며

필터 시각화 기법은 XAI 기법 중에서도 이미지 딥러닝 계열에 강력한 도구다. 여기서는 필터 시각화 기법을 사용해 딥러닝 미지의 영역(black box)을 간접적으로 들여다봤다. 필터 시각화가 불가능하다면 합성곱 신경망이 어느 부분을 중점적으로 바라보고 있는지 확인하기 어려울 것이다. 또한, 모델을 개선할 때도 어떤 데이터와 구조를 보강해야 하는지 판단하기 어렵다.

1989년 필터 시각화 기법이 등장한 이후, 블랙박스를 들여다보려는 노력은 역합성곱(Deconvolution)[15] 기법으로 진화하는가 하면, 역전파(Backpropagation)[16]나 가이드 역전파(Guided Backpropagation)[17], 최대 활성함수(Activation Maximization)[18] 기법 등으로 갈라졌다. 이 기법들은 활성화 함수에 경사도를 변형해서 시각화를 시도하거나 필터가 가장 잘 반응하는 대표 이미지를 만드는 등의 방식으로 블랙박스를 관찰한다.

필터 시각화는 방금 언급했던 응용 기법 중에서 가장 기본이 되는 방법이다. 필터 시각화는 합성곱 신경망의 은닉층 필터를 가시적인 형태로 전개하고 그것을 시각화한다. 필터 시각화는 데이터 과학자 및 의사 결정권자가 모델을 어떻게 인식하는지 해석하는 데 근거가 되는 자료다. 필터 시각화를 적극 활용하면 모델의 인식 방향을 관찰하고 모델을 개선할 수 있다.

15 Zeiler, Matthew D., and Rob Fergus. "Visualizing and understanding convolutional networks." European conference on computer vision. springer, Cham, 2014.

16 Simonyan, Karen, Andrea Vedaldi, and Andrew Zisserman. "Deep inside convolutional networks: Visualising image classification models and saliency maps." arXiv preprint arXiv:1312.6034 (2013).

17 Springenberg, Jost Tobias, et al. "Striving for simplicity: The all convolutional net." arXiv preprint arXiv:1412.6806 (2014).

18 Montavon, Grégoire, Wojciech Samek, and Klaus-Robert Müller. "Methods for interpreting and understanding deep neural networks." Digital Signal Processing 73 (2018): 1-15.

필터 시각화에는 단점도 있다. 우선 필터 시각화 기법은 은닉층을 비가시적인 형태로 조작할 수가 없다. 때때로 모델을 튜닝하다 보면 은닉층을 2차원 이미지가 아니라 1차원 또는 3차원 이상의 형태로 구성해야 할 때가 있다. 그러나 필터 시각화 기법을 사용하는 모델은 시각화를 위해 은닉층을 반드시 2차원 행렬로 고정해야 한다. 또한, 필터 시각화 기법은 해석자에 따라서 관점이 다를 수 있다. 모델은 중간 해석 결과를 이미지 형태로 전달한다. 이 이미지에는 아무런 지시사항도, 관점도 적혀 있지 않다. 따라서 해당 이미지를 받고 해석하는 일에는 주관이 개입할 소지가 있다. 따라서 필터 시각화 기법을 사용할 때는 모델의 해석 능력과 분류 정확도가 함께 성장하기 어렵다는 사실을 인지하고 있어야 한다. 그럼에도 불구하고 필터 시각화는 구현이 간편하고, 이해하기 쉬우며, 개선점을 찾기 쉽기 때문에 가장 쉽게 추천할 수 있는 딥러닝 기반 이미지 분류 XAI 기법이다.

07

LRP(Layer-wise Relevance Propagation)

실습용 colab 링크: http://bit.ly/37SDpwX

앞서 딥러닝을 사용한 XAI 기법은 피처맵을 시각화해 블랙박스를 해석했다. 피처맵 시각화 방식은 모델이 입력 이미지에 어떻게 반응하는지 각 은닉층을 조사한다. 그러나 이 방식은 깊은 은닉 계층일수록 해석력이 떨어지고, 해석자마다 모델을 다양하게 받아들일 소지가 있다.

이번에 소개하는 XAI 기법은 계층별 타당성 전파(Layer-wise Relevance Propagation, 이하 LRP)다. LRP는 딥러닝 모델의 결과를 역추적해서 입력 이미지에 히트맵(heatmap)[1]을 출력한다. 히트맵은 딥러닝 모델이 입력 이미지를 어떻게 바라보는지 직접 표시한다. 히트맵은 블랙박스가 데이터의 어느 곳을 주목하는지 표시할 수 있기 때문에 피처맵 기법보다 블랙박스를 오인할 가능성이 적다. LRP 알고리즘은 히트맵 결과를 출력하는 딥러닝-XAI 기법 중 가장 대표적인 방식이다[2].

LRP는 이론적으로 두 가지 기법이 혼합돼 있는데, 하나는 타당성 전파(Relevance Propagation, 이하 RP)고, 다른 하나는 분해(Decomposition)다[3]. 전파(RP)는 특정 결과가 나오게 된 원인을 분해하고 그 비중을 분배하는 과정이다. 분해는 앞서 RP로 얻어낸 '원인'을 가중치로 환원하고 해부하는 과정이다.

이제 LRP에 대한 얼개를 잡았으니, 다음 절에서는 LRP 이론을 파악하고 코드로 직접 구현해 보자.

1 히트맵은 열을 뜻하는 히트와 지도를 뜻하는 맵을 결합시킨 단어로, 색상으로 표현할 수 있는 다양한 정보를 일정한 이미지 위에 열 분포 형태의 시각적 도표로 출력하는 것이 특징이다.

2 LRP 외에 히트맵 방식으로 딥러닝을 이해하는 다양한 알고리즘은 'LRP 등장 이전과 이후의 딥러닝 XAI 동향' 단원 참조.

3 LRP는 이곳에서 데모 시연 가능하다: https://lrpserver.hhi.fraunhofer.de/image-classification.

7.1. 배경 이론

딥러닝 모델은 수없이 많은 신경망이 결합돼 있다. 신경망은 활성화 함수의 조합이며, 활성화 함수는 가중치(weight)와 노드, 편향(bias)의 수열합으로 구성된다. 일반적으로 딥러닝은 파라미터가 많아서 직관적으로 모델을 이해하기가 어렵다. 특히 딥러닝 모델은 피처를 연결하고 활성화되는 과정이 비선형적(non-linear)이고, 다양한 커널로 사상(mapping, 이하 매핑)되기 때문에 추론하기가 어렵다. 이러한 비선형성을 극복하고 설명성을 부여하기 위해서 필터 시각화나 민감도를 사용하는 기법들이 등장했다.

필터 시각화나 민감도 기법은 딥러닝의 순방향으로 진행(feed forward)하며 데이터 흐름을 관찰하는 기법이다. LRP는 딥러닝 블랙박스가 분류한 이미지 결과를 역순으로 탐지하며 분해한다. 그리고 마침내 분해된 요소들이 원본 이미지까지 도달했을 때 원본 이미지에 상대적 기여도를 표시함으로써 딥러닝 모델을 해석한다. LRP는 딥러닝 블랙박스를 역순으로 탐지하기 위해 분해(Decompositon) 기법을 사용하고, 기여도를 계산할 때 타당성 전파(Relevance Propagation) 기법을 사용한다. 따라서 LRP를 제대로 알고 실습하기 위해서는 분해와 타당성 전파 방식을 숙지해야 한다[4].

7.1.1. 분해(Decomposition)

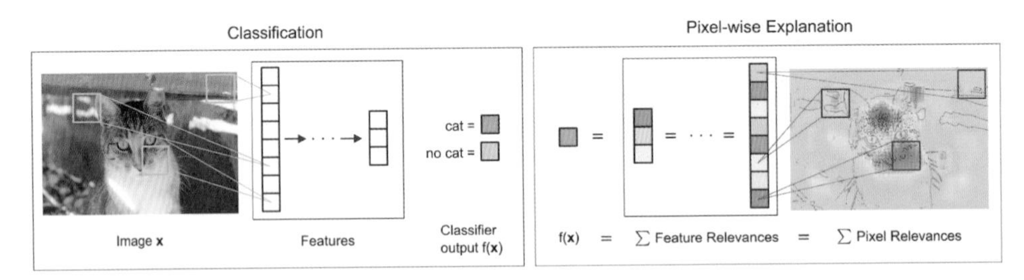

그림 7.1 LRP는 히트맵[5]으로 결과를 산출한다. 따라서 LRP는 딥러닝 블랙박스가 특정 입력값의 어떤 부분을 가중해서 이해하고 있는지를 시각적으로 표현할 수 있다.

4 LRP의 개념과 수학 표현은 다음 논문을 번역하고 이용했다. Bach, Sebastian, et al. "On pixel-wise explanations for non-linear classifier decisions by layer-wise relevance propagation." PloS one 10.7 (2015): e0130140.

5 이미지 출처: Bach, Sebastian, et al. "On pixel-wise explanations for non-linear classifier decisions by layer-wise relevance propagation." PloS one 10.7 (2015): e0130140.

분해는 블랙박스에 입력된 피처 하나가 결과 해석에 얼마나 영향을 미치는지 해체하는 방법이다. 예를 들어, 분해하면 어떤 이미지 x에서 픽셀 k가 결과를 도출하는 데 도움이 되는지(+), 해가 되는지(−)를 알아낼 수 있다.

그림 7.1의 블랙박스는 이미지를 '고양이'로 분류한다. 이때 LRP는 '고양이'를 결정하는 데 도움이 되는 영역을 빨간색, 잘못 분류하는 영역을 파란색으로 표시한다. 그림 7.1의 왼쪽 영역은 원본 이미지를 입력했을 때 모델이 이미지를 어떻게 받아들이는지 도식으로 표시한 결과다. 그림 7.1에서 각 이미지 픽셀은 영역으로 묶인 다음, 피처 하나로 응축돼 은닉층에 전달된다. 딥러닝 모델은 전달된 은닉층 값을 다른 은닉층으로 전달한다. 이 모델은 마지막 은닉층을 통과할 때 이 이미지가 고양이인지, 아닌지의 결과를 출력한다.

그림 7.1의 오른편은 분해(또는 픽셀별 분해, pixel-wise decomposition)를 표시한 도식이다. 분해는 블랙박스 $f(x)$가 이미지를 '고양이'라고 예측할 가능성(probability)에서부터 딥러닝을 역방향으로 순회하며 각 은닉층의 결과 기여도를 판단한다.

7.1.2. 타당성 전파

타당성 전파(Relevance Propagation)는 분해 과정을 마친 은닉층이 결괏값 출력에 어떤 기여를 하는지 타당성을 계산하는 방법이다. 모델이 분해를 마치고 피처 타당성 계산으로 모든 은닉층 활성화 함수의 기여도를 계산할 수 있다면, 이미지 x의 픽셀마다 기여도를 표시할 수 있다(Pixel Relevances). 이때 기여도란 입력 이미지의 어떤 픽셀이 모델 분류에 도움 또는 해가 됐는지를 표시하는 기법이다. 이 과정을 수식으로 표현해 보자.

$$f(x) \approx \sum_{d=1}^{V} R_d \qquad (7.1)$$

$f(x)$는 블랙박스 함수 f가 이미지 x를 입력받아 이미지를 분류할 때의 타당성(relevance)이다. V는 은닉층 벡터다. R_d는 은닉층 벡터 한 원소의 타당성 점수다. 즉, $f(x)$는 R_d의 기여도 총합에 근사한다.

수식 (7.1)에서 $R_d > 0$이라면, 피처 d가 블랙박스 모델을 예측할 때 긍정적인 영향을 미친다고 해석할 수 있다. 마찬가지로 $R_d < 0$이라면, 피처 d는 딥러닝 모델 예측을 방해하고 있다는 의미다. 이때 타당성 전파란 $f(x)$로부터 $\sum_{d=1}^{V} R_d$를 계산하는 과정과 특정 은닉층에서 다음 은닉층까지 상대성을 계산하는 과정을 모두 포함한다.

어떤 딥러닝 모델 은닉 l층에 대한 피처 d의 기여도를 $R_d^{(l)}$라고 표현하자. 이때 입력 이미지에 대한 피처(픽셀) d의 기여도는 $R_d^{(1)}$라고 표현할 수 있다. 우리는 궁극적으로 $R_d^{(1)}$를 계산해야 한다. $R_d^{(1)}$는 원본 이미지의 결괏값 기여도를 의미하기 때문이다. 그러나 $f(x)$와 $R_d^{(1)}$ 사이에는 은닉층이 가로막고 있다. 따라서 $f(x)$에서 $R_d^{(1)}$를 바로 구할 수 없다. 이 과정을 수식으로 표현해 보자.

$$f(x) = \cdots = \sum_{d \in l+1} R_d^{(l+1)} = \sum_{d \in l} R_d^{(l)} = \cdots = \sum_{d} R_d^{(1)} \qquad (7.2)$$

수식 (7.2)는 딥러닝 모델의 분류 결괏값을 첫 번째 은닉층으로, 첫 번째 은닉층에서 두 번째 은닉층으로, 마지막으로 은닉층에서 입력 데이터까지 타당성 가중치를 계산하는 과정이다.

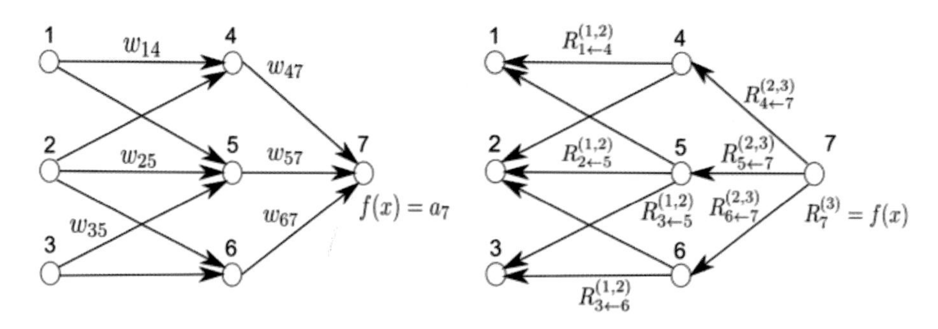

그림 7.2 신경망이 입력 데이터 x를 예측하는 과정(왼쪽)과 예측된 결과 $f(x)$에서 계층별로 타당성을 전파하고 분해하는 과정(오른쪽)

그림 7.2의 $R_{1\leftarrow 4}^{(1,2)}$는 은닉층 1층과 2층을 연결하고, 은닉층 2층의 노드 4번으로부터 은닉층 1층 노드 1번으로 전파되는 기여도를 의미한다. 이때 그림 7.2의 w_{14}와 $R_{1\leftarrow 4}^{(1,2)}$는 방향도 반대고 크기도 다르다. 왜냐하면, 신경망의 가중치(왼쪽)는 제한이 없고, 타당성은 '비율'이기 때문이다. 이때 가중치는 음의 값을 가질 수도 있다. 그러나 각 타당성 계층은 모두 양의 값을 갖는다.

논문에서는 보존 특성(conservation property)이라는 아이디어를 사용해서 각 타당성 계층 간 총합이 일치하게 했다. 보존 특성은 다음과 같이 설명할 수 있다.

$$R_j = \sum_k \frac{Z_{jk}}{\sum_j Z_j} R_k$$

이때 j와 k는 뉴런으로, 서로 연속적으로 연결돼 있다. Z_{jk}는 k 뉴런이 보존되도록 j 뉴런이 기여한 비중을 나타낸다.

그리고 보존 특성이 반영된 은닉층별 타당성은 다음과 같이 적을 수 있다.

$$f(x) = R_7^{(3)} = R_4^{(2)} + R_5^{(2)} + R_6^{(2)} \qquad (7.3)$$

R은 기여도를 나타낸다. 수식 (7.3)은 다음과 같이 다시 표현할 수 있다.

$$R_4^{(2)} + R_5^{(2)} + R_6^{(2)} = R_1^{(1)} + R_2^{(1)} + R_3^{(1)} \qquad (7.4)$$

수식 (7.3)과 (7.4)를 조합하면 은닉 계층마다 피처의 타당성(Relevance, R) 총합이 같다는 것을 알 수 있다. 이때 각 은닉 피처 하나에 대한 타당성 변수 R을 계산하는 방법은 다음과 같다.

$$R_i^{(l)} = \sum_{i \text{ is input for neuron } k} R_{i \leftarrow k}^{(l,l+1)} \qquad (7.5)$$

수식 (7.5)로부터 $R_2^{(1)}$는 다음과 같이 계산된다.

$$R_2^{(1)} = R_{2 \leftarrow 4}^{(1,2)} + R_{2 \leftarrow 4}^{(1,2)} + R_{2 \leftarrow 4}^{(1,2)} \qquad (7.6)$$

앞서 타당성 전파는 방향이 없다고 설명했다. 타당성 전파는 신경망의 역방향뿐만 아니라 순방향으로도 구할 수 있다. 이것은 수식 (7.5)에서 방향만 바꿔 표현하면 된다. 다음 수식 (7.7)을 참고하자.

$$R_k^{(l+1)} = \sum_{i \text{ is input for neuron } k} R_{i \leftarrow k}^{(l,l+1)} \qquad (7.7)$$

결국 그림 7.2의 $R_5^{(2)}$는 다음과 같이 양방향으로 계산될 수 있다.

$$R_5^{(2)} = R_{5\leftarrow 7}^{(2,3)} = R_{1\leftarrow 5}^{(1,2)} + R_{2\leftarrow 5}^{(1,2)} + R_{3\leftarrow 5}^{(1,2)} \qquad (7.8)$$

이 과정을 통해서 타당성 전파 간선(edge, $R_{i\leftarrow k}^{(l,l+1)}$) 값을 양쪽으로 추론할 수 있다. 우리가 궁극적으로 계산해야 할 입력 이미지 영역 $R_{d\in image}^{(1)}$ 상대성은 입력 이미지 다음 레이어의 은닉층 타당성 전파 간선 $R_{d_{image}\leftarrow d_{hidden}}^{(1,2)}$을 계산해 구할 수 있다. 또한, 은닉층의 타당성 전파 간선은 딥러닝 모델 전체의 타당성 전파 간선 $R_{i\leftarrow k}^{(l,l+1)}$으로부터 구할 수 있다.

지금까지 타당성 계산 상수 R을 구하는 방법을 알아봤다. 타당성은 타당성 전파 간선을 더해서 구할 수 있고, 간선은 양방향이다(수식 (7.8)). 각 은닉층을 연결하는 간선의 타당성을 계산할 수 있다면 전체 타당성 상수 R을 계산할 수 있다.

이제 타당성 전파 간선을 계산해 보자. 그림 7.2를 다시 한 번 참고하자.

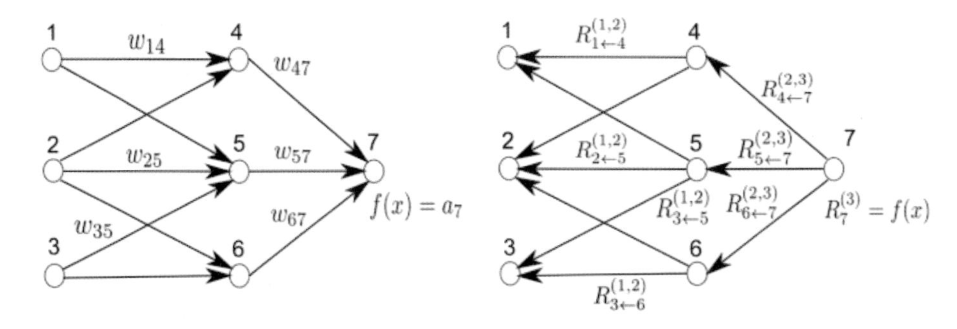

그림 7.2(중복) 신경망이 입력 데이터 x를 예측하는 과정(왼쪽)과 예측된 결과 f(x)에서 계층별로 LRP를 분해하는 과정(오른쪽)

그림 7.2의 신경망 가중치 w_{14}와 $R_{1\leftarrow 4}^{(1,2)}$는 방향도 반대고 크기도 같지 않다. 그 이유는 w_{14}가 가중치이고, 이 수치는 신경망의 활성화 함수와 함께 계산되기 때문에 타당성 전파 간선의 기여도 비율(ratio)과는 다르기 때문이라고 설명했다. 이외에도 다음과 같은 등식이 성립한다.

$$R^{(1)} = R^{(2)} = R^{(3)} = f(x) \qquad (7.9)$$

이때 수식 (7.9)는 공식 (7.2)에 의해 다음과 같이 분해된다.

$$\sum_{\leftarrow} R^{(1,2)} = \sum_{\leftarrow} R^{(2,3)} = f(x) \qquad (7.10)$$

수식 (7.10)과 달리 신경망 가중치는 은닉층별 가중치 합이 균일하지 않다. 이러한 문제는 앞서 설명한 보존 특성 공식을 사용하면 해결할 수 있다.

$$w_{14}+w_{15}+w_{24}+w_{25}+w_{26}+w_{35}+w_{36} \neq w_{47}+w_{57}+w_{67} \neq f(x) \qquad (7.11)$$

가중치 합은 수식 (7.11)처럼 표현할 수 있다. 그렇다면 어떻게 하면 타당성 간선 R 값을 구할 수 있을까? 여기서 마지막 계층 $f(x)=a_7$ 값에 주목할 필요가 있다. 은닉층별 가중치 합이 다르다면, 마지막 계층의 결괏값에 기여한 각 은닉층별 가중치 비율을 계산하면 타당성 간선을 분해할 수 있다.

신경망의 분류 결괏값은 바로 직전 은닉층의 가중치와 활성화 함수의 합으로 구할 수 있다.

$$a_7 = f(x) = w_{47} \times a_4 + w_{57} \times a_5 + w_{67} \times a_6 \qquad (7.12)$$

이때 a_7은 $R_7^{(3)}$와 같다. 보존 특성 공식을 사용해 다음과 같이 분해해 보자.

$$\begin{aligned} f(x) = a_7 = R_7^{(3)} &= R_7^{(3)} \times \frac{f(x)}{f(x)} = R_7^{(3)} \times \frac{w_{47}a_4 + w_{57}a_5 + w_{67}a_6}{w_{47}a_4 + w_{57}a_5 + w_{67}a_6} \\ &= R_7^{(3)} \times \frac{w_{47}a_4}{w_{47}a_4 + w_{57}a_5 + w_{67}a_6} + R_7^{(3)} \times \frac{w_{57}a_5}{w_{47}a_4 + w_{57}a_5 + w_{67}a_6} \\ &= R_7^{(3)} \times \frac{w_{67}a_6}{w_{47}a_4 + w_{57}a_5 + w_{67}a_6} \\ &= R_7^{(3)} \times \frac{a_4 w_{47}}{\sum_{i=4,5,6} a_i w_{i7}} + R_7^{(3)} \times \frac{a_5 w_{57}}{\sum_{i=4,5,6} a_i w_{i7}} + R_7^{(3)} \times \frac{a_6 w_{67}}{\sum_{i=4,5,6} a_i w_{i7}} \end{aligned} \qquad (7.13)$$

수식 (7.13)은 신경망의 마지막 분류 결과를 각각의 활성함수와 가중치 합으로 정규화(normalize)해서 타당성 전파 간선을 계산한다. 이렇게 하면 각 은닉층을 잇는 타당성 간선의 합은 신경망의 마지막 분류 결괏값(a_7)과 같아질 뿐만 아니라, 가중치와 활성화 함수 값으로부터 타당성 전파 간선 값을 계산할 수 있다. 그리고 이렇게 구한 타당성 전파 간선 값을 모으면 타당성 변수를 계산할 수 있다.

$$R_4^{(2)} = R_4^{(2)} \frac{a_1 w_{14}}{\sum_{i=1,2} a_i w_{i4}} + R_4^{(2)} \frac{a_2 w_{24}}{\sum_{i=1,2} a_i w_{i4}} \qquad (7.14)$$

수식 (7.14)는 수식 (7.13)과 함께 은닉층 하나($R_4^{(2)}$)의 값을 구한다. 두 과정을 일반화하면, 타당성 전파 간선을 구하는 공식을 정리할 수 있다.

$$R_{i \leftarrow k}^{(l,l+1)} = R_k^{(l,l+1)} \frac{a_i w_{ik}}{\sum_h a_h w_{hk}} \qquad (7.15)$$

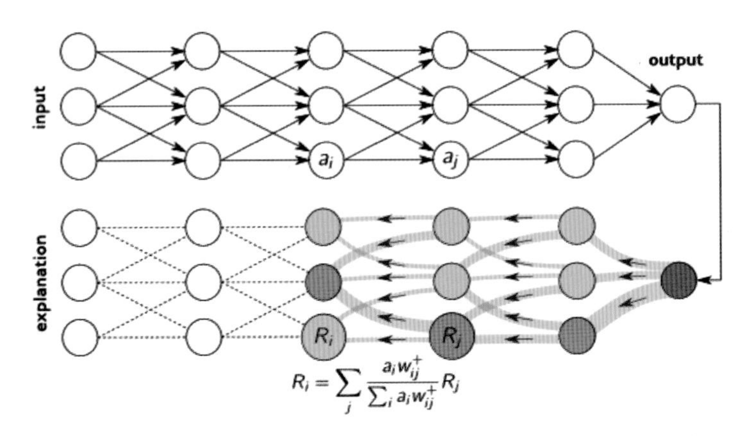

그림 7.3 LRP 알고리즘으로 은닉층별 피처 기여도 계산 과정을 도식으로 표현한 결과[6]

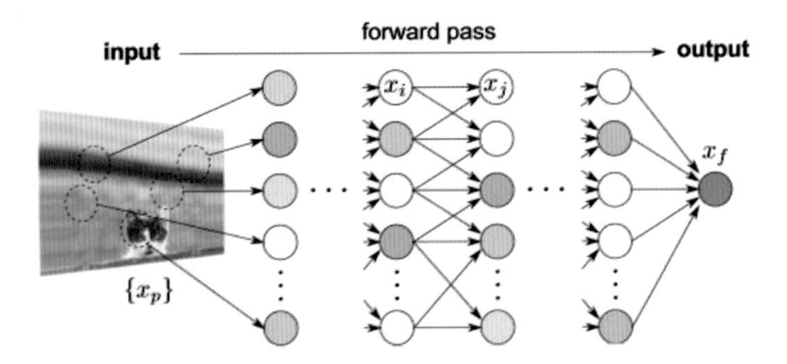

6 이미지 출처: http://www.heatmapping.org/.

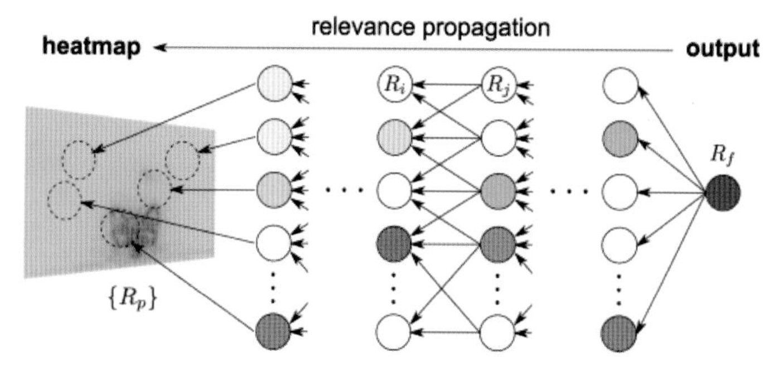

그림 7.4 이미지를 입력한 모델의 결과를 LRP를 사용해 끝까지 분해하고 그 비중을 히트맵으로 표현하는 과정[7]

이제 수식 (7.15)로부터 타당성 전파 간선을 계산할 수 있다. 게다가 수식 (7.15)와 수식 (7.5)를 결합하면 타당성 변수 R을 구할 수 있다. 마지막으로 이렇게 구한 타당성 변수 R을 수식 (7.1)로 분해하면 입력 이미지가 픽셀별로 모델 f_x에 미치는 영향을 계산할 수 있다. 지금까지 배운 LRP 기법으로 분해와 타당성 전파를 수행하면 그림 7.4와 같은 히트맵을 그릴 수 있다.

이제 필요한 이론 공부는 끝났다. 지금부터 직접 LRP를 구현하며 블랙박스 속을 들여다보자.

7.2. 실습 7: 합성곱 신경망 속 열어보기

LRP를 바로 구현해 보기 위해 6장에서 만들었던 합성곱 신경망 코드를 재활용하자. LRP 이론이 어렵게 느껴졌던 독자라면 이론을 복습하는 대신 코드를 직접 구현하면서 내용을 환기해 보는 것도 좋을 것이다.

7.2.1. 합성곱 신경망 학습하기

합성곱 신경망은 6.3 '합성곱 신경망 제작하기'에서 상세하게 다뤘다. 따라서 이번 단원에서는 합성곱 신경망 이론과 관련된 설명은 생략하겠다. 합성곱 신경망을 구현하는 코드 중 구간별로 설명이 필요한 독자들은 6.3 '합성곱 신경망 제작하기'를 참고하라.

7 이미지 출처: Montavon, Grégoire, et al. "Explaining nonlinear classification decisions with deep taylor decomposition." Pattern Recognition65 (2017): 211–222. Fig 2.

예제 7.1 합성곱 신경망을 제작하고 정확도를 출력하는 코드

```
import numpy as np
import matplotlib.pyplot as plt
%matplotlib inline
import tensorflow as tf
import tensorflow.contrib.slim as slim
from tensorflow.examples.tutorials.mnist import input_data

# MNIST 데이터셋 로드
mnist = input_data.read_data_sets("MNIST_data/", one_hot=True)

# CNN 모델 구성
tf.reset_default_graph()
x = tf.placeholder(tf.float32, [None, 784],name="x-in")
true_y = tf.placeholder(tf.float32, [None, 10],name="y-in")
keep_prob = tf.placeholder("float")
x_image = tf.reshape(x,[-1,28,28,1])

# 첫 번째 계층
hidden_1 = slim.conv2d(x_image,5,[5,5])
pool_1 = slim.max_pool2d(hidden_1,[2,2])

# 두 번째 계층
hidden_2 = slim.conv2d(pool_1,5,[5,5])
pool_2 = slim.max_pool2d(hidden_2,[2,2])

# 세 번째 계층
hidden_3 = slim.conv2d(pool_2,20,[5,5])
hidden_3 = slim.dropout(hidden_3,keep_prob)

out_y = slim.fully_connected(slim.flatten(hidden_3), 10,
                             activation_fn=tf.nn.softmax)

cross_entropy = -tf.reduce_sum(true_y*tf.log(out_y))
correct_prediction = tf.equal(tf.argmax(out_y,1), tf.argmax(true_y,1))
accuracy = tf.reduce_mean(tf.cast(correct_prediction, "float"))
train_step = tf.train.AdamOptimizer(1e-4).minimize(cross_entropy)

# 학습
batchSize = 50
```

```
sess = tf.Session()
init = tf.global_variables_initializer()
sess.run(init)

for i in range(1000):
    batch = mnist.train.next_batch(batchSize)
    sess.run(train_step, feed_dict={x:batch[0],true_y:batch[1], keep_prob:0.5})
    if i % 100 == 0 and i != 0:
        trainAccuracy = sess.run(accuracy,
                                 feed_dict={x:batch[0],
                                 true_y:batch[1],
                                 keep_prob:1.0})
        print("step %d, training accuracy %g"%(i, trainAccuracy))

# 정확도 계산
print('Accuracy: {:.2%}'.format(sess.run(accuracy,
                                         feed_dict={x: mnist.test.images,
                                                    true_y: mnist.test.labels,
                                                    keep_prob: 1.0})))
```

예제 7.1을 실행하면 다음과 같이 학습이 진행되고 테스트 결과가 출력된다. 컴퓨터 환경에 따라 학습하는 데 시간이 걸릴 수 있다.

```
In [5]: # learning
        batchSize = 50
        sess = tf.Session()
        init = tf.global_variables_initializer()
        sess.run(init)
        for i in range(1000):
            batch = mnist.train.next_batch(batchSize)
            sess.run(train_step, feed_dict={x:batch[0],true_y:batch[1], keep_prob:0.5})
            if i % 100 == 0 and i != 0:
                trainAccuracy = sess.run(accuracy, feed_dict={x:batch[0],true_y:batch[1], keep
                print("step %d, training accuracy %g"%(i, trainAccuracy))

        step 100, training accuracy 0.24
        step 200, training accuracy 0.72
        step 300, training accuracy 0.64
        step 400, training accuracy 0.86
        step 500, training accuracy 0.86
        step 600, training accuracy 0.72
        step 700, training accuracy 0.84
        step 800, training accuracy 0.9
        step 900, training accuracy 0.96

In [51]: print('Accuracy: {:.2%}'.format(sess.run(accuracy,
                                                  feed_dict={x: mnist.test.images,
                                                             true_y: mnist.test.labels,
                                                             keep_prob: 1.0})))

         Accuracy: 89.50%
```

그림 7.5 합성곱 신경망을 학습하는 과정. 여기서 만든 모델의 정확도는 89.5%다

7.2.2. 합성곱 신경망 부분 그래프 구하기

LRP를 구현하려면 합성곱 신경망 일부를 분해하고 변수로 저장해야 한다. 다음 그림을 참고해서 어떤 값을 변수로 저장해야 할지 생각해 보자.

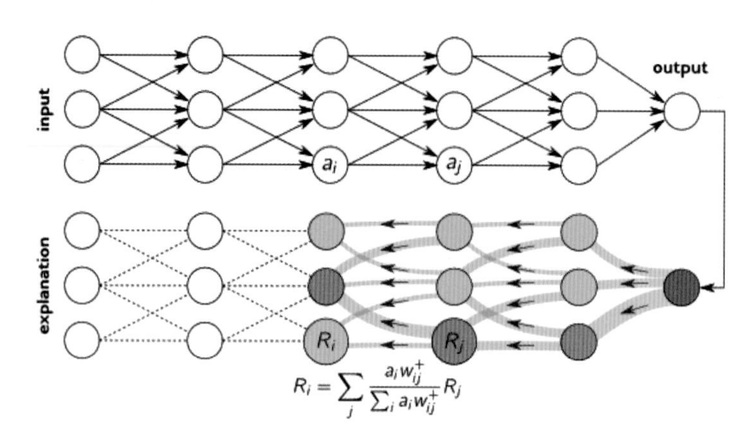

그림 7.6(중복) LRP 알고리즘으로 은닉층별 피처 기여도 계산 과정을 도식으로 표현한 결과

그림 7.3을 참고삼아 LRP를 구현하는 데 필요한 변수들을 찾아보자.

1. 신경망의 계층별 활성화 함수(a)
2. 신경망의 두 계층 사이를 잇는 가중치 벡터(w)
3. 분류 결괏값(output)
4. 신경망의 앞 계층 노드별 타당성 수치(R_j)

텐서플로는 그래프 일부를 떼어 중간 결괏값을 출력할 수 있다. 이미 예제 7.1에서 합성곱 신경망 속 은닉층 활성화 함수를 출력해 봤다. 따라서 앞에서 언급한 필요 변수 1번은 예제 7.1을 재활용해서 쉽게 구할 수 있다.

필요 변수 2번은 텐서플로 라이브러리로 쉽게 구할 수 있다. 텐서플로의 `get_collection` 메서드는 텐서플로 세션에 올라간 모델 정보를 가져온다. `get_collection` 명령어는 모델의 가중치와 바이어스(bias)를 모두 불러올 수 있다.

예제 7.1의 out_y 변수는 신경망 분류 결과다. 이 정보는 필요 변수 3번에 해당한다. 마지막으로 필요 변수 4번은 모델 분류 수치(3)로부터 가중치 변수(2)를 가공해서 구할 수 있다. R을 찾는 공식은 7.1.2 '타당성 전파' 절에 실린 수식 (7.5)를 참고하자.

6장에서 구축한 신경망으로부터 필요 변수 1, 2, 3번은 즉시 구할 수 있다. 그러나 필요 변수 4번을 구하기 위해서는 데이터를 가공해야 한다. 이제 예제 7.1을 가공해서 필요 변수들을 가져온 다음, LRP를 구현해 보자.

예제 7.2 필요 변수 1, 2를 불러오는 코드

```
layers = [hidden_1, pool_1, hidden_2, pool_2, hidden_3]
weights = tf.get_collection(tf.GraphKeys.TRAINABLE_VARIABLES,
                            scope='.*weights.*')
biases = tf.get_collection(tf.GraphKeys.TRAINABLE_VARIABLES,
                           scope='.*biases.*')
```

예제 7.2의 get_collection은 현재 텐서플로가 세션에 올려놓은 그래프 중 특정 변숫값을 불러오는 메서드다. 이때 가중치(weights)와 바이어스(bias)는 scope 변수를 조정해서 필터링한다. 예제 7.2를 실행했을 때 layers, weights, bias 각각의 출력 결과는 다음과 같다.

```
In [113]: layers

Out[113]: [<tf.Tensor 'Conv/Relu:0' shape=(?, 28, 28, 5) dtype=float32>,
           <tf.Tensor 'MaxPool2D/MaxPool:0' shape=(?, 14, 14, 5) dtype=float32>,
           <tf.Tensor 'Conv_1/Relu:0' shape=(?, 14, 14, 5) dtype=float32>,
           <tf.Tensor 'MaxPool2D_1/MaxPool:0' shape=(?, 7, 7, 5) dtype=float32>,
           <tf.Tensor 'Dropout/dropout/mul:0' shape=(?, 7, 7, 20) dtype=float32>]

In [114]: weights

Out[114]: [<tf.Variable 'Conv/weights:0' shape=(5, 5, 1, 5) dtype=float32_ref>,
           <tf.Variable 'Conv_1/weights:0' shape=(5, 5, 5, 5) dtype=float32_ref>,
           <tf.Variable 'Conv_2/weights:0' shape=(5, 5, 5, 20) dtype=float32_ref>,
           <tf.Variable 'fully_connected/weights:0' shape=(980, 10) dtype=float32_ref>]

In [115]: biases

Out[115]: [<tf.Variable 'Conv/biases:0' shape=(5,) dtype=float32_ref>,
           <tf.Variable 'Conv_1/biases:0' shape=(5,) dtype=float32_ref>,
           <tf.Variable 'Conv_2/biases:0' shape=(20,) dtype=float32_ref>,
           <tf.Variable 'fully_connected/biases:0' shape=(10,) dtype=float32_ref>]
```

그림 7.7 예제 7.2를 실행해 합성곱 신경망에 올라간 텐서 정보를 부분적으로 해체한 결과

예제 7.2의 layers 변수에는 합성곱 신경망을 구성할 때 만들어둔 텐서 클래스가 들어 있다. 이때 layers 변수 자체는 활성화 함수 결과가 아니다. layers에는 출력을 계산하기 위한 노드와 가중치, 바이어스가 선언돼 있다. 따라서 특정 데이터에 대한 활성화 함수 결과치를 구하기 위해서는 예제 6.14의 getActivations 함수를 사용해야 한다.

예제 7.3 계층별 활성화 함수 결과를 출력하는 코드

```
def getActivations(layer, image):
    units = sess.run(layer, feed_dict={x: np.reshape(image,
                                                     [1,784],
                                                     order='F'),
                                       keep_prob:1.0})
    return units
```

예를 들어, 다음 코드를 입력하면 모델에 특정 데이터를 입력했을 때 첫 번째 은닉 계층을 통과한 활성화 함수 결과를 얻을 수 있다.

예제 7.4 데이터가 첫 번째 은닉 계층을 통과했을 때 활성화 함수의 결과를 구하는 코드

```
getActivations(hidden_1, image)
```

따라서 예제 7.2의 layers 변수와 예제 7.3의 getActivations 함수를 호출하면 과정 필요 변수 1번을 모두 구할 수 있다. 그러나 지금 예제 7.4를 실행하면 오류가 발생할 텐데, 그 이유는 활성화 함수는 특정 이미지를 입력했을 때 신경망이 '활성화된' 수치를 구할 수 있기 때문이다. 따라서 LRP를 수행할 이미지 하나를 불러온 다음, 은닉층별 활성화 함수 결과를 저장해야 한다.

예제 7.5 LRP를 수행할 이미지 하나를 부르는 과정

```
# 테스트 이미지 출력
idx = 4
imageToUse = mnist.test.images[idx]
plt.imshow(np.reshape(imageToUse,[28,28]), interpolation="nearest", cmap='gray')
```

예제 7.5를 실행하면 다음과 같이 이미지 하나가 로드될 것이다.

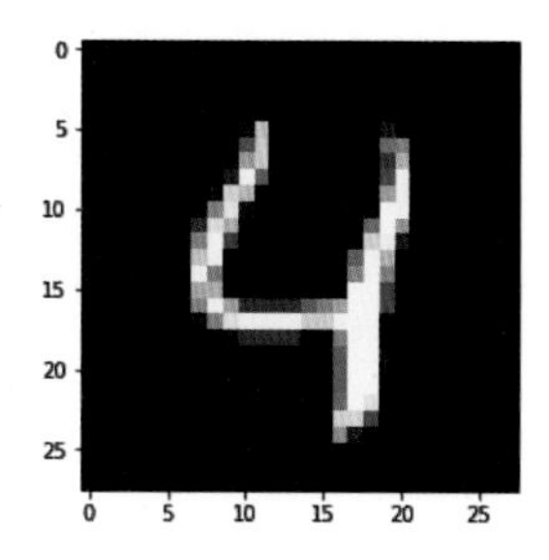

그림 7.8 예제 7.5를 실행한 결과

예제 7.6 합성곱 신경망의 은닉 계층마다 활성화 함수를 구하는 코드

```
# 은닉층 = [hidden_1, pool_1, hidden_2, pool_2, hidden_3]
activations = []
for layer in layers:
    activations.append(getActivations(layer, imageToUse))
```

예제 7.2를 실행하면 가중치와 바이어스를 구할 수 있다. 분류 결과는 out_y를 세션에 올려서 얻을 수 있다. 예제 7.5의 imageToUse 변수를 활용해 보자.

예제 7.7 합성곱 신경망에 이미지를 입력하고 out_y 예측 결과를 구하는 코드

```
predict = sess.run(out_y, feed_dict={x: imageToUse.reshape([-1, 784]),
                                     keep_prob:1.0})[0]
idx = 0
for i in predict:
    print('[{}] {:.2%}'.format(idx, i))
    idx += 1
```

```
In [236]: predict = sess.run(out_y, feed_dict={x: imageToUse.reshape([-1, 784]), keep_prob:1.0})
          idx = 0
          for i in predict:
              print('[{}] {:.2%}'.format(idx, i))
              idx += 1

          [0] 0.05%
          [1] 0.00%
          [2] 0.89%
          [3] 0.03%
          [4] 92.37%
          [5] 0.14%
          [6] 1.06%
          [7] 0.12%
          [8] 0.45%
          [9] 4.89%
```

그림 7.9 학습된 합성곱 신경망이 이미지 하나(imageToUse)에 대해 숫자별로 그 수에 해당할 가능성을 출력한 결과

그림 7.8은 손글씨 이미지가 각 숫자에 속할 확률을 출력한다. LRP는 모델 f_x로부터 손글씨 분류 가능성 중 가장 높은 수치에 해당하는 카테고리를 선정한다.

이때 f_x는 다음과 같은 방법으로 구할 수 있다.

예제 7.8 학습된 합성곱 신경망으로부터 분류 가능성이 최대가 되는 카테고리를 구하는 코드

```
f_x = max(predict)
print(f_x)
```

필요 변수 3번은 f_x로 구할 수 있다. 다음 절에서는 지금까지 얻은 변수들을 활용해서 계층별로 타당성 전파를 수행하고 LRP를 구현한다.

7.2.3. 합성곱 신경망에 LRP 적용하기

LRP는 출력 노드(output node)로부터 가중치를 역전파(backpropagation)하고 입력 노드(input node)를 재구성하며 계산한다. 역전파는 합성곱 연산과 풀링, 전결합 연결(Fully-connected connection, 이하 FC)로 연결된 모델이 학습되며 가중치와 바이어스 변수를 재조정하는 과정이다. 따라서 LRP를 계산하려면 모델 역전파 함수(또는 연산)가 필요하다.

합성곱 역전파는 텐서플로가 구현한 역전파 메서드를 사용할 수 있다. 텐서플로는 역합성곱(Deconvolution, 또는 디컨벌루션)[8]을 수행하는 메서드를 제공한다. 텐서플로의 tf.nn.conv2d_backprop_input 메서드[9]는 출력값에 대한 입력값의 기울기(gradient)를 계산한다[10].

풀링 역전파는 언풀링(Unpooling)이라고 한다. 텐서플로는 공식적으로 언풀링 기울기를 구하는 메서드를 지원하지는 않는다. 다만 프라이빗 메서드로 언풀링 수치를 구할 수 있는데, 이 책을 쓰는 시점에서는 gen_nn_ops의 _max_pool_grad라는 프라이빗 메서드가 언풀링 수치를 계산한다[11].

8 역합성곱은 합성곱을 되돌리는 데 사용된다. 만약 이미지에 블러(blur)와 같은 합성곱 연산이 적용돼 흐려졌다면 역합성곱 연산을 통해 초점을 맞춘 듯 되돌릴 수 있다.

9 관련 문서: https://www.tensorflow.org/api_docs/python/tf/nn/conv2d_backprop_input.

10 만약 역전파 가중치(weight, 또는 filter)를 수행하고 싶다면 tf.nn.conv2d_backprop_filter 메서드를 사용하면 된다.

11 이 과정에 대한 힌트는 텐서플로 깃허브의 오픈 이슈와 스택오버플로의 질문에서 도움을 받았다. 깃허브: https://github.com/tensorflow/tensorflow/issues/2169, 스택오버플로: https://stackoverflow.com/questions/41147734/looking-for-source-code-of-from-gen-nn-ops-in-tensorflow

FC의 역전파 기울기는 출력 노드의 역수와 가중치 행렬의 전치 연산(transpose)을 곱해 구할 수 있다. 예를 들어 FC의 기울기를 구하는 코드는 다음과 같다[12].

예제 7.9 완전 연결 신경망에서 역전파 기울기를 구하는 코드

```
# FC의 기울기 구하기
def getGradient(activation, weight, bias):
        # 순방향
        W = tf.maximum(0., weight)
        b = tf.maximum(0., bias)
        z = tf.matmul(activation, w) + b

        # 역방향
        dX = tf.matmul(1/z, tf.transpose(W))
        return dX
```

지금까지 합성곱 신경망을 구성하는 연산에서 역전파 기울기를 계산하는 방법을 알아봤다. 이제 단계별로 LRP 값을 계산해 보자.

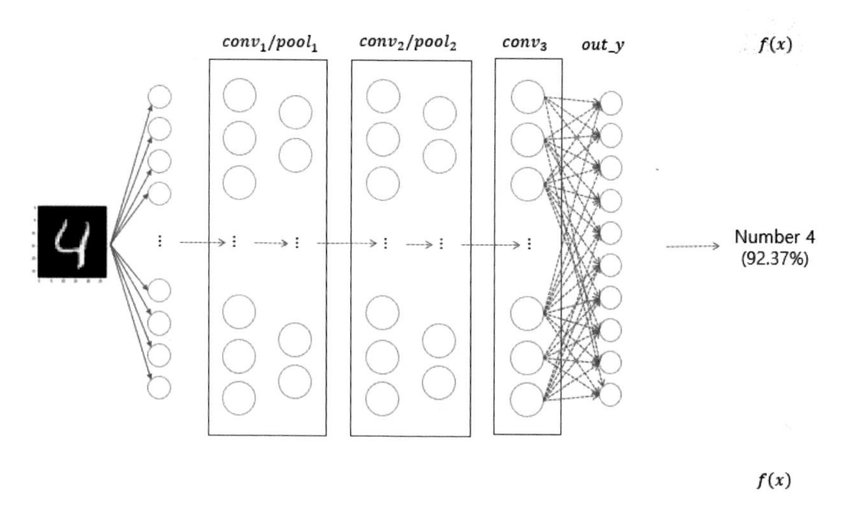

그림 7.10 합성곱 신경망이 손글씨 숫자 4를 분류하는 과정

12 각주 9와 동일한 출처 참고.

그림 7.9에 의하면, 28×28 크기의 손글씨 이미지를 숫자 4라고 인식할 가능성은 92.37%다. 이 수치는 LRP의 $f(x)$ 값에 해당한다. 이제 LRP는 합성곱 신경망의 은닉 계층을 역으로 방문하면서 타당성 수치를 분해한다. 먼저 $f(x)$에서 out_y까지 분해되는 타당성 수치 R_4를 구해 보자. out_y는 합성곱 신경망 노드 결과에 소프트맥스(softmax) 커널을 씌운다. 소프트맥스 커널은 out_y의 모든 노드를 0과 1 사이의 값으로 정규화해서 출력한다. 이 과정을 역순으로 분해하면 R_4를 구할 수 있다.

예제 7.10 f_x로부터 바로 직전 은닉층의 타당성 전파 값을 구하는 코드

```
R4 = predict
R4.shape
```

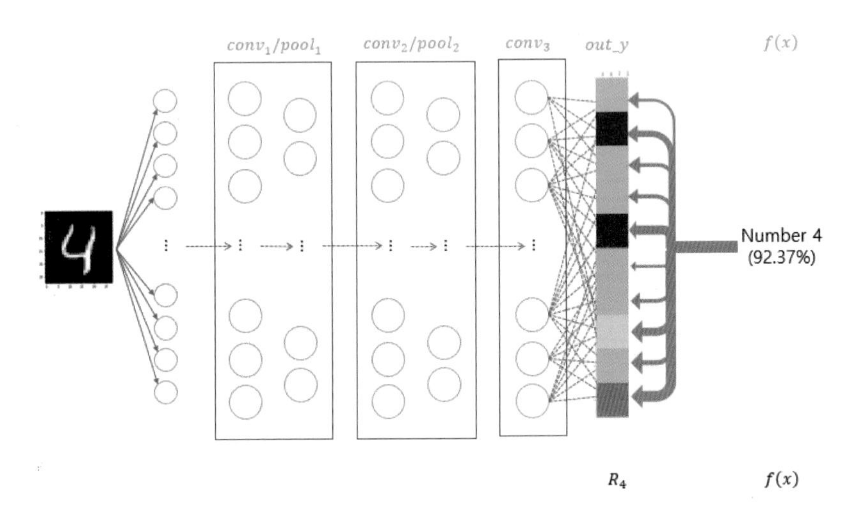

그림 7.11 타당성 전파를 수행하고 R_4를 구하는 모습

$f(x)$의 타당성 전파 값(R_4)은 손글씨 분류 클래스(총 10개의 활성화 함수)에 골고루 분해된다. 따라서 노트북 콘솔에 R4.shape를 입력하면 행렬 모양은 (10,)이 출력될 것이다.

이제 out_y의 10개의 활성화 함수 결과를 가지고 다음 은닉층(R_3)에 타당성 전파를 수행해 보자. 이때 타당성 전파를 수행한 결과(R_3)는 7×7 크기의 필터 20개가 모인 980개의 활성화 함수가 될 것이다(7×7×20=980).

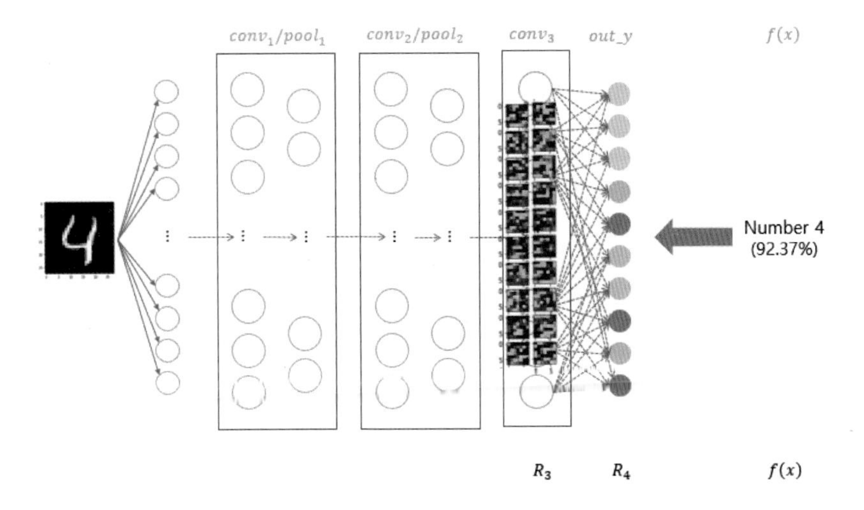

그림 7.12 $R4$의 결과를 역전파해서 $R3$를 구하는 과정. 연산 결과로 980개의 활성화 유닛(7×7×20)의 타당성 전파 값을 기대할 수 있다.

그림 7.11과 같이 R_3까지 타당성 전파를 구하기 위해서는 FC 계층의 기울기를 계산하고 타당성 벡터를 곱해야 한다. 예제 7.11은 FC 그래프의 기울기를 구하는 의사 코드(pseudo code)다. FC LRP는 그래프 역전파 기울기에 타당성 벡터를 곱해서 완성한다. 다음에 완성된 코드가 있다. 따라서 입력해 보자.

예제 7.11 FC 연결에서 LRP를 수행하는 코드. 예제 7.9의 역전파 기울기를 구하는 코드에 타당성 변수(relevance)를 곱한다.

```
def backprop_dense(activation, weight, bias, relevance):
    w = tf.maximum(0., weight)
    b = tf.maximum(0., bias)
    z = tf.matmul(activation, w) + b

    s = relevance / z
    c = tf.matmul(s, tf.transpose(w))
    return activation * c
```

예제 7.11의 backprop_dense는 첫 번째 파라미터로 activation을 받는다. activation은 활성화 함수로, R_3를 구할 때는 합성곱 은닉층 3층(conv_3)의 노드가 들어간다. weight 파라미터에는 합성곱 은닉 3층과 out_y 사이를 이어주는 가중치가, bias 파라미터에는 바이어스가 들어간다.

활성화 함수는 가중치와 활성화 노드의 곱에 바이어스를 더한 결과다. 이때 활성화 함수에 역수를 취하면 합성곱 은닉 3층과 out_y 사이에 연결망별 상대적 가중치를 구할 수 있다(1z). 여기서 구하려는 값은 연결망별 가중치가 아니라 LRP 값이다. LRP는 연결망 가중치에 상대성 벡터를 곱해 구한다. 상대성 벡터 R_4는 (10,) 형태다. 1×10 크기의 상대성 벡터에 가중치의 전치(transpose, 10×980 크기)를 곱하면 상대성 벡터 c를 구할 수 있다. 마지막으로 벡터 c는 z를 구하는 과정에서 활성화 함수를 사용했다. 그리고 s로 변형하면서 그 역수를 곱했다. 따라서 R3를 구하려면 s에 활성화 노드를 다시 곱해 역수 변형을 복원해야 한다. 이제 R_3를 직접 구해 보자.

예제 7.12 예제 7.9에서 만든 LRP 공식으로 R_3를 구하는 코드

```
# 계층 = [hidden_1, pool_1, hidden_2, pool_2, hidden_3]
#        (1, 28, 28, 5) (1, 14, 14, 5)  (1, 7, 7, 20)
# 활성화함수, 가중치, 편향치 계산
a = activations.pop()
w = weights.pop()
b = biases.pop()
print(a.shape)
print(w.shape)
R3 = backprop_dense(a.reshape(1,980), w, b, R4)
print(R3.shape)
```

예제 7.12는 backprop_dense 함수로 R_3를 구한다. 이 과정에서 numpy의 shape 연산을 자주 사용했다. shape는 행렬의 형태를 출력한다. LRP는 행렬의 형태를 고려해 수행해야 한다. FC 그래프 은닉층 타당성 전파가 처음이므로 될 수 있는 한 행렬 모양을 눈으로 확인하면서 연산을 수행하자. 예제 7.12를 수행하면 다음과 같은 결과를 확인할 수 있다.

get $R3 \leftarrow R4 \leftarrow f_x$

In [124]:
```
# layers = [hidden_1, pool_1, hidden_2, pool_2, hidden_3]
#         (1, 28, 28, 5) (1, 14, 14, 5)  (1, 7, 7, 20)
# activation, weights, biases

a = activations.pop()
w = weights.pop()
b = biases.pop()

print(a.shape)
print(w.shape)

R3 = backprop_dense(a.reshape(1,980), w, b, R4)

print(R3.shape)
```

```
(1, 7, 7, 20)
(980, 10)
(1, 980)
```

그림 7.13 R_3 LRP를 구한 결과

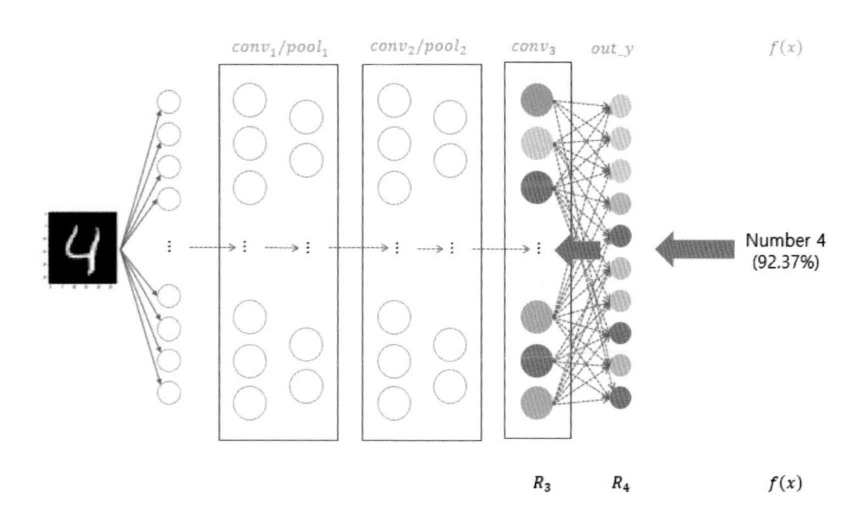

그림 7.14 R_4에서 R_3까지 LRP 연산을 수행하는 도식. R_3에는 980개의 타당성 전파 값이 저장된다

R_3는 `out_y` 계층과 FC 관계다. 완전 연결 그래프는 생략되거나 사라지는 연산이 없다. 따라서 기울기를 구하는 공식을 쉽게 구현할 수 있다. 그러나 두 번째 은닉층과 세 번째 은닉층은 역합성곱이나 언풀링 과정을 수행한다. 이것은 사용자가 직접 구현하기가 어렵다. 텐서플로 패키지는 역합성곱 연산에 대해 `conv2d_backprop_input` 메서드를, 언풀링 연산에 대해서는 `_max_pool_grad` 메서드를 제공한다. 이러한 정보와 예제 7.9의 완전 연결 그래프 역연산 기울기 공식을 혼용하면 역합성곱과 언풀링 LRP를 쉽게 구현할 수 있다.

예제 7.13-(1) 언풀링 연산에서 LRP를 구하는 코드

```
from tensorflow.python.ops import gen_nn_ops

def backprop_pooling(activation, relevance):
    # 커널 사이즈, 스트라이드
    # z 값이 0일 때를 대비해 1e-10을 더한다
    ksize = strides = [1, 2, 2, 1]
    z = tf.nn.max_pool(activation, ksize, strides, padding='SAME') + 1e-10
    s = relevance / z

    c = gen_nn_ops._max_pool_grad(activation, z, s, ksize, strides,
                                  padding='SAME')
    return activation * c
```

텐서플로 슬림에서 풀링 연산을 할 때 아무 파라미터도 입력하지 않으면 스트라이드와 커널 크기가 2로 설정된다. 따라서 언풀링을 할 때는 스트라이드와 커널 크기를 모두 2로 지정해야 한다. 따라서 커널 크기 변수 ksize와 스트라이드 변수는 strides는 [1, 2, 2, 1]이다. 합성곱 신경망을 학습할 때 두 크기를 다르게 조절했다면 언풀링 변수를 조정해야 할 것이다. 또한, 맥스 풀링은 연산 z에 대해 매우 작은 값(1e-10)을 더해주는데, 이는 LRP를 구할 때 연산 z를 나누게 되고, 그 과정에서 0으로 나누기 오류(division by zero error)가 나는 것을 방지하기 위해서다. 맥스 풀링의 패딩(padding) 파라미터는 풀링 연산 시 패딩 방법을 지정한다. 'SAME'은 입력 이미지 크기 바깥으로 스트라이드 및 커널만큼 여유를 만들고 풀링 연산을 수행한다.

예제 7.13-(2) 역합성곱 연산에서 LRP를 구하는 코드

```
def backprop_conv(activation, weight, bias, relevance):
    strides = [1, 1, 1, 1]
    w = tf.maximum(0., weight)
    b = tf.maximum(0., bias)
    z = tf.nn.conv2d(activation, w, strides, padding='SAME')
    z = tf.nn.bias_add(z, b)
    s = relevance / z
    c = tf.nn.conv2d_backprop_input(tf.shape(activation), w, s, strides,
                                    padding='SAME')
    return activation * c
```

텐서플로 슬림에서 합성곱 연산을 수행할 때 아무 파라미터도 입력하지 않으면 스트라이드 값 1이 자동으로 설정된다. 따라서 역합성곱 연산을 할 때는 합성곱 연산의 스트라이드 크기를 지정해야 한다. 역합성곱 연산은 예제 7.9에서 FC 기울기를 구하는 과정과 유사하다. 먼저 은닉층에 대한 상대적 가중치를 구하고(s), 역전파 기울기를 계산한 다음 입력 유닛에 가중치를 배분한다(c). 마지막으로 이렇게 계산한 벡터에 활성화 함수를 곱한다.

이제 R_3 벡터를 역합성곱과 언풀링하고 R_2 벡터를 구해보자.

예제 7.14 R_3 벡터로부터 역합성곱과 언풀링 연산을 수행하고 R_2 벡터를 구하는 코드

```
# layers = [hidden_1, pool_1, hidden_2, pool_2]
#         (1, 28, 28, 5)(1, 14, 14, 5)(1, 7, 7, 20)
# 활성화함수, 가중치, 편향치 계산
w = weights.pop()
b = biases.pop()
p = activations.pop()
a = activations.pop()
print(p.shape)

# 합성곱 역전파
R_conv = backprop_conv(p, w, b, tf.reshape(R3, [1, 7, 7, 20]))
print(R_conv.shape)
R2 = backprop_pooling(a, R_conv)
print(R2.shape)
```

예제 7.14는 예제 7.13에서 작성한 역합성곱과 언풀링 함수로 R_3 벡터에서 R_2를 구한다. 이때 R_3 벡터는 역합성곱 연산을 위해서 텐서 모양을 바꿔줘야 한다. 이 과정은 텐서플로 패키지의 배열 형태 변경(reshape) 함수를 사용한다. 배열 형태 변경 함수는 전체 유닛의 개수가 같을 때만 변형된다. 앞서 R_3 배열은 (1, 980) 형태였다. R_3 행렬은 재배열될 형태 값(1, 7, 7, 20)과 전체 개수가 동일하다(980). 변형된 R_3 행렬은 역합성곱 과정과 타당성 전파 과정을 거쳐 (1, 7, 7, 5) 형태로 연산된다(R_conv). 이 행렬은 언풀링 과정을 거쳐 두 배로 커지는데, 이때 예제 7.13-(2)에서 구현했던 backprop_pooling 메서드를 사용한다.

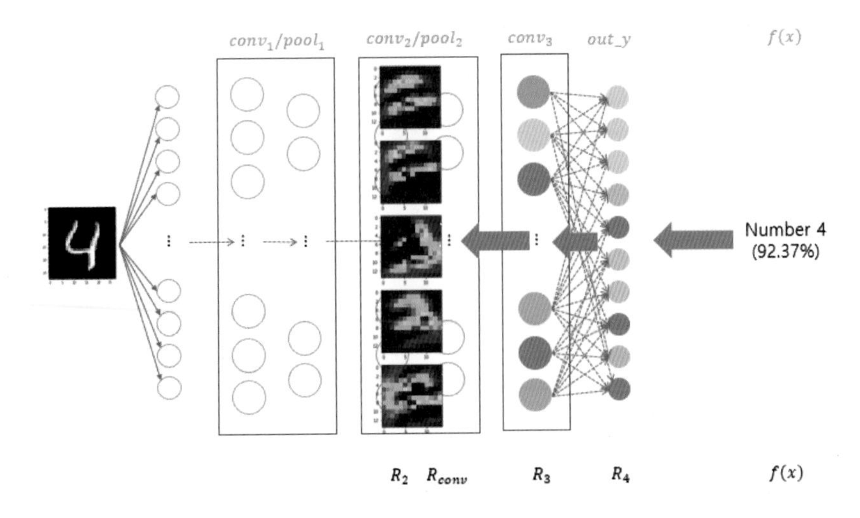

그림 7.15 R3 벡터에서 역합성곱과 언풀링 과정을 수행하고 R2 벡터를 구하는 과정

마찬가지로 R2로부터 R1을 구하려면 역합성곱과 언풀링 과정이 필요하다.

예제 7.15 R_2에서 역합성곱과 언풀링 과정을 수행하고 R_1 벡터를 구하는 코드

```
# layers = [hidden_1, pool_1]
#         (1, 28, 28, 5)(1, 14, 14, 5)
w = weights.pop()
b = biases.pop()
p = activations.pop()
a = activations.pop()

# 합성곱 역전파
R_conv = backprop_conv(p, w, b, R2)
print(R_conv.shape)

R1 = backprop_pooling(a, R_conv)
print(R1.shape)
print(np.sum(sess.run(R1)))
```

예제 7.15를 수행하면 다음과 같이 R_conv의 행렬 모양과 R_2 행렬 모양, 그리고 R_1 행렬의 원소합이 출력된다.

get $R1 \leftarrow R2 \leftarrow R3 \leftarrow R4 \leftarrow f_x$

```
In [127]: # layers = [hidden_1, pool_1, hidden_2, pool_2]
          #          (1, 28, 28, 5)(1, 14, 14, 5)(1, 7, 7, 20)
          # activation, weights, biases

          w = weights.pop()
          b = biases.pop()
          p = activations.pop()
          a = activations.pop()

          # convolution backprop
          R_conv = backprop_conv(p, w, b, R2)
          print(R_conv.shape)

          R1 = backprop_pooling(a, R_conv)
          print(R1.shape)
          print(np.sum(sess.run(R1)))

          (1, 14, 14, 5)
          (1, 28, 28, 5)
          0.98491
```

그림 7.16 예제 7.15를 수행한 결과물

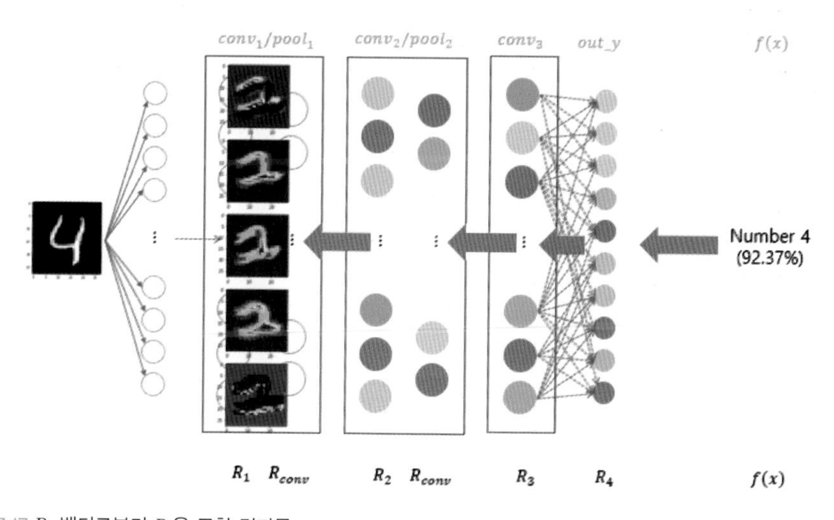

그림 7.17 R_2 벡터로부터 R_1을 구한 결과물

이제 첫 번째 은닉층의 LRP 값을 구했다. 이제 R_1 벡터에서 한 번만 더 타당성 전파를 수행하면 원본 이미지에 대한 LRP를 구할 수 있다. 원본 이미지 LRP 결과물은 합성곱 모델이 손글씨를 어떻게 해석하는지에 대한 정보를 저장하고 있다.

이미지를 합성곱 신경망에 입력할 때 28×28 크기의 이미지를 한 줄로 쭉 펴서 1×784 크기의 벡터로 만든다. 이때 한 줄로 펼친 벡터와 합성곱 신경망은 FC 관계다. 따라서 예제 7.10과 예제 7.12를 활용해 R1에서 입력 이미지까지 LRP를 수행할 수 있다.

예제 7.16 R_1 결과에서 원본 이미지까지 LRP를 수행하는 코드

```
img_activations = getActivations(x_image, imageToUse)
w = weights.pop()
b = biases.pop()
R0 = backprop_conv(img_activations, w, b, R1)
LRP_out = sess.run(R0)
```

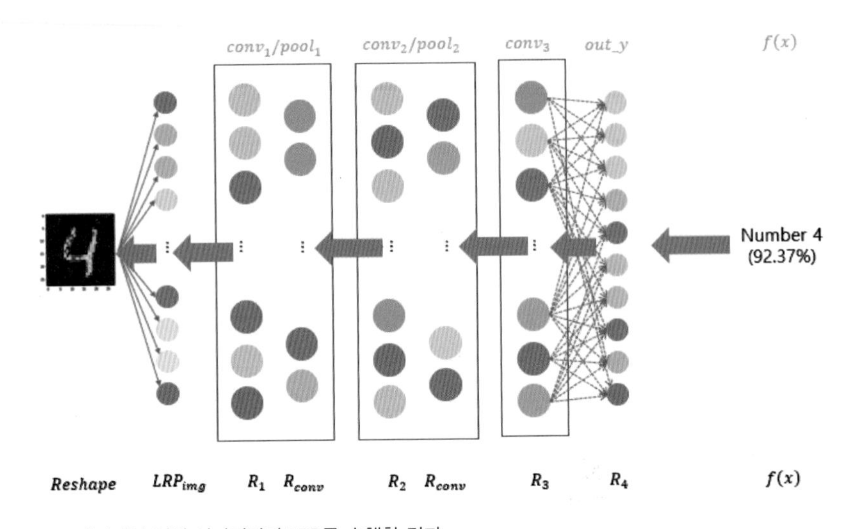

그림 7.18 R_1 벡터에서 입력 이미지까지 LRP를 수행한 결과

예제 7.16을 수행하면 LRP_out은 1×784 크기의 벡터로 저장된다. LRP_out을 이미지 형태(28×28)로 변형하고 출력해 보자.

예제 7.17 원본 이미지 형태로 타당성 전파를 수행하고 결과물을 이미지 형태로 출력하는 코드

```
plt.imshow(LRP_out.reshape(28, 28), interpolation="nearest", cmap=plt.cm.jet)
```

예제 7.17을 실행해 보자.

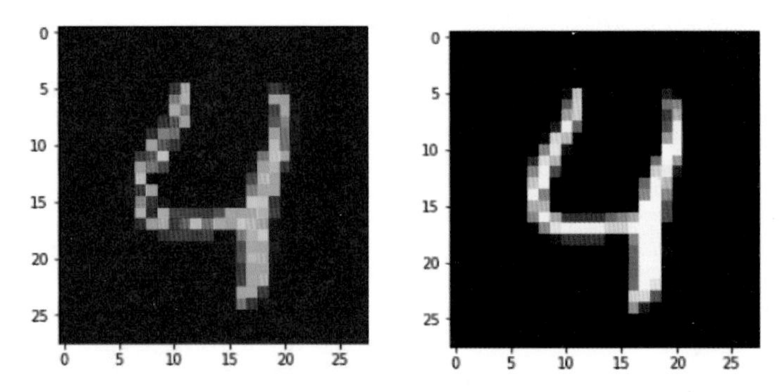

그림 7.19 LRP를 통해 합성곱 신경망이 이미지를 구분하는 데 중점을 둔 부분을 밝힌 결과(왼쪽)와 입력 원본 이미지 (오른쪽). 딥러닝 모델은 숫자 4의 모난 부분이 '숫자 4'를 인식하는데 중점적인 요인이 됐다고 설명한다.

그림 7.18의 가장 어두운 값(파란색)은 딥러닝이 모델을 해석할 때 관심을 두지 않은 부분이고, 가장 밝은 값(붉은색)은 딥러닝이 이 그림을 '숫자 4'라고 분류하는 데 결정적인 역할을 한 부분이다. 그림 7.18의 오른쪽에 참고를 위한 원본 이미지를 첨부했다.

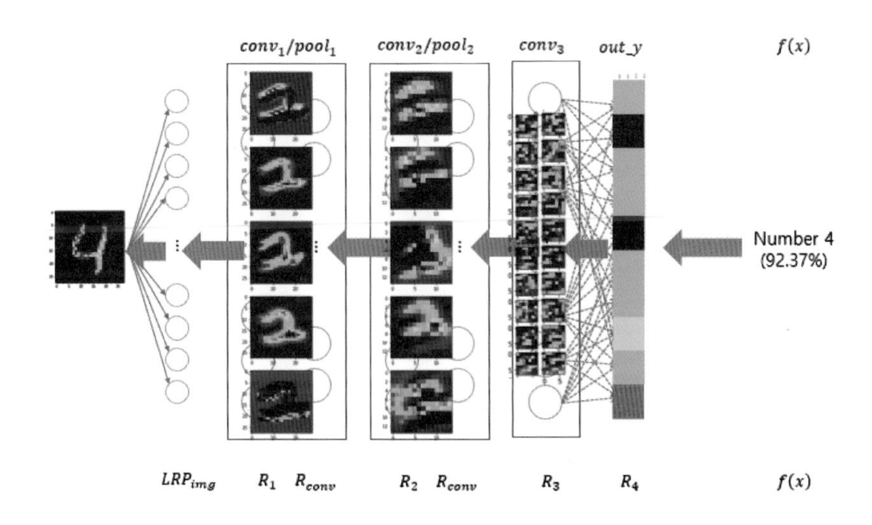

그림 7.20 LRP 기법으로 합성곱 신경망이 손글씨를 인식할 때 중점적으로 분석한 부분을 재구성한다.

그림 7.19는 합성곱 신경망이 '숫자 4'를 재해석하는 과정을 도식화했다. LRP는 분해와 타당성 전파 기법을 사용해서 합성곱 신경망이 숫자를 인식하는 과정을 재구성한다.

이제 모든 숫자에 대해 LRP를 수행하고, 합성곱 신경망이 숫자를 어떻게 인식하는지 파악해 보자.

예제 7.18 합성곱 신경망 전체에 대해 LRP를 수행하는 코드

```
def getLRP(img):
    predict = sess.run(out_y, feed_dict={x: img.reshape([-1, 784]),
                                         keep_prob:1.0})[0]

    layers = [hidden_1, pool_1, hidden_2, pool_2, hidden_3]
    weights = tf.get_collection(tf.GraphKeys.TRAINABLE_VARIABLES,
                                scope='.*weights.*')
    biases = tf.get_collection(tf.GraphKeys.TRAINABLE_VARIABLES,
                                scope='.*biases.*')

    # layers = [hidden_1, pool_1, hidden_2, pool_2, hidden_3]
    activations = []
    for layer in layers:
        activations.append(getActivations(layer, img))

    # f_x 구하기
    f_x = max(predict)

    # R4 구하기
    predict[predict < 0] = 0
    R4 = predict

    # R3 구하기
    a = activations.pop()
    w = weights.pop()
    b = biases.pop()
    R3 = backprop_dense(a.reshape(1,980), w, b, R4)

    # R2 구하기
    w = weights.pop()
    b = biases.pop()
    p = activations.pop()
    a = activations.pop()
    R_conv = backprop_conv(p, w, b, tf.reshape(R3, [1, 7, 7, 20]))
    R2 = backprop_pooling(a, R_conv)
```

```
    # R1 구하기
    w = weights.pop()
    b = biases.pop()
    p = activations.pop()
    a = activations.pop()
    R_conv = backprop_conv(p, w, b, R2)
    R1 = backprop_pooling(a, R_conv)

    # R0 구하기
    img_activations = getActivations(x_image, img)
    w = weights.pop()
    b = biases.pop()
    R0 = backprop_conv(img_activations, w, b, R1)
    LRP_out = sess.run(R0)
    return LRP_out
```

예제 7.19 MNIST 손글씨 이미지에서 숫자별로 이미지를 입력받고 LRP를 수행하는 코드

```
# MNIST 데이터셋 일부를 저장
mnist_dict = {}
idx = 0
for i in mnist.test.labels:
    label = np.where(i == np.amax(i))[0][0]

    if mnist_dict.get(label):
        mnist_dict[label].append(idx)
    else:
        mnist_dict[label] = [idx]
    idx += 1

# LRP 구하기
nums = []
for i in range(10):
    img_idx = mnist_dict[i][0]
    img = mnist.test.images[img_idx]

    lrp = getLRP(img)
    nums.append(lrp)
```

```
# 해석 결과 플롯하기
plt.figure(figsize=(20,10))
for i in range(2):
    for j in range(5):
        idx = 5 * i + j
        plt.subplot(2, 5, idx + 1)
        plt.title('digit: {}'.format(idx))
        plt.imshow(nums[idx].reshape([28, 28]), cmap=plt.cm.jet)
        plt.colorbar(orientation='horizontal')
plt.tight_layout()
sess.close()
```

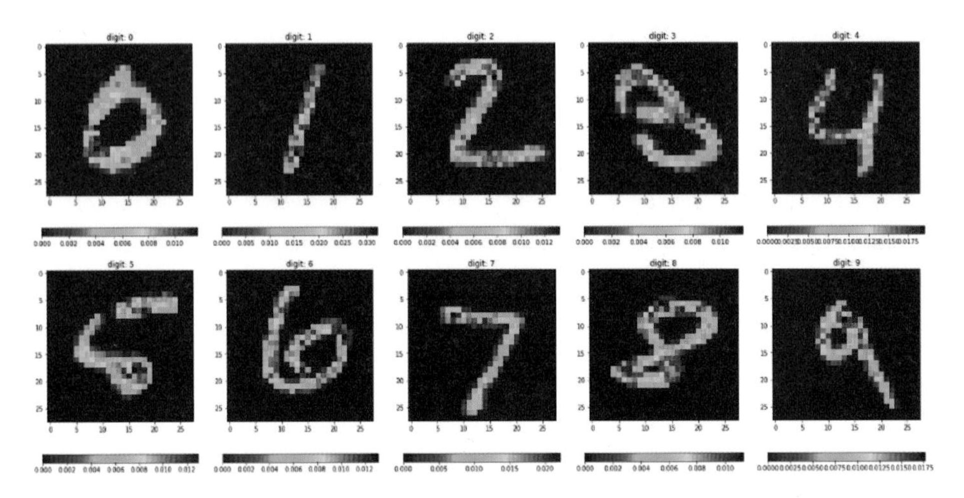

그림 7.21 MNIST 손글씨 이미지에서 숫자별로 이미지를 입력받고 LRP를 수행한 결과

그림 7.20에 의하면 합성곱 신경망은 손글씨 0을 인식할 때 왼쪽 아래의 굴곡진 부분을 주로 인식한다. 손글씨 이미지 1의 경우 모델은 획의 직선성을 중시한다. 숫자 2는 위쪽 둥근 부분과 가로획을 중점적으로 파악한다.

LRP를 통해 합성곱 신경망은 클래스별로 서로 다른 부위와 조합을 인식한다는 것을 확인할 수 있다. 예를 들어 합성곱 신경망이 손글씨 0을 인식할 때 중점적으로 바라보는 '왼쪽 아래 둥근 곡선 부위'는 숫자 1이나 2, 3, 7, 9 등에서는 발견되지 않는다. 손글씨 0의 인식 부위는 숫자 8과 헷갈릴 소지가 있다. 그러나 숫자 8은 왼쪽 상단의 둥근 획을 또 다른 특징으로 가진다. 이것은 숫자 0에는 없는 특징이고, 숫자 8의 개성이 된다. 이처럼 LRP를 이용하면 일반적인 이미지 입력–결과만으로는 알 수 없는 딥러닝의 인식 범주를 직접 확인할 수 있다.

참고로 지금까지 구현한 LRP 기법은 가중치 분배 시 매우 작은 값(epsilon)을 더해서 LRP를 구할 때 안정성을 높인 'ε–LRP 기법'이다. LRP는 ε–LRP 기법 말고도 운동량(momentum) 변화를 고려한 LRP Alpha–Beta 기법이나 가중치에 더욱 큰 힘을 실어 인식 강도를 높이는 제곱가중치–RP(Weights–squared RP) 기법이 있다. 그러나 이 책의 목적상 현존하는 모든 LRP 알고리즘 변형을 다루지는 않는다. 다른 LRP 기법에 관심 있는 독자들은 직접 논문을 탐독하고 예제 7.18을 변형해 보며 나머지 기법을 파악해 보자[13].

7.3. LRP 등장 이전과 이후의 딥러닝 XAI 동향

이번 단원에서 학습한 LRP 기법은 최신 XAI 기술 동향이라고 말하기 어렵다. 그럼에도 불구하고 LRP를 대표적인 딥러닝 XAI 기법으로 소개한 이유는 LRP가 학습하기 쉽고 직관적이며, LRP 이론이 다른 최신 논문의 기반 지식이 되기 때문이다.

딥러닝의 활성화 함수를 분해하는 기법은 1995년 '민감도 분석(Sensitivity Analysis)'이라는 이름으로 처음 등장했다. 이후 민감도 분석은 2010년과 2014년 사이에 대표적인 신경망 해석 기법으로 자리 잡는다. 그렇지만 민감도 분석은 원본 이미지에 대해 히트맵을 밀집시키지 못하기 때문에 해석력이 떨어진다.

2014년에는 민감도 분석의 한계를 극복하기 위해 디컨볼루션 기법이 새로 등장한다. 디컨볼루션은 신경망의 연결을 역 재생한다. 그러나 디컨볼루션 방식은 은닉층 간 연관성을 합리적으로 설명하지 못했다. LRP 방식은 디컨볼루션 방식을 응용한 XAI 기법이다. 이후 LRP를 계산하는 방법이 다양해진다. 이 책에서 실습한 LRP 계산 방식은 가장 기초적인 것이었다. 응용 LRP 기법으로는 디컨볼루션할 때 '나누기 0' 오류로 모델이 파괴되는 것을 극복하는 ε–LRP와 디컨볼루션 시 신경망의 음의 가중치까지 고려하는 α–β LRP 기법 등이 있다.

13 LRP를 응용하는 논문과 기법은 다음 URL을 참조. https://lrpserver.hhi.fraunhofer.de/handwriting-classification

LRP 기법과 비슷한 시기에 CAM(Class Activation Map)이라는 기법도 등장했다. LRP가 합성곱 신경망을 해체하는 방식이었다면, CAM 방식은 신경망의 분류(classification) 모듈을 떼어내서 GAP(Global Average Pooling) 계층을 학습시킨다. GAP은 원본 이미지 픽셀에 대응하며 히트맵을 그린다.

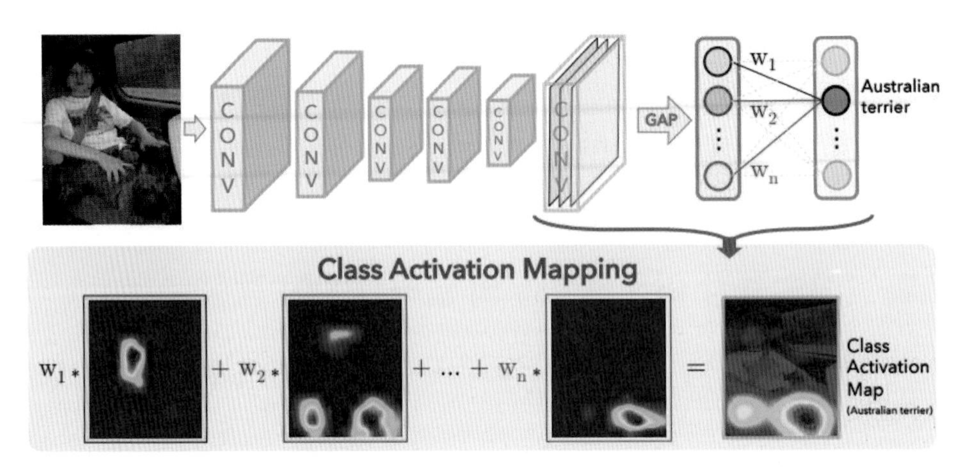

그림 7.22 CAM이 히트맵을 그리는 원리

CAM은 적은 데이터 분류 문제에 취약할 뿐만 아니라 기존 모델을 개조해야 한다는 단점이 있다. 2017년에 등장한 Grad-CAM 방식(Gradient-CAM)은 기존 CAM처럼 특수한 풀링 계층을 추가하는 것이 아니라, 모델의 마지막 은닉층 기울기(gradient)를 측정해 이미지의 중요도를 계산한다. LRP 기법이 분해하기 위해 기울기를 사용한다면, CAM은 기울기를 이미지 구성에 사용한다. 따라서 Grad-CAM 방식은 성능 저하가 일어날 여지가 적고, 합성곱 계층이 있는 모든 은닉층에서 히트맵을 그릴 수 있다.

가장 최근에 발표된 논문은 2018년에 등장한 'TCAV(Testing with Concept Activation Vectors)'다. TCAV는 이미 구축된 딥러닝 모델을 거의 건드리지 않는다. TCAV는 딥러닝 모델로부터 CAV(Concept Activation Vector)를 추출한다. CAV는 모델의 가장 낮은 층에서 구할 수 있는 추상화된 필터다. TCAV는 이 필터를 원본 이미지에 이어 붙인 다음 모델을 재학습한다. 이때 CAV가 추가된 모델은 기존 모델보다 성능이 월등히 좋아진다. 추상적인 레벨의 보조 도구가 피처로 추가됐기 때문이다. TCAV 방식은 모델 애그노스틱하다. 이와 관련해 저자의 설명이 부족하다고 느끼는 독자들은 원 논문[14]과 2018년 CVPR 학회 세션 자료[15]를 참고하자.

7.4. 마치며

LRP는 딥러닝 모델이 특정 데이터를 어떻게 해석하는지 시각적으로 보여준다. 6장에서 실습했던 필터 시각화 기법은 은닉층을 시각화해서 모델의 학습 정도를 표시한다. 반면 LRP는 모델이 데이터의 어떤 부분을 집중해서 해석하는가(어디에 집중하는가)를 시각적으로 표현한다.

LRP는 각 은닉층의 결과 기여도를 역추적해 입력 데이터의 부분별 영향력을 추정한다. LIME이나 SHAP가 민감도 분석(Sensitivity Analysis) 기법을 사용해 모델을 해석하는 것과 달리, LRP는 타당성 전파(Relevance Propagation) 기법으로 간선 값 기여도를 구하고, 이 값을 통해 벡터값을 추정한 다음, 분해(Decomposition)를 통해 입력 이미지에 대한 히트맵을 그려서 블랙박스를 해부한다[16].

LRP 기법은 2015년에 등장했다. 오늘날 신경망 해석 기법은 LRP 말고도 많은데, 대부분은 LRP의 핵심 요소였던 타당성 전파와 분해를 응용한 기술이다. 깊은 테일러 분해(Deep Taylor Decomposition)[17]는 타당성 전파 알고리즘을 근사 함수로 대체한다. 타당성 전파 이론을 응용한 CAM(Class Activation mapping) 기법도 있다[18]. 경사도(gradient)를 사용하는 CAM(Grad–CAM)[19]과 LIFT(Learned Invariant Feature Transform)[20] 등의 기법도 있다.

14 Kim, Been, et al. "Interpretability beyond feature attribution: Quantitative testing with concept activation vectors (tcav)." arXiv preprint arXiv:1711.11279 (2017).

15 https://beenkim.github.io/slides/TCAV_ICML_pdf.pdf

16 민감도 분석과 타당성 전파 기법 간 차이는 초심자들이 XAI를 입문하는 데 학습 허들이 될 것으로 판단해 이 책에서는 다루지 않았다. 적극적인 독자들은 관련 논문을 찾아 읽어 보는 것을 추천한다: Bach, Sebastian, et al. "On pixel–wise explanations for non–linear classifier decisions by layer–wise relevance propagation." PloS one 10.7 (2015): e0130140.

17 Montavon, Grégoire, et al. "Explaining nonlinear classification decisions with deep taylor decomposition." Pattern Recognition 65 (2017): 211–222.

18 Zhou, Bolei, et al. "Learning deep features for discriminative localization." Proceedings of the IEEE conference on computer vision and pattern recognition. 2016.

19 Selvaraju, Ramprasaath R., et al. "Grad–cam: Visual explanations from deep networks via gradient–based localization." Proceedings of the IEEE International Conference on Computer Vision. 2017.

20 Yi, Kwang Moo, et al. "Lift: Learned invariant feature transform." European Conference on Computer Vision. Springer, Cham, 2016.

이번 장에서는 신경망을 해석하는 많은 이론 중에 LRP를 소개했다. 그 이유는 LRP가 다른 이론에 비해 상대적으로 구현하기 쉽기 때문이다. 또한, LRP를 구축하는 핵심 이론인 타당성 전파는 다른 논문에서도 기본으로 다룬다. 그러므로 이번 단원에서 LRP 기법을 충분히 이해한 독자들은 CAM이나 LIFT, Grad-CAM 등의 논문을 읽기가 수월할 것이다. 신경망 해석은 이제 막 뜨기 시작한 XAI 기법이다. 그러므로 LRP 외에 다른 기법들도 정복해 보자. 고통스러울 때도 있겠지만, 현직 최상위 연구자들의 생각을 따라가 보고, 그들의 다음 행보를 상상할 수 있다는 점에서 즐거울 것이다.

08

실전 분석1: 의사 결정 트리와 XAI

실습용 colab 링크: http://bit.ly/2vBcYxB

지금까지 Xgboost와 텐서플로를 활용해 다양한 XAI 이론을 학습하고 구현했다. 이번에는 실습 데이터를 함께 분석해 보면서 XAI 모델을 만들어보자.

8.1. 신용 대출 분석 인공지능 만들기

XAI를 적용하려면 먼저 작동하는 인공지능이 필요하다. 신용 대출 요청이 들어왔을 때 신청자의 정보를 파악하고 대출 여부를 판단하는 인공지능 프로그램을 만들어보자. 데이터는 저자의 깃허브 링크에서 내려받을 수 있다[1].

8.1.1. 데이터 설명

데이터는 `loanData.csv`에 저장돼 있다. loanData는 19개의 칼럼으로 구성된다. 첫 번째 칼럼부터 18번째 칼럼까지는 대출 신청을 위한 사용자 정보가 저장돼 있다. 19번째 칼럼에는 대출 승인 여부가 이진(binary) 형태로 저장돼 있다.

1 https://github.com/JaehyunAhn/XAI_dataset

8.1.2. 칼럼 설명

데이터에서 칼럼이 의미하는 내용은 다음과 같다.

칼럼 이름	내용
id	고객 아이디
gender	대출 신청인 성별
age	대출 신청인의 나이
married	결혼 유무
dependents	가족 수
education	학력
self_employed	자영업 유무
business_type	국세청 기준 대출 신청인 업종 코드[2]
applicant_income	대출 신청인 수입
applicant_work_period	대출 신청인 근무 기간
coapplicant_income	배우자 수입
credit_history	금융서비스(대출) 이용 횟수
credit_amount	대출중인 금액
property_area	주거지 종류(Urban: 도시, Semiurban: 준도시, Rural: 시골)
property_type	주거지 소유 여부(1: 자가, 2: 월세, 3: 전세, 4: 기타)
credit_rate	신용 등급
loan_amount	대출 금액
loan_term	대출 상환 기간
loan_status	대출 승인 여부

2 국세청 업종 코드는 이곳(https://www.venturein.or.kr/popup/BusinessCode.do)에서 확인할 수 있다.

8.1.3. 데이터 불러오기

대출 여부를 판단하는 인공지능을 만들기 위해서는 데이터를 불러온 다음, 전처리(preprocess)해야 한다. 이 과정은 실전 인공지능 분석을 위해서 반드시 거쳐야 한다. 많은 데이터 과학자가 전처리 과정에 많은 시간을 소모한다. 또한, 이 과정은 문제를 해결하는 사람마다 요령과 방법이 다 다르다. 어떤 데이터 과학자는 원본 데이터를 직접 수정하면서 전처리 작업을 하고, 또 어떤 과학자는 텍스트 파일을 조작하는 파이썬 스크립트를 짜서 실행한다. 저자는 원본 데이터를 직접 관리하지 않고, pandas와 numpy, scipy 패키지를 활용하는 소프트웨어적인 전처리 방식을 선호한다. 이 방식은 데이터를 거시적으로 관찰하고 데이터를 수학적으로 바라보게 해준다. 또한 패키지를 이용한 전처리는 데이터 조작의 실수를 줄여준다.

전처리 방식에는 정답도, 요령도 없다. 심지어 학교에서 따로 가르쳐주지도 않는다. 전처리 기법이 너무나 다양해서 정리하기가 어려울 뿐만 아니라 학문적 가치가 떨어지기 때문이다. 그러나 데이터 전처리는 모든 머신러닝에 필수다. 이 과정은 시간 소모적이고 많은 경험을 요구한다. 이번 분석에서는 저자의 방법을 익혀보자.

먼저 필요한 패키지와 데이터를 불러오자. 그다음 데이터가 의도대로 메모리에 올라갔는지 확인해 보자.

예제 8.1 데이터 전처리에 필요한 패키지 데이터를 불러오고 학습 데이터를 읽는 코드

```
import pandas as pd
import numpy as np
from xgboost import XGBClassifier
import matplotlib.pyplot as plt
%matplotlib inline

loan_data = pd.read_csv('loanData.csv')
loan_data.tail()
```

데이터가 성공적으로 로드됐다면 다음과 같은 결과를 확인할 수 있을 것이다.

```
In [59]: loan_data = pd.read_csv('loanData.csv')

In [60]: loan_data.tail()
Out[60]:
```

	id	gender	age	married	dependents	education	self_employed	business_type	apı
609	LA002978	Female	34	No	0	Graduate	No	58	
610	LA002979	Male	45	Yes	3+	Graduate	No	60	
611	LA002983	Male	24	Yes	1	Graduate	No	85	
612	LA002984	Male	44	Yes	2	Graduate	No	87	
613	LA002990	Female	41	No	0	Graduate	Yes	58	

그림 8.1 신용 대출 데이터를 불러온 결과

이때 그림 8.1의 성별(gender) 칼럼이나 부양가족(dependents), 학력(education) 칼럼은 기계가 이해할 수 없는 '문자열' 형식이다. 머신러닝 모델은 정수(integer)나 실수(float) 값을 읽고 해석한다. 그러나 610번 회원의 부양가족은 '3+'와 같은 형태로 표시돼 있다. 예외를 처리하지 않고 문제를 풀기 시작하면 금방 에러 메시지를 만날 것이다. 전처리 이후 에러가 난다면 문제가 심각해진다. 일반적으로 전처리 이후 에러는 원인을 파악하기가 쉽지 않다. 그럴 경우, 설계자는 데이터를 불러오는 과정부터 전처리, 모델 설계, 모델 학습 등 모든 과정을 의심해야 한다. 이것은 시간 소모적이다. 따라서 위와 같은 시행착오를 줄이기 위해서는 칼럼마다 예외 조항이 없는지, 데이터 형식이 기대한 대로 입력됐는지 확인해야 한다. 다음 코드를 참고하자.

예제 8.2 특정 칼럼의 값 중 중복을 제외한(unique) 값을 출력하는 방식

```
loan_data['dependents'].unique()
```

예제 8.2는 부양가족 칼럼 값 전체에서 중복된 데이터가 없는 고윳값을 출력한다. 이 과정을 칼럼마다 반복한다.

```
In [61]: loan_data['gender'].unique()
Out[61]: array(['Male', 'Female', nan], dtype=object)

In [62]: loan_data['married'].unique()
Out[62]: array(['No', 'Yes', nan], dtype=object)

In [63]: loan_data['dependents'].unique()
Out[63]: array(['0', '1', '2', '3+', nan], dtype=object)

In [64]: loan_data['education'].unique()
Out[64]: array(['Graduate', 'Not Graduate'], dtype=object)

In [65]: loan_data['self_employed'].unique()
Out[65]: array(['No', 'Yes', nan], dtype=object)

In [66]: loan_data['business_type'].unique()
Out[66]: array([73, 49, 35, 45, 20, 70,  9, 76, 61,  4, 81,  3, 89, 71, 46, 78, 84,
        54,  6, 86, 68, 33, 65, 48, 58, 38, 93, 99, 95, 28, 74, 16, 12, 19,
        85,  1, 10, 37, 55, 62, 53, 11, 83, 43, 80, 27, 98, 34, 52, 72, 30,
        22, 47, 31, 96, 88, 25, 15, 75, 79, 57, 23, 82,  7,  8, 60, 18, 51,
        66, 32, 26, 91, 64, 40, 17, 87, 14, 63, 24, 59, 13,  2, 36, 90, 67,
        94, 41, 21, 50, 69, 97, 56, 44, 92, 29, 42,  5, 77], dtype=int64)

In [67]: loan_data['credit_history'].unique()
Out[67]: array([ 1.,  0., nan])

In [68]: loan_data['property_area'].unique()
Out[68]: array(['Urban', 'Rural', 'Semiurban'], dtype=object)
```

그림 8.2 칼럼의 고윳값을 확인하는 과정

머신러닝 모델은 실수형(float) 데이터나 마스킹(특정 숫자로 분류)을 학습한다. 모델에 nan(아무것도 입력되지 않음) 데이터나 '3+', 'Graduate' 같은 문자열 데이터를 입력하면 의도하는 대로 학습이 이뤄지지 않는다. 따라서 데이터를 직접 확인하고 문자열 데이터를 실수형 데이터로 변환해야 한다.

pandas는 replace라는 메서드를 통해 칼럼 내용을 변경할 수 있다. 예를 들어 성별(gender)은 세 가지 타입이 있다.

예제 8.3 성별 칼럼에 입력된 고윳값을 출력한 결과

```
loan_data['gender'].unique()

>> array(['Male', 'Female', nan], dtype=object)
```

이때 남성(Male)과 여성(Female), 그리고 미입력(nan)은 흔히 수집할 수 있는 데이터다. 이제 이 데이터를 실수형 데이터로 전사(mapping, 매핑)하는 코드를 작성해 보자.

예제 8.4 데이터의 성별 칼럼을 정수형 데이터로 매핑하는 코드

```
gendr_mapping = {'Male': 1, 'Female': 0, np.nan: -1}
loan_data = loan_data.replace({'gender': gendr_mapping})

# 결과 일부 확인하기
loan_data.head()
```

예제 8.4의 gendr_mapping은 성별 칼럼에 있는 데이터를 특정 값으로 변형하기 위한 매개변수다. 이 코드가 성별 칼럼에 입력되면 'Male'은 1로, 'Female'은 0으로, 'nan'은 −1로 변경된다. 다른 칼럼에도 매핑하자.

예제 8.5 칼럼 값을 실수형 데이터로 변환하는 코드

```
gendr_mapping = {'Male': 1, 'Female': 0, np.nan: -1}
married_mapping = {'No': 0, 'Yes': 1, np.nan: -1}
dep_mapping = {'0': 0, '1': 1, '2': 2, '3+': 3, np.nan: -1}
edu_mappiong = {'Graduate': 1, 'Not Graduate': 0}
emp_mapping = {'No': 0, 'Yes': 1, np.nan: -1}
prop_mapping = {'Urban': 1, 'Rural': 3, 'Semiurban': 2}

loan_data = loan_data.replace({'married': married_mapping,
                               'dependents': dep_mapping,
                               'education': edu_mappiong,
                               'self_employed': emp_mapping,
                               'property_area': prop_mapping
                              })

# 결과 일부 확인하기
loan_data.head()
```

예제 8.5를 수행하면 기존에 문자열 형태로 저장돼 있던 칼럼이 매핑 키에 따라 정수형(또는 실수형)으로 변경된다.

In [36]: loan_data.head()

Out[36]:

	id	gender	age	married	dependents	education	self_employed	business_type	applicant_income
0	LA001002	1	41	0	0	1	0	73	5849
1	LA001003	1	25	1	1	1	0	49	4583
2	LA001005	1	48	1	0	1	1	35	3000
3	LA001006	1	21	1	0	0	0	45	2583
4	LA001008	1	38	0	0	1	0	20	6000

그림 8.3 칼럼 값을 실수형 데이터로 매핑한 결과

MNIST나 CIFAR 100 등 일반적으로 연구실에서 사용하는 데이터는 복잡한 전처리 과정을 마친 상태다. 모든 연구자에게 동등한 데이터를 제공해서 오직 모델로만 성과를 비교해야 하기 때문이다. 그러나 실전 머신러닝은 연구가 아니다. 따라서 데이터 전처리 과정이 필연적이다. 이제 데이터를 정제했으니 학습용과 테스트용으로 데이터를 가르자.

예제 8.6 데이터를 학습용과 테스트용으로 가르는 코드

```
from sklearn.model_selection import train_test_split

# id 제외
X = loan_data.loc[:, 'gender':'loan_term']
y = loan_data.loc[:, 'loan_status']

x_train, x_test, y_train, y_test = train_test_split(X, y,
                                                    test_size=0.2, random_state=20)
```

데이터를 가를 때는 sklearn 패키지의 `train_test_split` 함수를 사용한다. 이 함수는 사용자가 데이터를 직접 섞고 잘라서 나누다가 발생하는 실수를 줄여준다.

8.1.4. 데이터 학습하기

이제 xgboost로 신용 대출 여부를 판별하는 모델을 만들어보자. 이 문제를 해결하기 위해서는 학습 데이터를 이해한 다음, 적절한 모델을 선택해야 한다. 이번 실습에 사용된 데이터는 각 칼럼이 서로 영향이 적고 이산적(discrete)이다. 일반적으로 트리 모형이 이산적인 데이터를 분석하는 데 유리하다고 알려져 있다. 트리 모델의 분기마다 계산량 증감이 명확하게 차이 나기

때문이다. 모델의 목적 함수는 이진(binary)으로 설정한다. 대출 심사 여부가 가능(1), 불가능(0)으로 결정되기 때문이다.

예제 8.7 xgboost로 신용 대출 여부를 판별하는 모델을 구축하는 코드

```
model = XGBClassifier(
    booster='gbtree',
    objective='binary:logistic',
)

model.fit(x_train, y_train)
```

예제 8.7은 간단해 보이지만 간단한 모델을 구축하기 위해 데이터를 이해하고 특성을 반영하기 위해 고민했던 의사 결정 과정이 길었다. 예제 8.7을 실행하면 모델은 학습을 시작한다. 더 높은 분류 성능을 얻기 위해서 커스터마이징할 수도 있다. 그러나 우선 간단한 모델을 작동하게 만들어야 한다. 기본 없는 고도화는 문제 해결 시간을 늦출 뿐이다. 빠르게 모델을 구축하고 검증하자.

예제 8.8 모델과 테스트 데이터로 정확도를 측정하는 코드

```
from sklearn.metrics import accuracy_score

def calculate_accuracy(model, x_test, y_test):
    # 예측하기
    y_pred = model.predict(x_test)
    predictions = [round(value) for value in y_pred]

    # 평가하기
    accuracy = accuracy_score(y_test, predictions)
    print('Accuracy: %.2f%%' % (accuracy * 100.0))
    return accuracy

calculate_accuracy(model, x_test, y_test)
```

Train Model

```
In [131]: model = XGBClassifier(
              booster='gbtree',
              objective='binary:logistic',
          )
          model.fit(x_train, y_train)

Out[131]: XGBClassifier(base_score=0.5, booster='gbtree', colsample_bylevel=1,
                        colsample_bynode=1, colsample_bytree=1, gamma=0,
                        learning_rate=0.1, max_delta_step=0, max_depth=3,
                        min_child_weight=1, missing=None, n_estimators=100, n_jobs=1,
                        nthread=None, objective='binary:logistic', random_state=0,
                        reg_alpha=0, reg_lambda=1, scale_pos_weight=1, seed=None,
                        silent=None, subsample=1, verbosity=1)

In [132]: from sklearn.metrics import accuracy_score

          def calculate_accuracy(model, x_test, y_test):
              # make predictions
              y_pred = model.predict(x_test)
              predictions = [round(value) for value in y_pred]

              # evaluations
              accuracy = accuracy_score(y_test, predictions)
              print('Accuracy: %.2f%%' % (accuracy * 100.0))
              return accuracy

In [133]: calculate_accuracy(model, x_test, y_test)

          Accuracy: 84.55%

Out[133]: 0.8455284552845529
```

그림 8.4 정확도를 측정한 결과

예제 8.8은 sklearn의 accuracy_score를 사용해서 정확도를 측정한다. 모델은 간단해도 84.55%의 정확도를 보인다. 하지만 이 사실만으로는 모델이 어떻게 학습됐는지 파악할 수 없다. 수치만으로는 이 모델이 어떤 데이터에 취약한지, 어떤 경우에 대출 심사가 빨리 끝날지 알 수 없다. ROC(Receiver Operating Characteristic) 커브나 손실 그래프(loss graph)를 그려보는 것도 좋을 것이다. 그러나 두 과정은 모델 학습이 얼마나 잘 됐는지 또는 되고 있는지를 보여주는 지표일 뿐이다. 두 과정은 모델이 각 피처를 해석하는 방식을 설명해주지 않는다. 이제 XAI 기법을 적용할 때다.

8.2. XAI를 결합하기

먼저 신용 대출 판별 모델의 피처 중요도를 출력해 보자.

예제 8.9 피처 중요도를 출력하는 코드

```
import xgboost
from matplotlib.pylab import rcParams

rcParams['figure.figsize'] = 10,5
xgboost.plot_importance(model)
```

<matplotlib.axes._subplots.AxesSubplot at 0x2222a725be0>

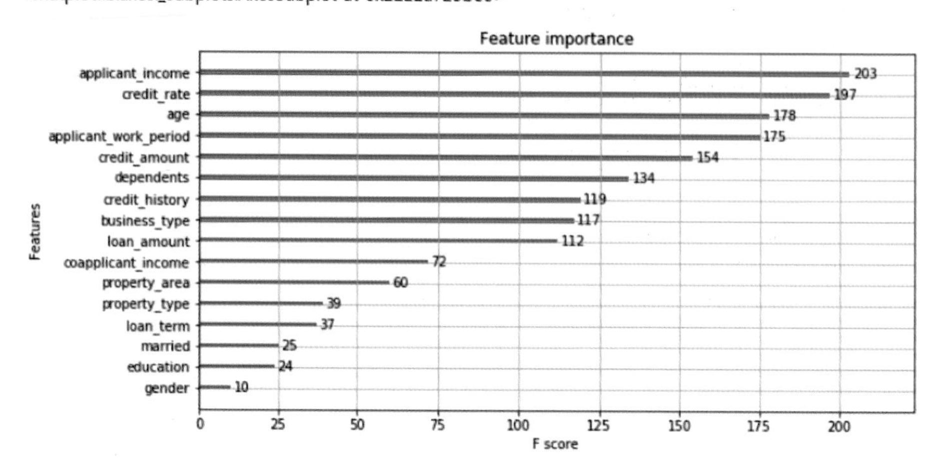

그림 8.5 신용 대출 판별 시 중요한 피처를 순서대로 출력한 결과

예제 8.9를 실행하면 피처 중요도가 출력된다. 피처 중요도 그래프에 의하면, 대출 승인 여부는 신청자의 수입(applicant income)이 가장 중요하고, 이어서 신용 등급(credit rate)과 나이(age), 대출 신청자 근무 경력(applicant work period) 순으로 중요하다. 기혼 유무(married)와 최종 학력(education), 성별(gender)은 상대적으로 대출 결정 여부에 큰 영향을 미치지 않는 것으로 보인다.

하지만 피처 중요도는 음의 영향력을 표시하지 않는다. 대출 신청자의 수입이 많으면 대출에 유리할까, 불리할까? 이것은 상식적인 질문이라 답변이 쉽다. 나이(age)는 어떨까? 나이가 어리면 일할 수 있는 날이 많아서 대출을 갚는 데 유리하다. 한편 나이가 많으면 주변에 경제활동을 하는 사람들이 많아서 대리 상환이 가능할 수도 있다. 그렇다면 나이는 적을수록 좋을까, 많을수록 좋을까? 이것은 피처 중요도 그래프로 대답할 수 없다.

SHAP 기법을 사용해 보면 어떨까? SHAP는 각 피처의 스케일별 영향력을 계산한다. SHAP 기법은 아웃라이어에 약하고 샘플 계산이 오래 걸린다는 단점이 있다. 하지만 신용 대출 데이터는 약 200개뿐이고, 금융 데이터는 나름대로 정제돼 있다. 따라서 이 데이터는 아웃라이어가 적다. SHAP가 가지고 있는 약점을 금융 데이터라는 특수성이 극복하는 형세다. 그러므로 SHAP 기법을 사용하면 피처별로 스케일이 변함에 따라 모델에 어떤 영향을 미치는지 쉽게 파악할 수 있다.

다음 코드를 입력해서 SHAP 패키지를 로드하고 데이터 하나를 분석해 보자.

예제 8.10 SHAP 기법을 사용해서 사용자 한 명을 분석하는 코드

```
import shap

idx = 13

# 13번째 사용자 데이터 출력하기
print(x_train.iloc[idx, :])

# JS 시각화 라이브러리 로드하기
shap.initjs()

# SHAP 값으로 모델의 예측 결과 설명하기
explainer = shap.TreeExplainer(model)
shap_values = explainer.shap_values(x_train)

# 설명체의 해석 결과 출력하기
shap.force_plot(explainer.expected_value,
                shap_values[idx,:],
                x_train.iloc[idx,:])
```

예제 8.10은 SHAP 패키지를 로드한다. 사용자 한 명을 임의로 뽑아 SHAP 값을 계산해 보자.

예제로 만든 분류 모델은 트리 모형이므로 `shap.TreeExplainer()` 명령을 통해 설명체를 불러온다. 그다음, `explainer.shap_values()`를 호출해 전체 학습 데이터에 대한 섀플리 값을 구한다. 마지막으로 설명체와 섀플리 값을 가지고 `shap.force_plot()`를 입력해 13번째 사용자의 대출 성공 요인을 분석할 수 있다.

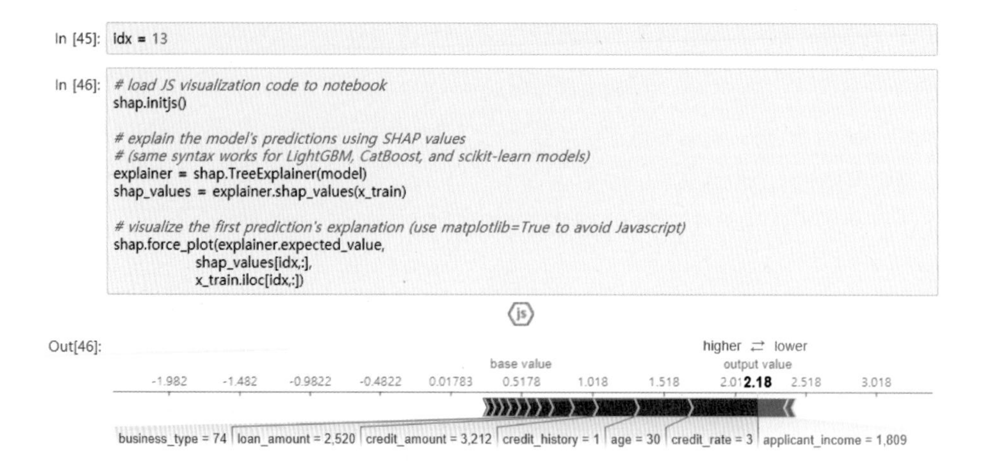

그림 8.6 13번째 사용자의 섀플리 요인 분석 결과. 그래프에 의하면 대출 신청자는 적은 수입이 감점 요인이었지만, 신용 등급과 나이 덕분에 대출이 승인됐다.

그림 8.6에 의하면, 이 사용자는 대출 신청이 승인됐다(2.18>0). SHAP 분석 결과는 사용자의 신용 등급(3등급)과 나이(30살), 기존 대출 여부가 1건인 항목들이 대출 승인에 크게 긍정적으로 작용했다고 해설했다. 그리고 비중이 작지만 기존 대출금이 3,212만 원인 것과 대출 신청 금액이 2,520만 원밖에 안 되는 것, 그리고 업종 분류(74: 사업 시설 관리 및 조경 서비스업)가 도움이 됐다. 반면 파란색 영역은 대출 심사에 악영향을 미친 부분으로, 대출 신청자 연봉이 1,809만 원이라는 것이다.

이처럼 SHAP 분석을 사용하면 사용자의 대출 승인 여부를 조목조목 분해할 수 있다. 이번에는 대출이 거절된 사용자 한 명의 결과를 참고해 보자. 예제 8.10에서 `idx=13`을 15로 수정하자.

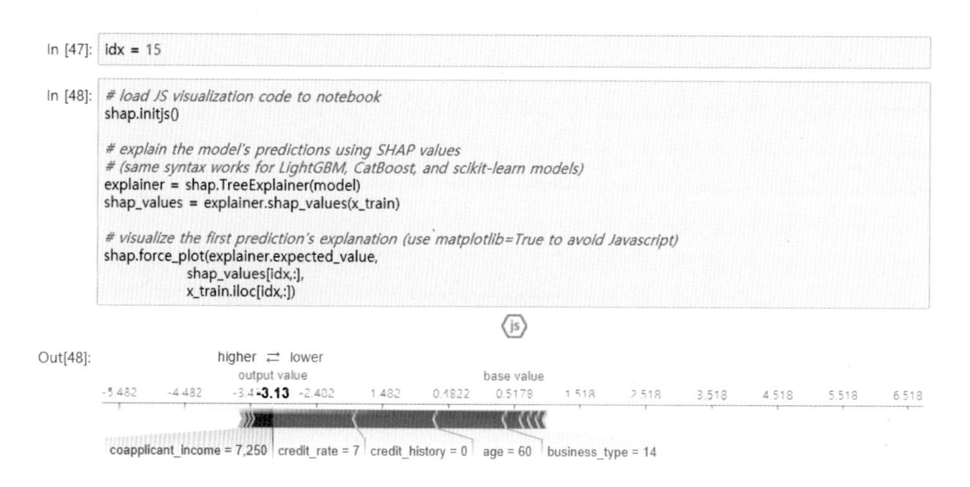

그림 8.7 15번째 사용자의 섀플리 요인 분석 결과. 결과에 의하면 이 신청자는 대출이 거절됐다.

그림 8.7에 의하면, 15번째 사용자는 대출 신청이 거부됐다. 분류 수치가 음수로 나왔기 때문이다(−3.13<0). 대출이 거절된 이유는 낮은 신용 등급(7등급)과 현재 대출 내역이 없는 것, 높은 나이(60)가 주를 이룬다. 비중이 낮기는 하지만, 대출 신청자의 업종이 14로 의복 제조업에 종사한다는 이유도 함께 확인할 수 있다. 이 자료는 특정 직종을 비하하려는 의도가 아님을 밝혀둔다. 반면 대출 승인에 긍정적인 요소는 배우자 수입(7,250만 원)이다. 그렇지만 머신러닝 모델은 대출 신청인이 직접 상환할 수 있는 능력을 더 비중 있게 판단하는 것처럼 보인다.

두 예시가 사례 지향적이었다면, 이번에는 설명체 전체를 출력해 보자. 이 과정은 대출이 승인 및 거절된 모든 사람의 이력과 점수를 보여준다.

예제 8.11 모든 학습 데이터에 대해 설명체 전체를 플롯으로 보여주는 코드

```
shap.initjs()

# 모델이 학습한 결과에 대한 설명체 전체 출력하기
shap.force_plot(explainer.expected_value, shap_values, x_train)
```

예제 8.11을 실행하면 전체 설명체에 대한 섀플리 값이 출력된다. 출력된 플롯 창 위에 마우스를 올리면 사용자별로 대출 승인 여부와 신청자의 조건을 한눈에 파악할 수 있다.

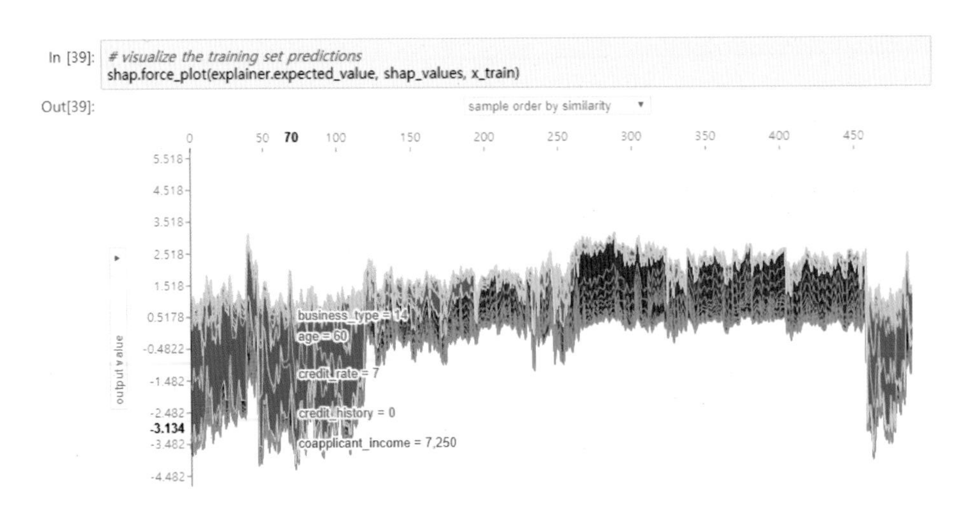

그림 8.8 전체 데이터에 대해 섀플리 요인을 분석한 결과

SHAP로 특정 피처의 영향력을 간단하게 진단해 볼 수 있다. shap.dependence_plot() 함수는 특정 피처에 대한 분류 영향력을 출력한다.

예제 8.12 신용 등급별로 대출 승인 여부 영향력을 출력하는 코드

```
# 신용등급 하나의 피처에 대해 SHAP 영향력을 출력
shap.dependence_plot("credit_rate", shap_values, x_train)
```

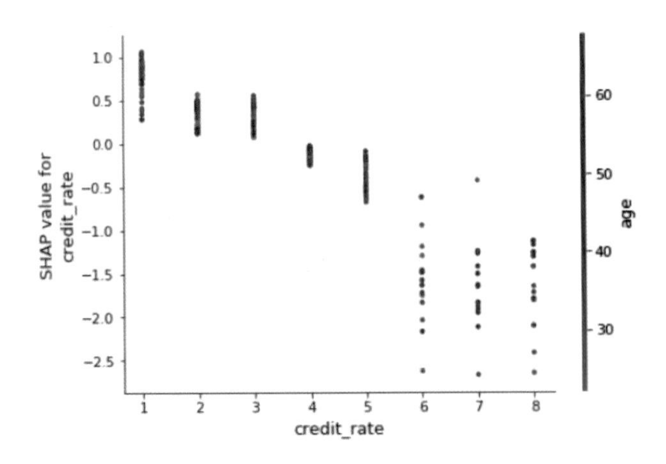

그림 8.9 신용 등급과 대출 여부와의 관계를 플롯한 결과. SHAP 분석 도구는 5등급부터 대출에 부정적인 영향을 미친다고 말한다.

그림 8.9는 대출 여부가 신용 등급과 느슨한 선형 관계를 갖는다는 것을 보여준다. 예외가 있기는 하지만, 일반적으로 대출은 5등급보다 높을 때 긍정적인 영향을 미치고 그 아래 등급에서는 부정적인 영향을 미친다. 또한, 위 그래프를 통해 나이별 대출 현황도 파악할 수 있다. 그러나 나이는 모든 신용 등급에 고루 분포돼 있다. 이는 나이가 대출 승인 면에서 신용도만큼 중요하지 않을 것이라는 추론을 뒷받침한다. 더 정확한 분석을 위해 예제 8.12의 `credit_rate`를 나이(age)로 바꿔서 그려보자.

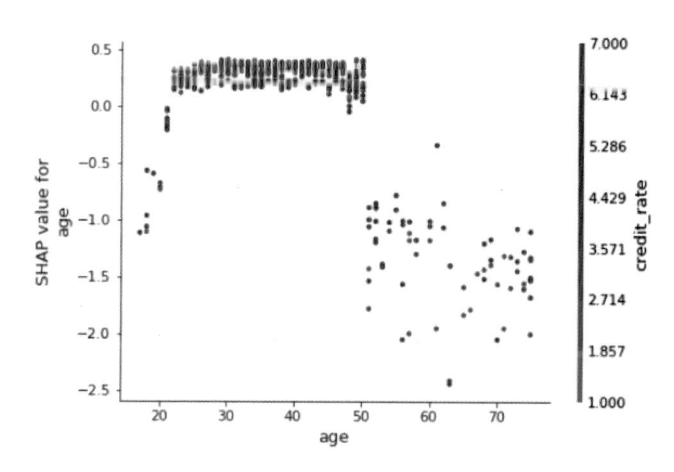

그림 8.10 연령대별 대출 여부를 그래프로 나타낸 결과

그림 8.10의 결과로 보건대, 나이가 20대 초반이라면 대출에 부정적인 영향을, 그렇지 않고 20대 중반부터 50대까지는 대출 승인에 긍정적인 영향을 미친다. 반대로 50대 이상이 되면 나이가 대출에 부정적인 영향을 미친다.

이제 전체 피처에 대한 규모별 영향력을 한꺼번에 출력해 보자.

예제 8.13 전체 학습 세트에 대해 섀플리 값을 출력하는 코드

```
# 모든 피처에 대해 모델에 미치는 영향력 출력
shap.summary_plot(shap_values, x_train)
```

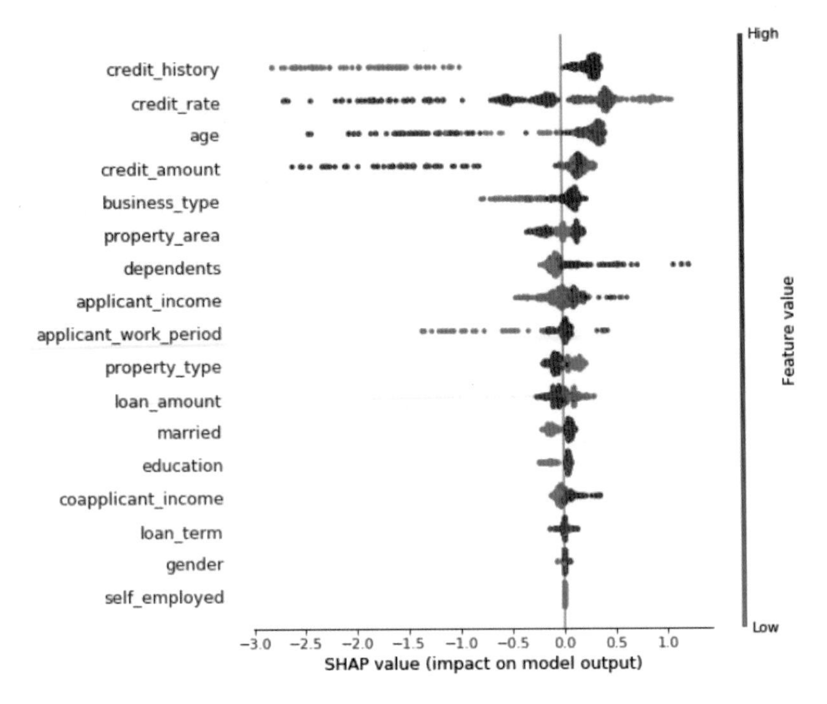

그림 8.11 대출 승인 여부에 영향을 미치는 요소를 모두 출력한 결과

그림 8.11의 X 축은 대출 신청에 부정적인 요소부터 긍정적인 요소까지 각 요소의 크기를 표시한다. Y 축에는 피처를 모두 나열했다. 색깔은 해당 피처의 값이 작아지거나 커질 때의 상황을 표시한 것으로, 나이 피처는 나이가 많을수록 붉은색을 띠며, 적을수록 파란색을 띤다. 그림 8.11에서도 나이가 많을수록 대출 승인이 어렵다는 것을 확인할 수 있다.

그림 8.11에 의하면 기존 대출이 많은 사람이 대출이 없거나 적은 사람보다 대출에 유리하며, 신용 등급이 높은(숫자가 적은) 사람이 대출 승인 가능성이 높다. 또한, 나이가 어릴수록 대출에 유리하며, 비즈니스 업종은 숫자가 낮은 쪽(제조, 농업 등)보다 높은 쪽(서비스업 등) 분류가 대출에 유리하다. 반면 자영업 유무나 성별, 대출 기간은 대출 승인에 거의 영향을 미치지 않는 점도 확인할 수 있다.

SHAP의 총괄 플롯(`summary_plot`)을 약간 수정하면 피처 중요도처럼 출력할 수 있다.

예제 8.14 막대(bar) 타입으로 총괄 플롯을 출력하는 코드

```
shap.summary_plot(shap_values, x_train, plot_type="bar")
```

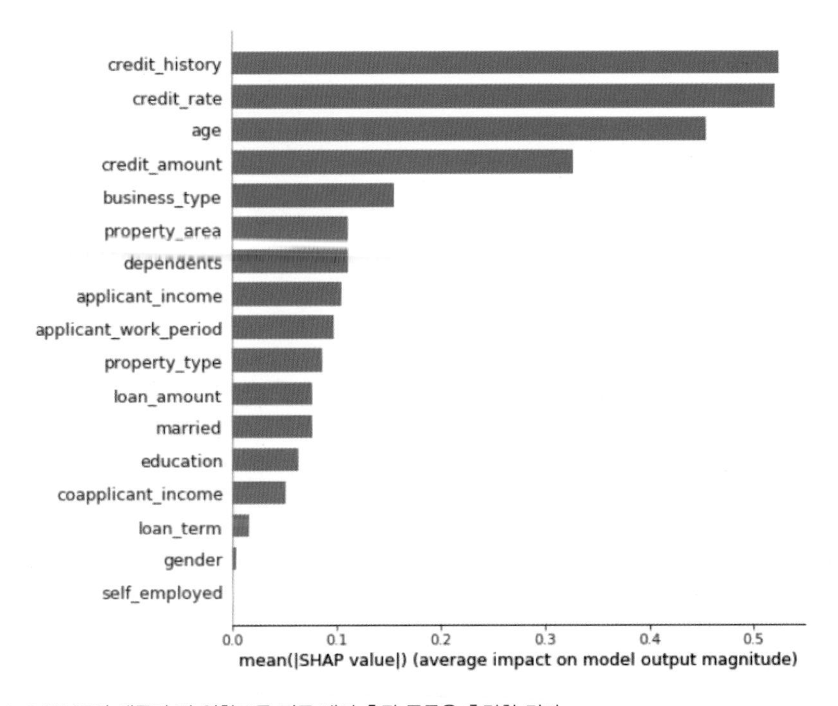

그림 8.12 SHAP의 섀플리 값 영향도를 평균 내어 총괄 플롯을 출력한 결과

그림 8.12의 결과는 그림 8.5의 피처 중요도 결과와 순서가 다른데, 그 이유는 SHAP와 피처 중요도를 계산하는 방식이 다르기 때문이다. SHAP는 대출 결정 여부에 대한 섀플리 분산이 클수록 영향력이 커진다. 즉, SHAP는 아웃라이어에 민감하다. 그러나 피처 중요도는 피처 값의 변량으로 측정되기 때문에 극단적 수치가 결과물에 적게 반영된다.

8.3. XAI로 모델을 파악하기

XAI 결과를 보고 인공지능을 개선해 보자. 먼저 개선 방향을 확보하기 위해 그림 8.5와 그림 8.12를 다시 한 번 보자.

<matplotlib.axes._subplots.AxesSubplot at 0x2222a725be0>

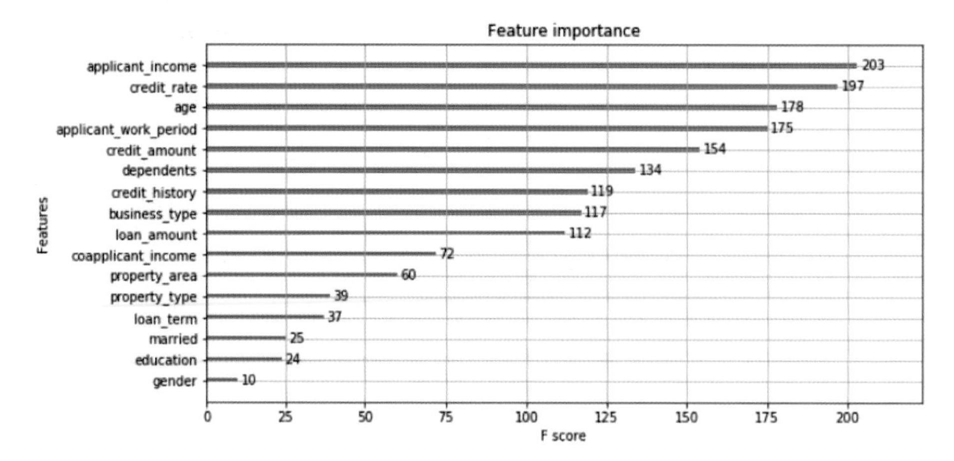

그림 8.5(중복) 신용 대출 판별 시 중요한 피처를 순서대로 출력한 결과

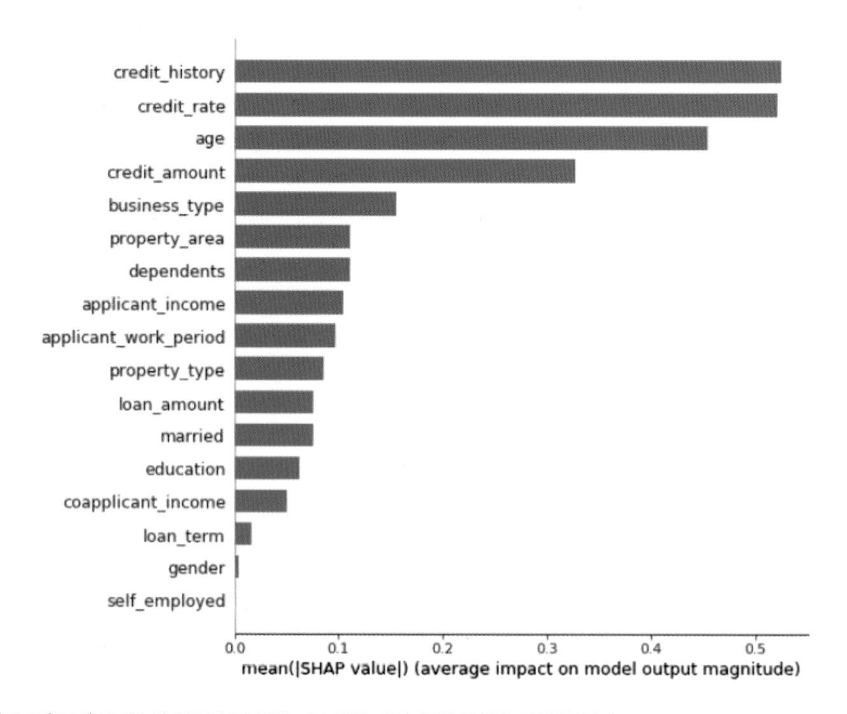

그림 8.12(중복) SHAP의 섀플리 값 영향도를 평균 내어 총괄 플롯을 출력한 결과

이 두 가지 그래프에서 대출 신청자 수입(applicant_income) 항목을 주목하자. 그림 8.5의 피처 중요도는 대출 신청자 수입이 대출 여부를 결정하는 데 큰 영향을 미친다고 말한다. 그러나 그림 8.11의 SHAP에 의하면 대출 신청자의 수입은 대출 승인 여부를 결정하는 데 그다지 중요하지 않다.

이런 차이는 왜 발생하는 것이며 어느 수치가 옳을까? 두 그래프의 차이를 이해하려면 두 그래프를 계산하는 방식을 이해해야 한다. 먼저 SHAP는 전체 대출 신청자들 간의 상대적 피처 중요도를 표시한다. 어떤 유저의 대출 신청자 수입 피처가 대출 여부에 결정적이었다면 섀플리 영향도는 매우 크게 계산되나, 신용 등급(credit_rate)은 SHAP에서 대출 여부에 가장 중요한 피처 중 하나로 나타난다. SHAP에 의하면 낮은 신용 등급은 대출 불능 결정이 확정적이다. 이 경우 SHAP의 총괄 플롯은 신용 등급의 영향력을 높게 평가한다. 반면 피처 중요도는 신용 등급의 중요도를 측정할 때 다른 조건들은 그대로 두고 오직 신용 등급만 바꾼다. 그러나 일반적으로 신용 등급과 금융 신청자의 금융 배경은 비례한다. 높은 신용 등급을 가진 사람은 일반적으로 수입도 높고, 금융 거래 이력이 있을 가능성이 높고, 대출이 잘 되는 직종을 가지고 있고 주택을 자가 소유하고 있을 가능성이 높다. 이렇게 견고한(robust) 조건에서 신용 등급만을 바꿨을 때 대출이 쉽게 거절되지는 않을 것이다. 앞서 언급했듯이, 피처 중요도는 각 피처가 서로 독립적일 때 이상적으로 작동한다. 그러나 신용 등급은 과거 개인 금융 활동의 간접적인 반영 지표다. 따라서 피처 중요도에서 신용 등급은 그 수치가 다소 과소평가됐다고 해석할 여지가 있다.

SHAP와 피처 중요도에서 각 피처의 기여도를 계산하는 방법은 다르고, 각각 장단점이 있다. SHAP는 개별 데이터를 한눈에 요약하듯이 볼 수 있지만, 극단치에 취약하다. 피처 중요도 계산 방법은 각 피처가 서로 의존적일 때 과소평가된 결과를 출력하며, 상대적으로 다른 피처가 과대평가될 수 있다.

다시 대출 신청자 수입 항목으로 돌아오자. 피처 중요도는 대출 신청자 수입 수치를 바꿔가며 대출 승인 변경 여부를 조사한다. 수입은 대출 승인 여부에 중요하다. 따라서 수입이 변경될 때마다 대출이 승인될 가능성이 높아지며, 상대적으로 영향력이 크게 계산될 것이다. SHAP는 대출 신청자의 수입뿐만 아니라 종합적인 가치를 계산한다. 수입이 좋은 사람은 다른 상대적인 피처들이 좋을 가능성이 높다. 따라서 SHAP에서 수입은 그렇게 중요한 요소가 아니며, 오히려 종합적인 금융 지표들의 조화가 중요하다고 판단한다. 따라서 SHAP는 수입이 다른 피처들과 비교했을 때 대출 결정에 적은 영향을 미친다고 판단한다.

이번 단원에서는 피처 중요도와 SHAP 기법의 추정 방식과 장/단점을 배웠다. 피처를 해석할 때는 적절한 도구와 한계점에 유의하며 블랙박스를 추론해야 한다.

8.4. XAI로 모델 개선 근거 마련하기

이전 절에서 피처들의 영향력을 계산하고 계산 기법마다 차이가 있음을 확인했다. 피처를 분해하고 분석하는 일은 서비스 개선점을 찾는 데 큰 도움이 된다.

우리가 대출 여부를 결정하는 사람이라고 해 보자. 고객으로부터 수집하는 특정 정보가 대출을 결정하는 데 도움이 된다면 설문 항목을 늘려서 등급 결정에 심혈을 기울여야 할 것이다. 반대로 어떤 질문이 대출 여부에 그다지 영향을 미치지 않는 것으로 파악된다면, 그 질문을 과감하게 삭제해 비용을 절약해야 한다.

예를 들어, 피처 중요도는 학력이 대출 결정에 중요하지 않다고 판단한다. 그러나 어떤 이는 학력이 신용대출 여부에 큰 영향을 미친다고 주장한다. 우리는 모델을 구축하는 사람이다. 특정 피처가 머신러닝에 도움이 안 된다면, 그 피처를 삭제하고 다른 좋은 피처를 도입할 것을 검토해야 한다. 피처 중요도와 SHAP는 학력이 대출 승인 여부를 결정하는 데 그다지 중요하지 않다고 말한다. 따라서 학력 피처를 삭제하고 모델을 구축할 필요가 있다. 다음 코드는 대출 심사 데이터에서 학력을 제외하고 모델을 학습시킨다.

예제 8.15 대출 심사 데이터에서 학력 피처를 삭제하고 모델을 학습시키는 코드

```
loan_data = loan_data.drop(columns='education')

# id 제외
X = loan_data.loc[:, 'gender':'loan_term']
y = loan_data.loc[:, 'loan_status']

x_train, x_test, y_train, y_test = train_test_split(X, y, test_size=0.2,
                                                    random_state=20)

model = XGBClassifier(
    booster='gbtree',
```

```
        objective='binary:logistic',
        learning_rate=0.02,
        n_estimators=300,
        reg_alpha =0.7,
        reg_lambda=0.5,
        max_depth=4,
    )

    model.fit(x_train, y_train)
    calculate_accuracy(model, x_test, y_test)
```

```
In [83]: model = XGBClassifier(
             booster='gbtree',
             objective='binary:logistic',
             learning_rate=0.02,
             n_estimators=300,
             reg_alpha =0.7,
             reg_lambda=0.5,
             max_depth=4,
         )
         model.fit(x_train, y_train)
         calculate_accuracy(model, x_test, y_test)

         Accuracy: 86.18%
Out[83]: 0.8617886178861789
```

그림 8.13 학력 데이터를 삭제하고 모델을 학습한 결과

그림 8.13에 의하면 학력 데이터를 삭제하고 모델을 학습시켜도 대출 결정에 거의 영향이 없었다.

피처를 삭제하거나 추가해도 성능에 변화가 없다면 피처를 삭제하는 것이 왜 중요할까? 대출 사전 심사에 인공지능을 도입해서 상담 비용을 혁신적으로 낮춘다는 아이디어가 있다고 해 보자. 대출 신청자들은 웹이나 애플리케이션으로 인공지능과 질의 응답하고 1차 서류 심사 결과를 받은 다음 2차 대면 심사를 통해 대출을 받는다. 이때 대출 신청인은 사전 설문 개수가 많아질수록 이탈할 가능성이 높아진다. 즉, 한정된 개수의 피처를 측정하고 효율적으로 스크리닝해야 한다. 비효율적인 피처를 찾고 삭제하는 일은 중요하다.

실무에 인공지능을 적용하려면 지속적인 관측과 개선이 필요하다. 개선에는 더하는 일뿐만 아니라 불필요한 것을 삭제하는 일도 포함된다. XAI는 모델의 상태를 가장 잘 설명해주는 지표다. 따라서 기존 인공지능 위에 제대로 된 XAI 파이프라인이 구축돼 있다면 얼마든지 모델을 관찰하고 개선 근거를 마련할 수 있다.

이번 단원에서는 학력 데이터가 대출 여부 판단에 중요하지 않다는 것을 확인했다. XAI는 학력 피처를 삭제해도 좋다는 결론을 도출했다. 이 피처를 삭제하면 질문 개수가 줄어들기 때문에 시간적이나 비용적인 효율이 상승한다. 필요 없는 피처를 삭제하면 삭제한 피처 개수만큼 새로운 지표를 발굴하는 데 역량을 더 쏟아부을 수도 있다. 모두 XAI로 도출한 결과물 덕분이다. XAI는 모델을 구축하는 데서 끝내지 않고 그것을 더욱 개선하고 발전시키려는 사람들에게 근거 있는 도움을 준다.

09

실전 분석2: LRP와 XAI

실습용 colab 링크: http://bit.ly/2OmeOEj

이번에는 딥러닝 XAI 기법의 하나인 LRP를 사용해서 모델을 이해해 보자.

9.1. 감정 분석 모델 만들기

앞에서 합성곱 신경망을 사용해서 MNIST 데이터를 학습시키고 모델의 필터 이미지나 LRP 데이터 시각화로 블랙박스를 들여다봤다. 그러나 손글씨 데이터는 이미지 자체로 정보성이 크다. 대부분 사람은 '손글씨 숫자 1'을 보고 숫자 1을 읽을 수 있다. 따라서 어떤 독자들은 LRP가 그다지 중요한 기법이 아니라고 생각할 수 있다. 그렇다면 모두 저자의 설명이 부족한 탓이다. 사실, LRP는 중요하다. LRP는 딥러닝을 해부한다. 그리고 딥러닝 해부 기법은 복잡한 이미지도 해석할 수 있다. 예를 들어, 의료용 이미지는 전문 지식 없이는 해석이 거의 불가능하다. 딥러닝 XAI 기법은 이런 분야에서 빛을 발한다. 현재 국내외 최신 의료 스타트업들은 XAI 기법을 실무에 적용하고 있다. 의료는 신뢰성과 설명성이 매우 중요한 분야이기 때문이다. 이번에는 의료까지는 아니더라도 어느 정도 복잡한 정보를 담는 데이터를 찾아 합성곱 신경망으로 학습시킬 것이다. 그리고 LRP로 모델이 이해한 바를 설명할 것이다.

9.1.1. 데이터 설명

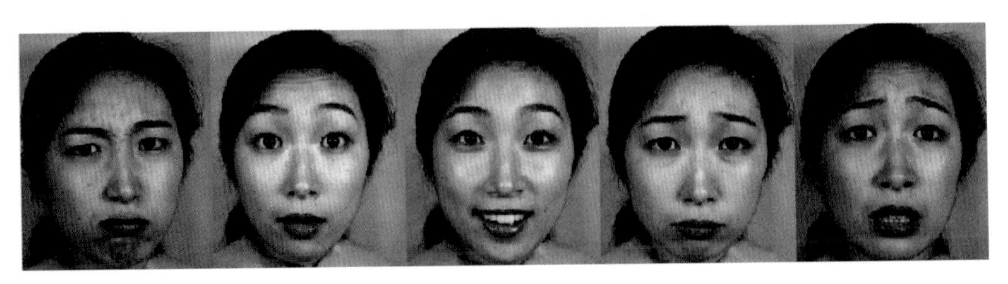

그림 9.1 JAFFE 데이터베이스 예시. 다양한 감정을 표현한 얼굴 사진.

여기 감정을 표현한 다양한 이미지가 있다. 이 이미지는 1998년에 마이클 리옹(Michel Lyon) 교수가 자신의 연구를 수행하면서 함께 만든 데이터다[1]. 리옹 교수는 자신의 연구를 마친 후, 이 데이터를 비상업적 목적의 연구를 수행하는 사람들을 위해 공개했다[2]. 데이터 이름은 JAFFE(The Japanese Female Facial Expression)다.

JAFFE 데이터베이스는 일본인 여성(학생들)의 얼굴 사진과 그때의 감정을 정량적인 수치로 기록한 데이터베이스다. JAFFE 데이터베이스는 연구 목적으로만 자유롭게 사용할 수 있으며, 각 사용자는 모두 라이선스에 동의해야 한다. JAFFE 데이터베이스 홈페이지에서 직접 라이선스에 동의하고 내려받을 수 있다[3].

저자는 이 데이터를 책에 싣기 위해 리옹 교수에게 직접 동의를 구했다. 책에서는 리옹 교수가 허락한 데이터만을 사용했다. 그는 이 책을 통해 한국의 연구자들이 실습하고 학문에 힘쓰도록 장려했다.

이미지 데이터를 사용하기 위해서는 신청자 모두가 개별적으로 동의서를 제출해야 한다. 동의서와 데이터는 JAFFE 홈페이지에서 온라인으로 진행할 수 있다. 데이터는 정제가 필요하다. 정제된 라벨은 저자의 깃허브 페이지에 수록했으니 데이터를 정제할 시간이 없는 독자들은 참고하자[4].

1 Lyons, Michael, et al. "Coding facial expressions with gabor wavelets." Proceedings Third IEEE international conference on automatic face and gesture recognition. IEEE, 1998.

2 http://www.kasrl.org/jaffe.html

3 http://www.kasrl.org/jaffedb_info.html

4 https://github.com/JaehyunAhn/XAI_dataset

9.1.2. 칼럼 설명

JAFFE의 텍스트 데이터에는 이미지에 대응하는 감정이 정량적으로 측정돼 있다. 각 칼럼의 약어는 다음을 의미한다.

1. id: 이미지 고윳값
2. HAP: 행복
3. SAD: 슬픔
4. SUR: 놀람
5. ANG: 분노
6. DIS: 실망
7. FEA: 두려움
8. PIC: 이미지 이름
9. NE(Neutral): 무표정

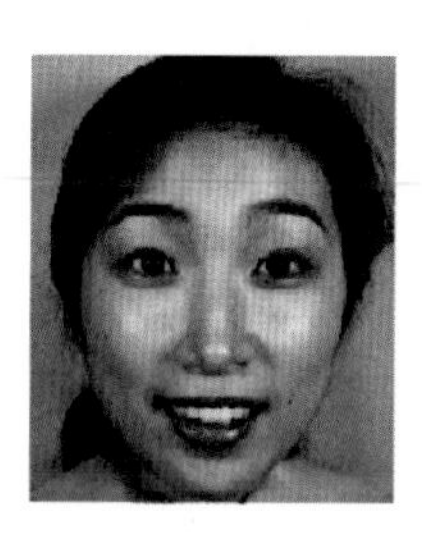

그림 9.2 KM-HA2 파일. 이 이미지는 HAP 지수가 4.77로 가장 높다. 따라서 KM-HA2 파일은 행복한 감정을 표현한 이미지다.

각 칼럼은 5단계로 구분돼 있다. 1이 가장 낮은 표현, 5는 가장 확고한 표현이다. 예를 들어 KM-HA2 파일은 실망(DIS)이 1.23으로 가장 낮고, 행복(HAP)은 4.77점으로 가장 높다. 따라서 KM-HA2 파일은 행복한 감정을 표현한다.

9.1.3. 데이터 불러오기

JAFFE 데이터를 내려받고 정제하기 위해서는 두 가지 과정이 필요하다. 첫 번째로 저자의 깃허브에서 정제된 라벨 데이터를 내려받아야 한다[5]. 내려받은 데이터를 보면 'Ch2.Emotion'이라는 폴더 아래 'jaffe'라는 폴더가 있다. 이 폴더 안에 JAFFE 데이터베이스 레이블이 담긴 텍스트 파일이 있다. 두 번째로 이미지 데이터를 내려받아야 한다. 먼저 JAFFE 데이터베이스 사이트에 접속[6]하고, 이미지 라이선스 사용에 대한 동의를 마친다. 약관에 동의한다는 메시지를 제출하면 이미지를 내려받을 수 있다. 내려받은 데이터는 './Ch2.emotion/jaffe'에 저장하자.

여기까지 마쳤다면 이제 데이터 분석에 필요한 패키지를 불러온다. 먼저 데이터가 잘 열리는지 확인해 보자. './Ch2.emotion/FacialClassification.ipynb' 파일을 열고 다음 셀을 실행시켜 보자.

예제 9.1 JAFFE 레이블 데이터가 잘 열리는지 테스트하는 코드

```
import os
import pandas as pd
import numpy as np
import scipy
import matplotlib.pyplot as plt
%matplotlib inline

root = './jaffe/'
label = 'jaffe_labels.txt'

# 데이터 로드
label_path = os.path.join(root, label)
with open(label_path, 'r') as f:
    print(f.readline())
    print(f.readline())
    for line in f:
        print(line)
        break
```

5 각주 4번과 동일.

6 각주 3번과 동일.

예제 9.1을 실행하면 다음과 같은 텍스트가 노트북 하단에 출력될 것이다.

예제 9.2 JAFFE 레이블 데이터를 열었을 때 출력되는 화면

```
# HAP SAD SUR ANG DIS FEA PIC

-----------------------------------------------------------------

1 2.87 2.52 2.10 1.97 1.97 2.06 KM-NE1
```

파일을 실행할 때는 경로를 제대로 설정했는지 확인하고 진행하자. 경로와 환경 설정은 실전 데이터 분석을 할 때 실수하기 쉬운 부분이다. 간단하지만 꼼꼼하게 확인하자.

모든 데이터가 잘 들어온다면 데이터를 pandas 패키지의 데이터프레임 클래스로 변환하자. 데이터프레임 클래스를 만드는 이유는 scipy 패키지의 train_test_split 함수를 사용하기 위해서다.

예제 9.3 텍스트 데이터를 pandas 패키지의 데이터프레임 클래스로 로드하는 코드

```
names = ['idx', 'Happy', 'Sad', 'Surprise', 'Angry', 'Disappointed', 'Fear',
'filename']
data = pd.read_csv(label_path, sep=" ", header=1, index_col=None, names=names)
data.head()
```

jaffe_labels.txt 파일은 감정 분석 칼럼이 모두 약어로 돼 있다. 약어는 직관적으로 이해하기 어렵다. 따라서 텍스트 파일을 로드할 때 칼럼명을 사용자 정의에 맞춰 따로 지정한다. 이것은 pd.read_csv 메서드의 names=names 파라미터로 설정할 수 있다.

마지막으로 데이터가 잘 읽혔는지는 data.head() 명령을 써서 확인한다. 데이터가 성공적으로 로드됐다면 다음 화면을 확인할 수 있다.

```
In [207]: data.head()
Out[207]:
```

	idx	Happy	Sad	Surprise	Angry	Disappointed	Fear	filename
0	1	2.87	2.52	2.10	1.97	1.97	2.06	KM-NE1
1	2	2.87	2.42	1.58	1.84	1.77	1.77	KM-NE2
2	3	2.50	2.10	1.70	1.50	1.73	1.53	KM-NE3
3	4	4.90	1.13	1.26	1.10	1.03	1.10	KM-HA1
4	5	4.87	1.20	1.43	1.03	1.07	1.07	KM-HA2

그림 9.3 pandas 패키지로 데이터를 로드한 결과

파일명에 'NE'가 들어가는 경우, 감정값이 한쪽으로 치우치지 않고 균형적이다. NE는 Neutral(무표정)의 약자다. NE에는 데이터 제공자들의 평상시 표정이 입력돼 있다. 그러나 NE는 7가지 표정 카테고리에 포함되지 않는다. 따라서 Neutral이라는 새로운 칼럼을 만들거나 파일명에 NE가 포함된 데이터를 삭제해야 한다. 실전에서 데이터를 분석할 때는 이처럼 예외적인 상황이 존재한다. 이번 실습에서는 무표정한 이미지도 합성곱 신경망 학습에 포함할 것이다.

우선 레이블 데이터를 수정하자. 무표정 레이블은 최대 5.0, 최소 1.0 값을 가지고 있으며, 파일 이름에 NE가 들어갈 경우, NE 칼럼에 5.0을, 나머지 칼럼에는 1.0을 입력한다.

예제 9.4 데이터프레임에 Neutral 칼럼을 추가하고 값을 0으로 초기화한 다음, 의도에 맞게 다시 값을 채우는 코드

```
# 칼럼, 이름, 값
try:
    data['Neutral']
except KeyError:
    data.insert(1, 'Neutral', 0.)

data.loc[data['filename'].str.contains('NE'), 'Neutral'] = 5.0
data.loc[~data['filename'].str.contains('NE'), 'Neutral'] = 1.0
data.head()
```

예제 9.4는 데이터프레임에 Neutral 칼럼을 추가한다. 이때 칼럼의 초깃값은 0.0이다. filename에 'NE'가 들어갈 경우, Neutral 칼럼에 5.0을, 그렇지 않은 경우에는 1.0을 입력한다. 마지막으로 데이터가 의도대로 들어갔는지 꼭 확인한다.

	idx	Happy	Sad	Surprise	Angry	Disappointed	Fear	filename	Neutral
0	1	2.87	2.52	2.10	1.97	1.97	2.06	KM-NE1	5.0
1	2	2.87	2.42	1.58	1.84	1.77	1.77	KM-NE2	5.0
2	3	2.50	2.10	1.70	1.50	1.73	1.53	KM-NE3	5.0
3	4	4.90	1.13	1.26	1.10	1.03	1.10	KM-HA1	1.0
4	5	4.87	1.20	1.43	1.03	1.07	1.07	KM-HA2	1.0

그림 9.4 Neutral 칼럼을 추가하고 적절한 값을 삽입한 결과

그림 9.4의 칼럼 순서를 보자. 감정을 표현하는 Happy부터 Fear까지 모두 연속으로 등장한다. 그러나 새로 추가한 Neutral 칼럼은 맨 끝에 자리한다. 이것은 시각을 해칠 뿐만 아니라 데이터를 한꺼번에 처리할 때도 좋지 않다. 예를 들어 JAFFE 데이터 중 첫 번째 인덱스의 감정 상태를 표현해 보자.

예제 9.5 JAFFE 데이터 중 첫 번째 인덱스의 감정 상태를 불러오는 코드

```
data.iloc[0][1:8]
```

이 경우 그림 9.4의 첫 번째 행인 [1, 2.87, 2.52, 2.10 … KM-NE1, 5.0] 값이 순서대로 불릴 것이다. 이때 'KM-NE1'은 파일명이지 감정 데이터가 아니다. 따라서 명시적으로 데이터를 로드해야 한다. 다음과 같이 코드를 수정하자.

예제 9.6 JAFFE 데이터 중 첫 번째 데이터에서 감정값만 확인하는 코드

```
data.iloc[0][['Neutral', 'Happy', 'Sad', 'Surprise', 'Angry', 'Disappointed',
'Fear']]
```

예제 9.5와 예제 9.6은 장단점이 명확하다. 전자는 코드가 함축적이고 감정 상태를 한꺼번에 불러올 수 있는 반면, 칼럼 이름을 모를 경우 잘못된 데이터를 불러올 위험이 있다. 후자는 명시적이다. 그래서 실수의 여지가 적다. 그러나 이 방법은 코드가 길고 복잡하다는 단점이 있다.

위 방법은 때에 따라 장단점이 명확하므로 사용자가 적절히 판단해야 한다. 일반적으로 저자는 전자의 방법을 선호하는데, 코드가 길어지고 명시적이면 문제의 본질을 흐릴 수 있기 때문이다. 이번에는 전자의 방법을 사용하자. 범위로 데이터를 다루려면 칼럼 순서를 바꿔야 한다. 다음 코드를 입력하고 데이터프레임의 순서를 바꿔보자.

예제 9.7 데이터프레임의 칼럼을 명시적으로 재선언하고 데이터의 순서를 바꿔주는 코드

```
# 칼럼 재배치
_idx = ['idx', 'Neutral', 'Happy', 'Sad', 'Surprise', 'Angry', 'Disappointed',
'Fear', 'filename']
data = data[_idx]
data.head()
```

예제 9.7을 실행하면 데이터프레임의 칼럼이 선언한 변수 순서에 맞춰 재배치된다.

	idx	Happy	Sad	Surprise	Angry	Disappointed	Fear	filename	Neutral
0	1	2.87	2.52	2.10	1.97	1.97	2.06	KM-NE1	5.0
1	2	2.87	2.42	1.58	1.84	1.77	1.77	KM-NE2	5.0
2	3	2.50	2.10	1.70	1.50	1.73	1.53	KM-NE3	5.0
3	4	4.90	1.13	1.26	1.10	1.03	1.10	KM-HA1	1.0
4	5	4.87	1.20	1.43	1.03	1.07	1.07	KM-HA2	1.0

	idx	Neutral	Happy	Sad	Surprise	Angry	Disappointed	Fear	filename
0	1	5.0	2.87	2.52	2.10	1.97	1.97	2.06	KM-NE1
1	2	5.0	2.87	2.42	1.58	1.84	1.77	1.77	KM-NE2
2	3	5.0	2.50	2.10	1.70	1.50	1.73	1.53	KM-NE3
3	4	1.0	4.90	1.13	1.26	1.10	1.03	1.10	KM-HA1
4	5	1.0	4.87	1.20	1.43	1.03	1.07	1.07	KM-HA2

그림 9.5 데이터프레임 칼럼을 재배치하기 전(위)과 감정값을 한쪽으로 정렬한 결과(아래)

이제 데이터에 레이블을 붙여보자. 레이블은 이미지를 대표하는 감정값이다. 앞서 기계가 학습할 수 있으려면 칼럼값이 문자열이 아니라 실수형이어야 한다고 언급했다. 레이블을 학습할 때도 마찬가지다. 감정 레이블은 문자열이 아니라 정수형이어야 한다.

예제 9.8 감정 문자열을 숫자로 매핑하고 데이터프레임에 label 칼럼 추가

```
# 감정 문자열을 숫자로 매핑하기
label = {'Neutral': 0,
         'Happy': 1,
         'Sad': 2,
         'Surprise': 3,
         'Angry': 4,
```

```
        'Disappointed': 5,
        'Fear': 6
       }

# 파일 이름이 다음과 같은 문자열을 포함한다면 숫자로 매핑
f_label = {'NE': 0,
          'HA': 1,
          'SA': 2,
          'SU': 3,
          'AN': 4,
          'DI': 5,
          'FE': 6
         }
try:
   data['label']
except KeyError:
   data.insert(9, 'label', np.nan)

data.head()
```

예제 9.8은 데이터프레임의 9번째 칼럼에 레이블을 추가한다.

	idx	Neutral	Happy	Sad	Surprise	Angry	Disappointed	Fear	filename	label
0	1	5.0	2.87	2.52	2.10	1.97	1.97	2.06	KM-NE1	NaN
1	2	5.0	2.87	2.42	1.58	1.84	1.77	1.77	KM-NE2	NaN
2	3	5.0	2.50	2.10	1.70	1.50	1.73	1.53	KM-NE3	NaN
3	4	1.0	4.90	1.13	1.26	1.10	1.03	1.10	KM-HA1	NaN
4	5	1.0	4.87	1.20	1.43	1.03	1.07	1.07	KM-HA2	NaN

그림 9.6 데이터프레임에 레이블 칼럼을 생성한 결과

이제 데이터프레임에 레이블 칼럼을 생성했으니 파일별로 대표 감정값을 추출하고 'label' 칼럼에 값을 채우자. 감정값은 파일 이름에 명시적으로 적혀 있지만, 감정 칼럼 중 제일 높은 값과 다를 수 있다. 예를 들어 어떤 파일의 이름에 'FE'가 들어 있다. 따라서 레이블은 Fear, 즉 6번이라고 생각할 수 있다. 그런데 막상 데이터 칼럼을 들여다봤더니 감정 데이터 중 가장 큰 값이 'Disappointed'일 수도 있다. 이때 label 값은 5다. 피처 간 충돌이 발생한다.

피처 간 충돌은 실전 데이터를 분석하면서 흔히 발견할 수 있는 문제다. 이런 데이터는 잘못 기재된 것일 수도 있고, 자동화하는 과정에서 문제가 생긴 것일 수도 있다. 피처 간 충돌을 고려하지 않고 데이터를 처리한다면 십중팔구는 에러의 원인을 파악하는 데 상당한 시간을 소진할 것이다. 이번에는 피처 값 충돌이 발생하면 파일 이름을 따라 레이블을 채우는 작업을 살펴보자.

예제 9.9 피처를 대표하는 감정을 찾고, 그 값이 파일 이름에 명시된 감정과 대치될 경우 파일 이름을 따라서 감정값을 기록하는 코드

```
for idx, item in data.iterrows():
    max_label = item[item == item[1:8].max()].index[0]
    max_value = label.get(max_label)
    orig_label = item[-2][-3:-1]
    orig_value = f_label.get(orig_label)

    if max_value == orig_value:
        data.at[idx, 'label'] = max_value
    else:
        data.at[idx, 'label'] = orig_value
```

예제 9.9을 실행했다면 `data.tail()` 명령을 호출해 레이블이 잘 채워졌는지 확인한다.

```
In [277]: data.tail()
Out[277]:
```

	idx	Neutral	Happy	Sad	Surprise	Angry	Disappointed	Fear	filename	label
214	215	1.0	1.45	3.19	1.81	3.16	4.19	2.77	NA-DI2	5.0
215	216	1.0	1.43	2.87	1.77	4.33	3.87	2.10	NA-DI3	5.0
216	217	1.0	1.61	2.68	4.10	3.16	3.81	3.90	NA-FE1	6.0
217	218	1.0	1.68	3.10	3.74	3.19	3.58	3.87	NA-FE2	6.0
218	219	1.0	1.48	3.26	3.39	2.71	3.06	3.74	NA-FE3	6.0

그림 9.7 감정값에 대응하는 레이블이 채워진 표

예제 9.9까지 실행하면 머신러닝에 필요한 모든 전처리 과정이 끝난다. 앞서 '모든 데이터 과학자들이 어려움을 겪으면서 많은 시간을 소모하는 절차가 전처리 과정'이라고 언급한 바 있다. 실전 데이터를 분석하려면 많은 시간을 전처리에 사용할 것이다. 전처리 과정에서 선택한 결정이 학습에 도움이 될 수도, 방해가 될 수도 있다.

이번 예제에서는 무표정 데이터를 학습시키느냐 마느냐 하는 고민이 있었다. 또한, 이미지 레이블을 결정할 때 파일 이름을 따라가느냐 정량적 감정 분석 결과를 따라가느냐도 고민했다. 이제 전처리가 끝났으니 데이터를 학습용 데이터와 테스트용 데이터로 분리하자.

예제 9.10 sklearn 패키지를 사용해서 학습용 데이터와 테스트용 데이터를 분리하는 코드

```
from sklearn.model_selection import train_test_split

# id 제외
X = data.loc[:, 'Neutral':'filename']
y = data.loc[:, 'label']

x_train, x_test, y_train, y_test = train_test_split(X, y, test_size=0.2,
                                                    random_state=20)
```

예제 9.10을 실행하면 학습/테스트 용 데이터가 분리된다. 이제 학습용 데이터로 모델을 학습하고, 테스트용 데이터로 성능을 측정할 수 있다. 학습과 테스트에 사용하는 데이터는 이미지 형식이다. 따라서 이미지를 조작하기 위해 파이썬의 cv2 패키지를 불러오자.

예제 9.11 이미지 데이터의 이름을 입력하면 이미지 파일을 열고 numpy 행렬로 데이터를 불러오는 코드

```
import cv2
import matplotlib

# 이미지 파일명 로드
def set_file_name(df_line):
    if isinstance(df_line, pd.core.series.Series):
        return df_line['filename'].replace('-', '.') +\
                    str('.') +  str(df_line.name + 1) + '.tiff'
    else:
        return df_line + '.tiff'

# 이미지 하나 출력
imageFileName = set_file_name('KA.HA2.30')
imageToUse = cv2.imread(os.path.join(root, imageFileName))
plt.imshow(np.reshape(imageToUse, [256, 256, 3]), interpolation='nearest')
```

예제 9.11은 이미지를 조작하기 위해 cv2와 matplotlib 패키지를 사용한다. set_file_name 함수는 문자열을 입력받아서 실행 가능한 파일명을 반환한다. 예를 들어, set_file_name 함수에 'KA.HA2.30'을 입력하면 JAFFE 데이터베이스에 대응하는 KA.HA2.30.tiff라는 파일명을 반환한다.

이렇게 반환된 문자열은 os.path.join() 명령어로 JAFFE 데이터베이스가 저장된 루트 경로와 합쳐진다. 이 경로는 cv2 패키지의 imread() 메서드를 통해 파이썬이 해석 가능한 형태로 로드된다. 이 변수는 matplotlib 패키지의 plt.imshow() 메서드를 만나 노트북으로 출력된다.

```
In [29]: # show test image
         imageFileName = set_file_name('KA.HA2.30')
         imageToUse = cv2.imread(os.path.join(root, imageFileName))

         plt.imshow(np.reshape(imageToUse, [256, 256, 3]), interpolation='nearest')
Out[29]: <matplotlib.image.AxesImage at 0x226b2aa6c18>
```

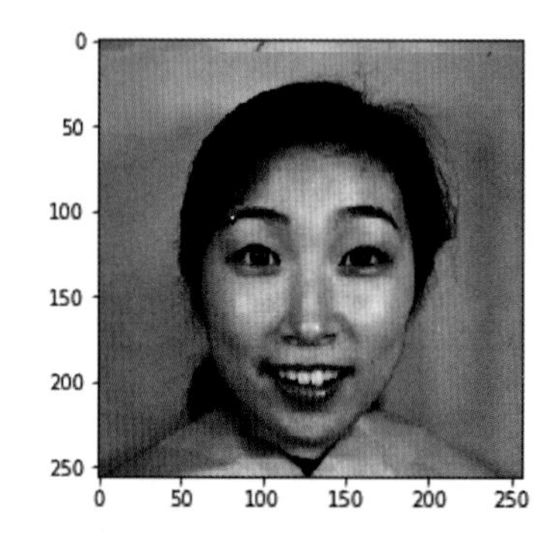

그림 9.8 JAFFE 이미지에 대응하는 파일 이름을 입력받고 파이썬 패키지로 이미지를 불러온 결과

이때 이미지는 RGB 값이 있는 3차원 이미지(256×256×3)다. 그렇지만 출력 결과는 흑백이다. 이때 R, G, B에는 모두 같은 값이 저장돼 있다. 세 차원의 데이터가 모두 같은데 RGB 3차원을 사용하는 것은 자원 낭비다. 게다가 이미지 크기가 256×256=65,536이기 때문에 이미 피처가 많다. 따라서 여기서는 학습 데이터를 구축할 때 이미지 크기를 반으로(128×128) 줄이고, 기존에 낭비됐던 3차원 데이터를 1차원으로 압축할 것이다. 이렇게 학습하면 원본 데이터(256×256×3=196,608차원)는 훨씬 작은(128×128=16,384) 차원이 되고 계산을 줄일 수 있다.

예제 9.12 256×256×3차원의 이미지를 128×128차원의 흑백(GRAYSCALE) 이미지로 축소하는 코드

```
# 학습 데이터 로드
train_data = []
im_size = 128

for idx, item in x_train.iterrows():
    imageFileName = set_file_name(item)
    # 흑백 변환
    imageToUse = cv2.imread(os.path.join(root, imageFileName), cv2.IMREAD_GRAYSCALE)
    newimg = cv2.resize(imageToUse, (im_size, im_size))
    train_data.append(newimg)
```

예제 9.12를 수행하면 train_data에 학습할 이미지들이 누적된다. 이때 반드시 누적된 데이터 타입을 확인해야 한다. 다음 그림을 참고하자.

```
In [37]: type(train_data[0][0][0])
Out[37]: numpy.uint8
```

그림 9.9 학습 데이터의 (0, 0) 픽셀에 대응하는 데이터 타입

그림 9.9는 학습할 0번째 이미지의 (0, 0) 좌표의 데이터 타입을 출력한다. 데이터는 정수형 값이다. 이것은 때에 따라서 문제가 될 소지가 있다. 합성곱 신경망은 미세하게 값을 조절하면서 활성화 함수 가중치를 결정한다. 입력 이미지 데이터 타입이 정수형이라면 합성곱 신경망은 입력값의 데이터 타입에 따라 정수 크기만큼 가중치를 조정한다. 최악의 경우에는 가중치를 조정해도 아무 일도 일어나지 않고, 학습이 제대로 되지 않는다. 만일의 사태에 대비하기 위해서 이미지 데이터 타입을 실수형으로 변경하자.

예제 9.13 학습 데이터의 데이터 타입을 변환하는 코드

```
# 이미지 데이터타입 출력
print(type(train_data[0][0][0]))

# unit8 자료형을 float32형으로 변환
train_data = np.array(train_data)
train_data = train_data.astype('float32')
train_data = train_data/255
```

```
# 이미지 픽셀 데이터타입 출력
print(train_data.shape)
print(type(train_data[0][0][0]))
```

예제 9.13은 학습 데이터의 데이터 타입을 모두 실수형으로 변환한다. 학습 데이터를 255로 나누는 이유는 행여나 데이터 중 흑백 이미지의 최댓값인 255가 넘는 값이 입력돼 합성곱 신경망에 문제가 생기는 일을 방지하기 위해서다.

앞서 MNIST 데이터 분석에서는 데이터 형식 변환 과정이 필요하지 않았다. MNIST는 이미 전처리 과정을 잘 마친 데이터기 때문이다. 그러나 실전 데이터는 예기치 못한 부분에서 항상 문제가 발생한다. 실험 정신이 강한 독자가 있다면 예제 9.13을 수행하지 말고 다음 단계를 진행해 보자. 버전에 따라 다르겠지만, 아마 합성곱 신경망은 학습 시기마다 13% 정도의 형편없는 분류 성능을 보일 것이다. 이런 상황이 발생했을 때 어떤 이는 이런 결과가 잘못된 모델링 때문이라고 오해하고 다른 모델을 시도할 수 있다. 그러나 모델은 잘못이 없다. 모델은 잘못된 데이터를 그대로 사용했을 뿐이다. 머신러닝 학계의 유명한 교훈 중 하나는 '잘못된 데이터를 학습시키면 잘못된 데이터가 나온다(Garbage in, Garbage out)'는 것이다. 실전에서 의도한 대로 결과를 얻기 위해서는 매 과정에 신중해야 한다.

앞서 MNIST 손글씨를 분류할 때 레이블은 0부터 9까지의 숫자를 0과 1 행렬에 매핑한 원 핫 인코딩(one-hot encoding)을 사용했다. 예를 들어, 손글씨 레이블이 3이라면, [0, 0, 0, 1, 0, 0, 0, 0, 0, 0]처럼 표기하는 식이다. 감정 분석 레이블에도 똑같은 방식을 적용해야 한다. 그렇지 않으면 신경망은 3.24나 2.84처럼 모호한 숫자를 출력할 것이다.

sklearn의 전처리 패키지 중에 OneHotEncoder라는 클래스가 있다. 이 클래스는 레이블 데이터를 훑으며 원 핫 매핑을 수행한다. 설명이 너무 복잡하게 들린다면, 다음 코드를 따라 하면서 이해해 보자.

예제 9.14 학습 레이블을 원 핫 매핑하는 코드

```
from sklearn.preprocessing import OneHotEncoder

enc = OneHotEncoder()
enc.fit(np.reshape(list(y_train), (-1, 1)))
```

예제 9.15 학습 레이블을 원 핫 매핑하고 반영하는 코드

```
y_train_hot = enc.transform(np.reshape(list(y_train), (-1, 1))).toarray()
```

예제 9.14의 `OneHotEncoder` 클래스는 레이블 분포를 파악하고 데이터가 최대한 이산적(discrete)이게 1:1 매핑한다. 매핑한 클래스는 `enc.transform()`이라는 메서드로 매핑 결과를 적용할 수 있다.

```
In [43]: y_train_hot = enc.transform(np.reshape(list(y_train), (-1, 1))).toarray()

In [44]: y_train_hot.argmax(1)

Out[44]: array([2, 4, 5, 6, 6, 0, 0, 2, 0, 3, 6, 3, 4, 5, 1, 3, 2, 1, 5, 0, 1, 5,
                2, 5, 1, 4, 6, 5, 6, 1, 0, 1, 2, 1, 6, 2, 4, 0, 5, 0, 6, 4, 5, 6,
                3, 3, 3, 5, 1, 2, 2, 3, 6, 2, 5, 1, 6, 3, 5, 3, 0, 3, 2, 5, 0, 6,
                1, 5, 6, 6, 0, 5, 6, 1, 1, 6, 3, 0, 6, 2, 0, 6, 1, 5, 4, 4, 1, 2,
                3, 6, 2, 0, 1, 4, 2, 4, 4, 0, 5, 1, 3, 5, 3, 4, 5, 6, 3, 4, 0, 1,
                1, 6, 4, 0, 6, 2, 1, 0, 1, 3, 4, 0, 5, 5, 1, 5, 2, 0, 4, 6, 2, 3,
                6, 1, 3, 3, 3, 6, 2, 5, 4, 1, 4, 5, 0, 2, 2, 6, 2, 4, 4, 6, 0, 3,
                2, 3, 1, 1, 3, 4, 3, 4, 4, 0, 4, 2, 2, 0, 6, 1, 5, 1, 0, 3, 2],
               dtype=int64)

In [45]: print(y_train_hot[0], len(y_train_hot[0]))

         [0. 0. 1. 0. 0. 0. 0.] 7
```

그림 9.10 원 핫 인코딩을 수행하고 0번째 데이터의 레이블값을 가시적으로 보여주는 코드

그림 9.10에 의하면, 0번 데이터는 3번 감정값으로 대표된다. 정말 그런지 0번 데이터를 살펴보자.

```
In [46]: x_train.iloc[0]

Out[46]: Neutral              1
         Happy             1.42
         Sad               4.26
         Surprise          1.74
         Angry             2.52
         Disappointed      3.06
         Fear              2.48
         filename        KR-SA2
         Name: 77, dtype: object
```

그림 9.11 0번째 학습용 데이터의 감정값

그림 9.11을 참고하면 0번 데이터는 슬픔 지수가 4.26으로 다른 감정보다 높다. 따라서 'KR-SA2' 이미지의 감정 상태는 Sad이며, 그림 9.10은 이것을 [0, 0, 1, 0, 0, 0, 0]으로 표현한다.

지금까지 데이터 전처리를 수행했다. 이 과정에서 이미지 형식을 변경하고, 텍스트 데이터를 매핑했으며, 레이블을 원 핫 인코딩으로 변환했다. 실전에서 전처리 과정은 모델의 성능과 직접 연관된다. 과정이 어렵고 더디다고 포기해서는 안 된다.

9.1.4. 데이터 학습하기

이제 텐서플로 슬림을 사용해서 합성곱 신경망 모형을 구축하자. 텐서플로 슬림 코드의 라인별 의미는 6장과 7장에서 충분히 설명했으므로 코드 설명은 생략한다.

예제 9.16 JAFFE 이미지를 학습하기 위한 합성곱 신경망

```
# 모델 세팅
tf.reset_default_graph()
x = tf.placeholder(tf.float32, [None, im_size, im_size],name="x-in")

true_y = tf.placeholder(tf.float32, [None, 7],name="y-in")
x_image = tf.reshape(x, [-1, im_size, im_size, 1])

# 첫 번째 은닉층
hidden_1 = slim.conv2d(x_image, 6, [5, 5])
pool_1 = slim.max_pool2d(hidden_1, [2, 2])

# 두 번째 은닉층
hidden_2 = slim.fully_connected(slim.flatten(pool_1), 294, activation_fn=tf.nn.relu)
out_y = slim.fully_connected(slim.flatten(hidden_2), 7, activation_fn=tf.nn.softmax)

cross_entropy = -tf.reduce_sum(true_y * tf.log(out_y))
correct_prediction = tf.equal(tf.argmax(out_y, 1), tf.argmax(true_y, 1))

accuracy = tf.reduce_mean(tf.cast(correct_prediction, "float"))
train_step = tf.train.AdamOptimizer(1e-4).minimize(cross_entropy)
```

실전에서 합성곱 신경망, 또는 다른 신경망을 구축할 때 노드 개수와 은닉 계층의 개수 선정에 어려움을 겪는다. 데이터 과학자들은 한 은닉층에 몇 개의 유닛을 만들어야 할지, 은닉층은 몇 층이어야 할지 고민한다. 예제 9.16에서 JAFFE 데이터를 분석하기 위해 구축한 합성곱 신경망은 MNIST를 학습하기 위한 합성곱 신경망과 비교해서 노드 개수와 은닉층 깊이가 늘었다. 이러한 결정의 근거는 어디에 있을까?

이 문제에 대한 다양한 답변을 기대할 수 있다. 먼저 스택익스체인지(StackExchange)에서 다수가 인정한 답변을 참고해 보자[7].

예제 9.17 스택익스체인지 유저 더그 씨가 답변한 신경망 구성에 대한 조언

신경망을 구축할 때 시행착오를 줄이고 싶다면, 유명한 네트워크 구조를 따라 하는 방식이 가장 간단하다. 이 방식은 유능한 아키텍처를 가져다 쓰기 때문에 안전하다. 그러나 이것이 최적의 구조는 아니다.
그렇지만 일단 신경망이 문제를 해결하는 데 유용하다는 증거물을 얻고 난 후에는
여러 가지 보조 알고리즘을 사용해 노드와 은닉층 개수를 조정할 수 있다. 특정 학습
에포크(epoch, 반복) 이후에 가중치 벡터 결괏값이 작은 노드를 정리하는 식이다. 따라서
일단 학습이 되는 신경망을 구축하는 것이 중요하다.
모든 신경망 구조는 세 가지로 구분할 수 있다. 입력층(input), 은닉층(hidden),
출력층(output)이다. 각 계층 노드를 구성할 때 고려할 내용은 다음과 같다.

입력 계층

입력 계층은 학습할 데이터와 똑같은 모양이어야 한다. 입력 계층 뉴런 개수는
학습시키려는 칼럼과 정확히 대응해야 한다. 가끔 어떤 과학자는 입력 계층의 피처
개수보다 하나 더 많게 바이어스 뉴런을 설정하기도 한다.

출력 계층

입력 계층과 마찬가지로 모든 신경망은 하나의 출력층을 가진다. 그리고 출력층의 형태는
만들어진 모델의 의도와 정확하게 일치해야 한다.
풀어야 하는 모델이 회귀 분석(Regression Analysis)이라면 출력 계층은 단일 노드일
것이다. 풀고 있는 신경망 모델이 분류 문제(Classification Problem)일 경우에는
소프트맥스 활성화 함수가 적용되지 않는 출력 계층을 하나 구축한다. 이 계층의 노드
개수는 분류해야 할 라벨 개수와 일치하게 구성한다. 그리고 이 출력 계층 값의 분포를
파악함으로써 모델이 잘 학습됐는지 파악할 수 있다.

7 https://stats.stackexchange.com/questions/181/how-to-choose-the-number-of-hidden-layers-and-nodes-in-a-feedforward-neural-netw

은닉 계층
은닉 계층은 몇 개나 필요할까? 데이터가 선형으로 구분 가능하다면(linearly separable) 은닉층은 그다지 필요가 없을 것이다. 신경망 구조에 대한 저명한 논의 중에는 은닉층을 추가했을 때에 대한 성능 차이를 논하는 게시물이 많다. 일반적으로 은닉층을 추가해서 성능이 향상되는 상황은 거의 없다. 학자들은 하나의 은닉층으로 대부분 문제를 해결할 수 있다고 생각한다.
그렇다면 하나의 은닉층 크기는 어떻게 설정해야 할까? 얼마나 많은 뉴런을 설정해야 할까? 경험적으로 파생된 법칙이 하나 있는데, '은닉층 노드의 개수는 일반적으로 입력 계층 크기와 출력 계층 크기 사이로 설정한다'는 것이다. 예를 들어, 입력 피처가 2,000개고 출력 유닛이 20개라면 은닉층 유닛은 20개와 2000개 사이 값으로 설정하는 식이다.
요약하자면, 대부분의 신경망 문제는 최적화 단계를 거치지 않아도 두 가지 방법을 사용하면 간단하게 학습시킬 수 있다. (1) 은닉 계층은 한 층으로, 그리고 (2) 은닉 계층의 뉴런 수는 입력 및 출력층 뉴런의 평균으로 설정한다.

예제 9.17의 조언은 2017년에 작성됐다. 이 답변에서 은닉층이 한 층만 필요하다는 주장을 그대로 받아들일 필요는 없다. 왜냐하면, 더그의 조언은 일반적인 인공신경망(ANN)에 대한 조언이기 때문이다. 딥러닝의 경우 계산 방법이 달라질 수 있다. 더그의 조언에 따르면 은닉층의 노드 개수는 입력 피처와 출력 피처의 평균을 사용한다. 그러나 딥러닝 문제는 입력 피처가 상당히 크고 학습 데이터의 수가 대단히 많다. 더그의 조언 아래에 달린 홉스의 답변을 읽어 보자.

예제 9.18 스택익스체인지에서 홉스 씨가 답변한 신경망 구성에 대한 조언

나는 오버피팅을 피하면서도 학습이 잘 되는 은닉층의 개수를 다음과 같이 설정했다.

$$N_h = \frac{N_s}{\alpha \times (N_i + N_o)}$$

- N_i는 입력 뉴런의 개수
- N_o는 출력 뉴런의 개수
- N_s는 학습에 사용할 샘플 수
- α는 임의의 숫자로 일반적으로 5와 10 사이의 숫자
- N_h는 은닉 뉴런의 개수

나는 신경망을 구축할 때 이 공식을 사용한다. 알파를 2부터 10까지 서서히 키워가면서 손실 함수 변화를 관찰한다. 나는 이 공식을 사용해서 적절한 모델을 구축했다.

예제 9.18의 홉스의 조언에서는 더그의 공식에 샘플 데이터 변수가 추가됐다. 또한, 이 공식은 학습 데이터 샘플 수에 따라 은닉 뉴런 개수가 조정된다. 홉스의 공식은 빅데이터 문제를 해결할 때 유용할 것이다.

더그와 홉스의 조언을 참고해 예제의 신경망을 분석해 보자. 더그에 의하면, 우리가 구성해야 할 은닉층의 노드 개수는 약 8,195개다(128×128(입력 피처)+7(분류 결과)의 평균). 이번 학습에서 홉스의 공식은 사용할 수 없다. 그 이유는 학습 데이터 개수가 175개뿐이기 때문이다. 홉스의 공식을 적용하면 분모가 너무 커서 N_h 값이 1보다 작아진다.

예제 9.16에서 구축한 합성곱 신경망의 은닉 노드 개수는 24,576(64×64×6)개다. 그리고 다음 계층에서 294개의 FC 은닉층을 연결한다. FC 계층의 노드 개수는 저자가 임의로 결정했다[8]. 예제 9.16의 은닉 계층 유닛은 더그의 조언보다 훨씬 크다. 예제 신경망은 컨볼루션 연산이 들어가기 때문에 추출되는 정보 값이 함축적일 수 있다. 따라서 더그의 조언보다 은닉 계층 노드 수가 크더라도 신경망이 과적합에 빠지지 않을 것이라고 주장할 수 있다. 학습이 끝나면 몇몇 가중치 값이 0에 가깝게 세팅되며 효용 없는 노드들도 등장할 것이다.

예제 9.19 에포크를 50회 반복하면서 신경망을 학습하는 코드

```
from IPython.display import clear_output, display
from time import sleep

# 학습
sess = tf.Session()
init = tf.global_variables_initializer()
sess.run(init)

jmp = 20
n_epoch = 50
for epoch in range(n_epoch):
    for i in range(0, 180, jmp):
        sess.run(train_step, feed_dict={x: train_data[i:i+jmp],
                                        true_y: y_train_hot[i:i+jmp]})
        if i % jmp == 0 and i != 0:
            clear_output(wait=True)
```

8 294라는 숫자는 결과 계층의 7가지 감정 분류와 합성곱 필터 개수(6개)에 7을 곱해서 나왔다.

```
        trainAccuracy = sess.run(accuracy,
                                 feed_dict={x: train_data[i:i+jmp],
                                            true_y: y_train_hot[i:i+jmp]})
        print("[epoch: {}] step {}, training accuracy {:.2%}".format(epoch,
                                                                      i, trainAccuracy))
        sleep(0.005)
```

```
In [46]: # learning
         sess = tf.Session()
         init = tf.global_variables_initializer()
         sess.run(init)

         jmp = 20
         n_epoch = 50
         for epoch in range(n_epoch):
             for i in range(0, 180, jmp):
                 sess.run(train_step, feed_dict={x: train_data[i:i+jmp],
                                                 true_y: y_train_hot[i:i+jmp]})
                 if i % jmp == 0 and i != 0:
                     clear_output(wait=True)
                     trainAccuracy = sess.run(accuracy,
                                              feed_dict={x: train_data[i:i+jmp],
                                                         true_y: y_train_hot[i:i+jmp]})
                     print("[epoch: {}] step {}, training accuracy {:.2%}".format(epoch, i, tra
                     sleep(0.005)

         [epoch: 49] step 160, training accuracy 100.00%
```

그림 9.12 예제 신경망을 학습하는 과정. 에포크가 진행되면서 신경망이 안정된다

학습이 모두 끝났다. 학습 데이터에 대한 테스트 정확도가 100%다. 과적합이 일어나지는 않는지 테스트 데이터로 정확도를 검증하자.

예제 9.20 학습용 데이터를 원 핫 인코딩한 다음, 신경망에 통과시켜 정확도를 측정하는 코드

```
# 학습 데이터 로드
test_data = []

for idx, item in x_test.iterrows():
    imageFileName = set_file_name(item)
    # 흑백 변환
    imageToUse = cv2.imread(os.path.join(root, imageFileName), cv2.IMREAD_GRAYSCALE)
    newimg = cv2.resize(imageToUse, (im_size, im_size))
    test_data.append(newimg)
```

```
# y_test를 원 핫 인코딩하기
y_test_hot = enc.transform(np.reshape(list(y_test), (-1, 1))).toarray()

# 정확도 측정
print('Accuracy: {:.2%}'.format(sess.run(accuracy,
                                         feed_dict={x: test_data,
                                                    true_y: y_test_hot})))
```

예제 9.20을 실행하면 다음과 같은 결과를 확인할 수 있다.

```
In [50]: print('Accuracy: {:.2%}'.format(sess.run(accuracy,
                                                  feed_dict={x: test_data,
                                                             true_y: y_test_hot})))

         Accuracy: 81.82%
```

그림 9.13 테스트 데이터를 합성곱 신경망에 통과시키고 정확도를 측정한 결과

테스트 데이터는 총 44개로 정확도는 81.82%다. 약 36개 이미지의 감정을 정확히 분류했다. JAFFE 데이터베이스에서 특정 이미지 하나를 꺼내서 다시 한 번 테스트해 보자.

예제 9.21 KA.HA2.30 데이터에 대해 감정 분석을 수행하는 코드

```
# 문자열로부터 이미지 파일 로드
imageFileName = set_file_name('KA.HA2.30')
im_gray = cv2.imread(os.path.join(root, imageFileName), cv2.IMREAD_GRAYSCALE)
newimg = cv2.resize(im_gray, (im_size, im_size))
plt.imshow(newimg, interpolation='nearest', cmap='gray')

# 감정 라벨 붙이기
emotion_label = {
    0: 'Neutral',
    1: 'Happy',
    2: 'Sad',
    3: 'Surprise',
    4: 'Angry',
    5: 'Disappointed',
    6: 'Fear'
}
```

```
# 예측하기
predict = sess.run(out_y, feed_dict={x: np.reshape(newimg, (-1, im_size,
im_size))})[0]

# 감정별 예측 가능성 출력
idx = 0
for i in predict:
    print('{:.2%}\t\t{}'.format(i, emotion_label[idx]))
    idx += 1
```

예제 9.21은 KA.HA2.30 이미지를 불러온 다음, 흑백으로 출력한다. 그리고 newimg 변수에 저장한다. newimg는 128×128 크기의 흑백 데이터다. 이미지가 출력됐다면 이 변수를 신경망에 입력하고 분류 결과를 확인해 보자.

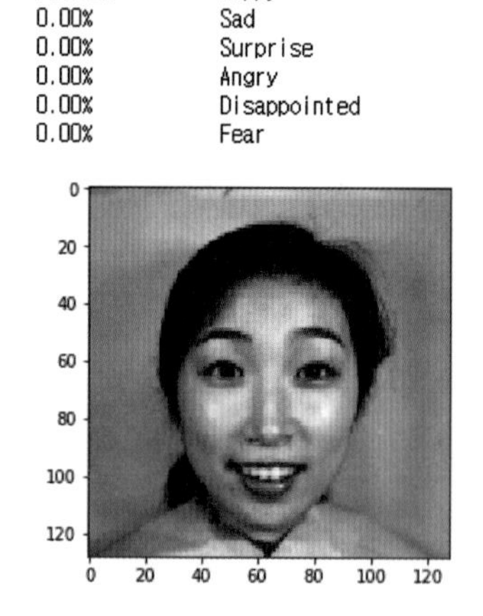

그림 9.14 KA.HA2.30 이미지의 감정 분석 결과. 신경망은 100% 확률로 이미지가 행복(Happy)하다고 예측한다.

합성곱 신경망은 학습 시 합성곱과 풀링 기법을 사용한다. 합성곱 연산은 이미지의 상하좌우 피처들의 연관성을 고려한다. 풀링 기법은 이미지가 틀어져 있거나 회전해도 비슷한 값을 출력한다. 합성곱 신경망의 이러한 성질을 이동 불변성(translation invariant)이라고 한다. 즉, 합성곱 신경망은 일반 완전 연결 신경망과 비교했을 때 이미지의 위치가 조금 달라지거나 회전해도 좋은 결과를 낼 수 있다.

예제 9.16에서 구축한 신경망은 일반적인 합성곱 신경망이다. 만약 이 신경망에 JAFFE 데이터가 아니라 다른 얼굴 이미지가 입력됐을 때 감정 분석에 성공할 수 있을까? JAFFE 데이터베이스가 아닌 이미지를 신경망에 통과시켜 확인해 보자[9].

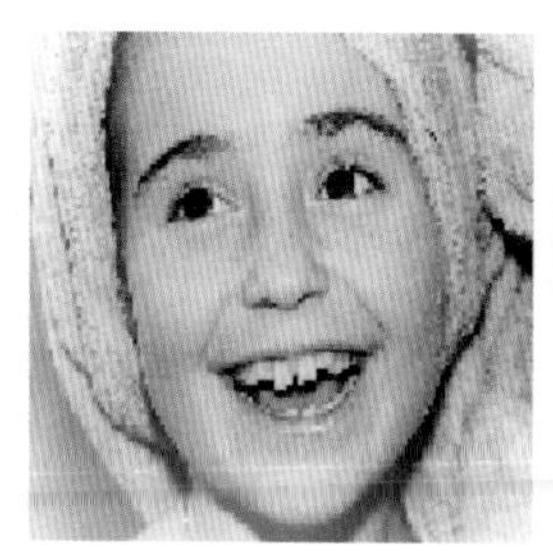
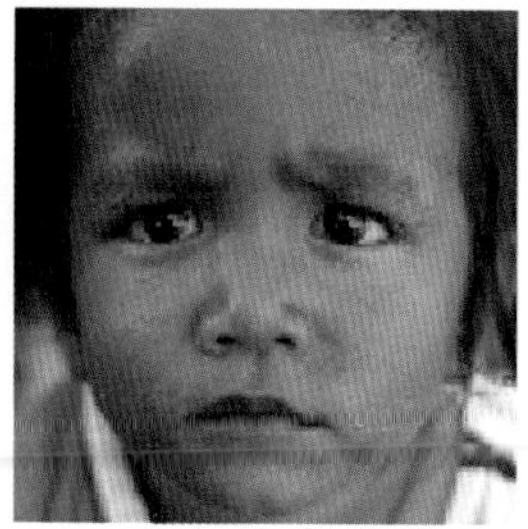

그림 9.15 행복 태그가 달린 이미지(왼쪽)와 슬픔 태그가 달린 이미지(오른쪽)

예제 9.22 행복한 이미지를 불러온 다음, 흑백의 128×128 크기로 출력하는 코드

```
_file_name = 'happy.jpg'

# 흑백 이미지로 변환
im_gray = cv2.imread(os.path.join('./', _file_name), cv2.IMREAD_GRAYSCALE)
newimg = cv2.resize(im_gray, (im_size, im_size))

# 테스트 이미지 출력
print(newimg.shape)
plt.imshow(np.reshape(newimg, [im_size, im_size]), interpolation='nearest',
           cmap=plt.cm.gist_gray)
```

그림 9.15의 행복한 아이 사진은 BGR 컬러의 953×1105 크기 이미지다. cv2 패키지의 resize 함수는 이미지를 원하는 크기로 재조정한다. 로드한 이미지를 신경망에 통과시켜 보자.

9 두 얼굴 이미지는 모두 Pixabay에서 가져왔다. 첫 번째 이미지는 Pezibear의 작업이며, 두 번째 이미지는 MarkoLovric의 것이다. 이미지는 순서대로 행복(Happy)과 슬픔(Sad) 태그가 달렸다. 두 사진 모두 상업적 용도로 사용이 가능하다.

예제 9.23 합성곱 신경망에 행복한 이미지를 입력하고 결과를 출력하는 코드

```
# 예측 결과 이미지 출력
plt.imshow(newimg, interpolation='nearest', cmap='gray')

# 감정 예측 정도 출력
predict = sess.run(out_y, feed_dict={x: np.reshape(newimg, (-1, im_size, im_size))})[0]
idx = 0
for i in predict:
    print('{:.2%}\t\t{}'.format(i, emotion_label[idx]))
    idx += 1
```

예제 9.23을 실행하면 다음과 같은 레이블이 출력된다.

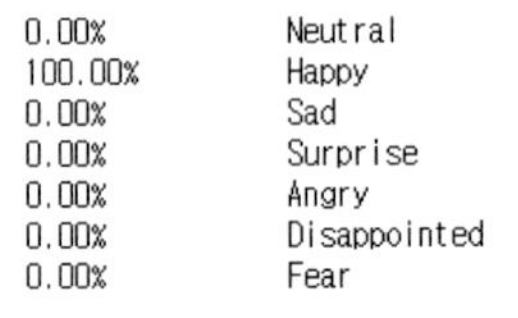

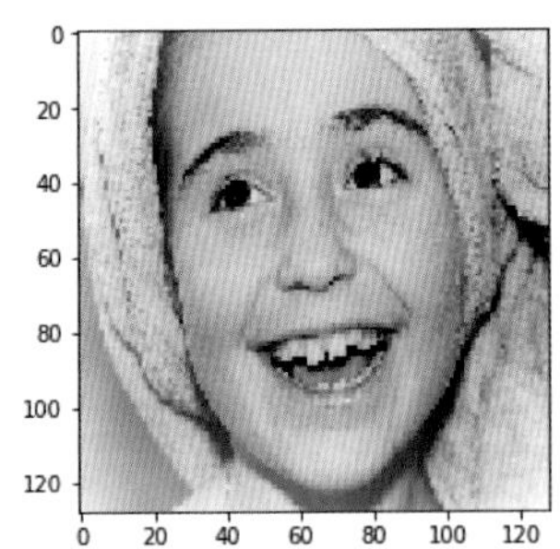

그림 9.16 '행복' 태그가 달린 이미지를 분석한 결과. 머신러닝 모델은 이 이미지가 행복한 표정이라고 분류했다.

마찬가지로 슬픔 태그가 달린 이미지를 입력하고 감정을 분석해 보자.

예제 9.24 합성곱 신경망에 슬픈 이미지를 입력하고 감정을 분류하는 코드

```
_file_name = 'sad.jpg'

# 흑백 이미지로 변환
im_gray = cv2.imread(os.path.join('./', _file_name), cv2.IMREAD_GRAYSCALE)
newimg = cv2.resize(im_gray, (im_size, im_size))
```

```
# 예측 결과 이미지 출력
plt.imshow(newimg, interpolation='nearest', cmap='gray')

# 감정 예측 정도 출력
predict = sess.run(out_y, feed_dict={x: np.reshape(newimg, (-1, im_size,
im_size))})[0]
idx = 0
for i in predict:
  print('{:.2%}\t\t{}'.format(i, emotion_label[idx]))
  idx += 1
```

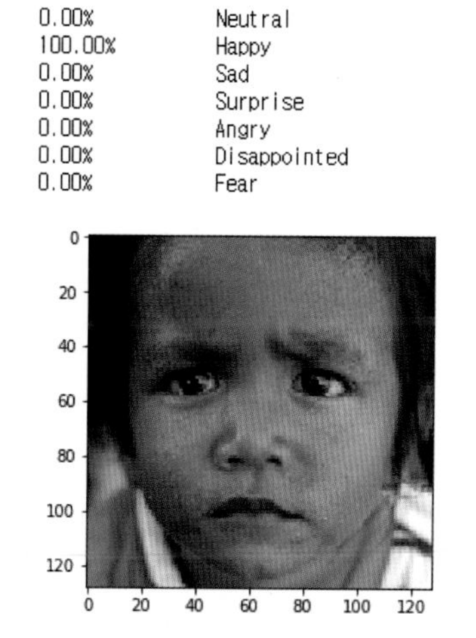

그림 9.17 '슬픔' 태그가 달린 이미지를 분석한 결과. 머신러닝 모델은 이 이미지가 행복한 표정이라고 분류했다.

합성곱 신경망은 '슬픔' 태그가 달린 이미지를 행복한 표정이라고 분석했다. 어떻게 된 일일까? XAI 기법을 사용하지 않는다면 이유를 추정할 수밖에 없다. 신경망 학습이 제대로 되지 않았거나 우리가 만든 합성곱 신경망 모델이 이동 불변성이 좋지 못했거나 은닉층 설계가 잘못됐을 수 있다. 추정은 자유롭다. 그러나 방금 제시한 추정은 모두 근거가 부족하다. 잘못된 추정을 정정하려면 많은 시간이 들 것이다. XAI 기법은 잘못된 가설을 선정하고 낭비할 수 있는 여지를 줄여준다.

9.2. XAI 결합하기

우선, 모델이 어떻게 이미지를 인식하는지 파악해 보자. LRP 기법을 사용해서 딥러닝 모델을 분석한다. LRP 분석을 위해서 학습에 사용한 활성화 노드들과 가중치, 바이어스를 수집하자.

예제 9.25 머신러닝 모델의 활성화 함수와 가중치, 바이어스를 수집하는 코드

```
layers = [hidden_1, pool_1, hidden_2]
weights = tf.get_collection(tf.GraphKeys.TRAINABLE_VARIABLES, scope='.*weights.*')
biases = tf.get_collection(tf.GraphKeys.TRAINABLE_VARIABLES, scope='.*biases.*')

# 활성화 노드 받아오기
def getActivations(layer, image):
    units = sess.run(layer, feed_dict={x: np.reshape(image, (-1, im_size, im_size))})
    return units

# 활성화 결괏값 수집
activations = []
for layer in layers:
    activations.append(getActivations(layer, newimg))
```

합성곱 신경망을 완성하는 요소들을 모두 수집했다면 경사도를 측정하는 함수들을 선언하자.

예제 9.26 합성곱 신경망의 요소별로 경사도를 반영해 타당성 전파를 수행하는 코드

```
from tensorflow.python.ops import gen_nn_ops

def backprop_dense(activation, weight, bias, relevance):
    w = tf.maximum(0., weight)
    b = tf.maximum(0., bias)
    z = tf.matmul(activation, w) + b

    s = relevance / z
    c = tf.matmul(s, tf.transpose(w))
    return activation * c

def backprop_pooling(activation, relevance):
    # 커널 사이즈, 스트라이드 입력
    ksize = strides = [1, 2, 2, 1]
```

```
    # z가 0일 때를 대비해 1e-10 입력
    z = tf.nn.max_pool(activation, ksize, strides, padding='SAME') + 1e-10
    s = relevance / z

    c = gen_nn_ops._max_pool_grad(activation, z, s, ksize, strides, padding='SAME')
    return activation * c

def backprop_conv(activation, weight, bias, relevance):
    strides = [1, 1, 1, 1]
    w = tf.maximum(0., weight)
    b = tf.maximum(0., bias)
    z = tf.nn.conv2d(activation, w, strides, padding='SAME')
    z = tf.nn.bias_add(z, b)
    s = relevance / z
    c = tf.nn.conv2d_backprop_input(tf.shape(activation), w, s, strides,
padding='SAME')
    return activation * c
```

이제 합성곱 신경망의 각 요소를 역전파하면서 분해한다. 코드에 대한 라인별 설명이 필요한 독자들은 LRP 단원을 복습하자.

예제 9.27 합성곱 신경망 요소들을 역전파하면서 타당성 전파를 계산하는 코드

```
def getLRP(img):
    predict = sess.run(out_y, feed_dict={x: np.reshape(img, (-1, im_size,
im_size))})[0]

    layers = [hidden_1, pool_1, hidden_2]
    weights = tf.get_collection(tf.GraphKeys.TRAINABLE_VARIABLES, scope='.*weights.*')
    biases = tf.get_collection(tf.GraphKeys.TRAINABLE_VARIABLES, scope='.*biases.*')

    # 활성화 함수 얻기
    activations = []
    for layer in layers:
        activations.append(getActivations(layer, img))

    # f_x 구하기
    f_x = max(predict)
```

```
    # R3 구하기
    predict[predict < 0] = 0
    R3 = predict

    # R2 구하기
    a = activations.pop()
    w = weights.pop()
    b = biases.pop()
    R2 = backprop_dense(a.reshape(1, 294), w, b, R3)

    # R1 구하기
    a = activations.pop()
    w = weights.pop()
    b = biases.pop()
    # 24576 = 64 * 64 * 6
    R1 = backprop_dense(a.reshape(1, 24576), w, b, R2)

    # R0 구하기
    # max pool
    a = activations.pop()
    R_p = backprop_pooling(a, tf.reshape(R1, (1, 64, 64, 6)))
    # convolution
    w = weights.pop()
    b = biases.pop()
    img_activations = getActivations(x_image, newimg)
    R0 = backprop_conv(img_activations, w, b, R_p)

    # LRP 출력
    LRP_out = sess.run(R0)
    return LRP_out
```

타당성 전파 계산 코드를 잘 구축했다면 JAFFE 대표 이미지 5종에 대해서 LRP를 계산해 보자.

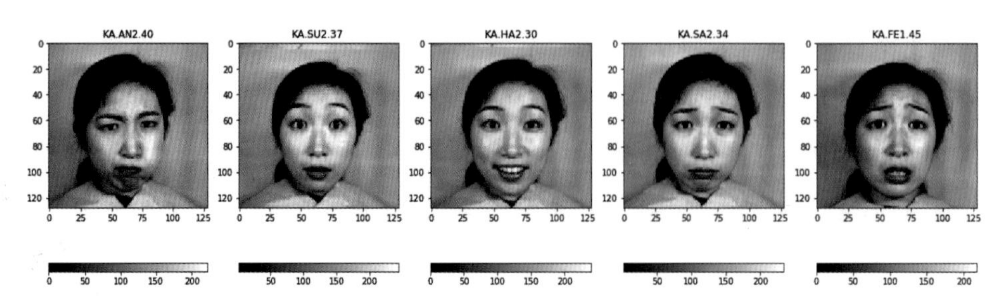

그림 9.18 JAFFE 대표 이미지 5종. 왼쪽부터 화남, 놀람, 행복, 슬픔, 두려움 태그가 할당돼 있다.

예제 9.28 JAFFE 대표 이미지 5종에 대해 LRP를 수행하는 코드

```
temp = ['KA.AN2.40', 'KA.SU2.37', 'KA.HA2.30', 'KA.SA2.34', 'KA.FE1.45']

plt.figure(figsize=(20, 8))
for i in range(len(temp)):
    plt.subplot(1, 5, i + 1)
    imageFileName = set_file_name(temp[i])

    im_gray = cv2.imread(os.path.join(root, imageFileName), cv2.IMREAD_GRAYSCALE)
    newimg = cv2.resize(im_gray, (im_size, im_size))
    predict = sess.run(out_y, feed_dict={x: np.reshape(newimg,
                                                  (-1, im_size, im_size))})[0]
    plt.title('{} ({:.2%})'.format(temp[i], np.max(predict)))
    plt.imshow(getLRP(newimg).reshape(128, 128), interpolation="nearest",
                                                         cmap=plt.cm.coolwarm)
    plt.colorbar(orientation='horizontal')
```

예제 9.28을 실행하면 다음과 같은 결과를 얻을 수 있다.

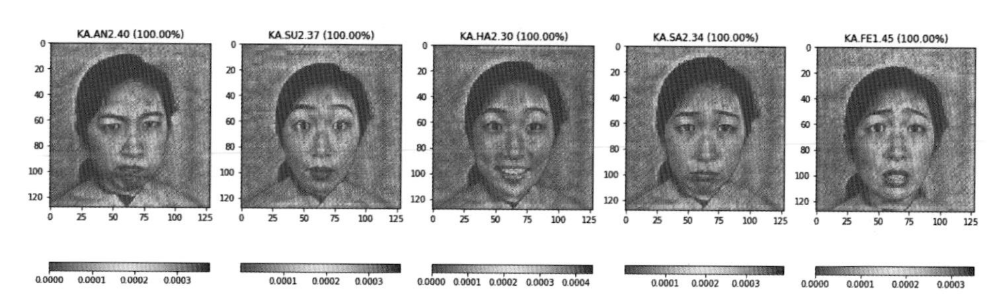

그림 9.19 JAFFE 대표 이미지 5종으로부터 LRP를 계산한 결과

LRP를 플롯으로 나타낸 결과, '슬픔' 태그 이미지(KA.SA2.34)는 다른 이미지에 비해 히트맵이 잘 보이지 않는다. 학습이 잘 된 것인지 의심이 된다. 나머지 감정은 히트맵이 잘 보인다. 슬픈 이미지를 제외한 모든 이미지는 히트맵이 얼굴에 있고, 잘 뭉쳐 있다.

이제 외부 이미지에 대해 LRP를 구해 보자.

예제 9.29 '행복' 태그가 달린 이미지의 LRP를 계산하는 코드

```
_file_name = 'happy.jpg'

# 이미지 흑백 변환
im_gray = cv2.imread(os.path.join('./', _file_name), cv2.IMREAD_GRAYSCALE)
newimg = cv2.resize(im_gray, (im_size, im_size))

plt.figure(figsize=(5, 5))
plt.imshow(getLRP(newimg).reshape(128, 128), interpolation="nearest",
                                             cmap=plt.cm.coolwarm)
plt.colorbar(orientation='vertical')
```

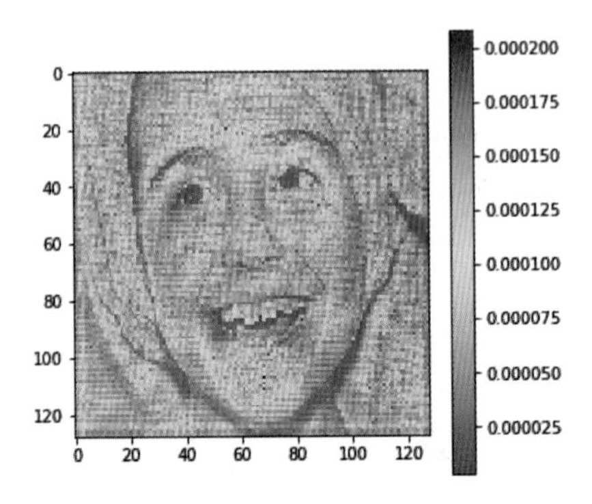

그림 9.20 '행복' 태그가 달린 이미지에 대해 LRP 히트맵을 나타낸 결과

이번에는 예제 9.29의 _file_name 변수에 'sad.jpg'를 넣고 히트맵을 나타내보자.

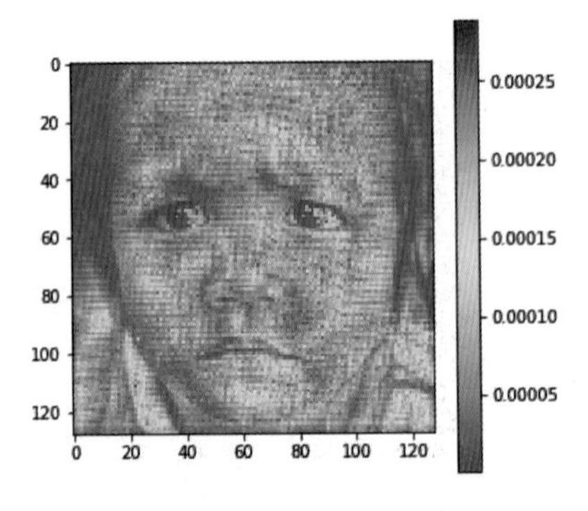

그림 9.21 '슬픔' 태그가 달린 이미지에 대해 LRP 히트맵을 표시한 결과

그림 9.20과 그림 9.21은 예제 9.29를 사용해서 합성곱 모델의 LRP를 출력한 결과물이다. LRP를 통해 확인해 본 결과, 두 이미지는 JAFFE 이미지보다 히트맵이 밀집되지 않았다. 합성곱 신경망은 이미지 피처를 통째로 학습해 픽셀 간 연관 관계를 연속적으로 파악하는 데 장점이 있다고 했다. 그러나 두 이미지의 히트맵은 덩어리가 아니라 산개한 점들의 모임이다. 이것은 예제 모델이 픽셀 간 연관성을 부족하게 학습시켰다는 가설을 증명한다.

게다가 하이브리드 신경망은 그림 9.21을 행복한 사진이라고 분석했다. 그리고 LRP는 피사체의 얼굴보다 목덜미 쪽 옷 주름을 더 집중해서 관찰했다. 이것은 예제 신경망이 피사체 표정을 제대로 인식하지 못했다는 근거다. 현재 모델은 이동 불변성이 부족하다.

두 가지 문제를 종합하면 우리가 만든 하이브리드 신경망은 합성곱과 풀링이 부족하다. 따라서 이 모델은 JAFFE 데이터베이스는 어느 정도 분류할 수 있지만, 유사 이미지를 해석하지 못한다. 따라서 모델을 수정하고 다시 학습시켜야 한다.

지금까지 XAI 기법으로 현재 모델의 문제를 진단했다. 진단 결과 합성곱 학습에 문제가 있었고, 히트맵이 밀집되지 않았다는 증거를 발견했다. 이제 이러한 결함을 없앨 수 있게 모델을 구축하자.

9.3. XAI로 원래 인공지능 개선하기

신경망을 새로 구성해 보자. 기존 방법은 이동 불변성이 좋지 않고, 외부 데이터에 대해 히트맵이 잘 뭉쳐지지 않았다. 따라서 새로 만들 합성곱 신경망은 FC 계층을 줄이고 합성곱 계층을 강화할 것이다.

예제 9.30 새로 구축하는 합성곱 신경망. 은닉층의 합성곱 요소를 강화하고 FC 계층을 줄였다.

```
# 지난 세션 닫기
sess.close()

# CNN 재구성하기
tf.reset_default_graph()
x = tf.placeholder(tf.float32, [None, im_size, im_size],name="x-in")
true_y = tf.placeholder(tf.float32, [None, 7],name="y-in")
x_image = tf.reshape(x, [-1, im_size, im_size, 1])
```

```
# 첫 번째 계층
hidden_1 = slim.conv2d(x_image, 6, [5, 5])
pool_1 = slim.max_pool2d(hidden_1, [2, 2])

# 두 번째 계층
hidden_2 = slim.conv2d(pool_1, 16, [5, 5])
pool_2 = slim.max_pool2d(hidden_2, [2, 2])

# 세 번째 계층
hidden_3 = slim.conv2d(pool_2, 120, [5, 5])

hidden_4 = slim.fully_connected(slim.flatten(hidden_3), 63, activation_fn=tf.nn.relu)
out_y = slim.fully_connected(slim.flatten(hidden_4), 7, activation_fn=tf.nn.softmax)

cross_entropy = -tf.reduce_sum(true_y * tf.log(out_y))
correct_prediction = tf.equal(tf.argmax(out_y, 1), tf.argmax(true_y, 1))
accuracy = tf.reduce_mean(tf.cast(correct_prediction, "float"))
train_step = tf.train.AdamOptimizer(1e-4).minimize(cross_entropy)
```

예제 9.31 새로 구축한 합성곱 신경망을 학습하는 코드

```
# 학습
sess = tf.Session()
init = tf.global_variables_initializer()
sess.run(init)

jmp = 20
n_epoch = 100
for epoch in range(n_epoch):
    for i in range(0, 180, jmp):
        sess.run(train_step, feed_dict={x: train_data[i:i+jmp],
                                        true_y: y_train_hot[i:i+jmp]})
        if i % jmp == 0 and i != 0:
            clear_output(wait=True)
            trainAccuracy = sess.run(accuracy,
                                     feed_dict={x: train_data[i:i+jmp],
                                                true_y: y_train_hot[i:i+jmp]})
            print("[epoch: {}] step {}, training accuracy {:.2%}".format(epoch, i,
                                                                        trainAccuracy))
            sleep(0.005)
```

예제 9.30에 의하면, 새로 구축할 합성곱 신경망은 은닉층이 더 깊어지고 합성곱과 풀링 횟수가 늘어났다. 이 모델의 은닉 노드 개수는 더그와 홉스가 조언한 노드 수보다 훨씬 많다. 따라서 계산 낭비가 심할 수 있다. 그러나 프루닝 과정을 거치기 이전에 아주 많은 노드를 학습시켜 보고 히트맵 밀집도 변화를 관찰하기에는 충분한 숫자다. 예제 9.31을 실행해 보자. 아마 기존 모델을 학습시켰던 시간보다 조금 더 오래 걸릴 것이다. 학습이 끝났다면 테스트 정확도를 측정해 보자.

예제 9.32 테스트 정확도를 출력하는 코드

```
print('Accuracy: {:.2%}'.format(sess.run(accuracy,
                                          feed_dict={x: test_data,
                                                     true_y: y_test_hot})))
```

```
print('Accuracy: {:.2%}'.format(sess.run(accuracy,
                                          feed_dict={x: test_data,
                                                     true_y: y_test_hot})))
Accuracy: 84.09%
```

그림 9.22 테스트 정확도를 측정한 결과

새로 만든 모델의 정확도는 84.09%다. 새로 구축한 신경망은 과거의 것보다 2.2% 정도 성능이 더 좋다. 그러나 2%는 학습 결과를 반복하는 것만으로도 얼마든지 극복할 수 있는 수치다. 재학습을 한 이유가 학습 데이터에 없는 이미지에 대해서도 성공적으로 분류를 수행하기 위함임을 기억하자. 이제 새로 만든 신경망에 '행복'과 '슬픔' 태그가 있는 이미지 두 개를 통과시켜 보자.

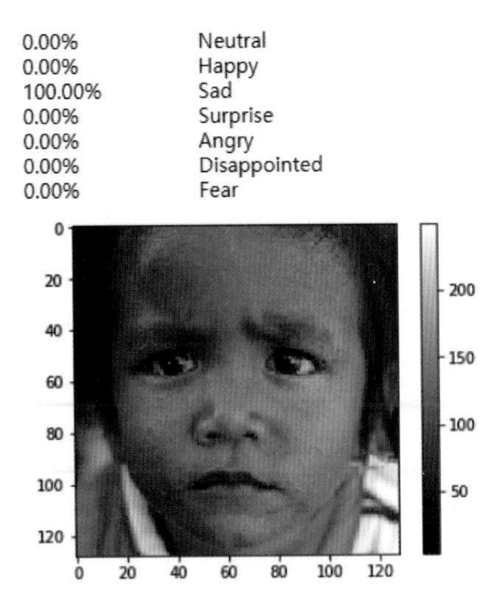

그림 9.23 새로 만든 합성곱 신경망에 행복한 사진과 슬픈 사진을 입력하고 표정을 분류한 결과

새로 만든 합성곱 신경망은 두 이미지의 감정을 정확히 분류했다. 그렇다면 LRP 분석 결과는 어떻게 달라졌을까?

예제 9.33 새로 구축한 합성곱 신경망으로부터 LRP를 구하는 과정. 모델이 바뀌었으므로 LRP도 새로 구축해야 한다.

```
def getLRP(img):
   predict = sess.run(out_y, feed_dict={x: np.reshape(img, (-1, im_size,
im_size))})[0]

   layers = [hidden_1, pool_1, hidden_2, pool_2, hidden_3, hidden_4]
   weights = tf.get_collection(tf.GraphKeys.TRAINABLE_VARIABLES, scope='.*weights.*')
   biases = tf.get_collection(tf.GraphKeys.TRAINABLE_VARIABLES, scope='.*biases.*')

   # 활성화 함수 구하기
   activations = []
   for layer in layers:
       activations.append(getActivations(layer, img))

   # f_x 구하기
   f_x = max(predict)
```

```
# R5 구하기
predict[predict < 0] = 0
R5 = predict

# R4 구하기, FC로 연결
a = activations.pop()
w = weights.pop()
b = biases.pop()
R4 = backprop_dense(a.reshape(1, 63), w, b, R5)

# R3 구하기, FC로 연결
a = activations.pop()
w = weights.pop()
b = biases.pop()
# 122880 = 32 * 32 * 120
R3 = backprop_dense(a.reshape(1, 122880), w, b, R4)

# R2 구하기, 합성곱
w = weights.pop()
b = biases.pop()
p = activations.pop()

# 역합성곱 구하기
R_conv = backprop_conv(p, w, b, tf.reshape(R3, [1, 32, 32, 120]))
a = activations.pop()
# R2 구하기, 풀링
R2 = backprop_pooling(a, R_conv)

# R1 구하기
w = weights.pop()
b = biases.pop()
p = activations.pop()
# R1 구하기, 역합성곱
R_conv = backprop_conv(p, w, b, tf.reshape(R2, [1, 64, 64, 16]))
a = activations.pop()
# R1 구하기, 풀링
R1 = backprop_pooling(a, R_conv)
```

```
    # R0 구하기
    img_activations = getActivations(x_image, newimg)
    w = weights.pop()
    b = biases.pop()
    # R0 구하기, 역합성곱
    R0 = backprop_conv(img_activations, w, b, R1)
    LRP_out = sess.run(R0)
    return LRP_out
```

예제 9.33은 새로 구축한 합성곱 신경망에서 LRP를 구하는 과정이다[10]. 이제 이 함수에 행복한 사진과 슬픈 사진을 입력하고 히트맵을 출력해 보자.

예제 9.34 새로 만든 신경망에 '행복' 태그가 있는 이미지를 통과시키고 예측 결과와 히트맵을 출력하는 코드

```
_file_name = 'happy.jpg'
im_gray = cv2.imread(os.path.join('./', _file_name), cv2.IMREAD_GRAYSCALE)
newimg = cv2.resize(im_gray, (im_size, im_size))
plt.imshow(newimg, interpolation="nearest", cmap=plt.cm.gist_gray)
plt.colorbar(orientation='vertical')

# 예측하기
predict = sess.run(out_y, feed_dict={x: np.reshape(newimg, (-1, im_size,
im_size))})[0]

idx = 0
for i in predict:
    print('{:.2%}\t\t{}'.format(i, emotion_label[idx]))
    idx += 1

# LRP 플롯
plt.figure(figsize=(5, 5))
plt.imshow(getLRP(newimg).reshape(128, 128),
interpolation="nearest", cmap=plt.cm.coolwarm)
plt.colorbar(orientation='vertical')
```

10 코드의 라인별 의미와 쓰임은 7.2.3절을 참고하자.

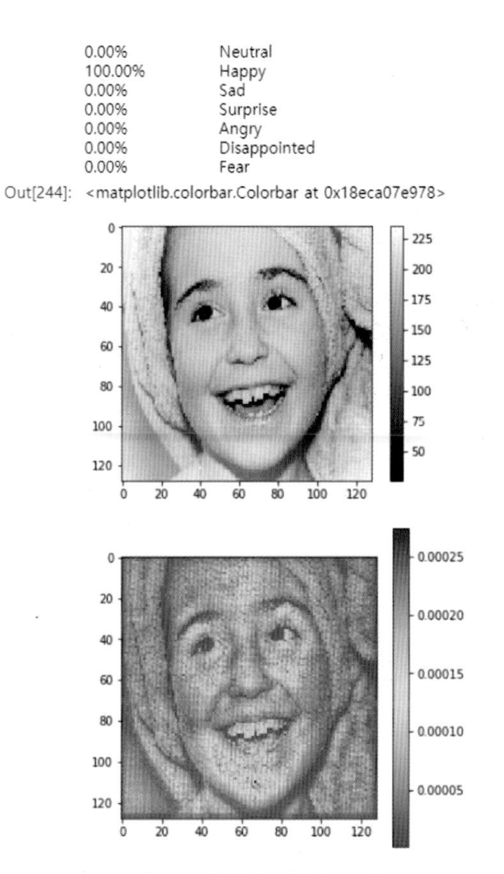

그림 9.24 합성곱 신경망은 위 이미지를 행복하다고 예측했다. LRP 분석 결과 합성곱 신경망은 입과 미간 주름, 광대, 턱을 주시했다.

그림 9.24는 기존 이미지와 달리 얼굴을 주시했다. 새로 구축한 모델은 미간과 커진 눈, 앞니와 턱을 주시했다. 이번에는 예제 9.33의 `_file_name` 변수에 `sad.jpg`를 입력하고 실행해 보자.

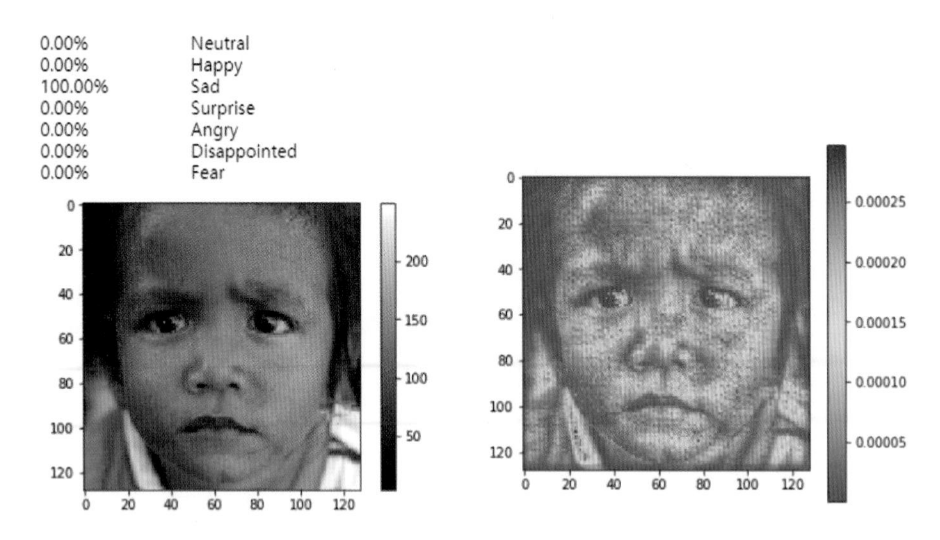

그림 9.25 합성곱 신경망은 위 이미지를 슬픈 사진이라고 예측했다. LRP 분석 결과, 합성곱 신경망은 어린아이의 처진 눈과 아래로 뻗은 인중, 옷깃을 주시했다.

그림 9.25에 의하면 새로 만든 합성곱 신경망은 기존 신경망보다 히트맵 밀집도가 높다. 새로 만든 합성곱 신경망은 '슬픔' 태그의 이미지 중 처진 눈썹과 볼, 인중을 주목했다. 과거 모델의 히트맵이 잘게 퍼져 있었다면 현재 모델은 히트맵이 밀집돼 있다. 새로 학습한 합성곱 신경망은 이미지의 필요한 부분을 집중해서 분석할 수 있다. 다만 새로 만든 모델도 피사체의 표정과 옷깃을 주시한다. 그렇지만 분류 결과가 정확하고, 이전 모델보다 히트맵이 군집돼 있다.

물론 두 가지 이미지 데이터 결과물만으로 새로 합성한 신경망이 외부 이미지를 해석할 수 있다고 판단하는 것은 섣부르다. 그것은 적용해 봐야 알 수 있는 것이며, 데이터 풀에 따라 기존 신경망이 더 나을 수도 있다. 그러나 이런 문제가 있는데도 새로운 모델을 구축하려는 시도가 가능했던 이유는 XAI 기법이 기존 모델의 한계점을 근거 있게 제시했기 때문이다. LRP 분해 자료가 없었다고 생각해 보자. 그러면 새로운 이미지 데이터에 대해 기존 신경망 모델이 왜 분류를 잘하지 못하는지 파악할 방법이 없다. 학습용 데이터가 부족했기 때문이라고 추측할 수도 있다. 신경망이 다양한 이미지를 학습했어야 하는데, JAFFE 데이터는 구도나 조명, 인종이 제한적이기 때문이다. 그러나 이 가설은 근거가 빈약하다. 짐작만으로 모든 가설을 검증하기에는 시간과 자원이 모자란다. XAI 기법은 기존의 추측성 발화 대신 새로운 근거를 제시한다.

9.4. 고지사항

이번 단원에서 사용한 JAFFE 데이터베이스는 리옹 교수의 다음 연구로부터 파생됐다.

> Michael J. Lyons, Shigeru Akemastu, Miyuki Kamachi, Jiro Gyoba. "Coding Facial Expressions with Gabor Wavelets", 3rd IEEE International Conference on Automatic Face and Gesture Recognition, pp. 200–205 (1998).

JAFFE 이미지 라이선스는 마이클 리옹 교수에게 있음을 밝힌다. 이 책을 읽고 JAFFE 이미지에 접근한 사용자들의 이미지 사용에 관한 책임은 전적으로 사용자에게 있다.

10

이야기를 닫으며

10.1. 암흑물질 찾기

현재까지 인류가 관측하고 파악한 우주는 얼마나 될까? 인간이 달을 정복한 지 오래고, 위성 기술은 더이상 신기하지 않으며, 지상에는 무인 자동차가 등장했다. 우주도 가 보지 못했을 뿐, 거의 정복하지 않았을까? '우주를 정복한다'는 표현이 추상적으로 다가온다면 정복이라는 표현을 '우주를 구성하는 물질을 이해하는 일'이라고 치환해 보자. 환원적인 관점으로 우주의 구성 물질을 파악할 때마다 우주에 대한 이해도가 증가한다고 생각하는 것이다. 이제 원래 질문으로 돌아가서, 오늘날 인류가 관측한 우주 물질은 전체 우주의 몇 퍼센트일까? 60%? 아니면 70%?

놀랍게도 오늘날 인류가 관측한 입자는 우주 전체의 5%에 지나지 않는다. 나머지 95%는 미지의 것이다. 심지어 과학자들이 이러한 미지의 세계가 존재한다는 것을 알게 된 지도 얼마 되지 않았다. 학자들은 이 입자들에 '이해할 수 없다'는 의미를 담아 암흑 에너지(Dark Energy)와 암흑 물질(Dark Matter)이라는 이름을 붙였다. 이 두 가지는 그 총량만 측정할 수 있을 뿐, 아직 그 정체가 밝혀지지 않았다. 게다가 현재 학계에서 통용되는 암흑 물질 탐지 방법은 중력을 사용한 방법뿐이다. 데이터 과학에 빗대어 이야기하자면, 우리는 암흑 물질을 추정할 수 있는 피처가 단 하나뿐이다. 물리학자들은 단 하나의 손전등을 가지고 우주를 관찰하고 있는 셈이다.

핀란드 헬싱키에서 인턴으로 일했을 때다. 저자는 동료들과 함께 국립공원을 여행했다. 높게 솟은 침엽수와 끝도 없이 펼쳐진 평원이 아름다웠다. 얼마 걷지 않아 커다란 호수를 만났다. 그런데 호수 색깔이 이상했다. 국립공원 호수가 온통 짙은 커피색이었다. 생전 처음 보는 호수 색깔에 당황했고, 감히 만져 볼 엄두를 내지 못했다. 호수는 바닥은커녕 바로 몇 센티미터 깊이도 보이지 않았다. 호수는 적막하리만치 고요했다. 이유 모를 공포심이 엄습했다. 그때였다. 같이 간 동료들이 웃통을 훌훌 벗어 던지더니 거침없이 호수로 뛰어드는 게 아닌가? 나는 깜짝 놀라 물었다.

"이 물, 안전한 거야?"

그들은 웃으면서 말했다.

"응. 그럴 걸. 왜?"

"호수 색깔이 내가 알던 색이 아니라서."

그들은 서로를 쳐다봤다.

"글쎄, 나도 왜 이 호수가 갈색인지 모르겠어. 그렇지만 예전에도 부모님이나 친구들과 함께 여기서 헤엄치고 놀았어. 그래서 여기가 안전하다는 걸 알아. 어서 들어와."

나는 동료의 말에도 차마 물에 들어가지 못했다. 캠핑은 끝났고 집에 돌아왔다. 나는 핀란드 호수가 왜 갈색인지 검색했다. 그리고 물이 갈색으로 보이는 세 가지 이유를 알게 됐다[1]. 핀란드 호수가 갈색 빛인 이유는 갈색 플랑크톤이 많이 번식해서 일어난 현상이며, 이것은 깨끗한 호수에서도 충분히 일어날 수 있다는 것이었다. 그때 친구들 말을 듣고 물놀이를 하지 않은 것이 못내 아쉬웠다.

XAI를 이해하는 과정은 곧 블랙박스(black box)를 이해하는 과정이다. 머신러닝과 딥러닝은 왜, 그리고 어떻게 우리가 원하는 문제를 해결하는 것일까? 이유를 알 수만 있다면 인공지능을 해석할 수 있는 또 다른 길이 열리지 않을까?

2000년대 초반, 현대 머신러닝의 거장 세 명은 이 질문에 대해 '잘 모르겠다'고 입을 모았다. 그들은 이론적으로는 경사 하강법(Gradient Descent)을 조합한 신경망 모델이 국소 최적해(Local minima) 문제[2]나 과적합(Overfitting)에 빠지지 않는 것이 신기하다고 말했다.

1 http://bit.ly/30motnx

2 머신러닝 모델이 최적값을 찾아 다항식을 최적화할 때, 파라미터들이 전역 최적해(global minima)를 찾는 것이 아니라 차선 최적해를 향해 수렴하여 진동하는 상황을 의미한다. 머신러닝에서는 이럴 때 학습률(learning rate)을 조정하거나 모멘텀이 들어간 다른 손실 함수(loss function)를 사용해 문제를 해결한다.

합성곱 신경망을 만든 얀 르쿤(Yann LeCun)은 "이론상으로는 딥러닝이 국소 최적해나 경사 소실(Vanishing Gradient) 문제[3]가 일어나기 쉬운데, 막상 프로그램으로 만들어 시뮬레이션 해 보면 실제로는 잘 작동한다"고 말한다.

이안 굿펠로(Ian goodfellow)가 GAN(Generative Adversarial Network)을 만들었던 과정을 얘기하던 중이었다. 한 청중이 그에게 GAN을 만들 수 있었던 비결을 물었다. 그는 "(GAN을 만든 것은) 내가 생각해도 운이 좋았다. GAN은 박사과정 중 바에서 동료와 함께 뜬 구름 잡는 아이디어를 늘어놓다가 나왔다. 친구는 '어쩌면 그게 될지도 모르겠다'고 했고, 나는 희망과 호기심을 느꼈다. 다음 날, GAN의 뼈대 아이디어를 어설픈 신경망으로 구현했는데 그 때 모델이 동작했다. 그래서 GAN 연구를 시작했다. 그 작은 성공은 정말로 우연이었으며 다시 재현하기 어렵다. 그리고 GAN이 잘 동작하는 이유도 여전히 신기하다"고 답했다[4 5].

마지막으로 요슈아 벤지오(Yoshua Bengio)는 "딥러닝의 멀티레이어 구조가 말도 안 되게 복잡한 함수를 창발적으로 근사할 수 있기 때문이다"라고 짧게 말했다.

인공지능을 만들고 최전선에서 연구를 이어가는 이들도 딥러닝이 왜 잘 동작하는지 확신하지 못한다. 물리학자와 더불어 현대 인공지능을 연구하는 사람들 역시 작은 손전등을 쥐고 있는 셈이다. 개인적으로는 XAI를 인공지능을 탐사하기 위해 다른 편 손에 쥔 또 하나의 손전등이라고 평가한다. XAI는 하나의 모델을 입력 및 출력 결과로만 해석할 수밖에 없었던 블랙박스를 다른 각도로 비춰볼 수 있는 새로운 도구다.

3 신경망의 계층 수가 많아지고, 각 계층 노드 수가 많아질수록 잘 발생한다. 이것은 신경망의 마지막 계층은 학습이 이루어지는 반면, 초기 계층은 학습이 이루어지지 않는 문제를 의미한다.

4 https://www.technologyreview.com/s/610253/the-ganfather-the-man-whos-given-machines-the-gift-of-imagination/

5 https://jaejunyoo.blogspot.com/2019/05/partii.html

10.2. 기존 모델에 XAI 덧입히기

이 책에서는 기존 모델에 XAI를 적용하는 기본 이론을 다뤘다. 잘 작동하는 인공지능 모델을 분해하고, 분해된 모듈이 해석 가능하게 의미를 재구성했다.

4장부터 7장까지 학습한 XAI 기법들은 각 단원의 인공지능 구조만큼 다르다. 그래서 일부 독자들은 'XAI란 인공지능을 설명 가능하게 하는 기법'이라는 추상적인 개념만 머릿속에 넣기도 부담스러울 것이다. 이런 독자들은 XAI를 실습할 수는 있지만, 직접 XAI를 만들 수는 없다고 생각한다. 그렇지만 XAI를 구현하는 보편 원리는 생각보다 간단하다. XAI는 현재 수행하려는 인공지능의 학습 원리를 제대로 이해하는 것이 첫 번째, 학습시킨 인공지능을 모듈별로 분해해서 설명 가능성을 덧붙이는 것이 두 번째다. 결국 XAI 연구를 시작하는 첫걸음은 학습하는 인공지능의 학습 원리와 핵심 개념을 파악하는 일이다.

예를 들어, 합성곱 신경망은 기존 신경망 모델과 달리 이미지 픽셀 간 관련성을 훼손하지 않는다. 합성곱 신경망 은닉층은 이미지를 통째로 필터링할 수 있다. 은닉층을 통과한 활성 함수를 관찰 가능한 형태로 출력할 수 있다면 특별한 노력 없이도 은닉층마다 합성곱 신경망이 데이터를 어떻게 인식하고 있는지 관찰할 수 있다. 이 모든 과정은 합성곱 신경망 학습 원리를 제대로 파악했을 때 시도할 수 있다.

10.3. XAI의 미래

XAI 기법은 그것을 적용하려는 인공지능마다 다를 수 있다. 모델 애그노스틱하면 좋겠지만, 아니어도 괜찮다. 이런 이유로 학계와 산업은 XAI 기법이 하나씩 발견될 때마다 관심을 아끼지 않는다. 이미 알려진 XAI 기법보다 앞으로 밝혀질 방법들이 더 많다. 인공지능이 해결하는 문제의 수준도 높아지고 있다. 일부 언론은 기계가 무서워진다고 표현한다. 인공지능은 우리가 모르는 내 취향을 발견하고, 대화를 시도하며, 새로운 영상을 만든다. 시간이 갈수록 설명 가능한 인공지능에 대한 수요는 현대 인공지능이 발전하는 속도보다 가파르게 성장할 것이다.

이 책은 XAI 기술이 따라갈 수 없을 만큼 고도화되기 이전에 기초를 다지고 싶은 독자들을 위해서 제작됐다. 이 책을 쓰는 시점에서 XAI는 딥러닝을 해석하려 들 뿐 아니라 돌출 맵(saliency map)과 시각 주의(visual attention) 분야와 결합하고 있다. 이 책이 심화 이론으로 나아가기 위한 도개교 역할을 했으면 좋겠다. 이를 위해서 책 초반부는 전통적인 XAI 기법을 리뷰했다. 후반부는 최신 동향을 따라가기 위해 딥러닝 XAI 기법 중 알아두면 가장 도움이 될 만한 논문을 정리했다. 이 책을 접하고 나서 독자들이 XAI 기법을 학습할 때 마음의 부담이 줄기를 바란다. 앞서 언급했듯이 XAI에 대한 수요와 연구는 점점 더 활발해질 것이다. 딥러닝은 점점 더 유용해지는 동시에 사람의 직관으로는 이해할 수 없는 해석을 더 많이 내고 있다. 의학적 선택이나 안정성, 사생활 보호가 중요한 분야는 설명 가능성을 확보하기 이전에는 인공지능 도입이 어렵다. 모두 다 XAI가 해결해야 할 당면 과제들이다. 부디 이 책의 독자들이 문제의식을 느끼고 계속해서 상상하기를 기대한다.

11
참고자료

이 단원에서는 XAI와 머신러닝을 다루기 이전에 알아두면 좋을 배경지식을 모았다. 다만 여기서 다루는 주제들은 이 책을 읽어나가기 위한 최소한의 정보를 수록하고 있기 때문에 더욱 자세한 내용이 궁금한 독자들은 키워드를 기반으로 다양한 레퍼런스를 찾아보기 바란다.

11.1. XAI 실습 라이브러리 설치하기

먼저 XAI 프로젝트를 실습하기 위한 환경 구축과 개발 도구를 설치하는 방법을 다룬다.

11.1.1. 파이썬 설치

모든 프로젝트는 파이썬을 사용한다. 여기서는 파이썬을 macOS, 리눅스, 윈도우 등 운영체제별로 설치하는 방법을 살펴본다.

11.1.1.1. macOS

macOS의 최신 버전에는 파이썬 2.7이 설치돼 있다. 그러나 이 책은 파이썬 3.6 버전을 기반으로 썼다. 그리고 macOS의 파이썬은 스크립트 실행을 위한 최소 버전이다. 이 파이썬은 파이썬 공식 릴리즈보다 구버전일 것이다.

파이썬을 설치하기 전에 C 컴파일러를 설치해야 한다. C 컴파일러는 맥 앱스토어의 Xcode를 내려받는 방법과 컴파일러만 따로 설치하는 방법이 있다. 후자의 방법이 간단하다. 맥 터미널을 실행하자. 맥 스포트라이트(Spotlight)를 실행한 다음 터미널(Terminal)을 입력하거나, 앱 리스트에서 터미널을 실행하자.

터미널에서 다음 명령을 입력한다.

예제 11.1 macOS에 C 컴파일러를 설치하는 명령어

```
xcode-select --install
```

그다음, UNIX 패키지 매니저인 홈브루(Homebrew)를 설치한다. 터미널을 켜고 다음 명령을 입력한다.

예제 11.2 macOS에 홈브루를 설치하는 명령어

```
/usr/bin/ruby -e "$(curl -fsSL https://raw.githubusercontent.com/Homebrew/install/
master/install)"
```

예제 11.2는 홈브루 설치 페이지에서도 복사와 붙여넣기가 가능하다[1]. 홈브루 설치가 완료됐다면 brew 명령을 사용해 파이썬 3.6 버전을 설치하자.

예제 11.3 홈브루 패키지를 사용해서 파이썬 3.6 버전을 설치하는 명령어

```
brew install python36
```

홈브루는 파이썬을 설치하면서 파이썬 패키지를 간편하게 검색하고 설치할 수 있는 Setuptools와 pip를 설치한다.

11.1.1.2. 우분투

우분투는 apt라는 명령어로 파이썬을 설치할 수 있다. 우분투 터미널을 켜고 다음 명령어를 입력하자.

1 https://brew.sh/#install

예제 11.4 우분투 운영체제에 파이썬 3.6 버전을 설치하는 명령어

```
sudo apt-get update
sudo apt-get install python3.6
```

11.1.1.3. 윈도우

윈도우는 파이썬 공식 홈페이지에서 별도로 컴파일된 실행 파일을 제공한다. 파이썬 공식 홈페이지에 들어가자[2].

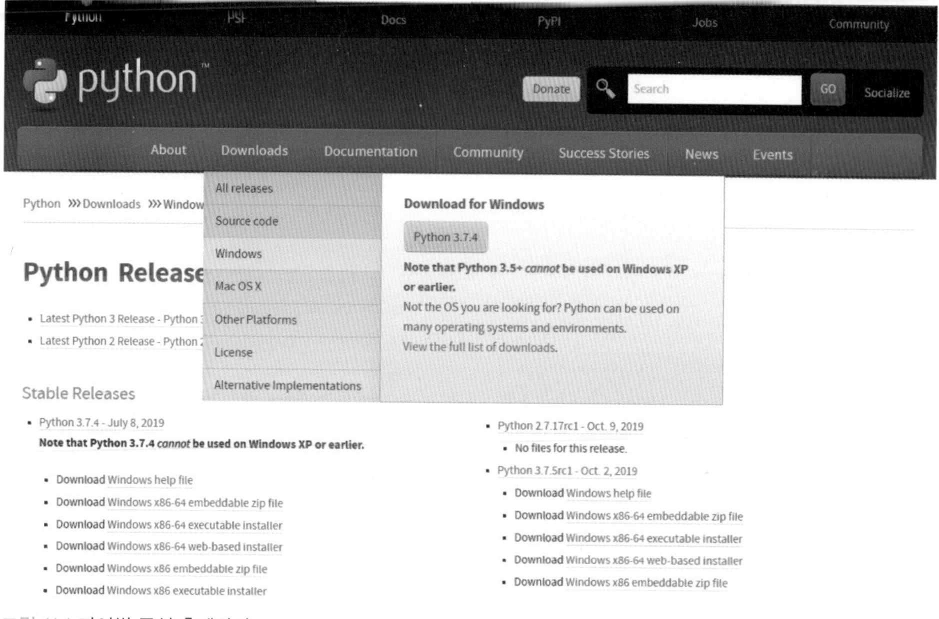

그림 11.1 파이썬 공식 홈페이지

그림 11.1처럼 'Downloads'에서 'Windows'를 선택하자. 다양한 버전의 파이썬이 나열돼 있다. 우리가 설치해야 하는 버전은 파이썬 3.6대 버전이므로, 'Stable Release' 항목에서 스크롤을 내려 파이썬 3.6 버전을 찾아야 한다.

2 https://www.python.org/downloads/windows/

Note that Python 3.6.8 *cannot* be used on Windows XP or earlier.

- Download Windows help file
- Download Windows x86-64 embeddable zip file
- Download Windows x86-64 executable installer
- Download Windows x86-64 web-based installer
- Download Windows x86 embeddable zip file
- Download Windows x86 executable installer
- Download Windows x86 web-based installer

그림 11.2 파이썬 공식 홈페이지의 윈도우 운영체제 다운로드 항목에서 3.6.8 버전을 찾은 결과

그림 11.2에서 'Windows x86-64 executable installer'를 클릭해 설치 파일을 내려받고 실행해서 설치한다.

11.1.2. 파이썬 라이브러리 설치

파이썬은 언어다. 따라서 맨 처음 파이썬을 실행하면 실습 프로젝트에서 사용하는 다수의 도구가 설치돼 있지 않다. pip는 파이썬으로 개발된 라이브러리를 설치하고 관리하는 도구다. 앞서 파이썬을 설치했다면 pip는 자동으로 사용할 수 있다. pip는 라이브러리 설치, 업데이트, 삭제 등을 위해 사용한다. 주로 사용하는 명령어는 다음과 같다.

예제 11.5 입력 콘솔에서 패키지를 설치하는 명령어

```
pip install <설치할 라이브러리 이름>
pip uninstall <설치된 라이브러리 이름>
```

`pip install` 명령어는 라이브러리를 설치할 때 사용한다. `pip uninstall`은 설치된 라이브러리를 삭제한다.

11.1.3. 텐서플로 설치

이 책의 일부 실습 자료는 그래픽 카드를 활용해 학습을 진행한다. 텐서플로는 NVIDIA사의 그래픽 카드를 이용해서 GPU를 제어한다. 따라서 텐서플로 설치 이전에 그래픽 카드를 제어

할 수 있는 드라이버와 라이브러리가 필요하다. NVIDIA사의 그래픽 카드 제어 드라이버를 CUDA(Compute Unified Device Architecture)라고 한다. 그리고 이 드라이버를 활용해서 구현된 그래픽 카드 제어 소프트웨어를 cuDNN(CUDA Deep Neural Network)이라고 한다. cuDNN은 CUDA로 구현된 딥러닝 라이브러리다. 따라서 cuDNN은 CUDA에 의존적이고, CUDA는 그래픽 카드 버전과 시리즈에 의존적이다. 본인의 그래픽 카드에 맞는 CUDA를 설치하고, 설치한 CUDA 버전에 맞는 cuDNN을 설치해야만 텐서플로를 설치할 수 있다.

참고로 최근에 나온 맥북에는 cuDNN과 CUDA를 설치할 수 없다. 최근 맥북의 그래픽 카드가 NVIDIA 제품이 아니기 때문이다. 이 방법은 2015년 이전의 맥북에만 적용할 수 있다.

11.1.3.1. CUDA 설치

먼저 NVIDIA 홈페이지에 들어가서 CUDA를 내려받는다[3]. 텐서플로 1.13.0 버전 이상부터는 CUDA 10.0 이상만 지원하므로 CUDA 버전은 10.0 이상이어야 한다.

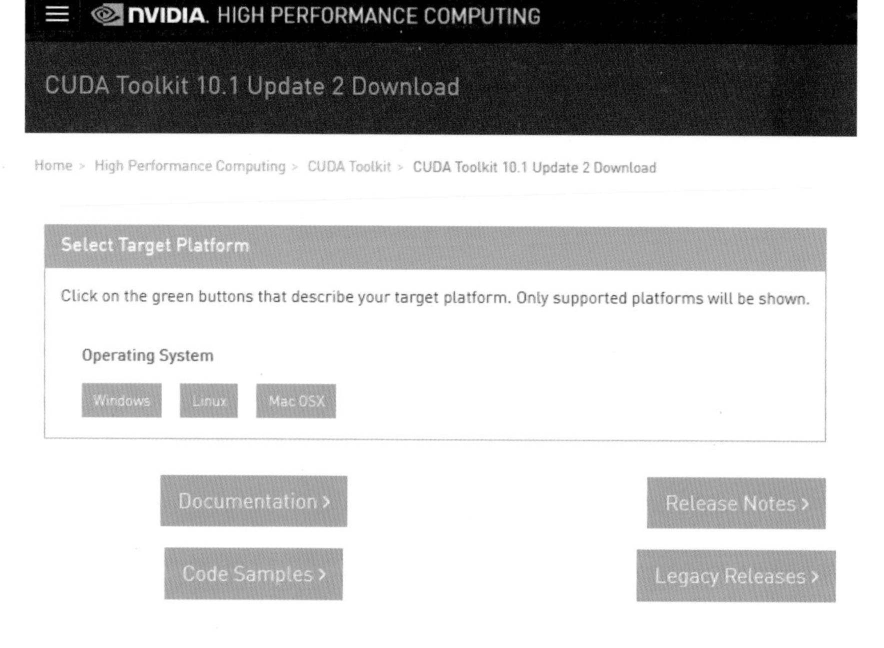

그림 11.3 NVIDIA 홈페이지에서 CUDA를 내려받을 수 있는 화면

3 https://developer.nvidia.com/cuda-downloads

그림 11.3에서 CUDA 10.0 버전을 내려받고 싶다면 오른쪽 아래의 'Legacy Releases'를 클릭하고 구버전을 내려받으면 된다.

CUDA는 모든 운영체제에 대해서 실행 파일을 제공한다. 윈도우는 exe 파일, 리눅스는 deb 파일, 그리고 macOS는 dmg 설치 파일을 제공한다. 따라서 본인의 운영체제에 맞는 필터를 걸고 실행 파일을 내려받으면 된다.

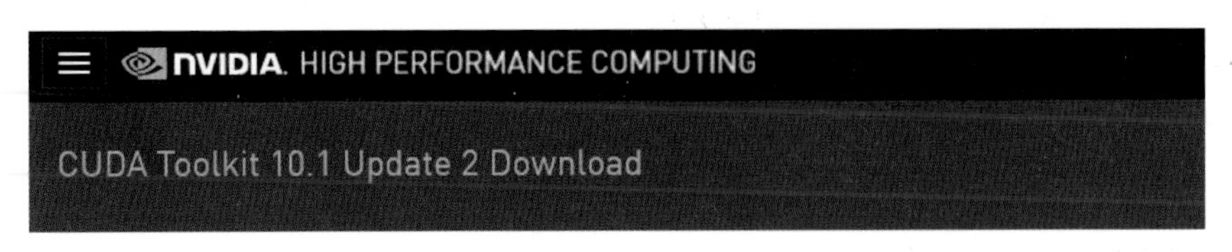

그림 11.4 리눅스 x64 아키텍처에서 우분투 운영체제를 선택하고 버전을 고르면 CUDA 설치 파일이 제공된다.

11.1.3.2. cuDNN 설치

CUDA 설치를 마쳤다면 cuDNN을 설치하자. cuDNN은 NVIDIA의 설치 페이지에서 내려받을 수 있다[4].

Home > Deep Learning > Deep Learning Software > NVIDIA cuDNN

NVIDIA cuDNN

The NVIDIA CUDA® Deep Neural Network library (cuDNN) is a GPU-accelerated library of primitives for deep neural networks. cuDNN provides highly tuned implementations for standard routines such as forward and backward convolution, pooling, normalization, and activation layers.

Deep learning researchers and framework developers worldwide rely on cuDNN for high-performance GPU acceleration. It allows them to focus on training neural networks and developing software applications rather than spending time on low-level GPU performance tuning. cuDNN accelerates widely used deep learning frameworks, including Caffe,Caffe2, Chainer, Keras,MATLAB, MxNet, TensorFlow, and PyTorch. For access to NVIDIA optimized deep learning framework containers, that has cuDNN integrated into the frameworks, visit NVIDIA GPU CLOUD to learn more and get started.

그림 11.5 NVIDIA 딥러닝 개발자 사이트에서 cuDNN을 내려받을 수 있다.

텐서플로는 cuDNN SDK 버전이 7.4.1보다 높을 때 작동하고, CUDA 버전에 의존적이다. 따라서 cuDNN을 내려받을 때는 자신이 설치한 CUDA 버전과 정확히 일치하고 cuDNN 버전이 7.4.1보다 높은지 확인해야 한다.

4 https://developer.nvidia.com/cudnn

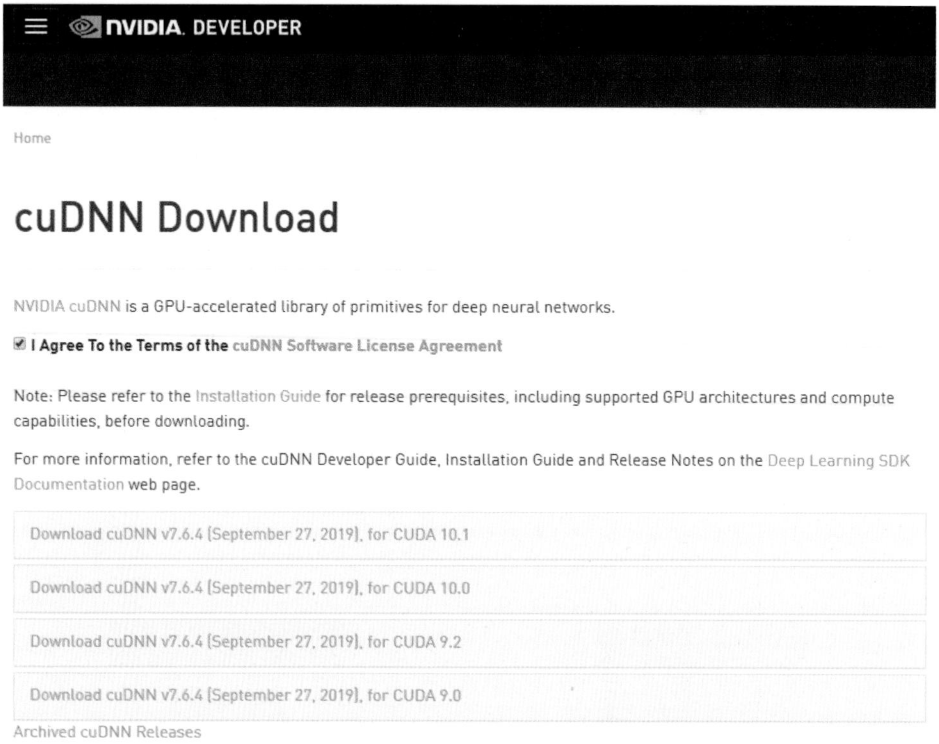

NVIDIA. DEVELOPER

Home

cuDNN Download

NVIDIA cuDNN is a GPU-accelerated library of primitives for deep neural networks.

I Agree To the Terms of the cuDNN Software License Agreement

Note: Please refer to the Installation Guide for release prerequisites, including supported GPU architectures and compute capabilities, before downloading.

For more information, refer to the cuDNN Developer Guide, Installation Guide and Release Notes on the Deep Learning SDK Documentation web page.

Download cuDNN v7.6.4 (September 27, 2019), for CUDA 10.1

Download cuDNN v7.6.4 (September 27, 2019), for CUDA 10.0

Download cuDNN v7.6.4 (September 27, 2019), for CUDA 9.2

Download cuDNN v7.6.4 (September 27, 2019), for CUDA 9.0

Archived cuDNN Releases

그림 11.6 cuDNN 다운로드 페이지

저자의 운영체제에는 CUDA 10.0 버전이 설치돼 있으므로 CUDA 10.0을 클릭했다. 'Download cuDNN v7.6.4 for CUDA 10.0'을 클릭하면 다음과 같이 각종 운영체제 버전별로 제공되는 설치 파일을 내려받을 수 있다.

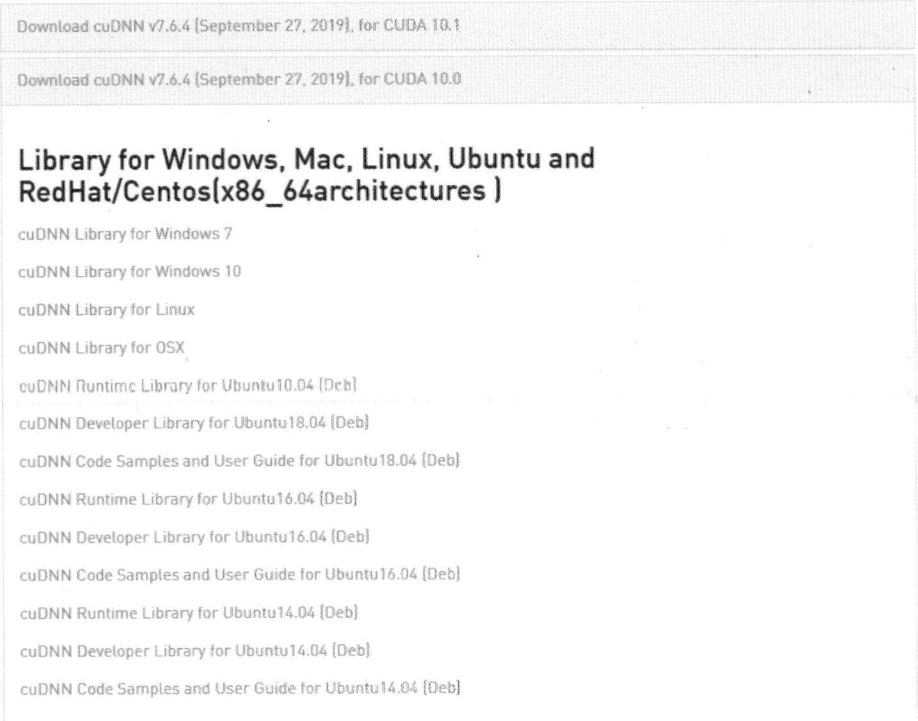

Download cuDNN v7.6.4 (September 27, 2019), for CUDA 10.1

Download cuDNN v7.6.4 (September 27, 2019), for CUDA 10.0

Library for Windows, Mac, Linux, Ubuntu and RedHat/Centos(x86_64architectures)

cuDNN Library for Windows 7

cuDNN Library for Windows 10

cuDNN Library for Linux

cuDNN Library for OSX

cuDNN Runtime Library for Ubuntu18.04 (Deb)

cuDNN Developer Library for Ubuntu18.04 (Deb)

cuDNN Code Samples and User Guide for Ubuntu18.04 (Deb)

cuDNN Runtime Library for Ubuntu16.04 (Deb)

cuDNN Developer Library for Ubuntu16.04 (Deb)

cuDNN Code Samples and User Guide for Ubuntu16.04 (Deb)

cuDNN Runtime Library for Ubuntu14.04 (Deb)

cuDNN Developer Library for Ubuntu14.04 (Deb)

cuDNN Code Samples and User Guide for Ubuntu14.04 (Deb)

그림 11.7 cuDNN 다운로드 페이지 상세

이 책에서는 cuDNN 라이브러리가 필요하다. 따라서 'cuDNN Library for { 운영체제 종류 }'를 클릭해 설치 파일을 내려받는다. 윈도우의 경우 zip 파일을, macOS와 리눅스 계열은 solitairetheme8 파일을 내려받을 수 있다.

내려받은 파일의 압축을 푼 후, CUDA가 설치된 경로에 복사하자. 모든 운영체제에서 압축을 풀면 cuda 폴더가 있고 그 안에 bin, include, lib 폴더가 있다. cuda 폴더 전체를 NVIDIA CUDA 아키텍처가 설치된 폴더에 복사한다. 윈도우의 경우 일반적으로 '`C:\Program Files\NVIDIA GPU Computing Toolkit\CUDA\{ 버전 }`' 폴더에 위치한다.

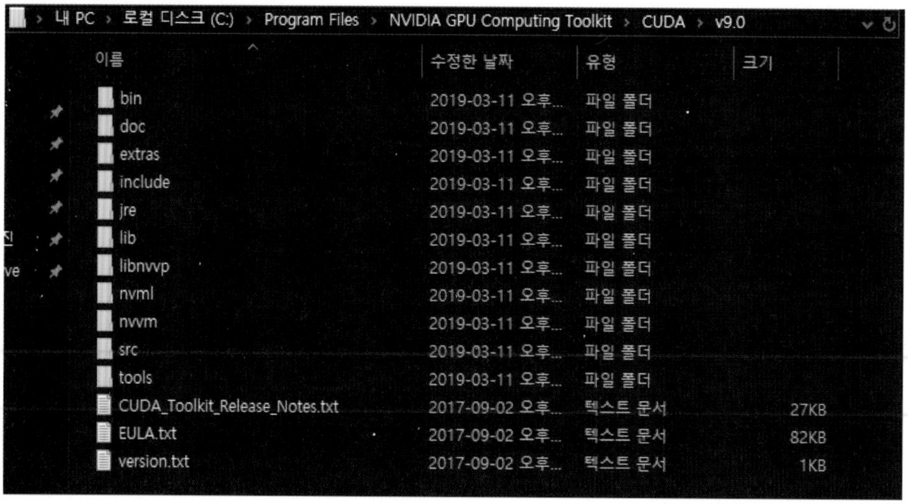

내 PC › 로컬 디스크 (C:) › Program Files › NVIDIA GPU Computing Toolkit › CUDA › v9.0

이름	수정한 날짜	유형	크기
bin	2019-03-11 오후...	파일 폴더	
doc	2019-03-11 오후...	파일 폴더	
extras	2019-03-11 오후...	파일 폴더	
include	2019-03-11 오후...	파일 폴더	
jre	2019-03-11 오후...	파일 폴더	
lib	2019-03-11 오후...	파일 폴더	
libnvvp	2019-03-11 오후...	파일 폴더	
nvml	2019-03-11 오후...	파일 폴더	
nvvm	2019-03-11 오후...	파일 폴더	
src	2019-03-11 오후...	파일 폴더	
tools	2019-03-11 오후...	파일 폴더	
CUDA_Toolkit_Release_Notes.txt	2017-09-02 오후...	텍스트 문서	27KB
EULA.txt	2017-09-02 오후...	텍스트 문서	82KB
version.txt	2017-09-02 오후...	텍스트 문서	1KB

그림 11.8 CUDA가 설치된 폴더. 이 위에 cuDNN 압축을 풀었던 bin, include, lib 폴더를 덮어쓴다.

cuda 폴더의 모든 항목이 옮겨졌다면 cuDNN 설치가 끝난 것이다.

11.1.3.3. 텐서플로-GPU 설치

CUDA와 cuDNN 설치가 끝났다면 텐서플로로 GPU를 제어할 수 있다. 각 운영체제의 터미널 창에 들어가서 다음 명령어를 입력하자.

예제 11.6 텐서플로-GPU를 설치하는 명령어

```
pip install tensorflow-gpu==1.15.0
```

설치에 3~10분 정도 소요될 것이다. 이 명령어로 파이썬 텐서플로 라이브러리를 설치하고 cuDNN과 연결한다.

11.2. 캔들스틱 차트

캔들스틱 차트(Candlestick chart)는 주식을 하는 사람들이라면 가장 먼저 볼 수 있는 통계 차트다.

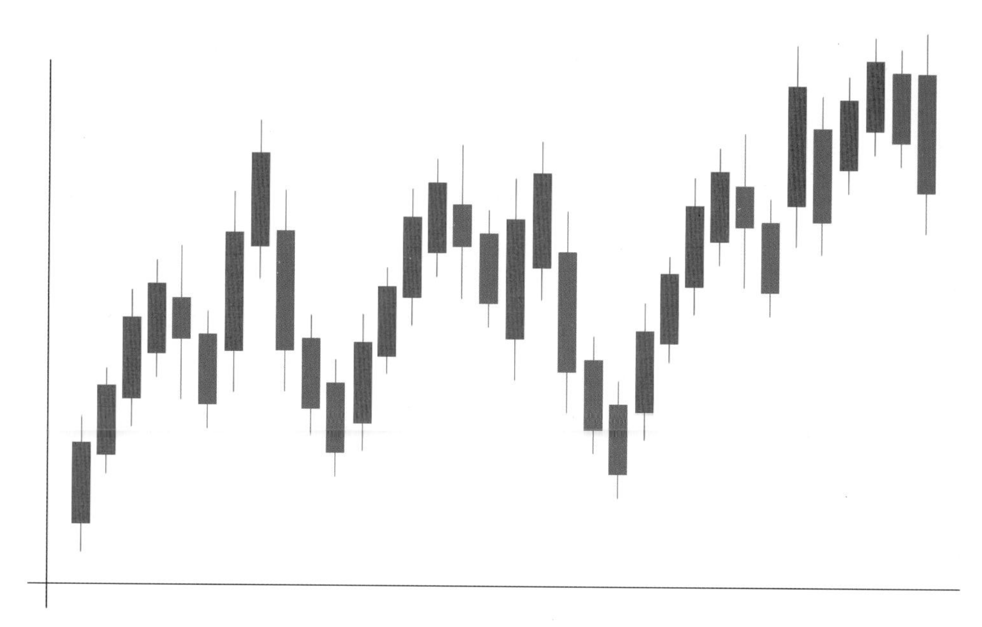

그림 11.9 일반적인 캔들스틱 차트

캔들스틱 차트는 18세기 무네히사 홈마(Munehisa Homma)라는 트레이더가 만들었다. 캔들스틱 차트는 캔들스틱 봉(bar)들이 모인 차트를 의미한다. 캔들스틱이라는 이름은 봉 하나가 촛대(캔들스틱)를 닮아서 붙여진 이름이다. 이 차트는 약간의 수정만으로 백분위수(percentile)에 대한 다양한 정보를 담을 수 있다.

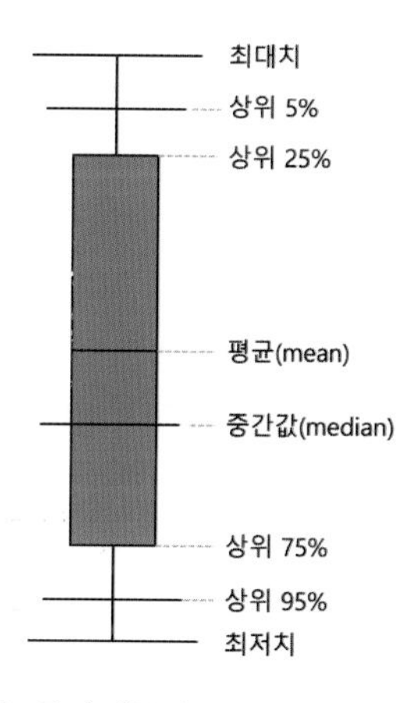

그림 11.10 캔들스틱 하나로 표시할 수 있는 특정 백분위수의 위치

캔들스틱 하나는 일간, 월간, 연간 집계된 통계 누적치가 될 수 있다. 스틱 안에는 최댓값, 최솟값, 평균, 중간값 등 다양한 통계를 누적할 수 있다. 스틱의 상위 25% 구간과 상위 75% 구간 사이는 전체의 50%다. 이 구간은 두껍게 표시하며 몸체(real body)라고 부른다. 최대치(0%)로부터 상위 25% 구간은 위 그림자(upper shadow), 반대에 있는 구간을 아래 그림자(lower shadow)라고 부른다.

캔들스틱 차트는 박스차트(Box plot 또는 Box-and-whisker plot)의 축약된 버전이다. 박스 차트는 특정 구간 내에서 통계 분포를 파악할 수 있다. 박스차트가 캔들스틱 차트와 다른 점이 있다면 캔들스틱 차트의 최대치(또는 최저치)에 해당하는 표기법은 박스차트의 신뢰 구간을 의미한다는 것이다. 다음 그림을 참고해 박스차트 표기법과 캔들스틱 차트의 차이를 시각적으로 이해해 보자[5].

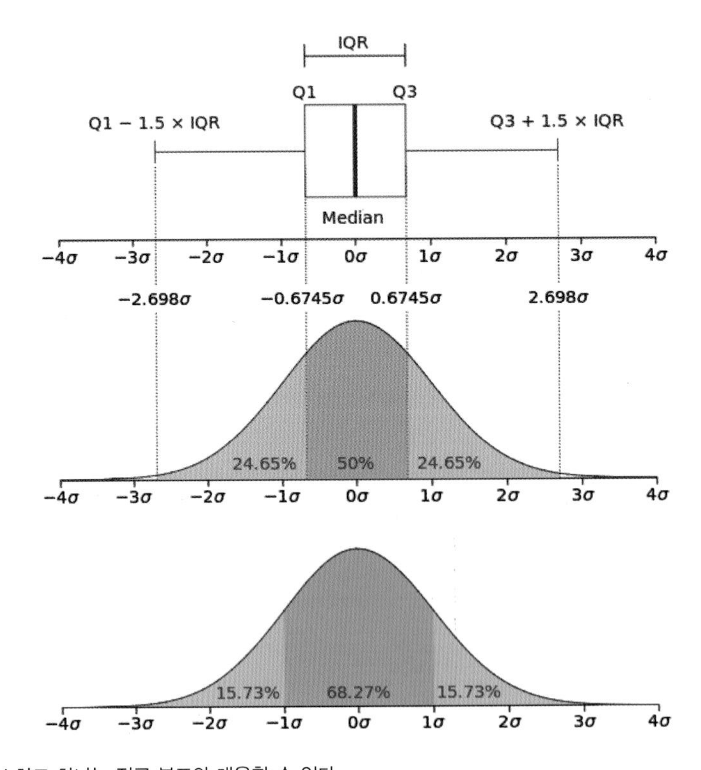

그림 11.11 박스차트 하나는 정규 분포와 대응할 수 있다

5 이미지 출처: https://en.wikipedia.org/wiki/File:Boxplot_vs_PDF.svg

11.3. 컨퓨전 행렬

머신러닝 모델은 정확도(accuracy)나 정밀성(precision), 재현도(recall), 민감도(sensitivity), 특이성(specificity), 낙제율(fallout)과 같은 다양한 측정 기준으로 평가할 수 있다. 방금 열거한 계산 방법은 각각 목적이 다르다. 설계 목적에 따라 다양한 방식으로 모델의 성능을 측정해야 한다.

예를 들어 질병을 진단하는 새로운 검사 방법을 개발했다고 하자. 이때 병의 경중에 따라 검사하는 비용과 치료하는 데 드는 비용, 문제가 생겼을 때의 처리 비용 등이 모두 다르다. 각각의 관점에 따라 손해를 최소로 할 수 있는 모형이 달라질 것이다. 이때 목적에 맞게 성능을 측정할 수 있게 도와주는 도구가 컨퓨전 행렬(Confusion Matrix)이다.

양성(Positive)		모델 예측 결과	
		음성(Negative)	
데이터	양성(Positive)	TP(참)	FN(거짓)
	음성(Negative)	FP(거짓)	TN(참)

그림 11.12 컨퓨전 행렬의 기본 호출 방법

그림 11.12에서 모델이 예측한 결과와 실제 데이터가 일치할 때는 행렬의 대각성분에 해당한다. 이때 대각성분은 제대로 예측했다는 의미로 참(True)을 붙여, TP(True Positive), TN(True Negative)이라고 부른다. 반대로 모델이 예측한 결과와 실제 데이터가 불일치하면 거짓(False)을 붙인다. 이를 각각 FN(False Negative), FP(False Positive)라고 부른다. 머신러닝은 언제나 실제 데이터가 기준이다. 따라서 양성(Positive)과 음성(Negative) 표현은 다음 두 가지 경우를 각각 더한다.

- P = TP + FN
- N = FP + TN

컨퓨전 행렬 원소들을 적절히 조합하면 모델의 핵심 가치에 가까운 성능을 측정할 수 있다.

11.3.1. 정확도(Accuracy)

정확도는 전체 데이터 중에서 제대로 분류된 데이터의 비율이다. 정확도는 일반적으로 모델이 제대로 분류를 수행했는지 계산한다.

$$Accuracy = \frac{TP + TN}{P + N}$$

정확도는 참에 대한 이득 가중치와 거짓에 대한 가중치가 동등하다. 따라서 편견 또는 가중치 없는 순수한 모델 정확도를 측정하기에 좋다. 참고로 데이터를 잘못 분류할 확률을 에러율(Error Rate)이라고 한다.

$$Error = \frac{FN + FP}{P + N}$$

11.3.2. 정밀성(Precision)

정밀성은 모델이 양성으로 예측한 데이터 중에 실제 데이터도 양성인 항목의 비중을 측정한다.

$$Precision = \frac{TP}{TP + FP}$$

11.3.3. 민감도(Sensitivity, 또는 Recall)

민감도는 전체 양성 데이터 중 모델이 양성이라고 진단한 비중을 측정한다.

$$Recall = \frac{TP}{P}$$

11.3.4. 특이성(Specificity)

특이성은 모델이 음성으로 예측한 데이터 중에 실제 데이터도 음성인 내용의 비중을 측정한다.

$$Specificity = \frac{TN}{TN + FP}$$

11.3.5. 낙제율(Fallout)

낙제율은 전체 음성 데이터 중 모델이 음성이라고 진단한 비중을 측정한다.

$$Fallout = \frac{FP}{N}$$

11.3.6. F1-점수(F1-score)

F1-점수는 정밀도와 재현율을 평균한 값이다. 정밀도와 재현율은 모델을 바라보는 대표적인 두 관점이다. 이때 두 관점을 종합해서 모델의 성능을 측정하기 위해서 두 지표를 산술 평균한다. 이것을 F1-점수라고 부른다.

$$F1 - score = 2 \times \frac{1}{\frac{1}{recall} + \frac{1}{precision}} = 2 \times \frac{precision \times recall}{precision + recall}$$

11.4. 텐서플로 슬림

텐서플로 슬림(Tensorflow-Slim)은 텐서플로의 경량 API다[6]. 텐서플로 슬림은 텐서플로 API를 추상화해 머신러닝 모델을 구축하는 과정을 간소화한다. 텐서플로 슬림 라이브러리를

6 Tensorflow-slim의 문서 주소: https://github.com/tensorflow/tensorflow/tree/master/tensorflow/contrib/slim

사용하면 가중치(weights)나 바이어스(bias)에 대한 단순 복사와 붙여넣기 과정을 획기적으로 줄일 수 있다. 이를 통해 계층이 깊은 머신러닝 모델을 학습할 때 실수가 발생할 소지를 줄여준다. 또한, 텐서플로 슬림 API는 모델의 가독성을 높여 머신러닝에 필요한 핵심 요소에 집중할 수 있게 돕는다.

일반적으로 텐서플로를 사용해 컨볼루션 은닉 계층을 만드는 과정은 다음과 같다.

예제 11.7 텐서플로를 사용해 컨볼루션 은닉 계층을 만드는 과정

```
input = ...
with tf.name_scope('conv1_1') as scope:
  kernel = tf.Variable(tf.truncated_normal([3, 3, 64, 128],
                       dtype=tf.float32, stddev=1e-1), name='weights')
  conv = tf.nn.conv2d(input, kernel, [1, 1, 1, 1], padding='SAME')
  biases = tf.Variable(tf.constant(0.0, shape=[128], dtype=tf.float32),
                       trainable=True, name='biases')
  bias = tf.nn.bias_add(conv, biases)
  conv1 = tf.nn.relu(bias, name=scope)
```

예제 11.7은 'conv1_1'이라는 이름의 은닉 계층을 정의한다. conv1_1은 3×3 크기를 갖는 128개의 필터가 이미지를 한 칸씩 스트라이드하며 합성곱한 다음, 바이어스만큼 더한다. 텐서플로 슬림은 이 과정을 한 줄로 줄인다.

예제 11.8 텐서플로 슬림을 사용해 컨볼루션 은닉 계층을 만드는 과정

```
input = ...
net = slim.conv2d(input, 128, [3, 3], scope='conv1_1')
```

예제 11.8은 예제 11.7의 코드와 대응한다. 텐서플로 슬림을 사용하면 신경망 모델을 구축할 때 복잡한 연산 과정을 신경 쓰지 않아도 된다.

11.5. 정규화

정규화는 노멀라이제이션(Normalization)과 레귤러라이제이션(Regularization)이라는 두 가지 해석이 가능하다. 두 가지 이론은 다르다. 그러나 이 책에서 다루는 정규화는 노멀라이제이션을 의미한다.

정규화는 데이터를 정제하는 과정이다. 정규화는 모델이 국소 최적해에 빠지지 않게 돕는다. 예를 들어, 어떤 데이터의 첫 번째 칼럼이 1-1000만큼의 편차를 보인다. 두 번째 칼럼은 0-0.01의 편차를 보인다. 이때 두 피처의 관계를 예측하는 문제를 풀어 보자.

표 11.1 정규화 과정을 수행하지 않은 데이터 피처

피처 1	피처 2
5	0.000001
150	0.000211
604	0.00651
899	0.007
1000	0.0098
1000	0.01

처음에는 정규화 없이 이 문제를 풀어 보자. 먼저 데이터를 그래프로 나타내 보자. 표 11.1의 피처 1과 피처 2를 정제하지 않고 선형 회귀법을 적용해 보자.

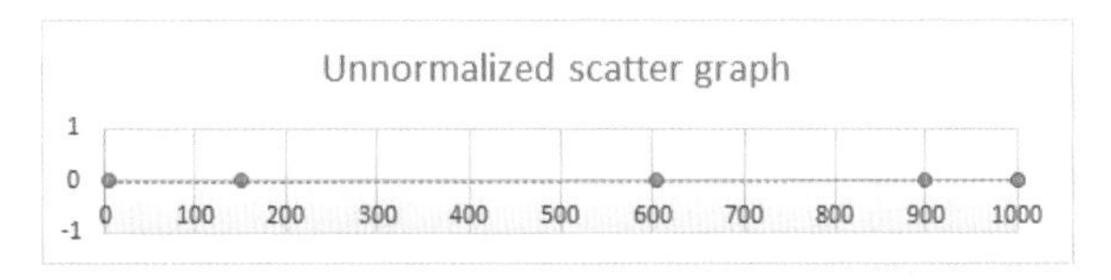

그림 11.13 피처 1과 피처 2의 산점도 그래프를 그리고 두 피처 간 상관관계를 파악한 결과(주황색 실선)

그림 11.13으로 판단하건대, 두 피처는 서로 관계가 없어 보인다. 주황색 실선이 X축과 거의 평행하게 뻗어있기 때문이다. 그래프만 보면 피처 1은 피처 2에 영향을 주지 않고, 피처 2도 피처 1에 영향을 주지 않는 것 같다. 두 피처 간 관계를 조사하는 선형회귀 방정식을 구축한다

고 해 보자. 이때 선형회귀 방정식은 매우 작은 학습률이 적용됐을 때만 올바른 해를 찾을 수 있다.

이제 표 11.1을 0–1 정규화(0–1 normalization)해 보자. 우선 0–1 정규화는 다음과 같은 공식으로 진행된다.

$$f_{normalized} = \frac{f_x - f_{min}}{f_{max} - f_{min}}$$

이때 f_x는 원솟값, f_{max}는 피처의 최댓값, f_{min}은 피처의 최솟값이다. 표 11.1에서 피처 1의 최소–최댓값은 1–1000이고, 피처 2의 최소–최댓값은 0–0.01이다. 이제 0–1 정규화 공식에 각 원소를 대입해 보자.

표 11.2 0–1 정규화 과정을 마친 결과

피처 1	피처 2
0.004004	0.0001
0.149149	0.0211
0.603604	0.651
0.898899	0.7
1	0.98
1	1

표 11.2를 산점도로 표시해 보자. 그리고 그림 11.13의 경우와 마찬가지로 두 좌표축의 관계를 계산하는 선형 회귀 모델도 그려 보자.

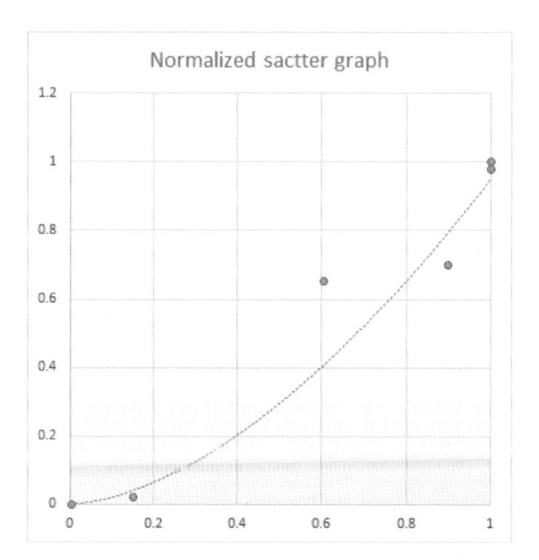

그림 11.14 피처 1과 피처 2를 정규화하고 산점도로 표시한 그래프(파란 점). 두 피처 간 상관관계를 표시하는 선형 회귀 방정식(주황색 점선).

그림 11.14는 정규화 과정 이후에 두 데이터가 상관관계가 있음을 보여준다. 이때 선형회귀 모델은 데이터 정규화 전보다 훨씬 높은 속도로 이상적인 그래프를 찾는다.

정규화는 다른 머신러닝에도 필요하다. 피처를 정규화한 데이터는 학습이 빨라지고, 지역 최적화에 덜 빠진다. 지역 최적화에 덜 빠지면 모델이 최적화될 가능성이 높아진다.

정규화로는 0-1 정규화와, 평균과 표준편차를 사용한 표준화(Standardization)가 대표적이다. 정규화에 대해 구체적으로 알고 싶은 독자들은 앤드류 응(Andrew Ng) 교수의 'C2W1L09' 강좌를 들어보기 바란다.

번호

A – G

H – R

S – Z

ㄱ – ㅂ

ㅅ – ㅈ

ㅊ – ㅎ